广西少数民族互助习惯研究及其在构建农村社会保障机制中的运用

Research on Minority's Customary Law of Mutual Aid in Guangxi and Its Application in the Building of Rural Social Security System

袁翔珠 著

图书在版编目(CIP)数据

广西少数民族互助习惯研究及其在构建农村社会保障机制中的运用/袁翔珠著.—北京:北京大学出版社,2016.1
(国家社科基金后期资助项目)
ISBN 978-7-301-26954-1

Ⅰ.①广… Ⅱ.①袁… Ⅲ.①少数民族—习惯法—研究—广西 ②农村—社会保障—保障体系—研究—广西 Ⅳ.①D927.670.215.4 ②F323.89

中国版本图书馆CIP数据核字(2016)第037073号

书　　名	广西少数民族互助习惯研究及其在构建农村社会保障机制中的运用
	GUANGXI SHAOSHU MINZU HUZHU XIGUAN YANJIU JIQI ZAI GOUJIAN NONGCUN SHEHUI BAOZHANG JIZHI ZHONG DE YUNYONG
著作责任者	袁翔珠　著
责任编辑	郭栋磊
标准书号	ISBN 978-7-301-26954-1
出版发行	北京大学出版社
地　　址	北京市海淀区成府路205号　100871
网　　址	http://www.pup.cn
电子信箱	law@pup.pku.edu.cn
新浪微博	@北京大学出版社　@北大出版社法律图书
电　　话	邮购部62752015　发行部62750672　编辑部62752027
印　刷　者	北京宏伟双华印刷有限公司
经　销　者	新华书店
	730毫米×1020毫米　16开本　24.25印张　422千字
	2016年1月第1版　2016年1月第1次印刷
定　　价	59.00元

未经许可,不得以任何方式复制或抄袭本书之部分或全部内容。
版权所有,侵权必究
举报电话:010-62752024　电子信箱:fd@pup.pku.edu.cn
图书如有印装质量问题,请与出版部联系,电话:010-62756370

国家社科基金后期资助项目
出版说明

　　后期资助项目是国家社科基金设立的一类重要项目,旨在鼓励广大社科研究者潜心治学,支持基础研究多出优秀成果。它是经过严格评审,从接近完成的科研成果中遴选立项的。为扩大后期资助项目的影响,更好地推动学术发展,促进成果转化,全国哲学社会科学规划办公室按照"统一设计、统一标识、统一版式、形成系列"的总体要求,组织出版国家社科基金后期资助项目成果。

全国哲学社会科学规划办公室

前　言

人类社会不仅是相互竞争的,也是相互帮助的。长期以来,广西各族群众在其社会内部形成了一整套互帮互助、自力救济的习惯,并将其制度化、规范化和成文化。这些制度极大地履行了社会保障的职能,弥补了行政上社会救济的缺位。广西少数民族互助习惯具有自发性、广泛性、血缘性等特点,并具有社会救济和民族发展功能。它们使得广西各族群众在极端艰苦的自然条件之中,依然保持了良好的社会秩序和生机勃勃的生产方式。在新的历史时期,重新发掘和还原这些制度,使它们在构建新农村及和谐社会的政策框架下发挥作用,对于利用多重法治资源在民族地区营建友好、繁荣、民主、互助的基层社区,无疑具有重大意义。

广西少数民族互助习惯根据内容可划分为六个大类,即互助组织习惯、生产互助习惯、生活互助习惯、建房互助习惯、扶助弱势群体习惯、灾害救助习惯等。广西少数民族的互助组织包括血缘性互助组织、非血缘性互助组织、救济性金融互助组织等;生产上的互助包括在耕作、狩猎、渔牧、生产技术方面的互助习惯;生活上的互助包括救济性借贷习惯、婚丧互助习惯、打老庚制度及待客互助习惯等;建房上的互助包括私人建房和公益建筑两方面的习惯,各民族各有其特点;扶助弱势群体包括对孤寡老人、孤儿、残疾人、困难户等的互助习惯;灾害救助包括预防灾害互助、救灾互助、灾后重建互助等的习惯。广西少数民族互助习惯在红军长征、土地改革、农业互助合作、人民公社及改革开放等历史时期都发挥过巨大的作用,但在现代商品经济的冲击下,也产生了一些变化与危机。

广西少数民族互助习惯与国家社会保障机制具有目标上的一致性、内容上的重合性、实施方式上的相通性及功能上的互补性,这为二者的融合提供了可行性与必然性。目前,广西农村社会保障机制存在着立法不完善、执法不合理、监管不到位、法制宣传不力、机构不健全、资金短缺等一系列问题,严重阻碍着其构建与发展。但是,通过立法上的吸收、执法与监管上的加强、法制宣传上的互动、机构上的互补、资金上的补充等途径,广西少数民族互助习惯可以有效地运用于农村社会保障机制的构建中。

袁翔珠

2015 年 9 月

目 录 | Contents

引言 / 1

第一章 总论 / 5

- 5 　第一节　广西少数民族互助习惯的形成
- 11 　第二节　广西少数民族互助习惯的内容
- 13 　第三节　广西少数民族互助习惯的特点
- 19 　第四节　广西少数民族互助习惯的功能

第二章 广西少数民族互助组织习惯 / 22

- 22 　第一节　血缘性互助组织
- 30 　第二节　非血缘性互助组织
- 34 　第三节　救济性金融互助组织

第三章 广西少数民族生产互助习惯 / 42

- 42 　第一节　共耕制度
- 60 　第二节　集体帮工制度
- 70 　第三节　对等换工制度
- 98 　第四节　其他生产互助习惯

第四章　广西少数民族生活互助习惯 / 103

- 103 ｜ 第一节　救济性借贷习惯
- 116 ｜ 第二节　婚丧互助习惯
- 137 ｜ 第三节　打老庚制度
- 146 ｜ 第四节　待客互助习惯

第五章　广西少数民族建房互助习惯 / 150

- 150 ｜ 第一节　总论
- 151 ｜ 第二节　壮族建房互助习惯
- 157 ｜ 第三节　瑶族建房互助习惯
- 163 ｜ 第四节　侗族建房互助习惯
- 167 ｜ 第五节　苗族建房互助习惯
- 169 ｜ 第六节　其他民族建房互助习惯

第六章　广西少数民族扶助弱势群体习惯 / 179

- 179 ｜ 第一节　扶助孤寡老人习惯
- 198 ｜ 第二节　扶助孤儿习惯
- 203 ｜ 第三节　扶助其他弱势群体习惯

第七章　广西少数民族灾害互助习惯 / 212

- 212 ｜ 第一节　产生原因
- 215 ｜ 第二节　预防灾害互助习惯
- 221 ｜ 第三节　救灾互助习惯
- 238 ｜ 第四节　灾后重建互助习惯

第八章　广西少数民族互助习惯的历史作用及现代变迁 / 245

- 245 ｜ 第一节　在红军长征中的历史作用
- 249 ｜ 第二节　在土地改革时期的历史作用
- 252 ｜ 第三节　在农业互助合作化时期的历史作用

| 272 | 第四节 人民公社至"文化大革命"时期的历史作用
| 276 | 第五节 改革开放以来互助习惯的作用
| 284 | 第六节 传统互助习惯的现代变迁

第九章 广西少数民族互助习惯与社会保障机制的内在联系 / 291

| 291 | 第一节 目标上的一致性
| 293 | 第二节 内容上的重合性
| 298 | 第三节 实施方式上的相通性
| 300 | 第四节 功能上的互补性

第十章 广西农村社会保障机制存在的问题 / 304

| 304 | 第一节 立法不完善
| 305 | 第二节 执法不合理
| 324 | 第三节 监管不到位
| 326 | 第四节 法制宣传力度不够
| 329 | 第五节 机构不健全
| 333 | 第六节 资金严重短缺

第十一章 广西少数民族互助习惯在农村社会保障机制中的运用途径 / 339

| 339 | 第一节 在立法上的吸收
| 341 | 第二节 在执法和监管上的加强
| 349 | 第三节 在政策宣传上的互动
| 351 | 第四节 在机构上的互补
| 355 | 第五节 在资金上的补充

结束语 / 362

参考文献 / 364

附 录 / 378

引　言

自从达尔文提出自然进化理论后,一些学者把"优胜劣汰,适者生存"的自然选择法则牵强附会到人类社会,一时间,生存竞争的观点甚嚣尘上,竞争似乎成为现代社会生存的最有价值模式。但事实上,即使在达尔文研究的自然界,同类物种或不同物种之间都存在互助合作、相互依存的关系,更何况作为自然进化最高级形式的智慧物种——人类！诚如马克思主义所言,矛盾的斗争是人类社会发展的根本动力,但互助合作也在其中发挥着重要的作用。如果没有互助合作,仅靠竞争与斗争,恐怕人类社会文明不能成长为高级文明。互助合作不仅仅存在于原始落后的社会,相反,越是发达进步的社会,越应当是互助合作的社会。本书旨在发掘作为前工业社会的广西少数民族社会中丰富的互助习惯法,将其作为构建现代社会保障制度的重要资源,以营造和谐美好的少数民族农村社区。

西方关于互助的理论源头,最早可以追溯到圣经时代,但当时主要是宗教诫命。其后在霍布斯和卢梭的社会学思想也有所提及。19世纪兴起的空想社会主义者也有过一些不系统的论述。但真正关于人类互助行为的专门研究则起源于19世纪末叶。其最主要的动因是为了回应社会达尔文主义的"生存斗争"理论。与后者所强调的人类为了生存必须竞争的观点不同,互助理论学者更趋于肯定人类之间的合作与互助。彼得·克鲁泡特金的《互助论:一个进化的因素》是这一时期的代表作。该书以他在西伯利亚科学考察的经验来解释互助现象。在详细考证了动物之间、前封建社会、中世纪城市及近代社会相互合作的证据后,克鲁泡特金得出的结论是:合作和互助是物种进化和生存能力最重要的因素。其认为,不同物种之间进行着大量的战争与灭绝,但同时也存在着同样多的,甚至可能更多的相互支持、相互帮助、共同防御。社会性与相互斗争同样是自然法则。[①] 克鲁泡特金将人类作为有机物当中的一个物种,和其他生物一样进行观察。虽然他的著作被抨击为

---

① Peter Kropotkin, Mutual Aid: A Factor of Evolution. Chapter1, London: Freedom Press, 2009.

"一个无政府主义者涉足生物学的特殊产物",但却是"鼓舞人心的"。①

20世纪上半叶,人类学家对原始族群内部互助行为的研究推动了人们对互助在低级社会作用的认识。莫斯、马林诺夫斯基、波拉尼、萨林斯、图恩瓦、列维-施特劳斯等人类学家,在对亚洲、大洋洲等原始民族的考察过程中,发现这些民族在亲属关系、婚姻、生产、部落联盟等方面存在着许多互助关系。他们认为,互助存在于原始民族经济、宗教、军事等社会交往的各个层面,构成了前工业社会的基础,但他们均以平等互利的市场经济原则为基础对这些互助制度进行分析,认为其本质是一种互惠。他们理论的分野仅在于互惠究竟是一种集体的社会现象,还是基于个人需求所产生。此外,在剖析互惠产生的原因时,他们大多采用经济学上的逻辑方法,认为原始民族的互助主要是在物质的匮乏与生产力水平的落后的社会形态中产生的一种社会义务。

随着世界性民族文化复兴运动在20世纪后半叶的风起云涌,这一时期关于互助行为的研究较多地集中于两个基本方面:(1) 关于多元文化背景下少数族裔互助行为的研究,如对美国墨西哥裔及西班牙裔群体内互助的研究;(2) 追溯欧洲中世纪至近代乡村地区、北美近代的互助行为的研究,如David Neave 的 *Mutual aid in the Victorian Countryside: Friendly Societies in the Rural East Riding, 1830—1914*(Hull University Press,1991)。这些研究大都从社会学、人类学和历史学的角度出发,其结论也多趋向于上述族群互助的目的主要是为了生存和营造社区。② 进入21世纪后,随着西方社会社会福利制度和保障机制的完善,互助被作为社会福利和慈善事业的一个部分进行研究,互助往往与慈善团体及工会组织的工作联系在一起,被认为是救助社会弱势群体的重要手段,也是建设福利国家的重要途径。这些研究使互助摆脱了早期个体的、自发的、原始的概念,其目的已不再是为了生存,而是将互

---

① Daniel P. Todes, *Darwin Without Malthus: The Struggle for Existence in Russian Evolutionary Thought*, Oxford University Press, 1989, pp.104,123.

② José Amaro Hernández. Malabar, Mutual Aid for Survival: the Case of the Mexican American. Fla: Krieger,1983. Jose A. Rivera. Albuquerque,Mutual Aid Societies in the Hispanic Southwest: Alternative Sources of Community Empowerment. N. M.: Southwest Hispanic Research Institute, University of New Mexico,1984. David Neave,Mutual Aid in the Victorian Countryside: Friendly Societies in the Rural East Riding,1830—1914,Hull: Hull University Press, 1991. Thomasina Jo Borkman, Understanding Self-help/Mutual Aid: Experiential Learning in the Commons. New Brunswick,N. J.: Rutgers University Press, 1999. W. Chama, L. K. Mwape: An Assessment of the Structures and Dimensions of Mutual Aid among the Urban Poor: the Case of Lusaka and Kafue Districts. [Lusaka]: Study Fund,1998. Bernard Harris and Paul Bridgen,Charity and Mutual Aid in Europe and North America Since 1800, New York: Routledge, 2007.

助提升为一种高级文明社会有组织的、规范化的活动,并被纳入到现代社会保障体系当中。①

西方人类学家对原始民族的互惠行为考察及所形成的理论,为我们研究中国欠发达地区少数民族社会的互助制度奠定了理论基础和先进的方法论。但是,我们在借鉴这些理论的时候,必须考虑到中国少数民族特殊的族情,避免一般化与泛化适用,并且应当摒弃西方理论中有失偏狭的部分,例如用纯粹经济学的方法来分析互助产生的动因与本质,而应更多地关注文化与精神层面的因素。

国内关于农村基层社会自发性互助行为的研究从20世纪90年代末期开始兴起,但总体来说,研究内容较为零散,成果也较为稀薄。目前关于特定社会群体互助制度的论文与著作主要集中于以下几个方面的主题:(1) 关于农村资金互助组织的研究,这方面论文相对较多,主要是集中于对农村资金互助组织的行为失范、法律规制与政府责任等的论证;(2) 关于农村生产中的自发性互助的实证考察;(3) 农村互助型社区建设的机制创新;(4) 乡村互助行为与农村福利建设的关系研究。② 而关于少数民族传统互助习惯的研究,就民族来说,仅有对瑶族、黎族、纳西族、藏族互助组织中关系的分析及互助行为的考察,就内容来说,也多将少数民族的互助习惯放在商品社会或市场经济条件下进行分析,而对少数民族互助习惯从理论层面作价值分析,并将之导入农村社会保障机制建设的更是少之又少。③

广西是一个生活着众多民族的省份,在长期的历史发展进程中,由于地理和文化的阻隔,各代中央政府的社会保障机制到这里是有限的。但广西各

---

① Dominique Moyse Steinberg, The Mutual-aid Approach to Working with Groups: Helping People Help Each Other. Northvale. N. J.: Jason Aronson, 1997. Samuel B. Bacharach, Peter A. Bamberger, William J. Sonnenstuhl. Mutual Aid and Union Renewal: Cycles of Logics of Action. Ithaca: ILR Press, 2001. David T. Beito, From Mutual Aid to the Welfare State: Fraternal Societies and Social Services, 1890—1967, Chapel Hill: University of North Carolina Press, c2000. Gitterman, Alex: Mutual Aid Groups, Vulnerable and Resilient Populations, and the Life Cycle, New York: Columbia University Press. 2005. Anne Borsay and Peter Shapely, Medicine, Charity and Mutual aid: the Consumption of Health and Welfare in Britain, c. 1550—1950. Aldershot, England: Burlington, VT: Ashgate, 2007.

② 袁文华:"人类互助行为的经济分析",载《经济视角》(下)2010年第8期。卞国凤、刘娜:"乡村互助传统及其变化与乡村社会福利建设",载《未来与发展》2010年第6期。蔡旺:"广西农村资金互助社发展研究——以田东县为例",载《农村金融研究》2010年第4期,第19—21页。王大贤:"农村'留守妇女'互助合作问题的调查研究——以安徽省含山县为例",载《安徽理工大学学报(社会科学版)》2010年第3期。

③ 罗昶、高其才:"市场经济条件下的瑶族互助习惯法——以广西金秀六巷帮家屯互助建房为考察对象",载《比较法研究》2008年第6期。和颖:"略论丽江纳西族民间互助组织在新农村建设中的作用",载《思想战线》2009年第2期。郎维伟、张朴:"嘉绒藏族的姓氏文化与村落社会的传统互助——以甘孜州沈村藏族为例",载《西藏研究》2010年第2期。

族群众却在其社会内部自发形成了一整套互帮互助、自力救济的制度,这些制度极大地履行了民间社会保障的职能。它们使得广西各族群众在极端艰苦的自然条件之中,依然保持了良好的社会秩序和生机勃勃的生产模式。在新的历史时期,重新发掘和还原这些制度,使它们在构建社会主义新农村及和谐社会的政策框架下发挥作用,对于利用多重法律资源在民族地区建设友好、繁荣、民主、互助的基层社区,无疑是具有重大意义的。本书将广西少数民族互助传统作为法律的重要渊源——习惯进行研究,并密切结合农村社会保障制度的理论与实践,从法史学、法人类学的视角出发,运用历史与现实之间的纽带,将少数民族法文化中积极的、正面的因素导入国家的主体政策推行之中,希望能贡献微薄的理论与实际应用价值。

第一章 总 论

第一节 广西少数民族互助习惯的形成

一、互助习惯形成的背景

(一) 中央社会保障制度的缺位

我国少数民族均有在生产生活上互助的优良传统,而广西少数民族尤其为盛。他们对这一传统的长期固守使之确立为一种规范化的习惯。这种习惯形成的背景在于广西一直以来在政治经济上的偏远性。"当岭南右偏,土瘠民犷,视东道特异。"①在中国的历史发展进程中,尤其是新中国成立之前,广西始终是处于外围的"荒服"。"蛮荒之地""蛮夷之邦"等称呼已使中土人士对这一地区形成了定式思维。历史上,军事上的征服、政治上的怀柔、法律上的排斥,很长一段时期内成为中央政府对待包括广西在内的西南少数民族地区所奉行的不二法门。在"无为而治""不治而治""因俗而治"等指导思想的作用下,广西少数民族处于一种事实上自生自灭的状态。新中国成立前的中央政权对这一地区消极、冷漠、放任的态度,致使主流社会的各项社会保障制度根本无法惠及广西的少数民族。在官方社会保障缺位的情况下,广西各少数民族逐渐在群体内部形成了一种"生活共同体",他们通过在生产生活中无偿地互助,解决了个体生存所无法逾越的困难,将农业社会中个体的微薄力量发挥到了最大值。或者说,他们以互助为"幂",实现了个体效益的立方式最大化。

(二) 艰苦的生存条件

广西地理环境较为复杂特殊,而少数民族生活的地方又多为山区,岩溶地形遍布,自然灾害频繁,土地稀薄,峰高谷深,交通不便,生存环境极其恶劣。在这种情况下,单靠个体的力量很能生存下去,人们必须团结起来,相互扶持,才能克服自然障碍,共同生存和发展。不相互帮助,则意味着死亡。所

---

① (明)徐学聚编:《国朝典汇》(四),卷176·兵部40·土官,第31页下,载吴相湘主编:《中国史学丛书》,台湾学生书局1965年版(据"中央图书馆"珍藏善本影印),第2113页。

谓"鱼打堆容易捕,人合群才能生存。"①广西少数民族的许多互助习惯都是基于此建立的。尤其是生产上的互助习惯,最能体现这一点,如共同耕作、平均分配劳动果实的共耕制度,个体家庭在农忙时节相互打背工制度等,就是很典型的例证。因此,互助习惯实际上是广西少数民族在征服自然、改造自然的过程中为了生存而形成的"利益必需"。但是,这一制度虽然是基于共同生存的需要而建立的,却没有停留在仅仅满足生存需要的低级水平上,而是在此基础上发展出了种种充满精神文明和文化意味的高级制度,诸如互助组织习惯、生产技术互助等,这使得广西少数民族的互助习惯超越了浅层次的生存层面,上升为一种高尚、善意的上层建筑,即使在少数民族群众已解决了基本生存问题的今天,依然保持着强劲的生命力。

由此,广西少数民族互助习惯因其深厚的历史积淀而进入官方的视野。在历代广西的官修志书中,随处可见对这种传统的记载。明林希元纂修的《钦州志》载:"吉凶有事,邻里亲戚相助,契结情重,颇有中土之风矣。"②可见中原的士大夫虽对广西少数民族的"野蛮落后"甚有微词,但对这一地区浓厚的互助习惯却持高度肯定和赞赏的态度,认为至少在这一方面其可媲美中原地区的"礼乐文明"。清嘉庆年间纂修的《广西通志》载平乐府"士重取与"③,即当地非常注重互助往来的传统。笔者曾查阅过多个版本的民国《钟山县志》,每个版本都有对当地互助习惯的记载。如台湾成文出版社影印出版的民国《钟山县志》载:"喜有庆,凶有事,出入相友,疾病相扶持,在平日,乡里往来关于敬老慈幼之节。"④而台湾学生书局影印出版的民国《钟山县志》"风俗"卷记载:"县民……大都聚族而居,喜有庆,凶有弟,出入相友,疾病相扶持。"⑤内容相同的记载反复出现,说明广西少数民族的互助习惯已成为其文化中不可或缺的重要组成部分。在广西少数民族的口头文献中,也有大量类似的阐述。这些文献表明,广西少数民族大多都经历过长途的迁徙,在艰难的跋涉过程中,群体内部结成了牢固的互助关系,因而成为一个"无私"的一体化社会。少数民族口头文献与官方记载的暗合,也说明互助是渗

---

① 中央民族学院语言所第五研究室编:《壮侗语族谚语》,中央民族学院出版社1987年版,第18页。
② (明)林希元纂修:《钦州志》,陈秀南点校,中国人民政治协商会议灵山县委员会文史资料委员会1990年编印,第40页。
③ (清)谢启昆、胡虔纂:《广西通志》,卷88·舆地略九·风俗二,广西师范大学历史系、中国历史文献研究室点校,广西人民出版社1988年版,第2797页。注引自《李志》。
④ 潘宝疆:《钟山县志》,台湾成文出版社1967年版,第73页。
⑤ 潘宝疆修、卢钞标纂:《钟山县志》,卷3·风俗,民国22年(1933年)铅印本,台湾学生书局1968年版,第55页。

透于广西少数民族社会的普遍文化现象。

二、互助习惯的成文化

如果仅仅将广西少数民族的互助理解为普通的社会习俗,那是不够的。事实上,广西少数民族的互助文化已在长期的历史进程中逐步成熟完善,发展成为一整套健全的社会规范体系。大量的文献表明,广西少数民族的互助不仅是一种自发行为,而且还作为一种必须履行的社会义务,在乡规民约中加以条文化、法律化。这使得广西少数民族互助已超越了一般的风俗习惯而上升为"习惯法",具有了强制性和规范性。"一般说来,法律的进步和发展体现了生活中规则的不同区分,其中一部分一旦足够强大,以至对社会组织形成足够重要的影响力,就被人们看作法律。"①互助习惯法律化的最直接的表现,就是在广西乡规民约中有大量关于互助义务的成文规定。这些规定通常以三种形式出现:

1. 在乡规民约的序言中以"法律基本原则"的形式出现。广西各地大量留存的乡规民约序言中,都有关于互助义务的阐述,这使得互助义务成为少数民族习惯法的基本原则。如清乾隆四十年(1775年)所立荔浦县《筑坝议约碑文》首句写道:"窃关乡田同井支助,曾昭亲睦之风。井地同沟,势将必有均平之力。"②民国《那马县志草略》记载的《乡约会序》曰:"俾此境内,相友相助,不贪不谋,正所以补上帝之栽培,使百姓之亲睦。"其后还附诗一首:"同党同乡勿异心,一团和气值千金;当思相友还相助,惟愿时常报好音。"③金秀《三十六瑶七十二村大石牌》序言曰:"凡我同人,务须协力同心,各相救应合力。"民国13年订立的金秀六段村《六段、仙家漕、老矮河三处石牌》序言曰:"吾瑶家自盘古王开辟,相传至今,几千余年,皆是一体无私。"④乡规民约的序言,主要功能在于阐述其宗旨与目的,相当于现代成文法的"法律基本原则"或"立法宗旨",也是法律的组成部分,具有法律效力。因此,规定于乡规民约序言中的互助内容,也是民间习惯法的重要组成部分,对维持社会秩序发挥着宏观调节和指导作用。它们从原则上阐述了互助义务的必要性与重要性。

---

① [美]约翰·麦·赞恩:《法律的故事》,刘昕、胡凝译,江苏人民出版社1998年版,第2页。
② 荔浦县地方志编纂委员会编:《荔浦县志》,三联书店1996年版,第933页。
③ 《那马县志草略》,民国二十二年(1933年)1月1号立,《马山县志》办公室1984年印,第11—12页。
④ 广西壮族自治区编辑组编:《广西瑶族社会历史历史调查》(第1册),广西民族出版社1984年版,第45—46页。

2. 在乡规民约中以强制性法律条款出现。在广西许多乡规民约中,互助义务是以正文部分的强制性条款出现的。这些条款一般以两种方式出现:(1) 以义务性规范的形式出现,即直接规定社会成员的互助义务。以留存最为丰富的清代乡约碑文为例,订立于道光十五年(1835年)的桂林《萧家里等七村公议禁约碑记》规定:"同乡共井亦须出入相友,守望相助。"①一般来说,广西民间规约大多属于共同约定式的"契约法",因此其辞句常带有明显的劝喻意味,但此碑关于互助的条款却使用了"须"这一带有强烈强制色彩的字眼,使得原本出于个人意愿的互助行为,变成了具有普适性质的社会规范。(2) 以禁止性规范的方式出现,即直接禁止社会成员违背或不履行互助义务。广西田林县立于同治十二年(1873年)订立的《立禁约条》规定:"禁在团人等,从今以后,患难相救,疾病相扶,犹如□□(兄弟)。"②以"禁"开头的乡约条款,是广西民间规约较为常见的一种"立法"模式,其语气最为严厉,类似于现代法律中的禁止性规范,意味着这些条款是不容违犯的,一旦有犯,就要受到规定或约定的处罚。很显然,在这种情形下,互助和惩治杀人、抢劫、偷盗的条款一样,是习惯法中的实体内容。在乡规民约中直接规定互助内容,成为一项优良的传统,被广西少数民族的现代乡规民约所吸收。笔者在调研时,发现多处现代乡规民约仍延续了对互助义务的直接规定。如龙胜各族自治县泗水乡里排壮寨2006年制定的《寨规民约十二条》第2条就规定:"勤劳互助,共同富裕。"同乡里茶瑶村2008年制定的《村规民约》第15条规定:"全体村民应团结互助。"都安瑶族自治县隆福乡崇山村2006年制定的《村规民约》第15条规定:"村民之间要互相帮助,和睦相处,建立良好的邻里关系。"富川瑶族自治县柳家乡下湾村村规民约第2条规定:"团结友爱,相互尊重,相互帮助,和睦相处,建立良好的邻里关系。"阳朔县福利镇龙尾瑶佛子坳村《文明卫生公约》第8条规定:"发扬互助、互爱、互敬的中华传统美德,主动搞好邻里关系,家庭成员能和睦相处,村民间能友好协作。"这标志着互助传统的法律化仍是少数民族群众的现代需求。正如梁漱溟所言:"村治是与礼义有关系的"。③

3. 在"宗约"、"家训"等家族规范中以强制性条款出现。"宗约"、"家训"在广西少数民族社会中也发挥着重要的规范作用,是少数民族习惯法的重要组成部分,而其中关于家族成员互助义务的规定也非常丰富。如《宁明

---

① 桂林市文物管理委员会编:《桂林石刻》(中),1977年编印(内部资料),第280页。
② 田林县地方志编纂委员会编:《田林县志》,广西人民出版社1996年版,第905页。
③ 中国文化书院学术委员会编:《梁漱溟全集》(第5卷),山东人民出版社1992年版,第204页。

县志》中记载的思陵土州《宗祠规条》规定:"族内有亏外者,同心相助。"①在侗族社会广泛流传的《侗垒·劝诫词·杨氏家训》中规定:"喜必庆,丧必悼。纠必解,困必助。"②水族的家训条例中"乡里当和"条款规定:"乡井之人,朝夕相聚,缓急可藉其力,全须平日谦和逊让,尽礼相待,积诚相感,则爱人人爱,敬人人敬。所以出入相友,守望相助,疾病相扶也。"③龙胜红瑶在长期的社会活动中逐渐形成不成文的家族族规,综合有如下几条:各户办红白喜事,大家要尽力协助料理,若是丧事有苦难,富户应给予接济。因天灾人祸造成生活困难的人家,大家对其生产生活要尽力帮助。④ 从社会心理学的角度来解释,遵守社会规条,接受外部力量强加于自身的约束,并非一件愉快的事情,但对于广西少数民族来说,互助是他们非常乐于接受并履行的一项社会义务。实际上,互助对于生产力欠发达的少数民族社会群体来说,不仅是一种义务,更是一种权利。互助不仅满足了个体发展的需求,也促进了社会整体的向上进展。

三、互助成为违反习惯法的处罚手段

互助习惯法律化的另外一个重要表现就是,如果村民不提供互助,将要受到集体性的制裁。这种制裁表现为两种方式,一是群体其他成员免除对等互助的义务。笔者在调研中经常问被访者一个问题:"如果拒绝互助会有什么后果?"大部分人的回答都是:"你不帮助别人,别人也不会帮助你。"这是一种柔性的、隐性的惩罚,虽然没有明显的、直接的、即时的后果,但这种后果会在以后的生活中逐渐显现出来,对当事人十分不利。正如少数民族俗谚所言:"别人的事常帮忙,自己遇事有人帮。"⑤以贺州狮东村为例,该村冯支书说:"有讲法,我叫你来你不来,那你需要帮助时我就不去,一般这种情况比较少,只有双方有矛盾有摩擦的时候才会出现,没有矛盾没有摩擦就没有这个问题。"狮东村团支书也说:"不互助也不会有什么惩罚,但别人有困难你都不去帮,自己有困难别人也不会帮的。"在某些地区,这种惩罚以一种更为严厉直接的方式表现出来,即对不提供互助者处以人身处罚。如思陵土州《宗

---

① 宁明县志编纂委员会编:《宁明县志》,中央民族学院出版社1988年版,第158页。
② 湖南少数民族古籍办公室主编:《侗垒》,杨锡光、张家祯整理注校,岳麓书社1989年版,第88页。
③ 何积金主编:《水族民俗探幽》,四川民族出版社1992年版,第154页。
④ 龙胜各族自治县民族局《龙胜红瑶》编委会编:《龙胜红瑶》,广西民族出版社2002年版,第40页。
⑤ 中国民间文学集成全国编辑委员会、中国民间文学集成贵州卷编辑委员会编:《中国谚语集成·贵州卷》,中国ISBN中心1998年版,第228页。

祠规条》中就规定"红白二事躲懒者,重责10板"①,即对消极对待互助义务者,予以严酷的身体刑罚。从"罪刑相适应"的角度来说,由于互助义务具有浓厚的道德意味,因此即使违反一般也仅承担社会舆论的负面评价,如狮东村一名17岁的男孩告诉笔者,红白喜事不去帮忙的话村里人也就议论几句,说这个人好小气,没有什么后果。贺州明梅村邓支书也说:你不去互助要说明理由。但上述宗约却采用残酷的肉刑处罚,充分彰显出互助义务在当地习惯法中的重要地位。

第二种惩罚方式则较为间接,即以剥夺互助资格作为对违犯习惯法者的一种严厉惩罚手段——当某社会成员违犯了大家集体约定的习惯法时,该社会群体以集体撤销对该成员的互助义务为惩罚,从而形成对成员精神和心理上的孤立,并进而达到物质惩罚的目的。在以群体作为生存单位的少数民族地区,这种惩罚方式比肉刑更为严酷。例如,笔者在融水苗族自治县田头屯调查时了解到,在传统的习惯法时代,村里如果有人触犯了习惯法,全村的人都不再向违法者提供互助。村民义正词严地说,"不管红事、白事,什么困难都不帮你,你被孤立,就很难生存,最终只能被淘汰、赶走。"他们告诉我,他们苗族是帮理不帮亲,先礼后兵,如果违法者屡教不改,就要被从互助体系中排除出去,并最终被驱逐出村子,即所谓的"赶出去"。三江侗族自治县洋溪村寨湾屯村民许德春(80岁,侗族,曾任寨老)回忆,解放以前,当地没有政治机构,村里的重大事务都由寨老开会,共同议定。在寨老统治时期,如果村中发生盗窃案件,都由寨老根据村规民约进行处罚。一旦某人因盗窃罪被寨老处罚后,偷盗者将会受到村民的孤立和唾弃,到谁家做客都不受欢迎,到外寨去也会被拒之门外,没有人愿意为其提供帮助。偷盗者会觉得颜面无存,为社会所不容,无法再在寨子里生存下去,只能背井离乡到外地谋生。笔者也看到了将剥夺互助作为对违法者惩罚的现实版本。阳朔县龙尾瑶佛子坳村《文明卫生公约》第9条规定:"全体村民必须积极参与村级组织的一切有益活动,并且积极为村的公益事业出劳出资,凡不热心参与公益事业者,不得享受村公益福利待遇,并且村民可以拒绝为不热心公益事业者提供必要的帮助。"这些规范将表明,互助习惯并不止是一种温和的道德义务或劝诫,而是一种有强制力保证实施的社会义务。

"习惯之自身具有规范力。因有规范力,故得以惯行。即对于习惯之违背,必加以多少制裁也。制裁之中,有内的制裁与外的制裁两种。内的制裁,即违背自身不快不安之念;外的制裁,即社会上一般人对于违背所施之责难

---

① 宁明县志编纂委员会编:《宁明县志》,中央民族学院出版社1988年版,第158页。

与摈斥。而违背者感受处世上之不便与不利,亦可谓为制裁之一种。"①在传统的封闭的少数民族社会,个体对集体的依赖性是非常强的,一旦被整个社会的互助系统排除出去,个体生存的几率很低,这是比死刑还残酷的刑罚。由此可见,互助已成为广西少数民族社会的基本需求。人们通过遵纪守法来获取社会成员之间的互助,一旦破坏了既定的社会秩序,就会被剥夺获取互助的权利。换而言之,互助只存在于守法的社会成员之间,不遵守习惯法的社会成员是没有资格享受这种互助的。正如空气和水对于生命的重要性一样,失去了互助的社会成员就失去了生存于社会的资格,这是互助成为法律之基础——习惯的最充分体现。

第二节 广西少数民族互助习惯的内容

广西少数民族互助习惯,内容丰富,包罗万象,基本上涵盖了广西少数民族生产生活的方方面面,也顽强地抵御了传统乡土社会所可能遇到的各类天灾人祸。这些制度源自广西少数民族社会特殊的地理环境与经济文化背景,长期以来构成了广西乡村社会保障机制的基础,它们对于维护广西少数民族社会的稳定与和谐发挥了巨大的作用。广西少数民族互助习惯根据内容可划分为六个大类,即互助组织习惯、生产互助习惯、生活互助习惯、建房互助习惯、扶助弱势群体习惯、灾害救助习惯,每一类内部又可细分为若干个方面。(见表1.1)

表1.1 广西少数民族互助习惯的主要内容

一级分类	二级分类	具体内容
互助组织习惯	血缘性互助组织	南丹白裤瑶的"油锅"组织
		兴安两金瑶族的"氏族"组织
		都安布努瑶的"诺"组织
		十万大山瑶族的"房"组织
		宗族互助组织
	非血缘性互助组织	非血缘综合性互助组织
		非血缘专门性互助组织
	救济性金融互助组织	以货币为标的的救济性金融互助组织
		以实物为标的的救济性金融互助组织

---

① 〔日〕穗积重远:《法理学大纲》,李鹤鸣译,中国政法大学出版社2005年版,第116—117页。

（续表）

一级分类	二级分类	具体内容
生产互助习惯	耕作互助习惯	原始共耕制度
		集体帮工制度
		对等换工制度
	狩猎互助习惯	平均分配猎获物制度
	渔牧互助习惯	互助渔牧制度
	其他生产技术互助习惯	
生活互助习惯	救济性借贷习惯	货币借贷
		实物借贷
	婚丧互助习惯	实物互助
		劳务互助
	打老庚制度	老庚之间的互助制度
	待客互助习惯	食宿、指路互助制度
建房互助习惯	建造私房互助习惯	各民族建房互助习惯
	建造公益建筑习惯	壮族、侗族习惯
扶助弱势群体习惯	扶助孤寡老人习惯	血亲赡养制度
		非血亲义务赡养制度
		互助遗赠抚养制度
		劳务赡养制度
		村寨集体赡养制度
		五保户土地代耕制度
	扶助孤儿习惯	血亲抚养制度
		非血亲收养孤儿制度
		孤儿财产保障制度
	扶助其他弱势群体习惯	扶助残疾人习惯
		扶助贫困人口习惯
灾害救助习惯	预防灾害互助习惯	义仓制度
		互助抗旱习惯
		互助防火习惯
	救灾互助习惯	自然灾害救助习惯
		救火互助习惯
		抗匪、抗盗互助习惯
		疾病互助习惯
	灾后重建互助习惯	自然灾害后的互助习惯
		火灾后的重建互助习惯

第三节 广西少数民族互助习惯的特点

一、自发性

广西少数民族的互助习惯是一种长期以来自然而然形成的社会制度,完全是在恶劣的自然环境和落后的生产力挤压之下,出于生存的本能而导致的个体义务的自觉增加及对集体的被动依附。"盖道德制裁力本有二种,曰自律的,曰他律的,自律的即良心。"①因此这一习惯的形成,也是一种自然而然的过程,即长期在民间行之有效的互助经验积累成为固定的、规范化的行为模式。所以,广西少数民族互助制度的自发性是其最为重要的特征。这种自发性表现在几个方面,一是互助的动机都是出于无偿或义务的。二是互助时的主观心理状态是主动的、积极的、愉悦的。三是互助行为都是个体自觉自愿的行为,并非有组织的强制性行为,即使一些因互助而形成的社会组织,如油锅、十兄弟会等,其形成也完全是群众自发的,没有任何官方的背景。笔者针对此课题所做的问卷调查也证明了这一点。对于"别人遇到农忙、建房、婚丧嫁娶时候、您会主动去帮忙吗?"的问题,回答"是"的占47.93%,"如果别人要求去就去,没说就不去"的占49.11%,"其他"占2.96%,回答"不是"的仅占1.18%。(见图1.1)前两个答案占较大的比例,充分说明互助行为的自发性。上述数据还表明,广西少数民族的互助行为分为明示的和默示的两种,超过一半的群众在受助者"明示"的情况下去帮忙,并不能削弱互助行为的自发性,而是因为,这种"明示"的互助要约是一种对相互之间互助资格的确认。即使是"叫了才去",也是一种互助者之间的启动互助行为的民间模式,从整体上来说,仍是自发的。

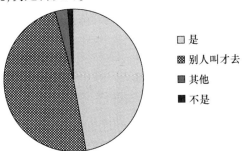

图1.1 关于"别人遇到农忙、建房、婚丧嫁娶时候、您会主动去帮忙吗?"问题回答的数据分析示意图

---

① 张东荪:《道德堕落之原因》,载经世社编:《民国经世文编(交通·宗教·道德)》(道德卷),第18页下,台湾文海出版社1970年版,第5210页。

在田野调查中,笔者处处能感受到少数民族群众对互助习惯发自内心的认可。如三江侗族自治县洋溪乡政府工作人员吴伍说:"侗族互助风气很浓厚,什么都是互助的。"贺州明梅村邓支书说:"本村没有专门的互助组织,但是互相帮助是父辈相传下来,邻居不管同不同姓,都是互相帮忙的。"那坡县城厢镇弄文屯壮族村民黄绍壮骄傲地说,村里人经常互相帮助,如捡柴火、煮菜、挑水等,这是我们民族的习俗。那坡县城厢镇达腊村的彝族小学教师梁×菱说过一句发人深省的话:"我们互相帮助是本能,不是传统。"在他们看来,互助已成为渗透到他们血液中的一种文化基因,是和吃饭、睡觉一样重要的日常事务,是人之所以为人的基本准则。2009年11月,笔者带学生去龙胜潘内瑶村调研。到达的第一天晚上,村主任很认真地对我们说,你们要了解什么尽量在今天晚上问,因为明天村里有个人要盖新房,我们全村男人都要去帮忙。果然,第二天清晨6点多,当我们走出房门时,看到一个非常壮观的景象:村里的男人不约而同地从四面八方向盖新房的地方走去,有的手里还拿着斧头、扁担、木板等工具和材料,令人感叹村民互助之高度自觉性。2011年五一期间,笔者带学生到三江侗族自治县独峒乡高定村调研,住在村口简陋的农家旅舍中。傍晚时分,我们从村里调研完回到旅舍,老板娘正在为我们准备晚餐,但她还来不及盛好饭菜上桌就神情焦急地告诉我们,村里有一位老人过世了,她们夫妇俩必须赶去帮忙,所以很抱歉我们只好自己吃饭歇息了,然后就匆匆走了,观其神态,仿佛内心有一无声之命令在催赶。其后一整个晚上都留下我们自己在旅舍中自助服务。直到今天,老板娘那迫不及待前去帮工的焦急神情在笔者的脑海中留下了深刻的印象。显然,长期的互助传统已形成特殊的"生物钟",在没有专门人组织、强制的情况下,群众完全出于自觉自愿地去行动,而其他社会成员出现需要帮助的事由是唯一的信号,这是互助习惯突出的特征。

二、广泛性

广西少数民族的互助习惯无论从内容还是范围上,都具有较强的广泛性。由于互助制度自身的积极性和友好性,很容易吸纳、整合各种社会关系和力量,形成范围开放、内容多元的互助体系:

首先,从主体范围上来说,广西少数民族的互助制度有村寨内部的,也有村寨之间的,有本民族内部的,也有跨越民族的,有宗族内部的,也有无血缘关系人之间的,互助的范围跨越了地域、民族、血缘等的界限,是一种最大公无私之制度。据民国《那马县志草略》载:"那马人民,虽有新民、土、客民之别,凡往来交际,最为感情,无存隔膜之见。"①这充分证明,广西少数民族的互助传统超越了民族的界限,体现为一种在多民族聚居地区典型的"族际互助"。正是广西少数民族互助制度的广泛性,使得各个民族、各个地区能够不依赖政府的社会保障制度,形成相互依存、共同发展的良好关系。

其次,从互助客体上来说,它涵盖了婚、丧、建房、出行等生活、生产、救灾、扶助等内容,涉及生、老、病、死、鳏、寡、孤、独、残等事务,几乎任何可以求助的事务,都能纳入互助体系。如笔者一毕业学生在贵港市某区法院工作,他反映,当地的壮族非常抱团,互助制度甚至扩及法律诉讼事务。如果村中有一户人家打官司或遭遇诉讼,全村每家每户都必须出钱出物资助。出庭的时候,每户都要派一个代表到庭旁听以助其声势。如果谁家不参加,下次若该户人家遭遇官司,则全村概不帮忙。因此当地法院对涉及壮族群众的案件都分外慎重。"打官司"对许多少数民族群众来说,是一个令人望而生畏、耗时耗力的过程,如果有全村的协助,则可以极大地减轻诉讼带来的物质与精神压力。此外,少数民族纠纷调解制度也是一种互助机制。2014年清明节期间,笔者在三江侗族自治县富禄镇随机采访了一名侗族男子,他说:"本地有了纠纷一般不去打官司,都是大家协商解决。有很多种方法处理纠纷,一般是请懂礼的老人家来处理。请老人来调解不付报酬,老人家帮忙扯平,这是互相帮助,不用付什么费。"广西少数民族互助制度内容上的广泛性,民国《平坝县志》的记载做了最好的总结:"智识上的互助,如文字上、职业上之启发,或各种事业上之相代画策之类。地位的互助,如彼此援引推荐之类。劳力的互助,如帮忙(县俗呼种种劳力互助为'帮忙')、合把(乡中呼守望相助为'合把'),及婚丧中同乡井者出而抬舁(异)奁具、柩槚,互助出力,不率报酬(此仅见之村寨),与农业上之换工之类。什物的互助,如家用什物器具互相假借之类。招待的互助,如乡村中一家婚丧,人客众多,他家辄延诸客去,昼则代之照拂,夜则代之设榻(村乡多远客,其来必歇宿)之类。金钱的互助,如组织银会。"②

最后,从互助的方式上来说,广西少数民族互助的方式可谓"无所不用其极",既有实物互助,也有金钱互助,最大量的是劳务互助,还有三者的结合。例如,建房互助时,不仅帮工,还帮料、帮钱、帮粮,用村民的话说就是"能帮什么就帮什么,看别人缺什么就帮什么",这使得少数民族能在资金较少、

---

① 《那马县志草略》,民国二十二年(1933年)1月1号立,《马山县志》办公室1984年印,第6页。

② 《平坝县志·礼仪民俗》,礼仪民俗,民国二十一年(1932年)贵阳文通书局铅印本,载丁世良、赵放主编:《中国地方志民俗资料汇编·西南卷(下)》,书目文献出版社1991年版,第557—558页。

时间较短的情况下迅速盖好房子;在扶助孤寡老人时,不仅有血亲赡养,还有非血亲赡养、遗赠抚养、村寨集体赡养、劳务费赡养、土地代耕制度等,各类制度使得孤寡老人得到了充分的照顾和扶助,从而免受无人赡养之苦。广西民间有大量的俗语也反映了互助习惯的根深蒂固,充分反映出在自发性的互助习惯治理下和谐、友好的乡土文化。

三、血缘性

广西少数民族互助习惯是一种在原始氏族互助基础上发展而来的制度,因此带有浓厚的血缘性。在互助的主体范围上,以血亲为中心,依此类推。亲属关系越近,互助的义务就越重,亲属关系越远,则互助义务就越轻。在我们的调查采访中,村民在谈到互助义务时,都会异口同声地说"亲戚就多帮点"。在一些村寨中,虽然村里统一规定了红白喜事互助的标准,但亲戚的互助标准要高于普遍标准。因此,血缘是承担互助义务的第一原则,其次是地域。在长期的迁徙、融合过程中,许多村民,尤其是邻居之间和本村村民之间,互相之间并无血缘关系,甚至不是同一民族的,但由于长期共同生活的缘故,结成了"生活共同体",互相之间也负有较重的互助义务,类似于拟制血亲。如那坡县龙合乡果桃村马独屯黄世学(40岁,男,壮族)说,我们这里生活很困难,主要是靠邻居帮忙。由于邻居在互助中扮演着非常重要的角色,因此广西民间对邻居的人品要求很高,俗话说"亲帮亲,邻帮邻"①"行要好伴,住要好邻"②。三江县富禄村一位村民说出了血缘性在互助习惯体系中的重要性:"侗族还是蛮齐心的,插田、收禾、挖井等活路不用喊,都是一家帮一家,今天我帮你,明天你帮我,而且都是自己的亲戚朋友来,如果没有人,你自己去请,别人就认为你没有亲戚朋友。"正如俗语所说:"多层的篱笆暖和,亲戚朋友多就好。"③

实践调查的数据也证明了这一点。在20世纪90年代初的"中国国情百县市经济社会调查"中,对广西南丹、玉林等地的调查充分说明,广西少数民族的互助习惯主要适用于以血缘为纽带的"社交圈子"中,其次是以居住地域为圆心的互助圈子。表1.2是对南丹地区400户农村家庭劳动力互助情况的调查结果。数据显示,互助关系发生的对象人数最多的是本村亲戚,占

---

① 桂平县民间文学三套集成领导小组编:《中国民间文学三套集成:桂平县谚语集》,1988年编印,第17页。
② 南丹县地方志编纂委员会编:《南丹县志》,广西人民出版社1994年版,第805—806页。
③ 中央民族学院语言所第五研究室编:《壮侗语族谚语》,中央民族学院出版社1987年版,第18页。

到总数的48.74%,其次是邻居、本村朋友,这两项加起来占27.14%,而兄弟姐妹家庭、外村亲戚、外村朋友、父母家庭数量则依次递减,这说明"亲戚"和"本村"是决定互助关系的两个最关键因素。同样的,在20世纪90年代对玉林地区501户农村居民家庭问卷调查中,在问到对生产生活帮助最大的3个人的职业与关系时,被访者列举了635名被认为是帮助最大的人,他们与被访者的第一关系主要是亲属,占总数的57.32%,其次是邻居,占21.26%,后面根据数量依次为朋友、同事、同乡等。与南丹地区的调查结果类似,"亲属"与"邻居"是最大的两个互助群体。(见表1.3)

表1.2 20世纪90年代广西南丹地区400户农村家庭劳动力互助情况一览表

互助关系发生的对象	人数	占%
本村亲戚	194	48.74
邻居	61	15.33
本村朋友	47	11.81
没有	38	9.55
兄弟姐妹家庭	33	8.29
外村亲戚	19	4.77
外村朋友	5	1.26
父母家庭	1	0.25
合计	397(有3人不作答)	

资料来源:《中国国情丛书——百县市经济社会调查》编辑委员会、南丹县情调查组:《中国国情丛书——百县市经济社会调查·南丹卷》,中国大百科全书出版社1991年版,第10页。

表1.3 20世纪90年代广西玉林地区501户农村家庭生产中帮助最大的3个人与被访者的第一关系情况一览表

项目	人数	占%
亲属	364	57.32
邻居	135	21.26
朋友	55	8.66
同事	22	3.46
同乡	17	2.68
上级	15	2.36
同行	11	1.73
下级	8	1.26
同学	5	0.79
其他	3	0.47

(续表)

项目	人数	占%
信仰同一宗教	0	0
战友	0	0
合计	635	100

资料来源:《中国国情丛书——百县市经济社会调查》编辑委员会、玉林市情调查组:《中国国情丛书——百县市经济社会调查·玉林卷》,中国大百科全书出版社1993年版,第623页。

笔者所做的调查问卷,也反映出广西少数民族互助习惯浓厚的血缘性。对于"若农忙、建房、婚丧嫁娶的时候劳动力不足,您怎么解决?"的问题,高达62.59%的人选择"请亲戚朋友帮忙",41.73%的人选择"请本村人帮忙",有21.58%的人选择"请邻里帮忙",选择"任何人都不请,坚持自己解决"的仅占5.04%。再一次证实,少数民族群众的互助对象,最主要的是"亲戚朋友",其次是"本村人"和"邻里"。(见图1.2)

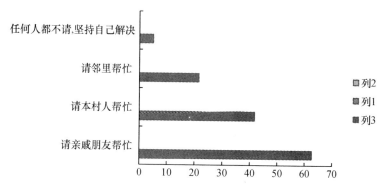

图1.2 关于"若农忙、建房、婚丧嫁娶的时候劳动力不足,您怎么解决?"问题回答的数据分析示意图

由此我们可以看出,在互助关系的顺序中,首先是受助者的亲戚组成的血缘集团,其次是本村人,再次是外村亲戚、外村人等。这种互助关系的由近及远也导致了互助义务的由轻到重。有血缘关系的亲戚或血亲集团的成员承担的互助义务最重,其互助的范围也最广,从生活到生产可谓无所不包。尤其是一些少数民族内部形成的是血缘互助集团,他们因共同的祖先而形成了"房""族""油锅"等组织,这些血亲集团成员相互承担集团习惯法规定的互助义务。因此,血亲越多,获得的帮助就越大,生活的水平就相对越高。其次是本村人,他们因共同的生活而结成了共同生存体,因此也负有相对繁重的互助义务。但与亲戚或血亲集团相比,其互助的范围仍是有限的。最后是无血缘关系或非共同居住地域的人,这类人只在自己与受助者关系范围内承

担互助义务。如果用自然界的某类现象来比喻的话,互助关系很像一粒石子投入水中所激起的层层涟漪,这个涟漪以血缘为中心一圈一圈荡漾开去,越向外,圈子的波纹和水花就越浅,从而形成互助关系中不同的义务圈子。广西少数民族将这些互助圈子称为"人情",并形成了"人情"上的对等互助关系——"人情好,吃水甜"①"人情是把锯,你来我也去"②"得人一盏酒,还人一盏浆;得人一盏水,还人一盏茶;得人相救吃,常念在心头;人情无为尽,重如江水流。"③图1.3是笔者根据上述调查结果所绘制的广西少数民族互助圈子示意图:

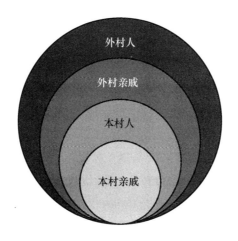

图1.3　广西少数民族互助关系示意图

第四节　广西少数民族互助习惯的功能

一、社会救济功能

互助之所以在广西少数民族社会内部具有如此强大的号召力,就在于其较强的社会救济功能。和所有的社会一样,少数民族社会的生老病死、天灾人祸也频繁发生。在生产力水平极其低下的情况下,人们抵御这些灾难的能力非常弱。但互助可以把个体的损失和损害减少到最低程度,极大地弥补了个体抗损能力的不足。这种救济性是少数民族群众千百年来在穷乡僻壤仍能繁衍生息的强大武器。正如民国年间修订的《信用合作社组织法(上)》所

---

①　南丹县地方志编纂委员会编:《南丹县志》,广西人民出版社1994年版,第805—806页。
②　荔浦县地方志编纂委员会编:《荔浦县志》,三联书店1996年版,第873页。
③　广西壮族自治区编辑组编:《广西瑶族社会历史调查》(第7册),广西民族出版社1986年版,第412页。

言:"什么是合作制度呢？乃是大家共同合作以谋求彼此利益容易发展的一种制度。人生社会上,日日竞争,稍不努力就被淘汰,所以生活的需要除个人奋斗外,不能不有赖于朋友的互助,以求幸福的增进,生计的发展,因此种事业非仅个人的力量所能办到,必须有待于通力合作方可,古人说,人生在群,众擎易举,此之谓也。"①

广西少数民族互助习惯的社会救济功能在实践调研中多有体现。笔者仅就在广西少数民族民间普遍盛行的"牛肉风险分摊原则"进行分析。2003年笔者第一次前往前述潘内村调研,住在当时的村支书家中。午饭时,主人高兴地告诉我们今天用牛排招待客人,我们非常过意不去,因为该村山高路远,人均收入水平不高,到最近的泗水乡赶集步行也要两个小时,主人专门为我们买牛肉太难得了。但支书的一席话不仅打消了我们的顾虑,还让我们油然而生感动。原来,当天早晨有户村民的牛在山路上折断了腿,对农民来说,断腿的耕牛毫无用处,只能宰杀,这对牛的主人来说是一笔很大的损失。但按照村里的规矩,谁家的牛因受伤被宰杀时,全村的人都有义务去买一份牛肉,以便将牛主的损失降低到最低程度。这实际上是一种风险分摊。另一个典型事例也证实了这种"风险分摊"原则。2010年国庆节,笔者到三江侗族自治县独峒乡岜团村观看一年一度的斗牛大赛。在人山人海的观赛人群中,笔者现场采访侗族群众,如果牛在斗牛过程中严重受伤或当场死亡,会怎么办？旁边的侗族群众很认真地回答,在这种情况下,牛会被当场杀掉出售牛肉,而人们都会去争先恐后去买这头牛的牛肉,这并非因为牛肉新鲜,而是因为牛的主人饲养斗牛投入了大量的财力、物力,而且又为大家奉献了非常精彩的一场娱乐表演,现在牛因比赛受伤或死去,大家应该帮忙,和他一起共渡难关。这种责任分摊或"风险分摊"的原则,是互助习惯救济功能的最典型体现。

二、民族发展功能

梁启超在《中国道德之大原》曾盛赞行善互助对于一个民族的未来发展有巨大的作用:"易曰:积善之家必有余庆,积不善之家必有余殃。经典传记中,陈义类比者,不知凡几,国人习而不察焉,以为是迂论无关宏旨也。而不知社会所以能永续而滋盛大者,其枢机实系于是。"②这位对中国了解极为透

---

① 《信用合作社组织法(上)》,民国年间(不详)石印本,第1—2页。
② 梁启超:《中国道德之大原》,载经世文社编:《民国经世文编(交通·宗教·道德)》(道德卷),第5页下,台湾文海出版社1970年版,第5184页。

彻的思想家,敏锐地发现了中国传统文化中的互助对建设文明社会的积极意义。无独有偶,民国《贺县志》也指出,同一地域人们相互之间的互助关系是一个社会自治自立的基础:"故必出入相友,守望相助,急难相扶持,各亲其亲而后自治之基础立。"①广西少数民族正是用自己的互助习惯践行着上述言论。他们把互助作为一种对社会应尽的义务,并在自己生活的范围内忠实地履行着这一义务,为广西少数民族的整体发展做着默默无闻的贡献。对需要互助的事务,义不容辞;对违背互助义务的行为,不仅整个社会唾弃,还采取强制措施进行惩罚,这对于培育一个道德良好的社会,并使之向着理想的方向发展具有重要的作用。"我国人惟以服膺斯义之故,常觉对于将来之社会,负莫大之义务,苟放弃此义务,即为罪恶所归。"②

广西少数民族互助习惯,深刻地体现了"一人有难,众人相帮"的优良传统。它们是人们在长期的共同生活中患难与共、相濡以沫所积累的深厚情谊。虽然每个个体的力量十分有限,但聚合在一起,足以产生撼天动地的力量。笔者在调研中,能经常感受到互助习惯对广西各民族共同发展所带来的正能量。在百色市那坡县城厢镇达腊村,群众流传着这样一句话:"有盐同咸,无盐同淡",这是他们在长期的互助发展过程中总结出来的箴言。这种互助互帮的美德不断拓展到社会生活的各个领域,形成了乐于助人、见义勇为的社会风气,推动了广西各民族的社会、经济、文化的发展。《西林县志》记载了一起感人的互助事件。1986年一天,百色师专中文系学生邓正甜(西林县籍瑶族)在街上遇见了来自凌云县逻楼乡的两位瑶族姑娘,他出于民族感情,主动给她们帮助。不久,邓正甜收到了这两位姑娘写来的信歌。信歌是瑶族的一种文化形式,以歌代信,用红布做成,长3尺、宽5村,四边镶花边,布上共写有86行歌(用汉字记的瑶歌),表达对邓的感激和爱慕之情。这幅信歌已为百色市民族博物馆收藏。③ 这一互助事件,是两个现代的少数民族青年在都市中发生的,足以说明,少数民族互助习惯并没有随着时代和环境的变迁而消失,相反,它渗透在少数民族群众的血液中,即使在熙熙攘攘的现代化城市中也能散发出惊人的力量。这一切都使人发自内心地感受到一个民族进步和发展的最核心的动力。

---

① 佚名:《贺县志》(卷3),第30页,民国二十三年(1934年)铅印本,载《中国方志丛书》第20号,台湾成文出版社1967年版,第195页。
② 梁启超:《中国道德之大原》,载经世文社编:《民国经世文编(交通·宗教·道德)》(道德卷),第5页下,台湾文海出版社1970年版,第5184页。
③ 西林县地方志编纂委员会编:《西林县志》,广西人民出版社2006年版,第927页。

第二章 广西少数民族互助组织习惯

"孟子曰,守望相助,疾病相扶持,则百姓亲睦,即此义也。顾合作必有其方,否则难于实现,故有制度以为之范。其范围者,即将一切民生事业分类分组,共同组织以谋发展也。人类原属相辅相依,相因为用,而民生事业范围甚广,需要不同目的自异,目的既异,利害不从同而易生冲突,故不如集合同一目的的同一生活之人,依其目的需要而分组合作为利也。"①由于互助是发生在多人之间的社会关系,故很容易形成出于互助目的而建立的社会组织。由于互助制度在社会各个层面的盛行,广西少数民族曾发展出较为发达的互助组织习惯。各地在历史上先后产生过大量的互助性社会组织,这些组织有以血缘关系为基础建立的,有为资助困难户而建立的,有年轻人为了筹集婚嫁费用而建立的,还有为资助子弟教育经费而建立的,林林总总,不一而足。这些五花八门的互助社会组织,其内部都有严格的规则和章程。虽然制度各异,但其宗旨是相同的,就是以不同的组织方式实现不同的互助功能。

第一节 血缘性互助组织

"土帮土成墙,穷帮穷成王"②。在传统的广西少数民族社会,自然经济的特点致使人们大多聚族而居,因此血缘关系成为信任度最高、依赖度最强的社会关系,互助关系也往往因血缘而展开,由此血缘性互助组织成为最常见、力量最强大的一类互助组织。血缘性互助组织以瑶族最甚,北至兴安地区的过山瑶,南至十万大山地区的山子瑶和大板瑶,西至南丹的白裤瑶,以及中部的布努瑶等,都曾经存在过以父系同宗为基础的血缘性互助组织。其原因也许与瑶族大多生活在深山穷谷等贫瘠恶劣的自然环境中及刀耕火种的游耕生产方式有关。这些组织带有明显的父系氏族公社残留。随着广西少数民族社会的变革,它们也逐渐衰落和瓦解了。但这些组织内部的互助习

---

① 《信用合作社组织法(上)》,民国年间(不详)石印本,第1—2页。
② 广西隆林各族自治县文化局、民委编:《中国民间文学三套集成:隆林民间谚语集》,广西隆林各族自治县文化局、民委1988年编印,第1页。

惯,却是我们解读广西少数民族互助习惯的一把钥匙。

一、南丹白裤瑶的"油锅"组织①

以父系血亲集团作为互助单位,是生活性互助最早也最易形成的社会组织。南丹白裤瑶的油锅组织是较为典型的血亲互助组织。对于这一点,历史文献也赞赏有加。如清代乾隆《庆远府志》载:"南丹土州土俍……淳谨勤俭,甲于通州,和睦宗族,乡党若一家,有婚丧众共助之,计其应纳地粮并代为代输。"②根据这一记载,南丹白裤瑶油锅组织的内部互助制度非常发达,而且正是由于这种内部互助的发达,而促进了整个社会秩序的有序有度。

（一）油锅组织的内部结构

油锅是南丹白裤瑶内部特有的社会组织,也是白裤瑶的社会基层细胞。很久以来,南丹大瑶寨地区的瑶族每寨都建立有"油锅"组织,凡瑶族的群众都参加了"油锅"组织。油锅其实是外民族对白裤瑶社会组织的称呼。瑶族内部并无统称,不同地区,其称呼也不相同。在里湖乡瑶里村称为"破卜",八圩乡称为"遮斗",还有的瑶话叫"独卓",译为汉语的意思都是兄弟或同一祖先的意思。油锅组织内成员互称"尤人",意思是兄弟姐妹。引申意即这一组织以同族同宗的人组合形成,大家同一个祖宗,同一个锅吃饭,是亲兄弟,有事互相帮助。据瑶里乡何启贤说:"油锅,就是大家同锅吃饭,有事互相帮助。"关于油锅起源的传说,可以解释这一组织产生的根源:几百年前瑶族有两兄弟到外地帮别人做木工,不幸被木头压死。死后变成鬼回来扰乱闹事,使同族人都不安宁。于是同一姓的人就凑钱来组织一个油锅,请魔公来作法念符,驱除魔邪,以为这样就能免除灾祸,同姓兄弟就能团结同心。上述称呼和传说反映出油锅组织是以血缘关系为纽带结成的互助组织。

油锅是由同一姓氏有血统关系的若干个父系家庭组成,带有明显的氏族公社痕迹,其成员原则上应该是同宗同姓的直系血缘关系。建立油锅的宗旨

---

① 本部分的参考文献包括:广西壮族自治区编辑组编:《广西瑶族社会历史调查》(第3册),广西民族出版社1985年版,第34—35、62页。广西壮族自治区编辑组编:《广西瑶族社会历史调查》(第九册),广西民族出版社1987年版,第100页。广西壮族自治区地方志编纂委员会编:《广西通志·民俗志》,广西人民出版社1992年版,第162页。张一民:《白裤瑶乡见闻录》,载《广西地方民族史研究集刊》(第2集),广西师范大学历史系、广西地方民族史研究室1983年编,第214页。张一民:《白裤瑶乡见闻录(续)》,载唐凌主编:《广西地方民族史研究集刊》(第7集),广西师范大学历史系、广西地方民族史研究室2000年编,第150页。张廷兴、邢永川:《八桂民间文化生态考察报告》,中国言实出版社2007年版,第386—387页。

② (清)李文琰总修:[乾隆]《庆远府志》,卷10·诸蛮,第8页,载《故宫珍本丛刊》第196册,海南出版社2001年版,第381页。

就是为了团结同姓兄弟,以对抗不幸的遭遇,因此以同姓为主,不分阶级,有同享受、同受难的性质。新中国成立前,凡同住一村的各姓氏,分别组成一至数个"破补"。组织的成员,以家庭为单位,一般 15 户左右,最少 2 户,多至 20、30 户的也有。超过 15 家,就另立 1 个新破补。如里湖乡皇上寨有黎、何两姓,分别组成 2 个油锅组织,黎、何两姓各有 1 个油锅。董平寨有兰、白、岑三姓,分别组成 3 个油锅组织,其中姓兰的人不管人数多少,均属于同一个油锅。里化寨有黎、何、陆、兰、覃五姓,分别组成 10 个油锅组织。瑶里乡大瑶寨瑶族油锅组织最普遍,有 70 多户,分为黎、何、王、韦四姓,分别组成 12 个油锅组织。虽然油锅是以同姓血缘集团为基础建立的,但并不排斥外姓非血缘者加入。如果外姓别宗人想参加破补,经请求允许加入后,申请者备办酒席请破补成员会餐,始被确认为兄弟。

油锅内部也有一定的组织机构。油锅组织的称谓,按油锅组织的负责人命名。油锅负责人一般由老年人担任,但有时也由油锅内能说会道又关心公益福利的中年或者青年担任。油锅设定期会议,分别在每年冬春两季举行,内容是安排和总结全年劳动生产为主,兼讨论锅内组织日常需要解决的问题,如生活困难、被人诬害、邻里纠纷、不团结等事宜。

(二) 成员之间的互助义务

凡参加油锅组织的成员,相互之间均享有一定的权利和义务,由头人带头或监督,大家共同执行。其中最重要的义务就是互助。同一油锅的人,都有互相帮助的义务和习惯。因此,油锅成员之间彼此关照,团结互助精神很好,一家有事,会请油锅兄弟来帮忙,有困难大家相互帮助解决。不论谁家盖房子、办婚事、丧事、因病不能劳动或遇到什么灾难等,都可得到本油锅各家各户照例的帮助。成员家庭分家、举行婚礼葬礼、请鬼师驱鬼,油锅组织的其他成员都会参加。油锅成员之间的互助义务主要存在以下几个方面:

1. 宗教事务的互助。这主要表现在驱魔时的互助与禁忌的共同遵守。据了解,如某一户有人生了病去问卦驱鬼,整个油锅各户均以米、酒各二十斤,鸡一只,资助病户,给他"做鬼",即作请魔公祈祷之用。除此而外,在做鬼的当天晚上,属同一油锅的人,都要"忘"一晚,不能砍柴舂米,更不能行房事。这些禁忌较为繁琐,但为了同油锅的兄弟能尽快恢复健康,油锅成员都认真遵守。这也是一种宗教意义上的互助,更体现出油锅成员在精神上的一体化。

2. 婚丧事务的互助,包括物质与劳务两个方面。油锅成员遇有婚丧时,其他成员各户要帮十斤米。如瑶里乡大寨黎老发,因母亡故,生活困难,除油锅成员户帮助酒米外,较富裕的黎老才还送他一头黄牛,作为砍牛祭鬼之用。除了物质上的资助外,还有劳务上的资助。如南丹县大瑶寨的瑶族出殡时,一般由油锅兄弟抬棺材,也有其他亲友帮抬的习惯,一律不予报酬。

3. 借贷互助,油锅成员之间借钱借物不用打借条,更不取利息。

4. 生产互助。若谁家因病因事耽误了农活,大家则出工协助,不取分文报酬。如瑶里乡大寨黎正风油锅内成员黎永清,有一年春耕时,因全家病了一个多月,不能出工,黎正风等号召油锅内成员,大家出工帮助他犁田、耙田,成员户各帮四天工,使他家的生产不至于耽搁,当年同样获得收成。这种帮工不须还工,主家只供给饭食。遇到别人困难时候,又同样帮助别人。此外,若有一家要跑纱(织布的一道工序),其他油锅家庭的妇女都会去帮忙。笔者2011年8月在里湖乡考察时,就亲眼目睹了一群妇女正在进行跑纱互助的情形。跑纱是一项非常复杂繁琐的工序,需要多人同时作业,耗时长,费眼力,白裤瑶妇女只有这样才能织出精美的布匹。据笔者观察,其基本的要求是一个妇女在纱的一端拉紧木架绷直纱线,其余的四五个妇女则一根一根地查看、对齐纱线。五个来自不同家庭的妇女在酷热的三伏天骄阳下整整忙了一个上午,至我们离开时尚未完工,但她们那种互助跑纱时一丝不苟、兢兢业业的态度给笔者留下了深刻的印象。按照现代商业文明的一般理解,如果只是义务帮助性质,其责任往往较有偿雇佣为轻,因此工作的认真和努力程度必大打折扣。但对白裤瑶妇女来说,这却是一项责任重大的制度,如果履行不力,不仅影响自家今后同样工序的帮工,亦影响到对其人品的评价及组织内社会地位的稳固性,因此须全力谨为之。(见图2.1)

图2.1 白裤瑶妇女的跑纱互助

5. 对困难户的互助。这主要体现在惠民项目上优先考虑困难户。如当地修建了甘河旅游新村,需要一些瑶族群众搬进村里生活。其中有家住户是由油锅组织决定让他们来新村工作的。当时上面选人进新村的时候,该村的

图 2.2　南丹县里湖乡白裤瑶生态博物馆中的谷仓

油锅组织开了个会,商量说这一家人生活最困难,大家应该多帮助他,让他家到新村工作。还有一些油锅组织成员搬到甘河旅游新村居住后,很多人把家里的田地、牲畜交给其他亲戚帮助看,油锅组织里面的人都支持他们到新村居住,认为他们日子好过了,以后可以有个照应。

6. 遭遇官司、诉讼时的互助。在油锅成员遇到官司、罚款等事务时,由整个油锅分摊费用。如某村民在民国时期被伪团总罚钱,同油锅的人都得出钱,同卖土地,即使这样导致整个油锅的贫穷和衰落也在所不惜。这是一项重要的责任分摊原则。

7. 其他事务的互助。如组织内部有家庭要分家,会邀请油锅成员来帮助丈量田地,主持公道。例如,瑶里么另屯的黎金德、瑶里大寨的黎少明分家时都请了油锅成员来主持。此外还有生活上的相互照顾,如瑶胞喜欢在圩场上喝酒,如果有谁在圩场上或半路上醉倒了,本油锅的人或同村的人便自动留在他身边照顾,等酒醒后送他回家。

（三）对违背互助义务者的处罚

油锅成员要履行义务,这是对每个成员的一种考核。若多次不履行以上义务,又不听劝告的,油锅就可将其革除,再不能加入油锅组织。如果想再参加破补组织,经过几年考验,确实改好,经过破补全体成员同意,并请大家吃一餐酒,才可重新加入。如瑶里乡大寨黎老保,原属黎老信的油锅成员,因与其他成员不和,而又不帮助他人,结果被革出。又如该寨黎银保油锅内的成员黎老义迁居后,与原油锅的组织联系减少,对锅内的成员有丧事、有困难,不予支持,不闻不问,视若无睹,结果全油锅的成员都否认其成员资格,把他开除了。过了几年黎老义在遇到困难无法解决时,想重新加入原来的油锅组织,当他提出要求后,黎公头人对他讲:"你回转来认兄弟是可以的,一要大家同意,二要备办酒席请众兄弟共食。"黎老义没有备办酒席,大家有意见,他也不能再加入油锅组织。

二、兴安两金瑶族的"氏族"组织

新中国成立前,广西兴安县两金地区的瑶族存在着一种以若干同姓家庭为主体所组成的小集团。民族学者称之为"氏族"。这种"氏族"无论是内部结构,还是成员的互助义务,以及对违反互助义务者的惩罚,都与南丹白裤瑶的油锅组织非常相似。首先,在内部组织结构方面,每一个"氏族"大约在20户人家左右。与油锅相同的是,氏族虽然一般是由同族、同宗和同姓的家庭所组成,但是也并不排斥外姓人参加。如有不同宗族的外姓人请求加入,经同意后,由申请人备办酒席请该氏族的成员会餐,此后即可成为其中的成员。其次,氏族成员之间都负有一定的互助义务,如建造房屋或因病不能出工,成员得互相帮助,如遇婚、丧事,各家得出几斤米资助。建造房屋时,不仅本氏族的成员前来帮助,其他房族的成员也有赶来协助的,主家除了招待一餐酒饭外,是没有什么报酬的。其他的劳动互助,也无还工的规定。如家庭经济困难,可向其他成员借钱用。如果钱数较少可以免付利息。最后,在违反互助义务方面,如有不遵守习惯的规定,不帮助其他成员劳动的迹象,就会被革除组织之外。但当其承认错误,要求恢复成员成份时,则要准备酒饭,招待其他成员饱餐一顿,才能重新加入。这种现象在新中国成立前曾发生过,如大寨村的潘正明比较吝啬,有一年,氏族成员到别村舞龙灯,该村曾备办酒肉,热情招待,潘亦前往参加吃喝,但当该村回访大寨时,潘却不愿与大家一起出钱招待对方,引起各成员不满,不承认他的会员资格,后来他又提出申请,经成员同意后又重新加入。①

由此可见,"氏族"与"油锅"一样,其建立的目的和宗旨就是为了使同一宗族成员在互助中共同生存,并将是否履行互助义务作为考核成员资格的重要标准。从某种程度上说,互助类似于成员定期缴纳的会员费。虽然这些组织都是以血缘为基础建立起来的,但互助却成为维系成员之间关系的"第二血缘"。抑或说,血缘只是获取成员身份的门槛,而互助才是真正获取成员资格的实质性保障。

---

① 广西壮族自治区编辑组编:《广西瑶族社会历史调查》(第4册),广西民族出版社1986年版,第349—350页。

三、都安布努瑶的"诺"组织

都安等地的布努瑶族直到新中国成立前夕,仍然残存着一种叫做"密诺"或"颇诺"、"落诺"的社会组织。它以血缘关系为基础,并联系地缘而组成。一般以同姓的一个或两个血缘亲族聚寨群居,小者一二个弄场、一个姓氏一二十户组成,大者十几个弄场、几个姓氏组成。密诺法规,通过口头一代代往下传,使之成为习惯法。密诺内部要团结,有困难要解囊相助。房内婚喜丧事,互相帮助,共渡难关。"诺"对弱势群体的得力救济是其一大特色。对于无后的老人及孤儿,由密诺成员轮流帮他们耕种,逢年过节请他们去吃喝,死后由集体安葬。① 因此,一个成员即使足不出户,其生养死葬也全部都可以在"诺"组织内部完成。

四、十万大山瑶族的"房"组织

十万大山地区的瑶族直至解放初期,都普遍存在着一种"房"的互助组织,也是以血缘关系为基础建立起来的。当地的山子瑶、大板瑶都有"房"组织。山子瑶的房是由某一个祖公的五代子孙组成。同房人住得比较近,多半同村,同共耕组织,在经济上关系密切,发生困难时有互相帮助的义务,盖房子、婚丧事宜互相帮助。大板瑶在家庭上面也有"房",一般由同宗的三、五户至八、九户人家构成,"房"内在生产和婚姻上有互助的责任。②

五、宗族互助组织

在中国的传统文化中,宗族承担着非常重要的社会保障互助义务:"凡在此者,死必赴,冠娶妻必告,少而孤则老者字之,贫而无归则富者收之,而不然者,族人之所共诮让也。"③在广西一些少数民族地区,还存在宗族为了扶助鳏、寡、孤、独及子弟教育问题而专门成立的基金会组织。这些组织以宗族为基础,其宗旨是解决族内贫困人口的生活问题或扶助本族子弟完成教育,具有较强的救济性质。和前面的"油锅""氏族""诺""房"等组织类似,其主要目的是保障家族成员的生存。这类组织的历史较为悠久,如清代纂修的广

---

① 广西壮族自治区地方志编纂委员会编:《广西通志·民俗志》,广西人民出版社1992年版,第163—164页。都安瑶族自治县志编纂委员会编:《都安瑶族自治县志》,广西人民出版社1993年版,第118页。
② 广西壮族自治区编辑组编:《广西瑶族社会历史调查》(第6册),广西民族出版社1987年版,第259、623页。
③ (宋)苏洵:《苏氏族谱亭序》,载(明)冯琦编纂:《经济类编》(十七),卷82·人伦类二·宗族五则,台湾成文出版社1968年版,第9218—9219页。

西《归顺直隶州志》就记载了当地张姓宗族在南宋末年为躲避战争迁入当地之后,艰苦创业,代代相传的史实。从文献中可以看到,张姓宗族在土地极其有限的情况下,专门拨出数量可观的田亩用于宗族的养老、婚丧服务、孤寡残疾救济等目的:"十八年……冬分甲置各处余田,以频洞余田四百亩为岁时养老,以化洞余田为社稷祀典,以本洞余田九百亩助婚嫁,以频洞余田七百亩养孤独、残疾,以禄洞余田九百亩助民死丧。"①正是有了充分的物质社会保障,该家族才在当地繁衍生息,薪火相传,广为散布,长期维持着安居乐业、和谐稳定的社会生活。康熙《永明县志》"宗族条"记载:"有学田以给孤寒,择其分之长而年之老者,用筦家政宗法最为井井。"②即宗族划分出专门的土地用于救济本族的孤儿及其教育,并交给年长者托管,这是一种稳固的内部保障制度。有的还专门立碑刻示,开列规条以警众人。永福县立于清代光绪二十七年(1901年)的《木村莫朝翰墓碑》就清楚地载明,该莫氏宗族的公山林木收入,全部用于族内无子嗣者、丧偶者等鳏寡孤哀或残疾人员的生活救济,其他人员永远不得动用此笔款项:

> 始祖自南丹至柳州,复迁临邑。居住木村边下珠山一所……渐次蓄钱谷稍多。……凡我族人有子嗣者,永不准分。无子嗣者,照例支发。兹□□册派人掌管。□催车、收剩、卖除、买借人条规列于总簿。至若鳏寡孤哀,夫妇残疾,□妇等项,□□□于坟侧。此后钱谷田地不许本族耕借,倘违议者,无论尊卑长幼,由□族呈□官究治。③

民国《三江县志》记载,该地区的壮族、侗族都存在过以宗族互助为目的的"清明会"组织:"'清明会'之组织,各由其族人醵金置产,或以基金放贷取其租息,以供蒸尝之需。"④此外,一些地区还存在专门扶助子弟教育的宗族基金会。武鸣县邓广乡壮族新中国成立前也有"宗族办学""宗族助学"的情况。如邓广圩上的陆姓宗族每个学期补助一个学生几角钱。宗族也办私立初小,本族和外族的子弟均可入学,学费一律照收,唯本族子弟可免交一项公杂费。⑤ 支持教育是任何社会都鼓励提倡的,因此这类组织至今仍然在一些

---

① (清)何福祥纂修:《归顺直隶州志》,载《中国方志丛书》第137号,台湾成文出版社1968年版,第37—49页。
② (清)周鹤纂修:[康熙]《永明县志》,卷2·风俗,第4页,载《故宫珍本丛刊》第156册,海南出版社2001年版,第419页。
③ 黄南津、黄流镇主编:《永福石刻》,广西人民出版社2008年版,第133—135页。
④ 《三江县志》(十卷),民国三十五年(1946年)铅印本,载丁世良、赵放主编:《中国地方志民俗资料汇编·中南卷(下)》,书目文献出版社1991年版,第958页。
⑤ 广西壮族自治区编辑组编:《广西壮族社会历史调查》(第6册),广西民族出版社1985年版,第35页。

地区很活跃。近年来,以血缘关系为基础成立的互助组织,随着农村宗族关系的解体大都衰落了,唯独宗族教育性互助组织却因其与国家教育制度的吻合而得到了新的发展。如西林县的农氏宗族成立木顶农氏教育基金会,对学有所成和有困难的农氏子弟入学进行资助扶持,至今仍然活跃。①

第二节 非血缘性互助组织

人是社会性生物,除了血缘关系可以依靠外,广西少数民族还在长期的生产生活中形成了超越血缘关系的互助合作组织。这些组织的目的性较强,不仅能够将人类群体的范围扩及非血缘关系,还能够弥补血缘性互助组织的某些弊端。正如少数民族俗谚所说:"人多手众,柴多火烘"②、"细麻搓成团,力量吊千斤"③。

一、非血缘综合性互助组织

(一) 男性非血缘综合性互助组织

广西各民族男性群众都有结拜异姓兄弟的习俗,由此在相互无血缘关系的男子中形成了互助组织,如十兄弟(有的地方叫十友会)、拜把子(或称结拜兄弟、换帖)、义兄弟、兰兄弟、认伙契等,从两三人、十来人到四五十人不等,正如民间俗谚所云:"鱼打堆容易捕,人合群才能生存","十匹马共槽,不嫌草料老。"④这类组织最大的价值就是把无血缘关系的人员纳入互助体系,典型的有十兄弟会和十友会。

1. 十兄弟会:广西各民族"结拜兄弟"的活动以壮族为甚,有的叫"拜把"、"结义",有的叫"换帖"或"金兰结交",少则三四人,一般一二十人,多的达四五十人。以此为基础,出现了"十兄弟会",它是新中国成立前壮族男性的社交习俗,流行于象州、武宣等县。参加者完全出于自愿,年龄不一定相同,但悬殊不大,品性、爱好、意愿、志向大体相同。由一人或数人提议,全体附和,即可结拜为十兄弟。此后不论哪个有事,或喜或悲,大家都要互相帮助,做到有福同享,有祸同当。遇有红白喜事,彼此相帮。有的还发誓同生共

---

① 西林县地方志编纂委员会编:《西林县志》,广西人民出版社2006年版,第1060页。
② 卢嘉兴:《中国民间文学三套集成:北流县民间谚语集》,广西北流县三套集成办公室1986年编印,第13页。
③ 广西隆林各族自治县文化局、民委编:《中国民间文学三套集成:隆林民间谚语集》,广西隆林各族自治县文化局、民委1988年编印,第50页。
④ 中央民族学院语言所第五研究室编:《壮侗语族谚语》,中央民族学院出版社1987年版,第18—19页。

死,共患难,共安乐。① 来宾、迁江县城乡盛行的十兄弟会又称红白钱会,以互相资助办理婚嫁和丧葬为目的。会友人数少的十人,多的二三十人。会友有红白喜事时,各会友集资交会首代表致送,或者会友全部到场,表示庆贺或悼念。一般是会友家有红白喜事,其余会友都捐款钱赠物交会首送去,以利红白喜事者解决困难。如有红事的会友需提前十到十五日,通知会首,以便转致各会友准备资助,以示祝贺。会友如遇丧事报之会首,会首也及时通知各会友集中前往资助,以示悼念。②

2. 十友会:与十兄弟会类似,但结构更严密,成员关系更紧密,是新中国成立前流行于武宣、横县、融安壮族中的民间社交习俗。各地活动内容有所不同。武宣一带的十友会侧重社交方面。一些男性成年人,在长期的同学、共事交往中,大家品性相似,志趣相投,建立了比较深厚的感情,便要求建立更深一步的组织——十友会。大家准备酒菜,一道共饮,订立团结互助条约。条约通过之后,大家举杯盟誓:团结友爱、互相帮助;共同进步,患难同当等。③ 一些地方的十友会是名副其实的,即会员的确限定在 10 人。如横县的十友会是民间自愿组成的经济互助组织,由 10 个男子组成,世代相传,选有会首。在 10 人中,谁家有红白喜事,经济上有困难,其他 9 人帮助解决。新中国成立前,校椅圩就有几个十友会,新中国成立后仍沿袭。④ 民国期间融安也存在民间互助组织"十友会"。会员不论谁发生了经济困难,9 位会员都给以帮助。40 年代因战乱而停止。⑤

(二) 女性非血缘综合性互助组织

广西少数民族还存在单纯由女性组成的互助组织,它反映了广西少数民族女性较强的自我意识和独立的社会地位。这方面最为典型的是壮族的"十姐妹"组织,与男性的十兄弟会相对。它是新中国成立前壮族女性的社交习俗,流行于武宣、象州、马山、龙州、大新、那坡等地。以武宣最具代表性,一群未婚的女青年,因同学、同伴、同事而相互了解,志趣相投,感情深厚,年龄相近,不论同姓、同村、外村或异族,有结成永久性朋友的愿望,便结成"十姐妹"。她们相邀聚集在一起,商订条约,用唱歌形式举行宣誓。条约内容

---

① 广西壮族自治区地方志编纂委员会编:《广西通志·民俗志》,广西人民出版社 1992 年版,第 170—171 页。
② 来宾县金融志编纂委员会编:《来宾县·金融志》,广西人民出版社 1999 年版,第 36 页。
③ 广西壮族自治区地方志编纂委员会编:《广西通志·民俗志》,广西人民出版社 1992 年版,第 170—171 页。
④ 横县县志编纂委员会编:《横县县志》,广西人民出版社 1989 年版,第 608 页。
⑤ 融安县志编纂委员会编:《融安县志》,广西人民出版社 1996 年版,第 396 页。

主要有团结友爱、互相帮助、排忧解难和患难与共等。还约定:每当一个姐妹出嫁,都要共同筹办嫁妆或其他礼物,并要陪伴数夜,直到送往夫家,再陪一夜(该地新婚夫妇头晚不圆房)。日后生男育女,都相约一同送礼物去祝贺,叫做"做姊妹去"。①

二、非血缘专门性互助组织

(一) 婚丧互助组织

在传统的广西少数民族社会,婚丧嫁娶等事项是非常隆重的仪式,耗费巨大。对于许多平民来说,其所耗费的巨额资金是难以承受的负担。为此,广西少数民族还形成了在婚丧嫁娶、红白喜事方面互帮互助的组织——红白钱会。由于这种组织服务目的的特殊性,因此一般无确定集会日期,代表每年有4人轮值,称为头人,会簿亦归头人保存。② 集会的日期、会金的使用也以会员家中发生红白喜事为标准,更具人道主义精神和情感关怀色彩。如贺州民间就有婚娶丧葬的"红会""白会"等各种互助性质的"会",由农民自愿凑钱凑物组成,以借贷形式解决入会农民的困难。③

1. 婚姻互助组织。一些地区则根据组织目的发展出分工更为明确的互助组织,如专门的婚嫁互助会,并且按照性别分别组织。婚嫁互助会以南宁郊区最为典型。20世纪30年代,南宁郊区坛洛乡农民为了解决婚嫁喜事的资金困难而自行组织婚嫁互助会。该会属一种资金互助性质,不计利息,会金只限于子女结婚或本人结婚请喜酒时之用。这种互助会出现在抗战前,以后就没有再组织了。但1978年以后,由于农村经济不断发展,市郊农民生活进一步改善,对结婚也逐渐讲究起来,为了筹集资金在结婚时能买到高档消费品,男女青年分别组织结婚互助会。在坛洛乡,每个自然村都组织这种互助会,每个互助会都有10多人参加。男青年组织的互助会成员,不论谁结婚都送给1台国产黑白电视机,已有电视机的,则送给一台与电视机价值相等的收录机。女青年组织的互助会成员,在结婚时送给中等价值的单车一辆。④ 在柳江县穿山乡一带,还有一种由未婚男青年组成的"新郎结拜兄弟"。每年农历八月十五,未婚男青年往往要举行结拜兄弟仪式。当晚,杀

---

① 广西壮族自治区地方志编纂委员会编:《广西通志·民俗志》,广西人民出版社1992年版,第171—172页。
② 广西壮族自治区地方志编纂委员会编:《广西通志·金融志》,广西人民出版社1994年版,第91页。
③ 贺州市地方志编纂委员会编:《贺州市志》,广西人民出版社2001年版,第583页。
④ 南宁市地方志编纂委员会编:《南宁市志·经济卷(下)》,广西人民出版社1998年版,第466页。

一只大公鸡,喝鸡血酒,以后大家情同兄弟。结拜的都是单数,5到11个不等,按年龄排序。如果其中一位结婚,其余兄弟都去帮忙、贺喜、闹洞房。一般做事,则由老大出面安排。罗城仫佬族有"送嫁十姐妹"的习俗。姑娘出嫁前一个月,村上同辈最亲近要好的姑娘,自愿组合,到新娘家日夜相伴,并帮她做鞋子、缝衣裳,办嫁妆,直到出嫁那天送到夫家为止。①

2. 丧葬互助组织。广西少数民族还出现过专门筹办丧事的互助组织,如专为老人治丧之用的老人会在广西就有悠久的历史。据民国《柳江县志》记载:"乡区人家因送死关系,皆有老人会之组织。"②民国时期,合浦、贵县等地为处理老人丧事也曾设立老人会。如贵县(今贵港市)的老人会,又名长春会,是为乡邻遇到丧事的互助组织。每次各交一定会金,谁先遇到丧事,会里就使用这笔钱相资助,直至每个会员都得到一次资助为止。合浦镇的老人会设董事长1人,董事3人,会董15人,会员30人,董事会会员30人,会友1000人。会友需满60岁。凡遇会友死亡,会友每人交铜元6枚,总共约60千文,给丧友家属作丧事费用,基本解决问题。每死一名会友,又吸收一名新会员,照交一元会头。③ 富川瑶族自治县也曾存在过老人会,属民间互助性质的邀会。这种邀会不标利息,会员谁先死亡,他家里先用会款,谁生活困难大,谁先用款,无需抽签。④ 除资助老人丧事外,还有资助丧偶的。京族在40年前,有的村子自发建立"相帮会"。会员之中如有丧偶,会员每家就助米五斤。这是"相帮会"内部自己制定的。⑤

(二) 教育互助组织

近年来,广西少数民族的受教育程度和文化水平不断提高,许多村落出现了具有现代意识的教育互助组织。这些组织通过会员集资的方式,扶助和奖励子弟上学读书。最典型的例证即是三江侗族自治县独峒乡高定村的"同村会"。2011年5月笔者在该村调研时了解到,该村自2010年开始成立有一个"同村会",完全是村民自发组织的。同村会现有会员130个人,男女都有,村干部都是同村会会员,其他村民只要愿意交纳会费都可以自愿参加。会员中本村在外面有工作单位的公职人员占大多数,其中大部分是国家公务

---

① 广西壮族自治区地方志编纂委员会编:《广西通志·民俗志》,广西人民出版社1992年版,第171—172页。
② 柳江县政府编:《柳江县志》,刘汉忠、罗方贵点校,广西人民出版社1998年版,第94页。
③ 广西壮族自治区地方志编纂委员会编:《广西通志·民俗志》,广西人民出版社1992年版,第172页。
④ 富川瑶族自治县志编纂委员会编:《富川瑶族自治县志》,广西人民出版社1993年版,第300页。
⑤ 符达升、过竹、韦坚平:《京族风俗志》,中央民族学院出版社1993年版,第113页。

员。当时的会长是原籍高定村的原三江县交通局局长。同村会的资金都来源于过年过节时会员的募捐。加入同村会,最低交会费 100 元,有多的也可多交,不限制,但不交钱就自动放弃会员身份。会费由会长统一管理,会员每年过年交 100 元,聚餐用去 20—30 元,剩下的全部存为公共基金。当时同村会会还有基金 1.2 万元。这些基金最主要的目的是奖励和扶助村民子弟读书,如村里有学生考上大学、高中、初中,及在班上成绩优异、考试成绩达 80 分以上的学生等,都会受到不同程度的奖励。同时,寨子里的人也愿意把钱借去资助那些上不起学的孩子。除此而外,同村会的基金还用于村里的脱贫致富重大项目等。如村里当年种了 200 多棵桂花树,花了 10000 多元,都是用同村会的钱买的。前任村主任吴忠说,村里以前也有过类似同村会的组织,如 90 年代就曾成立过助学基金会,运作了几年后,骨干会员都去外面工作了,村民无力发起,也就慢慢不运转了。近年来,随着人均收入和生活水平的提高,村民又重新发起成立了同村会。这说明,成立互助性质的社会组织,是广西少数民族地区历来的传统,其前仆后继之精神,促进了互助组织习惯之发达。

(三)海外华侨互助组织

广西少数民族的互助传统是如此浓厚悠长,以致其伴随着广西少数民族迁徙的足迹,跨越了国境,流传到了海外。近些年来,在国外也出现了由广西籍华侨组成的互助组织。如据《广西大百科全书》记载,法国的广西籍华人社团曾成立有"法国侬裔互助总会"组织。该组织1984年秋成立。由从越南北方移居法国的原驻越法军中的侬族退伍军人和印支难民组成,旨在维护侬族华人合法权益,互助互爱,勉励后裔不要忘根忘本。1991 年 8 月,会员捐资 3 万法郎赈济广西灾区。①

第三节 救济性金融互助组织

广西自古以来属经济欠发达的边远省区。由于经济落后,因而其自身难以提供发展所需资金,而由于其边远,也难以争取到中央政权对其在财政上的关照与支援。长期的资金短缺迫使广西民间发展出形式多样的救济性金融互助组织。为了解决各种生产生活上的困难,许多群众自发地组织起各种集会募集资金,聚少成多,互惠互利,不仅实现了自身的发展,也极大地弥补

---

① 广西百科全书编纂委员会编:《广西大百科全书》,中国大百科全书出版社1994年版,第165页。

了传统中国乡土社会金融机构与社会保障制度的严重匮乏。总结这些救济性金融组织的得失利弊,发掘其可资利用的价值,对于建设西部民族地区的社会保障事业具有积极的意义。

一、以货币为主要标的的救济性金融互助组织

广西民间金融组织古已有之,但各种文献对此的记载颇少,难以考证。民国时期,各类合会曾风行一时,活跃于广西的大部分城镇乡村,是民间金融互助最为发达的时期。在救济性金融互助组织中,以货币为标的的组织是数量最多的。这些组织主要是中下阶层的群众为了解决生活困难而成立的,在乡村地区较为普遍。如民国《柳城县志》就记载:"县属中下人家救济金融,有银会之组织。"①民国23年(1934年),广西自治区统计局对昭平县等14县35村的调查,有合会组织的19村,占调查村数的54.3%。②《来宾县金融志》也记载,民国时期,来宾、迁江县的牛岩、良塘、迁江、大湾、城厢等乡镇圩场均有钱会,尤以迁江县城最为盛行。迁江镇钱会组织面很广,参加钱会的有小商贩、工商业者、居民、农民、工人,也有乡干、机关职员等,参加户数占全镇总户数的90%左右。③

广西民间救济性金融组织名目繁多,形式多样,有合会、标会、年会、月会、日会、坐会、钱会、埋会、银会、邦会、邀会、打会等称呼。如《富川瑶族自治县志》就有多处记载:"民国期间,日会、标会以及其他邀会作为民间调节经济资金的互助组合形式,在县内盛行。""民国时期,群众以(打会)的形式,自愿组织起来的民间借贷互助组织,有月会、标会以及其他邀会等。"④救济性金融组织又分为有息的和无息的,主要有以下几种典型形式:

(一) 合会

合会是一种群众性的资金互助组织。其组织形式多种多样,名称也随之而异。它盛行于农村,城市也颇有发展,合会的基本形态是由一定数量的人员,每人凑集均等的会金或股份组成,发起人称为会首或会头,其他人称为会员或会友、会仔。除会首享有一定的特权外,会员通过利息投标、抽签或轮流坐庄等方式,平等地使用共同缴纳的会金。合会利率一般在3分

---

① 柳江县政府修:《柳江县志》,刘汉忠、罗方贵点校,广西人民出版社1998年版,第94页。
② 广西壮族自治区地方志编纂委员会编:《广西通志·金融志》,广西人民出版社1994年版,第91页。
③ 来宾县金融志编纂委员会编:《来宾县·金融志》,广西人民出版社1999年版,第35页。
④ 富川瑶族自治县志编纂委员会编:《富川瑶族自治县志》,广西人民出版社1993年版,第298、300页。

以上。① 如新中国成立前，在兴安城乡就有一种民间互助事业的合会。入会者以银钱或谷物为资，约定分期收用，发起者首先收用，以后约定参加者轮流收回。②

（二）标会

标会也叫钱会，是民国期间广西民间盛行的一种群众性的资金互助组织，是最普通的一种合会方式。会友人数不定，其基本规则是，按出标最高利息者得用会金，直至都得用会金一次为止。融安县长安镇标会的组织形式为：由邻里、相识的人数人或十数人，甚至数十人自愿组成，每人投资现金不定，交由会首掌管，定有《会规》。每月投标1次，首次中标者归会首所得。从第二次起，按会员投资最高者为中标。投资者每人均得一次中标后便自动解散。③ 新中国成立前南宁郊区各乡村普遍盛行标会。一般是由本地比较有声望的人发起组织的。发起人要负责督促会员按期交纳会金，并管理标会会金、会员名册及历届中标者所得会金情况。每个标会约有30至40人，每月开会投标一次。每个会员都有取得一次会金的机会。会员中有生、熟会员之分，所谓熟会员，就是已中标收取了各会员会金的会员；生会员是尚未中标取得各会员会金的会员。投标时，按会员急需用款程度和投出利息最高者为中标，暂时不需用钱的人可以不投标。中标所得的款项，用途不加限制，可用于买耕牛、建房屋、结婚、庆生日或做生意等。④

标会虽然利息较高，但却可以极大地解决民众生活用款的急需，在一些特定时期可发挥较大的社会救济功能。如抗战胜利后，桂林遭受破坏惨重，整个城市只剩下6间完好的民房，在政府束手无策的情况下，市民为建房及谋生起见，做会集资风靡一时。桂林市各区村街都有集款标会的组织，目的各有不同，有因建筑房屋，有因经营商业，有因家庭发生变故不能维持生计等情，首由本身和旁人发起，约同数人至数十人，制订合同，为一种临时动议，临时组织的会，或者经一次动议而决定了一个会的，就是永久的组织。全会选出会道1人，办事员数人，主持会务。在会期间，全由选出人员负责按户摊排。这种标会，桂林市每一村街均有三四个，全市共有二三百个。⑤

---

① 广西壮族自治区地方志编纂委员会编：《广西通志·金融志》，广西人民出版社1994年版，第90—91页。
② 隆林各族自治县地方志编纂委员会编：《兴安县志》，广西人民出版社2002年版，第447页。
③ 融安县志编纂委员会编：《融安县志》，广西人民出版社1996年版，第396页。
④ 南宁市金融志编纂委员会编：《南宁金融志》，广西人民出版社1995年版，第87—88页。
⑤ 广西壮族自治区地方志编纂委员会编：《广西通志·金融志》，广西人民出版社1994年版，第91页。

(三) 月会

月会是新中国成立前民间较为普遍的一种经济互助方式,尤其在商人之中较为普遍。月会的投标和取利方式与标会是相同的。但值得注意的是,月会有有息和无息之分,上述为有息的月会,会员使用会金须付出一定的利息,但无息的月会一般不采用最高息投标的方式,而是采用抽签或轮流使用会金的办法,使会员都能无偿平等地使用会金,这种组织的互助性质更为明显一些。钦州市的月会发起者称为"会头"。参加做会的为会友,每人一般要认一股,多认股亦可。若每股100元,有10人参加做"月会"便有1000元。会头有权使用头次集款,但必须每月办1次丰盛的餐宴招待会友,以后定期开会投标,如第一二次开会投标时,由会友出标以最高标价者获得使用这期会钱,除了会头和使会钱的人,还有9人,若最高标价为40元,其他会友每人每股只可供出会款60元,使了会款的人,以后每月必须还100元,即每月要付出息金40%。上尾会的人,每月可吃1次招待餐,并坐收利息。新中国成立后至70年代,做"月会"现象绝迹,80年代后,农村和城镇有做"月会"现象。①

(四) 打会

打会也系互利形式的民间借贷组织,一般因婚丧娶嫁、修房等,钱粮不足,邀亲朋好友起会,借以互助。在桂西北一带较为流行。发起者为头会,有几个人参加便依次成几会,约定每月、每季或每年举会(又称庙会)一次,每次每人各缴一定数量的谷物和现金,轮流交由一人(即一会)使用。民国时期灌阳县内"打会"非常盛行,几乎每个自然村都有,一些较大的村甚至有几个,也有跨村组织的。② 阳朔县古榜村也曾通行过打会。会众6人,每年举行1次,会金为100元。按次充收,轮流使用,直到每人都使用一次后结会。结会后再重新组会。

(五) 商会举办的合益福利会

广西各地的商会也曾举办过专门针对内部会员的互助组织。如龙胜各族自治县设于清代的瓢里粤东会馆、湖南会馆商会、龙胜街楚南会馆商会等,商会会员如遇经济拮据,商会予低息贷款接济。③ 民国24年(1935年)春,桂林市商会因经费不足组织合益福利会。该组织民国36年(1947年)通过的

---

① 钦州市地方志编纂委员会编:《钦州市志》,广西人民出版社2000年版,第716页。
② 灌阳县志编委办公室编:《灌阳县志》,新华出版社1995年版,第375页。
③ 龙胜县志编纂委员会编:《龙胜县志》,汉语大词典出版社1992年版,第307页。

章程第 1 条即规定:"本会以谋工商业之周转灵活并鼓励节约储蓄,提倡互惠互助为宗旨。"说明该组织的目的也是互助筹集资金低息接济会员,活动方式一如标会采取定期投标的方式。①

（六）其他金融互助组织

隆林各族自治县者浪乡一带的壮族地区曾流行互助储金组织,壮语称之曰"根惠"。由寨里较富裕的人家发起。参加者都是本寨的人,自愿参加。发起人串联好入股人之后,即杀猪设宴,招待大家聚餐,并收纳股金,"根惠"组织就算成立了。入股的股金多少不限,没有现金的交粮食也可以。借款方法是抽签轮流借,比如"根惠"组织成员有 10 人,就按照 10 个顺序年度安排抽签,谁抽中哪一年就在哪年借,次年偿还,借款金额不限,但还款时必须多于借款额的 20%,当入股的 9 人都借过之后,所剩一年(第 10 年)的那股本息,就归发起人。到时,发起人又设宴请入股人吃一餐,"根惠"组织就算结束,年来重新组织。这种组织到 1956 年农村信用合作社建立之后消失。②根惠的互助作用非常大,正如当地俗谚所言:"土帮土成墙,穷帮穷成王。"③富川瑶族自治县还存在有七星会等邀会,属民间互助组织的邀会。这种邀会不标利息,先用款者等于整借零还,后用款者为零借总收。七星会采取除会首外其余人抽签的办法,确定用款的顺序,这种邀会大多为当年按月领用会款,按年领用的比较少。④

上述金融互助组织由于其良好的社会救济功能,直至改革开放后仍有所延续和发展。20 世纪 50 年代中期至 80 年代,广西各地尤其是城市企事业单位开始创办一种新型的民间金融互助组织——互助储金会,其目的是为了帮助群众解决婚、丧、生育、治病、上学诸问题,并避免了单位的行政借支。由于其克服了以往有息互助组织的弊端,取得了较好的成效。如 1954 年桂林市支行配合市总工会、妇联、街道办公室等有关部门在全市发动组建互助储金会,用以取代日会和标会。当年全市组建互助储金会 1391 个,其中单位职工互助储金会 885 个,街道 506 个,均属于活期储蓄范围。借出 20.4 亿余元,

---

① 广西壮族自治区地方志编纂委员会编:《广西通志·金融志》,广西人民出版社 1994 年版,第 91 页。桂林市金融志编纂委员会编:《桂林市·金融志》,桂林市漓江印刷厂 1994 年印,第 100—102 页。
② 隆林各族自治县地方志编纂委员会编:《隆林各族自治县志》,广西人民出版社 2002 年版,第 851 页。
③ 广西隆林各族自治县文化局、民委编:《中国民间文学三套集成:隆林民间谚语集》,广西隆林各族自治县文化局、民委 1988 年编印,第 1 页。
④ 富川瑶族自治县志编纂委员会编:《富川瑶族自治县志》,广西人民出版社 1993 年版,第 300 页。

年末余额 20 亿余元,群众称便。至今单位互助储金会历久不衰。① 这种互助储金会一直持续到 80 年代,许多机关单位还通过这种方式解决职工困难。以融安县为例,该县在 1950 年代职工中组织有一种经济互助组织——邀会,参加人数及资金可多可少,但必须自愿。按抽签排顺序,每月发工资时,由筹集人负责筹集,按顺序交给参加者收取。在 80 年代各机关单位都有自办的互助储金会。年初自报参加储金的金额计划,然后由会计每月发工资时扣集,参加者发生经济困难时,可随时借支。当年年底,所储金额全部付还储金者本人。②

二、以实物为主要标的的救济性金融互助组织

以实物为标的的救济性金融互助组织其社会救济功能更加明显,是在群众都资金匮乏的情况下成立的。如抗日战争结束后,金融动荡,货币贬值,桂林市民为生计做会集资,会金多以实物为主,供会时则按市价折为法币。有合会及标会 2 种。合会无利息,标会有利息。③ 在广西,以实物为标的的救济性金融互助组织最具代表性的就是谷会。作为稻作文化区,稻谷是广西重要的生活物资,其在经济不稳定或货币贬值时所起的资金融通作用甚至超过金钱。因此,广西民间也曾盛行过以实物为资金的互助组织——谷会。"谷会,组织及互助状况,一如上述银会,不过变银为谷耳。"④谷会的性质和活动方式都与合会有相似之处,但参会资本为硬通货稻谷,而且根据稻谷的生长特点,在每年的春秋两季即稻谷播种和收割的时候举行。一般是春耕时集会借款,秋收后还本付息。谷会的直接目的就是在青黄不接的时候救济贫困户或困难户,帮助他们渡过生活和生产危机。谷会有有息和无息之分,使用会金的方式也有投标、抽签、轮流使用等三种。

有息的谷会由于以救济互助为目的,所以利息都极低。全州东山瑶族地区无地和少地的农民,生活极端贫困,为了维持低下的生活,在内部还组织一种团会,集资进行互助互济。团会的组织情况,是由参加团会的成员,出一批谷子,集中会里使用,谁遇到困难,就可以向团会申请借用,并给予极微的利息,以防稻谷存久的损耗。这种会团的组织,也为群众解决一些具体困难。⑤

---

① 桂林市金融志编纂委员会编:《桂林市·金融志》,桂林市漓江印刷厂 1994 年印,第 104 页。
② 融安县志编纂委员会编:《融安县志》,广西人民出版社 1996 年版,第 396 页。
③ 桂林市金融志编纂委员会编:《桂林市·金融志》,桂林市漓江印刷厂 1994 年印,第 102 页。
④ 丁世良、赵放主编:《中国地方志民俗资料汇编·西南卷》(下),书目文献出版社 1991 年版,第 557 页。
⑤ 广西壮族自治区编辑组编:《广西瑶族社会历史调查》(第 4 册),广西民族出版社 1986 年版,第 10 页。

藤县甘村的谷会,会期每年两次,在早晚两造稻谷收获之后。每次集会时,凡未得过会谷的,各摊付谷200斤,凡已得会谷的,各摊付谷240斤。① 灌阳县曾存在过"积谷仓"组织。该组织属互利形式的民间借贷组织,系村或宗族的一些较为富裕的大户,根据自愿原则,筹集一定数量的谷物,由专人保管,在青黄不接时以借贷形式接济本村或本宗族的贫困户。接济的谷物在秋收后归还,在保证不亏本的情况下收取少量利息(以加一为多),其目的是发展生产,接济困难户。县内较大的村或宗族均有积谷仓,以红旗、新街、黄关居多。新中国成立后,消灭了高利贷,互利形式的借贷在民间仍时有出现,但以户与户之间的钱粮互助为主。②

无息的谷会是纯粹的互助救济组织,一般采用抽签或轮流使用会金的方法。例如,民国期间,防城港市的农村一些村屯农民设"谷会",会员以稻谷入会。谷会春季发起,10户左右,每户投入稻谷一秤(37.5公斤),然后用投标的办法,中标者取得全会稻谷,待秋收后归还。次年另举行投标。一年一度,直到会员都轮流中标一遍,此届谷会结束。③ 桂林市也曾存在过无息谷会,有月会、年会之分。会员4人,每人以白米100斤为会金,以抽签方式定顺序,抽得第1号者先得会金,隔7日又筹集同等会金给第2号,依序轮完为止,这叫月会。年会以一年为准,会员由12人至48人,抽签轮流之法与月会类似。④ 这种谷会可以把大家的粮食集中起来解决会员的生活困难。

尽管上述救济性金融互助组织的社会保障功能是不容否认的,但一些学者对有息的救济性金融互助组织存有非议,认为其具有一定的剥削性。然而,正如民国《平坝县志》所说的,"此种会员接会,则等于借轻利之账,未接则等于放轻利之账,彼此交利。"⑤因此,就其所产生的巨大经济效益和社会效益来看,不可一概加以否定,而应当对这种互助组织作出辩证的评价。民国期间制订的《信用合作社组织法(上)》也对民间的互助组织有较高的评价,认为它们是现代信用合作制度之起源与鼻祖:"合作制度遂为近世生产者所不可须臾离。考其原始,虽为英人罗勃涡文所创,缘欧洲自产业革命以后,一般劳动者不得不进资本家所设之工厂做工求活,而又受工价低廉之痛

---

① 广西壮族自治区地方志编纂委员会编:《广西通志·金融志》,广西人民出版社1994年版,第91页。
② 灌阳县志编委办公室编:《灌阳县志》,新华出版社1995年版,第375页。
③ 防城港市金融志编纂委员会编:《防城港市·金融志》,广西民族出版社2003年版,第30页。
④ 桂林市金融志编纂委员会编:《桂林市·金融志》,桂林市漓江印刷厂1994年印,第100页。
⑤ 《平坝县志·礼仪民俗》,民国二十一年(1932年)贵阳文通书局铅印本,载《中国地方志民俗资料汇编·西南卷(下)》,书目文献出版社1991年版,第558页。

苦,涡文目睹情形,遂于1825年(嘉庆年间)创立此种制度,而实我中国自古有之。昔周公井田之制、均利之法、监夫乡社守望之规、长生老寿之会,皆为合作之典型,而为现在青苗会、乡保团、村首事会、七贤会、普通钱会,及老人会之权兴也,此等皆为上古时间合作运动之胚胎。"[①]

---

① 《信用合作社组织法(上)》,民国年间(不详)石印本,第1—2页。

第三章 广西少数民族生产互助习惯

广西少数民族大多为农作文明,因此浓厚的生产互助是互助习惯中的重中之重。这是他们得以繁衍生息的根本命脉。而其中的耕作互助习惯则又是关键之中最关键。"甘耕稑收皆通力合作,有古风。"①生产互助习惯是由早期的原始共耕制度自然发展而成的。在生产的早期阶段,由于山地耕作艰难,生产力水平又低,生产工具简陋,人们不得不采取原始公社共耕——共同占有土地、集体耕作、平均分配劳动成果的制度来解决生存问题。当生产力水平进一步提高后,劳动产品有了剩余,生产分离成了以一家一户为单位的简单生产。原始共耕制度也逐渐演变成了集体帮工制度,即在一些重要的生产阶段,如春耕、秋收等农忙时节,采取集体到各家轮流帮工的方式完成生产。随着家庭生产力的进一步发展,集体的帮工已不再需要,而逐渐演化成了个体家庭之间一对一式的对等换工互助。目前在广西,共耕制度已很少见,只有在新中国成立前的十万大山地区有遗存。而集体帮工也只在部分地区存在,但个体对等换工仍很普遍。(见图3.1)

图 3.1 广西少数民族生产互助习惯进化关系示意图

第一节 共耕制度

广西各族群众在早期的生产中,根据当地的地理条件形成了独具特色的耕作互助形式——共耕制度。这种制度是广西少数民族生产互助习惯的起源和基础。远古时期,在自然条件十分恶劣的情况下,少数民族群众要战胜崇山峻岭,克服自然,靠个体劳动无能为力,唯一能依靠的只有集体劳动,砍伐山林进行粗耕粗放的刀耕火种生产才有可能。这就形成了共耕制度的必

---

① (清)羊复礼修、梁年等纂:《镇安府志》,卷8,第24页,清光绪十八年刻本,载《中国方志丛书》第14号,台湾成文出版社1967年版,第169页。

要性,也造成了共耕制度的三个重要特点:(1) 土地公有制度,即土地属于共耕群体或村落集体占有;(2) 集体劳动制度,即共同耕种共同占有的土地;(3) 平均分配劳动产品制度。①因此,共耕制度是理解广西少数民族生产互助习惯的一把钥匙,只有从共耕制度入手,才能深入研究广西少数民族生产互助习惯的内容和结构。

一、土地公有制度

在共耕制度下,土地等资源属于集体公有,私人不得占有。共耕制度以自然条件恶劣的十万大山地区瑶族最为盛行,其他地区如桂东地区的富川、贺州、平南等地瑶族也有一些。关于这一点,历代文献上多有记载,可见共耕制度下的生产资料共同占有制是广西少数民族自古以来的传统。民国十五(1926年)年订立的岑溪县第九区大良乡《农民协会议决规程》第2条对共耕制度作了明确规定:"本乡会员宜互相友睦,不得僭耕、夺耕,倘有不良分子罔顾团体,只图自利,竟敢出此僭夺行为者,全体会员一致禁止。"②可见在共耕制度下,个体占耕行为是严厉禁止的。新中国成立前,十万大山一带的盘瑶、山子瑶、大板瑶均存在不同程度、不同主体的共耕方式。这主要是因为,十万大山地区耕地条件不好,需要大量的劳动力来共同开荒,经济力量薄弱和生产力发展水平低下是形成共耕生产方法的主要原因。因此,共耕制度是瑶族人民之间良好的互助习惯,同时也是瑶族人民取得最基本的生活资料的源泉。③ 例如,十万大山南屏乡瑶族群众说:他们所以集体耕作,一方面是由于山大人力少种不到,另一方面则认为山魔势力大,个人势力压不下,要人多或者其中有些气势可以压倒山魔,耕作收获才有保证。④ 十万大山瑶族的土地公有制分为伙有、家族公有、村社公有、教堂公有四种形式。

(一) 伙有制

1. 合伙购买土地

在伙有制下,共耕集团获得土地的方式一般是合股购买。共耕成员以户为单位,以投资入股的方式共同出资将土地或山地合伙集体买下来。成员购

---

① 广西壮族自治区编辑组编:《广西瑶族社会历史调查》(第6册),广西民族出版社1987年版,第10页。
② 岑溪市志编纂委员会编:《岑溪市志》,广西人民出版社1996年版,第1048页。
③ 中国科学院民族研究所、广西少数民族社会历史调查组编:《广西上思县十万大山南桂乡瑶族社会历史调查报告》,1963年8月印行(内部参考),第19页。
④ 广西壮族自治区编辑组编:《广西瑶族社会历史调查》(第6册),广西民族出版社1987年版,第44—45页。

买山地时入股的金额可以均等,也可以一份、两份或半份的不等。如庞新民《两广猺山调查》记载了瑶族合股租赁或购买土地共耕的情况:"瑶人有良好之山地,若自己无力耕作者,则租给他人合股耕种之。由一首领邀集若干瑶人,相与通力合作,将所租之山地,用火焚烧后,锄松土壤,种玉蜀黍或黄粟。其所收获之田产品,分为三等分,除山主独得一份外,其余二份,则照股均分之。"① 由于购买土地的资金是大家共同凑集的,因此土地的所有权在共耕阶段属于所有购买者共同所有。

(1) 合伙购买土地的主要原因是极端的地理环境所迫,这也是共耕制度形成的外部因素。以生活在十万大山南桂乡的瑶族为例,该地瑶民大多数是受到政治压迫和民族压迫而跑到十万大山来居住的。而这一地区大部分均为难以耕种的坡地,平地极少,靠个人的力量根本无法开垦。因此,当地群众世世代代主要采用刀耕火种的生产方法,即山地集体占有,是由各户(七八户、十多户不等)合伙向壮族山主买来的。各户按照经济情况的不同,购买山地时有参加一份、两份或半份的不等。② 十万大山南屏乡瑶族的情况类似。这里的大部分生产资料靠种山,但山地不为个人占有,而是乡内由几户至十多户的小集团共有,在各该土地上进行耕作,分配生产品也都在共同合作的方式下进行。共同占有山地的小集团,并不以氏族为单位,山的来源大部分是向外乡土人买来,例如某人知道了某山要卖,因为山大,一人买不起,便凑合同姓、邻居或朋友集体购买,买回后有水可开梯田的便分给个人私有种稻,其余因不便个体耕作,就形成了一个以集团共同私有为基础的集体占有的形式。十万大山山子瑶虽然已经使用铁器,但工具简陋,农业生产停留在刀耕火种的水平上,生产技术落后,收获量少,人们生活十分贫困,为了征服自然以维持民族生存,山子瑶结成各种共耕关系,共同生产劳动,平均分配收获物。山子瑶所在的米楼村于清咸丰、同治年间,由李、盘、蒋三姓人同来立村,一起向山主纳租耕种,后来又凑钱把约1200亩的米楼山买下来。以后别村的人来和他们一起住,新来的人要求参加一份,都得到允许。到了民国27年(1938年)变成了17份。1200亩地划分为若干地段,一年砍一段。③

(2) 合伙购买土地的主体,或者说共耕成员的最大特点是血亲关系明显,可见共耕与血缘关系有密不可分的联系,这清楚地表明共耕制度仍是一

---

① 庞新民:《两广猺山调查》,东方文化书局1934年版,第3页。
② 广西壮族自治区编辑组编:《广西瑶族社会历史调查》(第6册),广西民族出版社1987年版,第10、18页。
③ 同上注书,第44—45、154—155页。

种以血亲集团为基础的原始公社生产制度。这一点在十万大山地区的山子瑶和大板瑶中最为典型。在十万大山部分较富裕的山子瑶寨中,也存在着合股购买土地共耕的情况,如山北上思县南屏公社的渌细、米索等村,一些农户合伙凑钱向壮族山主买山,买来后集体耕种,其土地属伙有。由此结成伙有共耕关系,属于几户人伙有的山地,由几户人伙耕。伙耕单位有大有小,小的在一村范围内几户人合伙买山耕山,大的超出一村甚至数村范围,形成几十户人的跨村共耕。因此伙有土地又分为两种情况,一是同村数户伙有,二是跨村数户伙有,前者如渌细村李春德、邓桂清、邓桂明、邓海利等七户共有米刨山(1941年买);李春德、李春逢、李春明、邓桂清、邓海海父亲等六人共有栏怀山(光绪年间买)。后者如米楼村邓桂林、李明×(李族成父亲)、李明上,渌细村李春德、李春明、李明常、邓桂清、邓桂明、邓海利等人共同买高松山,该山即属这些农户伙有。新中国成立前山北原米楼村、六西村一带伙有土地是比较多的。如米楼村庄30年代共有17户人,每户除了参加村社共耕外,都与其他农户组成人数不等的伙耕组;渌细村新中国成立前夕15户人,除了共耕六西山外,都与其他农户组成人数不等的伙耕组。每户至少参加一个伙耕组,多的达到五六个甚至七八个伙耕组。每个伙耕组占有一片至两片山。渌细、米楼、米索、米除四村一带的渌细、米楼、米徐、黄米、枯松、米创、拦怀、天一、米卜、交干、渌顶、山水、庙岭、小平、班洲、孤板、淋鸡、米郎、孤盆、米匀、渌栏、念滴、笔筒、雷骨、黄利等大小25片山林,除渌细、米楼、米索、米徐四片山为该四村各以村社为单位共耕,属村社公有外,其余均属伙有。由此可见,伙有耕地在这带山子瑶耕地中占有的比重是比较大的。伙有共耕成员有的有亲戚关系,有的是村邻关系,如上思县南屏的米强等五村28户于清同治年间,把十余里长的上思六合山买下,有计划地集体耕种这片荒山。这个共耕组的成员如下表:

巴相村	李永昌、李永辉、李永廷(3人系兄弟)
天白村	张德来、张德劳(2人系兄弟) 李崇玲
米强村	李广林 李广华 李广谊(3人系兄弟) 蒋从(天主教民)
龙田村	蒋德因 米奔村 蒋德长(2人系兄弟)
合山村	李永成、李永结(2人系兄弟),蒋德成、蒋德隆、蒋德文、蒋德兴(4人系兄弟)、盘继堂、蒋安殿
琴排村	李永昌、黄友光、六包村 黄友隆、李广逢(4人系兄弟)、邓四安、邓明盛、邓明止、邓友光(4人系兄弟)。

从成员名单可以看出,共耕成员很多都是同胞兄弟,几乎每个村的共耕组都存在这样的兄弟关系。十万大山的共耕,最小的有四户,一般是七八户。到解放时止,未见有单干户。① 新中国成立前大板瑶社会内部伙耕伙种的原始生产方式血亲关系也非常明显。如细坑大队新田村邓光父亲邓生堂伙同兄弟邓生明、邓生兴、邓生寿、邓生星及赵桂顺、盘金龙等人,共同凑钱向汉人买一片荒山共耕。这七份人当中,除五份是同房兄弟之外,赵桂顺是邓生堂父亲邓德朝哥哥邓德林的姐父,盘金龙是邓生堂妻子的舅舅,与邓家是姻亲关系。大板瑶的共耕似乎不限于山地。据邓光老人说,他的祖父邓德朝一代未买山以前,曾买了八斗种田,后遗留给儿子邓生堂四兄弟。邓生堂四兄弟长大后虽然分了家,但八斗种田没有分,仍作为公户共同耕种,其实邓生堂七份人买山共耕,水田则是他四兄弟共耕。据此,共耕制度作为一种原始社会残余,在大板瑶社会内部,无论水田、山地都实行过。此外,在大板瑶内部,有的农户买的山林比较多,如果自己种不完,而亲戚兄弟中有缺少土地耕种、生活困难的,就自愿拨出一些山林给缺少耕地的亲戚兄弟耕种,如大坑的杨才行等买山多拨出一点给兄弟种,这是一种原始互助的残余。② 这种互助具有很明显的社会救济性质。因此共耕制度实际上具有社会保障的功能。

2. 先共后分循环制

虽然在共耕制度下,土地属于集体占有,但却形成了一种非常灵活的共同耕作制度。其基本模式是:第一年集体耕种,第二年按份分给各户各自耕种,耕种2—3年后,将土地丢荒,6—12年之后再次重新集体耕种。再次开垦的第一年仍然是集体砍山耕种和按份分配产量,以后又是分给各户耕种,这种生产关系周而复始地进行着。这样做的目的在于,开荒地是一件极其艰苦的事情,需要大家集体协作才能完成,因此第一年开荒时采用集体耕种的办法。从第二年起,地已成为可耕种的熟地,耕作起来较为容易,劳动强度相对较小,因此可以分给各户单种。也就是说,集体协作完成了开荒最艰难的部分,为各户单干创造了有利的条件,奠定了基础。或者说,集体为个人开荒。笔者将这一制度称之为"先共后分再共循环制"(见图3.2)。

南桂乡瑶族的共耕制度对土地的占有形式有如下特点:山地第一年由参加的各户共同耕作,从第二年开始,山地则按份给分各户自己耕种,产品亦全

---

① 广西壮族自治区编辑组编:《广西瑶族社会历史调查》(第6册),广西民族出版社1987年版,第151—157页。
② 同上注书,第615—616页。

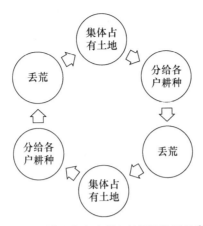

图 3.2 共耕制度土地所有制循环关系示意图

部为本户所有。2—3 年后丢荒,6—10 年后集体重开。① 南屏乡瑶族在集体公有土地上进行集体生产。方式是把全山分成若干小块,每年轮换耕作,每股在一块土地上出同样的劳动人数同时进行耕作,在砍掉野生树木后,第一年种山禾(可在山上生长的稻种),收获之后果实按股份平均分配。次年将坡地按质量面积平均分配给各户自由耕作,收获也归各人所有。也有各自在第三年种杉木的,长大归各人所有,原地区没有种木部分仍享有和别人同等的业权与耕作权,进行集体耕作或分配,而别的成员对于已种杉木地区则不加以干涉,直至杉木出卖后,山的所有权仍归业户全体。② 山子瑶村社共耕时,第一年共同砍山种山稻。第二年把土地分给各户自由支配。各户种一两年丢荒后土地又归集体。如山子瑶所在的米楼村,第一年购买米楼山的 17 份人出工,共同砍伐当年已确定要砍的地段。第二年,把熟地分给各户自己耕种,允许各户种上杉木和八角,到第二次开垦时,把杉木砍掉,木头归种者,土地收回共耕。米索也是 17 户合买米索山,于第二年分给各户支配,有的人在自己的份地上种了八角。有的觉得无用,把自己的地丢荒。根据公社的习惯法,分地丢荒之后,所有权收回公社所有。③ 大板瑶的土地合耕,一般进行三年,第一年种谷物,第二年种玉米、木薯,第三年按份将地平均分给各户自己种八角、玉桂等经济林木,以后这些经济林的产品归种者所有。④

但是,并非所有的共耕土地都采取先共后分的方式,也有一些地区存在

---

① 广西壮族自治区编辑组编:《广西瑶族社会历史调查》(第 6 册),广西民族出版社 1987 年版,第 18 页。
② 同上注书,第 44—45 页。
③ 同上注书,第 154—155 页。
④ 同上注书,第 615—616 页。

保留共耕土地不分配的情况。如山子瑶的跨村共耕就有这种情况:跨村共耕时一般土地不分给各户使用,也不用来种树木。如果由二三个村寨的十户、八户人组成的跨村共耕,所买的山不大,也有第二年分配给各户耕种的。也有因山太大,而原参加的份数又不多,某户子孙继承祖业时,子孙们都去同大家集体劳动,分配时,也得到与其他人相等的一份消费品。如板浅——阴界山原来由白马村的板蒋姓二户、邓姓一户及板浅村的李姓五户,合为四份向念西村买下,面积共七万亩左右。后来,把阴界山二万亩分为四份给各户自己耕种,余下五万亩不分,以后各户的子孙都可以自由去砍伐耕种,但是这些子孙户只有使用权,而没有所有权。所有权仍属原来四份人集体所有。到解放时,这些未分荒山,有使用权的份数达到了一百多份。①

在土地由共同所有分配给个人时,分配的标准并不是按购买的份额划分,而是按照公平的方法平均分配。例如,南桂乡瑶族群众将共耕土地分给各户时,将土地按好坏搭配后编号抽签来分配。② 山子瑶分地时,一户去一人,用目测的办法,好地、坏地搭配,如难以搭配,就多分一些坏地,少分一些好地。③ 十万大山南麓的防城各族自治县板沟山子瑶,在共耕时,如某一地段适合开水田,共耕几年后,就分地给各户开田。分地开田时,按人头来分,而不管谁参加多少份。有的地段是共耕三年后,允许各户自己去开田,谁开得就归谁所有,但不准号占留以后再开。也没有什么分地之事。④ 这样的分配方式是符合共耕制度宗旨的:既然土地是集体劳动开发出来的,分配时也应担依据公平原则平均分配。如果按股份分配,则是对集体开荒劳动的否定与忽视,所以绝不能按股份分配。

3. 分地期间的共同利益维护

虽然共耕土地在第二年或第三年分给各成员耕种后,各成员享有所有权,但成员的权利要受到一定的限制。这些限制的基本目的仍是为了维护共耕组织,保护成员的共同利益。分地期间成员的共同利益主要有两个方面:

最重要的限制就是,各户分得土地后,如要将自己拥有的土地份额转让时,应先征求其他共耕成员的意见,共耕成员享有优先购买权,并在购买时享有一定的优惠条件。也有的地区只能在共耕组织内部转让,不得向外人转让。例如,南屏乡瑶族共耕集团的成员并不是不可改变的,有时成员中某人

---

① 广西壮族自治区编辑组编:《广西瑶族社会历史调查》(第 6 册),广西民族出版社 1987 年版,第 155—157 页。
② 同上注书,第 18 页。
③ 同上注书,第 154—155 页。
④ 同上。

死了没有后代,其旁系亲属可以继承,或者出卖,但先看其他成员本身是否有力收买;外卖时,买方也得征求其他各成员同意,才可交易,一般多是群内成员收买,价钱也得给予必要的优待,钱并不一次交,只是先交必要部分(即卖必要部分),余下的可分若干期,甚至过好几年才交齐。基于这样的条件,一般股份的业权是不会外转的。① 南桂乡瑶族内部新中国成立前没有土地买卖的情况,但可以将自己的一份出让给人家,新加入的户数按原来各份出的钱扣出过去一段时间内应收的作物价格缴款即可,新入的户缴的款交给出让的那一人,若没有人出让时,这一笔款由各所有户平分。② 十万大山山子瑶的伙有跨村共耕土地,在某户成员没有脱离本共耕组织前,他占有的一份土地不允许出卖。如某成员要搬迁到远处居住,他的那一份亦不能卖给别人,大家凑一点钱给他之后,土地归该共耕组织内的全体成员。③ 因此这种制度下,土地共同占有制仍在很大程度上制约着土地的私有,有力地维护着共耕组织。这种限制也体现出共耕制度非商业性组织,而是一种人情意味浓厚的集体互助组织。(见图3.3)

图 3.3 共耕制度土地转让关系示意图

第二项限制就是成员须履行相邻义务,即不得妨碍其他共耕成员享受土地权益,不得随意侵犯或干涉他人对土地行使所有权。如在南桂乡,共耕组织将土地分给各户耕种后,如果有的人家要利用自己的一份地种八角等树木时,得与其他户商量,以不妨碍大家的砍山、烧山为原则,也可以几户联合起来种树,种树的人家再次开荒时,只要他出工,他仍然可以有份。有的人分得地以后无能力耕种的可以任其丢荒,其他的人家未经同意不能去开这一块地。特别要注意的是,土地丢荒期间,所有权仍属共有,任何人不得私自占有。如山子瑶跨村共耕土地种三年之后,丢荒休耕。在休耕期间,可以入山

---

① 广西壮族自治区编辑组编:《广西瑶族社会历史调查》(第6册),广西民族出版社1987年版,第44—45页。
② 同上注书,第18页。
③ 同上注书,第155—157页。

搞木耳,打野兽,可以砍些木头回家使用,但不得开荒种植。① 这一限制使得即使在分地期间,共耕组织成员仍可最大范围地享受共同利益。

(二) 家族公有土地②

十万大山山子瑶生活的个别地区在新中国成立前三四十年仍保留着家族公有的形态,例如,山北上思县原米南、六育两村,其土地由家族长掌握,同一家族的人合伙共耕。家族公有的土地包括家族公社范围内的山林、坡地、河流。家族公有土地在整个十万大山山子瑶耕地中占的比例很小。至新中国成立前一二十年,这类土地由于家族公社加入其他姓氏逐渐改变性质。因此以家族为单位的血缘共耕,在十万大山的瑶族中,新中国成立前为数已经不多。

家族公有土地也采取家族集体购买的方式获取土地所有权。与伙有制不同的是,其购买者以家族或血亲集团为单位。比较典型的是居住在平龙山和白马山的盘姓。大概从清康熙、雍正年起,盘姓人已经开始在白马山一带地方砍山耕种。于清同治或光绪初年,用105块光洋向山主买下两万亩面积的白马山。买到大量荒山之后,盘氏一姓自己集体耕种,以后因为病死的人太多,以及土匪抢劫,大部分人放弃了这些荒山,逃到防城的板八、垌中等地居住。在白马山盘姓离开白马山之前,米南的盘氏于清咸丰、同治年间就开始在这里居住。到了同治年间,盘周龙的父亲用八两银子从德安黄姓壮族手中把米南村附近约四万亩的平龙山、二万亩的大西山买下,其后盘周龙、盘兴龙长大分居,各人娶妻生下孩子,人口增至九户四十多人,山地虽然平分给各户,但仍保持家族共耕制度。直到民国十二年(1923年)前后,李胜逢(李才龙父亲)加入一户,邓桂福、蒋振龙加入两户,各姓互为姻亲,盘氏的家族共耕演变为姻亲共耕。类似这种情况还有旧六育村蒋广龙、蒋新才、蒋三哥三兄弟与盘广合四户二十余人的共耕,也属血亲共耕。该村四户人约于清光绪末年用龙银三十元从江坡壮族手中买下六育山和枯桂山(东面)共数万亩,一直共耕到1958年公社化时为止。

家族公有土地的所有权分配方式也采取先共后分循环制。凡家族共有的土地,以家族为单位共耕。新开垦的山地第一年种旱谷,第二年分给各户自己种木薯或红薯、芋头。一般种两三年就丢荒,待十多二十年地力恢复后,再凑集各户集体开垦。耕地丢荒期间其所有权属公社,任何人不得霸为己

---

① 广西壮族自治区编辑组编:《广西瑶族社会历史调查》(第6册),广西民族出版社1987年版,第18、155—157页。
② 同上注书,第153—154页。

有、任意破坏或独自一户提前开垦。

（三）村社公有土地

在新中国成立之前的十万大山，除了部分地区因生活水平较高而把土地分给社员之外，尚有大量没有把土地分给社员耕种的村社公有土地。村社公有土地在山南山北各山子瑶地区普遍存在。尤其是山北现江坡、常隆两个大队的山子瑶村寨，新中国成立前无一不保留着村社共耕制度。凡村社员共耕的土地，属村社全体成员共有，由村社掌握。村社公有的土地包括村社范围的山林、坡地、河流、山道，部分地方还包括一些村社成员将坡地开辟成的水田。这类土地在十万大山山子瑶耕地中占有较大的比例，直到新中国成立前夕（实际上说来是1958年），虽然社会内部已经有小土地所有者，但是公社仍然掌握着大量的土地。村社所有的土地，粗略的统计约占瑶族全部土地的60%左右。村社公有土地与前面两种土地公有制有两点不同，一是土地的来源。这类一部分是无主荒山，大部分是山子瑶凑钱从壮族山主手中买来的荒山和陡坡。二是村社公有土地的所有权由于不分割给社员，所以是恒久公有的。村社共耕不问姓氏，由于耕地是村社成员向山主租来或买来的，因此即使休耕数年的土地也无人提出要分地自耕，大家一起共耕到1958年成立人民公社时止。① 村社共耕中血缘关系最为淡薄。

（四）教堂公有土地

上述三种土地公有制都是群众自然形成的。十万大山还存在人为的历史原因形成的共耕制度，这就是教堂公有土地。鸦片战争以后，法国派神父到十万大山建立教堂。神父到后，在具有军事意义的米强、那蒙等地建立天主教堂，针对山子瑶苦于荒山被壮族地主霸占而被迫向山主交租耕种的情况，就出钱把米强地区约七万亩荒山全部买下，交给瑶族教会长掌握使用，让天主教徒集体砍山耕种。教堂的土地属教堂所有，教民可以耕种，但永远不得分配给各户教民自由耕种，亦不许非教民参加耕种。教会拥有七万亩荒山，足够教民们耕种，但教会的土地不准卖掉，使用权归共耕组。一部分教民不满足于耕种教会的土地，与非教民一起买山组成共耕公社。②

二、集体耕作制度

共耕制度在所有权上体现为生产资料的公有制，在土地的用益权上体现

---

① 广西壮族自治区编辑组编：《广西瑶族社会历史调查》（第6册），广西民族出版社1987年版，第154—155页。
② 同上注书，第151—152、155—157页。

为成员共同耕种,集体劳动。例如,生活在广西上思县十万大山南桂乡的瑶族群众在进行砍山耕作坡地时,就是全屯性的或合伙来经营的,个体进行是不可能的,只有极少的梯田或屋边地生产才是个体经营,坡地的私人生产也只有在头一年集体砍山种植后第二年才分成若干小块进行个体耕种。具体地说,凡是在开山辟岭的大生产中必须依靠集体,即全屯的或集体的来进行。①

(一) 集体耕作的首领

在共耕制度下,集体生产的首领就显得非常重要。只有一个强有力的领袖,才能率领共耕成员按照季节有条不紊地共同耕作,获取收成。因此,所有的共耕组织都有各自的首领,首领最主要的职责就是组织好生产,分配好劳动力。

1. 首领的产生

共耕首领的产生一般采取民主推选的形式,也有自然形成和神裁的。但无论何种方式,其应具备的共同品质是:勤奋、公平、富有生产经验和服务精神。只有具备这些品质的首领,才能管理好共耕组织。首领一般没有特权,但必须履行好约定的职责。十万大山山子瑶不论是村寨共耕还是跨村共耕,都有一个头人。伙有共耕的伙耕头,称为"甲头"(合头)或"抱导"(保头);村社共耕称为"养过"(大家一起来做),村社头人称为"央谷"(村老),又称为"抱导"(保头),或"甲头"(合头);家族共耕亦称为"养过",头人称为"本家公"或"香火头",亦称"央谷"(村老)、"抱导"(保头),或"赶鬼公""禁鬼公"。头人的产生首先由大家公推那些愿意为大家服务的、勤奋、公道和有生产、社会经验的男子充任候选人。候选人产生后又经过神选——祭祖后进行鸡卜,最后才确定。因此头人都是一些为大家服务的社会公仆。② 大板瑶的每个共耕单位都有一个负责内部公务的人叫做组头。组头一般由生产经验与活动能力,为人公道,正直勤快,乐于为大家服务的人充任。其后各组组长由大家选举产生。组长除了全心全意为大家服务,领导大家进行生产外,没有什么特殊的权力。在组内他是一个普通劳动者,和其他成员一样付出劳动力,分享报酬。新中国成立前,大板瑶地区有一种叫做"庙会"的社会组织。庙会有头人,叫做会长。会长由参加庙会的会员民主公推产生。③ 一

---

① 广西壮族自治区编辑组编:《广西瑶族社会历史调查》(第6册),广西民族出版社1987年版,第10页。
② 同上注书,第155—157页。
③ 同上注书,第615—616、620页。

些地区在首领的产生上还附加浓厚的宗教色彩。如南屏乡瑶族在进行生产和产品的分配上,各集团有其掌管人,此人多由道师担任,除了要在领导生产和分配果实时大公无私外,更主要的是能掌握鬼神,如当年收成好,群众就认为当年那个道师士气高,能压倒山魔,可在第二年连任,否则第二年必定令改选。①

2. 首领的职责

(1) 代表共耕单位签订契约。如前所述,共耕组织都是集体购买或租赁坡地,因此首领的首要职责就是代表共耕组织签订契约。山子瑶的村社共耕头人作为这个共耕单位的全体代表同山主签订租山或买山契约。② 大板瑶共耕单位的首任共耕头人是在买山过程中自然产生的。在买山时,某人代表共耕成员出面与山主讲价。在认为条件可行时,代表大伙在契约上签字。买到山后,他出面召集大家商议安排生产。由于这一系列活动,他在组内得到大家的信任而成为组内的头人。③

(2) 制订生产计划。由于共耕人员多,地形复杂,生产工序繁多,因此必须要事先有一个全盘的安排和统筹规划,这样才能保证生产的有序进行和充足的收获。因此首领的第二职责就是制订每年的生产计划。山子瑶的家族共耕头人于每年年头、年中、年尾召开家族会议,于祭祀祖先的同时,集中商议生产及其他问题。山子瑶的生产年度是以阴历纪年来计算,一个年度是从前一年的11月到第二年的11月。最重要的生产会议是在年尾举行。这种生产会议和年尾的香火还愿的宗教活动相结合。在会议上,大家根据当年的收入情况和劳动力、土地数量,决定下一个年度究竟要砍多少山林,以补充熟地的粮食产量。生产计划经过讨论定下来之后,由家族长(香火头)执行。到了第二年春,举行香火还愿时,家族长按"白露书"上的农活节令,向大家通报春耕播种的具体时间。山子瑶村社共耕因村寨分散而且有的村离作业地段较远,为了便于指挥,头人于每年秋收分配时,就和大家商量明年的砍山和种植的计划,并且确定砍山的大概时间。到了砍山的季节,头人负责通知各户于某日到作业地段。④

(3) 分配生产任务。首领指挥生产,还要将生产任务进行合理分配,才能保证生产的顺利进行和劳动力的有效利用。山子瑶村社共耕的生产安排

---

① 广西壮族自治区编辑组编:《广西瑶族社会历史调查》(第6册),广西民族出版社1987年版,第44—45页。
② 同上注书,第154—155页。
③ 同上注书,第615—616页。
④ 同上注书,第153—157页。

由村社头人掌握。头人根据生产季节和生产环节,合理调配劳动力。其集体耕作并不是每一个工种每人都得去。有时有的工种宜少数人去做,就派少数人去,其他人去做别的工作。在十万大山,信仰天主教的瑶族生产组织也和非教民一样。教堂的土地归教会长管理,教民共耕组织一般都是七八户一组。各个组要砍什么山,由教会长分配。分配份数的原则是成人有老婆的算一份,未有老婆者得半份。一个村是一个共耕单位时,由该村的甲长排工叫工。没有甲长的共耕组,选出一位生产头,平时由他负责排工和叫工,并由他带去看山,及时组织劳动力护理农作物。到年底分配时,他有一定的报酬,每户给他一把约五斤重的谷子。① 荔浦县清福乡瑶族集体开垦也有人领导进行,他负责布置工作以及计算劳动日均分粮食。②

(4) 组织管理生产。组织管理生产是首领最重要、最核心的职能,只有这个职能履行好了,共耕组织才能生存发展下去。金秀地区的石牌头人"料话"规定了大家集体采集秧青时必须遵守的秩序。如石牌头人吃社"料话"规定:"采青整田,行动统一,步调要一致,听枪声指挥。"茶山瑶春秋二社老"料话"规条规定:"割青(绿肥)那天,全村同去。"只有听到炮声之后,大家才能一齐出门割秧青,不许争先恐后,否则就要被处以罚款。③ 十万大山大板瑶的庙会有土地。大坑村的庙会约有五亩水田,庙会的土地会员委托会长管理,由会长组织会员们集体耕种。平时看田水,观察禾苗长势由会长负责。收割时,大家把谷子收回放在会长家里保管。到祭社苗活动,用这些粮食来会餐。会长的职责是年内每月的初一、十五给庙烧香,祭社时通知成员们筹备祭品。④ 南丹县大瑶寨瑶族内部还特有其民族的社会组织——庙主。庙主是以生产为目的的组织,每年由庙主先带头生产,其他群众跟随进行生产。⑤

共耕组织的首领制度,使共耕内部的互助协作统一规划,统一组织,统一实施,统一步调,极大地提高了协作的效率,更好地发挥了集体的力量。这是十万大山地区的瑶族群众在生产力极端落后的情况下,依靠集体力量生存形

---

① 广西壮族自治区编辑组编:《广西瑶族社会历史调查》(第6册),广西民族出版社1987年版,第154—157页。
② 广西壮族自治区编辑组编:《广西瑶族社会历史调查》(第4册),广西民族出版社1986年版,第247页。
③ 黄钰辑点:《瑶族石刻录》,云南民族出版社1993年版,第264、254页。
④ 广西壮族自治区编辑组编:《广西瑶族社会历史调查》(第6册),广西民族出版社1987年版,第620页。
⑤ 广西壮族自治区编辑组编:《广西瑶族社会历史调查》(第9册),广西民族出版社1987年版,第100页。

成的特殊制度。没有民主的管理机构,就无法实现共耕组织的目的,也无法有效地组织共同拥有土地、共同耕作和产品的平均分配。从总体上来说,共耕组织是一种较为落后的、低层次的生产组织,但其中的互助协作和对贫弱成员的照顾为少数民族群众建立更高层次的互助制度提供了基础和依据。图 3.4 是共耕组织首领的职责示意图:

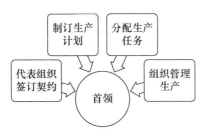

图 3.4　共耕组织首领职责示意图

(二) 集体生产程序

1. 集体砍山烧山

瑶族的共耕制度最为盛行,这与瑶族奉行的刀耕火种的生产方式有直接的关系。这种生产方式的程序是,先选定一片坡地,然后集体将坡地上的杂草树木砍倒之后进行焚烧,平整出土地后播种。砍山烧山是一个劳动密集程度非常高的生产活动,这道工序需要的人力很多,劳动强度很大,需要多人同步进行,并多方配合与协调,必须集体进行。早在宋代王禹偁《畬田词》中就详细记载了广西少数民族集体砍山烧山的情景:"先约曰某家某日有事于畬田,虽数百里如期而至,锄斧随焉。至则行酒炙肉,鼓噪而作。"王禹为此作诗讴歌这种集体协作的精神:"大家齐力斫屠颜,耳听田歌手莫闲。各愿种成千百索,豆其禾穗满青山。杀尽鸡豚唤劚畬,由来递互作生涯。"①正是这种集体协作才使得原始的共耕成为可能。

贺县(现贺州市)狮狭乡的瑶族在农业生产上以开垦山场为住,需要劳动力甚多,如果劳动力较少的话,是难以进行砍山烧山这样的生产活动的。为了战胜困难的自然环境,解决劳动力不足的困难,瑶族人民在长期以来就有了劳动互助的种种方式。其中最典型的是集体开荒:一个较大的山场,由很多户共同开垦,按各户参与的劳动力分为若干股。至于劳动过程中所需的

---

① (宋)王禹偁:《小畜集》,卷 8,第 20 页,载(清)纪昀等编:《文渊阁四库全书》第 1086 册,台湾商务印书馆 1986 年版,第 72 页。

生产工具及每日的粮食则由各个成员自备,种子则各股平均负担。① 十万大山南桂乡瑶族人民的共耕组织,第一年集体砍山、烧山和耕种。砍山和烧山时,各户(各份)都出同样多的劳动力。② 山子瑶的家族共耕,春播之前,家族长到地头察看砍伐下的树木杂草是否已经干枯,确定何时烧山。在播种前几天,他叫各家准备好种子以及应带的劳动工具。烧山的那天,由他先找一处最容易烧起大火的地方(烧山时必须从山脚开始及先开好防火道)放一把火,然后各人从这里引火去烧。火沿着地边各适当处到处焚烧。对于树木杂草单薄的地方,他叫各人用木头把杂草挑拨集中于一处,放火烧干净。待杂草树枝被火烧光了,即组织全体劳力(不论男女)去搬走地上的大枝干,进行整地。山子瑶的伙有共耕,到了砍山的季节,头人负责通知各户于某日到作业地段。各户得到通知后,就准备好粮食和生产工具,于规定时间的那天早上,路远的村户在鸡叫时便起来煮粥,吃了早餐之后,用竹筒把粥装上,往作业地走去。由于路程远,往返很辛苦,有些人在农忙时,在地头搭起茅棚,住一段时间,待农活搞完才回家,草房可以几户人合搭一个,也可以一户一个,吃饭各户分开。谁打得一只大些的野兽,可请别人来一起吃,但来者要备酒饭。③ 上林县正万乡瑶族过在开荒时,群众也有集体在一处劳动的习惯(如果荒地面积较广则常有此情况)。④

除瑶族外,其他民族也有集体开荒的习俗。百色县两琶乡壮族虽然是单干,但在农闲的季节里,仍由村屯自然组织起来去集体开荒。⑤ 新中国成立前,环江县下南乡南昌屯毛南族尚保留有原始公有制经济的残余,如部落式的刀耕火种。这种劳作方式,是当地农户一年一度在一定范围的山坡上或深山老林中烧荒播种,以种小麦、荞麦为主,除草一次,即可收获。这些荒坡归全屯所有,未划定属于哪一家,只要有能力就可以多烧多播。⑥

2. 集体播种插秧

砍烧完山,就可以在平整出的土地上播种插秧了。集体播种插秧,种子

---

① 广西壮族自治区编辑组编:《广西瑶族社会历史调查》(第3册),广西民族出版社1985年版,第220页。
② 广西壮族自治区编辑组编:《广西瑶族社会历史调查》(第6册),广西民族出版社1987年版,第18页。
③ 同上注书,第153—157页。
④ 广西壮族自治区编辑组编:《广西瑶族社会历史调查》(第5册),广西民族出版社1986年版,第21页。
⑤ 广西壮族自治区编辑组编:《广西壮族社会历史调查》(第2册),广西民族出版社1985年版,第218页。
⑥ 匡自明、黄润柏主编:《毛南族——广西环江县南昌屯调查》,云南大学出版社2004年版,第57页。

由各户共出。山子瑶的家族共耕制度中,家族长到了播种那天,他先下几粒种子,然后大家才用打洞棍打洞眼播种。播种完后,家族长经常到地上去察看禾苗生长情况,如发现长势不好或鸟、虫为害,他带祭品到地头祭祀土地和山神,祈求保佑。如有野猪糟蹋禾苗,就安排男子们去守夜或做些稻草人,驱赶野兽。山子瑶的伙有共耕中,春播时,种子由各户出,多少视当年的播种面积而定。①

3. 劳动力的计算

共耕制度最重要的是劳动力的平均分配,如果分配不均的话很容易引发内部矛盾,从而导致共耕组织的解体。共耕组织劳动力的计算有三条共同的原则:

(1) 成员按等量的劳动力和劳动日出工。购买或租赁坡地时,参加者每户计为一份或一股,在耕种时,每份或每股必须出相同的劳动力。十万大山南桂乡瑶族人民集体占有的山地出工时每份出的劳动力要相等。② 南屏乡瑶族群众在生产过程中,首先就是劳动力的使用问题,公有坡地生产是每股出同样的人数。③ 山子瑶家族共耕土地劳动中,各户按参加的份数交出等量的种子和付出等量的劳动日。大人计算一个劳动力,小孩计算半个劳动力。村社共耕时,各户按本户所参加的份数出劳动力,共同耕耘。④ 大板瑶共耕组内各户均等摊出种子和劳力,共同协力把当年的生产搞好。⑤ 广西东部瑶族的集体开荒制度也采取这种方式。荔浦县清福乡瑶族也有集体开垦的情况,几户人共同批种一个山场,然后由各户共同开垦,工具及饭食自备,所需的种子则由参加劳动的人数平均负担。⑥ 贺县新华乡瑶族的集体开荒,往往是全村联合起来进行,即是各户共同开垦一个山场,参与劳动的人每人算一股,所需的种子也平均负担,使用的生产工具及每日的饭食自备。至于劳动力年龄的大小与劳动力的强弱则不甚计较。⑦

(2) 如果共耕时缺工,必须在下次补上,也可以由家里人替工,或请人代工。小孩的劳动力计算以大人为标准减半,请人代工一般不支付报酬。南桂

---

① 广西壮族自治区编辑组编:《广西瑶族社会历史调查》(第6册),广西民族出版社1987年版,第153—157页。
② 同上注书,第18页。
③ 同上注书,第44—45页。
④ 同上注书,第153—155页。
⑤ 同上注书,第615—616页。
⑥ 广西壮族自治区编辑组编:《广西瑶族社会历史调查》(第4册),广西民族出版社1986年版,第247页。
⑦ 广西壮族自治区编辑组编:《广西瑶族社会历史调查》(第3册),广西民族出版社1985年版,第170页。

乡瑶族不论男女或年纪大小,因病缺工时,要补工,有时不补也可以,有些人家派老人或小孩去出工,主要劳动力去搞自己家里的生产,在这种情况下大家议论一下就算了,没有什么解决矛盾的制度或规定。① 南屏乡瑶族有人因事或病不能从事劳动,则在以后补工,近年来也有部分请工代替,但因生产力低,如在剪禾时每工只能收割六、七斤米,故没有工钱,只供应个人伙食,由于待遇低,愿意被雇者很少,仅在极困难的情况下,才有被雇的。② 山子瑶家族共耕中,某户因事或因病在这次劳动中缺工,可以在下次补足,也可以派小孩去补,或请人帮补。请人帮补工供一餐中饭,或一条毛巾,不另付工钱。村社共耕中,如谁家在做某一工种时缺工,须在下一个工种如数补足;自己无力补足,允许请人帮工补足。③ 大板瑶共耕组内各户种子可以互借,因病误工者允许病好后补工,或请自己的亲戚朋友帮补工。④

(3) 有多余劳动力的,可以参加生产,但不得参与分配,只能缩短本户的劳动时间,以保证每户劳动力的等量与均等。如山子瑶村社共耕中,有些户份数少但家中有多余的劳动力,不允许这些劳动力作为一份参加耕种,但允许他们作为本户为缩短参加某工种的劳动天数而来参加劳动。如果某家有五个劳动力,砍山时,他家一天去五个劳动力砍了一天,就等待其他一个劳动力也砍到和他相等的天数后,他才再去,或在砍山时,他派去的劳动力累计超过了别人,于播种时,该户就减少参加劳动的天数,以达到各家各户出的劳动日都相等。⑤ 大板瑶共耕组内,谁家有多余的劳动力,允许他去参加劳动,缩短本家参加集体劳动的时间,但不得作为一份参与分配。⑥ 这一点似乎很难理解,如果有多的生产力参加劳动,不是可以扩大生产规模和耕地面积,获得更多的产品吗? 但如果是这样的话,共耕组织内部的平衡就会被打破,劳力多的家庭都会获得较多的产品,而劳力少的家庭获得的产品就相对少了,如此贫富不均必然会引发共耕组织内部的矛盾。因此,共耕组织集体劳动时,劳动力的计算一切以均等为原则,以维持成员之间的平等关系。这样看来,限制多余劳动力参加生产也就不难理解了。这一制度也说明,共耕制度还是一种非常原始落后的,建立在低级平等基础上的制度,"不患贫而患不公"的局限性使它必然被淘汰,由更先进的生产制度取而代之。但其要求成员必须

---

① 广西壮族自治区编辑组编:《广西瑶族社会历史调查》(第6册),广西民族出版社1987年版,第18页。
② 同上注书,第44—45页。
③ 同上注书,第153—155页。
④ 同上注书,第615—616页。
⑤ 同上注书,第154—155页。
⑥ 同上注书,第615—616页。

按等量劳动力和劳动日出工的制度,为以后个体户与户之间的对等换工制度奠定了基础。

三、产品平均分配制度

产品平均分配是共耕制度的终极目标。在共耕这种原始协作的生产方式下,生产与分配都是按平均主义的原则来进行的。产品平均分配最基本的原则是,产品在收获时就地分配,用秤或其他计量工具分割成均等的份数,成员按份获取。正所谓"众人是杆秤,斤两秤得明。"①

十万大山地区瑶族都是按平均原则分配共耕产品的。南桂乡瑶族共耕组织生产的产品,由参加耕种的各户按份平均分配。产品的分配是当天收割,当天就在地里分配,用自己做的"土秤"(在一木杆上用石头刻几道,另找一石块做秤砣)来分,在一份份的作物上标上号,然后大家来抽签对号,后来有了秤就用秤分配。② 山子瑶家族共耕土地收获时,采取在地头按份平均分配的办法,能过秤的就过秤,不能过秤的就用筐子等量分掉。山子瑶伙有共耕秋收时,在地头按份平均分配。各户分配的粮食或薯类,自己挑回,如不挑回,堆放在自己的茅寮里,待要吃的时候再来要。③ 大板瑶劳动产品在地头按份数平均分配。用一根木头刻上若干格做秤杆,用一块石头作秤砣,分时先用箩筐盛谷子过秤,最后因谷少了,土秤已不能称出斤两时,就用小箩筐来量或用手抓匀。当天收割未能分完的就留在地头,待明日收割后再分配,直到收割完为止。④ 由教会举办的教民的共耕,也采取平均分配的方式。种子亦从各户收集,但一些小片荒山,教会分给各户耕作。教堂的土地可以种八角,种八角的土地由甲长造册登记,过十几年后,八角有收入时,由参加种的各人集体收,平均分配。零星的土地,教会允许各户自己去种一些八角树,但规定一定的数目,谁超过就没收归伙。⑤ 广西东部瑶族的集体开荒制度也采取平均分配产品的方式。荔浦县清福乡瑶族集体开垦收获时,按各个劳动力出工数均分。⑥ 贺州新华乡、狮狭乡一带的瑶族均实行集体开荒,收

---

① 荔浦县地方志编纂委员会编:《荔浦县志》,三联书店1996年版,第803页。
② 广西壮族自治区编辑组编:《广西瑶族社会历史调查》(第6册),广西民族出版社1987年版,第18页。
③ 同上注书,第153—157页。
④ 同上注书,第615—616页。
⑤ 同上注书,第155—157页。
⑥ 广西壮族自治区编辑组编:《广西瑶族社会历史调查》(第4册),广西民族出版社1986年版,第247页。

获时按劳动力的数目平均分配产物的制度。① 这种制度直至20世纪80年代还保留。② 近年来,随着农业技术的提高,这种集体开荒平均分配的共耕制度已难觅踪影。笔者于2014年在贺州土瑶聚居的沙田镇狮东村、新民村、金竹村及鹅塘镇明梅村、槽碓村调研时,村民均表示现在开荒都是家庭独立行为,不再实行集体开荒或帮工。在共耕制度的平均分配中,最令人感动的莫过于对于老弱病残社会成员的关照。这种对社会弱势群体的照顾是共耕制度互助性与救济性功能最大的体现。

第二节 集体帮工制度

在生产力发展到一定阶段后,原始的共耕制度逐渐演化成集体的帮工制度。这种制度打破了共耕制度的所有权限制和刀耕火种的落后生产方式,转变成一家一户为单位的生产。生产资料属于农户私有,生产也不再是集体劳动,而是各户单独劳动,劳动产品不再平均分配,而完全属农户所有。但在重要的农忙时节,仍采取集体帮工的形式以完成生产。集体帮工在广西民间又称"打背工",这种制度主要有三种形式:一是由村屯集体帮助农户一家一家地完成生产,即村屯集体帮工制度;二是集体帮助某一家的打会;三是集体帮助困难户完成生产。正如隆林彝族群众所说:"靠群众如鱼得水,离群众像树断根。"③(见图3.5)

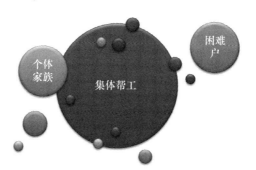

图3.5 集体帮工模式示意图

---

① 广西壮族自治区编辑组编:《广西瑶族社会历史调查》(第3册),广西民族出版社1985年版,第170、220页。
② 黄淑娉、龚佩华:《广西壮族自治区贺县土瑶社会文化概况》,中山大学人类学民族学教研室调查小组1988年8月撰写,第12页(平桂管理区沙田镇当年曾参与该调研的乡镇干部提供)。
③ 隆林各族自治县地方志编纂委员会编:《隆林各族自治县志》,广西人民出版社2002年版,第742页。

一、村屯集体帮工制度

(一) 基本模式

村屯—家庭的集体帮工制度指的是,在以家庭为单位的生产中,每逢重要的农忙季节,主要是春耕和秋收时,就采取集体协作的方式,即由村屯组织起来,以村屯为互助单位,集体到农户家中,一户一户地帮工,直到所有的人家都帮完为止。很显然,这是原始共耕制度发展为家庭单干后的遗存。在个体家庭生产模式中,集体帮工仍起着非常重要的作用。这种制度将共耕制度与家庭单干巧妙地结合起来,弥补了各自的缺陷和弊端,从而完成了生产任务。集体帮工有两个特点:(1) 规模性,即帮工人数非常众多,一般是以村屯为单位,全村出动,或临时组成互助集团,最少也有二三十人;(2) 顺序性,即按照一定的顺序轮流到各家帮工,帮完一家再到下一家。宋代的王禹偁《畲田词》曾记载了集体播种时集体公平互助的情景:"北山种了种南山,相助刀耕岂有偏。"①集体帮工主要适用于插秧、秋收、运肥、培土等需要大量劳动力密集作业的工作。(见图3.6)

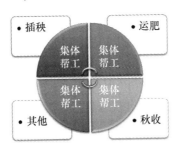

图3.6 集体帮工工种示意图

瑶族是集体帮工制的典型代表,几乎广西各个支系的瑶族都存在集体帮工的现象。这说明集体帮工是一种有组织的制度。恭城县三江乡瑶族人民长久以来形成了经济上的互助习惯,这种习惯在劳动力使用方面表现更为突出。劳动力的互助一般都以自然屯为基础,没有族姓的区别。他们很注重"人同人、心同心"的良好风尚。在农忙或遇婚丧大事、起造房屋时,人们都能互相帮助,主家只需招待饭食,别无他酬。②凌云县后龙山背篓瑶因为农忙劳力不足,各家盛行互助换工协作,届时皆自带农具,不计劳力强弱,到请

---

① (宋)王禹偁:《小畜集》,卷8,第20页,载(清)纪昀等编:《文渊阁四库全书》第1086册,台湾商务印书馆1986年版,第72页。
② 广西壮族自治区编辑组编:《广西瑶族社会历史调查》(第4册),广西民族出版社1986年版,第290页。

工之家的地里,二三十人合力劳动。一两天干完了这家的农活,又转入别家帮助,依次进入。主人只管供饭,都不计劳力强弱和报酬。这种原始互助习惯,解决了人力单弱、违误农时的困难。从而也在他们的生活中,守望相助,形成良好的道德风尚。① 田东县平略乡瑶族换工的习惯,即农民自动组织起来,在生产上进行协作,轮流帮助各户进行生产。平略乡共有劳动力845人,平均每人有耕种土地约2.5亩。平地与山地的工作量也有一定的差别,举例如下：

每亩平地种植玉米需工数		砍种山地每亩需工数	
犁地一次	2工	砍山	5工
下种施肥	1工	锄地	4工
运肥	4工	下种	2工
第一次培土	1工	培土	10工
第二次培土	2工	收割	2工
道肥一次	1工		
收割	2工②		

壮族的集体帮工制度也较典型。南丹县壮族已往有一种劳动组织形式——打背工。他们在耕田、耙田、插秧、耘田、收割等工作,同寨的或邻村的人,三、五、八户来帮工,不计工钱,只由主家供给饭食(亦有只供给中午一餐的),帮到完成为止。这种团结互助精神,是他们在长期的生产斗争中业已形成的习惯。③ 南丹县拉易乡壮族在农业生产中,一向就有一种组织劳动力的换工习惯。每届农事较忙的季节,特别是在春种秋收的时间,村邻之间,彼此便换工互助。农忙时也几乎都是全村的人替某一家或两家在一天内做工的,例如插秧、割禾、挑粪、挖包谷土等,都是全村给一家做工的,至于其他活路,有时也互相换工,不过并不是全村进行,一天只有三五人而已。④

此外,还有跨民族之间的集体帮工制度。都安瑶族自治县下坳乡加文村瑶族的团结互助就是典型的案例。这里各民族之间的生产互助在历史上就已经存在。瑶族、壮族农民在生产中有密切的联系,始终保持着"变工"(互

---

① 广西壮族自治区编辑组编:《广西瑶族社会历史调查》(第5册),广西民族出版社1986年版,第6页。
② 广西壮族自治区编辑组编:《广西瑶族社会历史调查》(第6册),广西民族出版社1987年版,第69页。
③ 广西壮族自治区编辑组编:《广西壮族社会历史调查》(第2册),广西民族出版社1985年版,第2页。
④ 广西壮族自治区编辑组编:《广西壮族社会历史调查》(第1册),广西民族出版社1984年版,第163—164页。

相帮工)的习惯。每当农忙,农民们总是或多或少、或以村为单位几户、十几户自由地结合起来,彼此变工帮助,共同劳动生产,耕了这家的地,再种那家的地,感情非常融洽自然,生产情绪非常愉快热烈。帮工时把自己的耕牛和农具也都带去,这在很大程度上解决了贫苦农户的困难。这种帮助是不付任何代价的,是平等的互相帮助和支援,只是在种哪一家的地时,便由哪家煮饭来给大家吃。变工也没有民族的界限,贫苦的壮族农民也有参加这种不拘形式的互助劳动的,相互之间并无隔阂与歧视,从未因此而引起纠纷。①

(二) 集体插秧互助

光绪《镇安府志》载:"种水田者,三月播种,四月插秧,村民互相助力,男妇均解耕作,风颇近古。"②可见,在集体互助中,插秧互助是最重要的环节。金秀茶山瑶插秧时的互助合作习惯是这方面的典型代表。《两广瑶山调查》记载了金秀瑶族的插秧互助:"在山外汉人与接壤之瑶村,如罗香、龙军等处,插秧时完全互助,不用雇值。故瑶妇在插秧期间特别忙碌。未成年之女孩,亦出外帮人分插。凡帮人插秧者,早餐均自食,午餐晚餐则由插秧之主人供给……此种互助法,瑶人名为'打帮'。"③当地集体挨户插秧时有严格的顺序,已形成了固定的规定。插秧时,村屯先集体插完一村的田,然后再插第二村的田。在金秀河,各村插田的顺序是从长滩开始,长滩插完之后再依次插长二、白沙、金秀、六拉、昔地、田村、刘村、金村、社村、孟村、美村。每年都是按照这样的顺序,不得紊乱。六段等村也有一定的顺序,即在堡、杨柳、将军三村同在第一天插。六段、三片两村同在第二天插。六定在第三天插。滴水等村是按这样的顺序:六力、滴水、容洞、大进。滴水等村这种互助范围把花蓝瑶的大进也包括在内。插秧时家家都要宰杀鸡鸭,备办最好的晚餐,招待来家帮忙的亲友。④兴安县新中国成立前农村有一种"洗秧田"的习俗,也是轮流到各户集体帮工插秧流传下来的。春天大家集体到各户插秧,剩下一小块秧田最后插,把秧田里零乱的秧苗撒干净,称"洗秧田",以表示这一户插秧即将结束,再到下一家。当秧田插完后,集体插秧的人们一片欢呼,纷纷用手抓烂泥巴,撒向主人,把主人头脸以及全身撒满泥巴,主人身上泥巴越多,

---

① 广西壮族自治区编辑组编:《广西瑶族社会历史调查》(第5册),广西民族出版社1986年版,第313页。
② (清)羊复礼修,梁年等纂:《镇安府志》,卷8,第26页,载《中国方志丛书》第14号,台湾北成文出版社1967年版,第170页。
③ 庞新民:《两广瑶山调查》,东方文化书局1934年版,第123页。
④ 广西壮族自治区编辑组编:《广西瑶族社会历史调查》(第1册),广西民族出版社1984年版,第123页。

就意味当年稻谷结得越多。此习俗在六七十年代仍存在,只是撒泥的对象为生产队的队长。①

在春耕方面,互助劳动是布努瑶的一个传统,也是布努瑶社会最重要的生产组织形式。这与他们的居住和生产特性有关。互助劳动最多的情况是种玉米和施肥培土(当地人称为"刮玉米")的时候。每家种玉米的活儿都需要有人帮忙做。种玉米所需的人工比较多,一家的劳动力不可能在一天内种完自家所有的地。而他们认为,如果不是同一天种完地,将来长出的玉米会长势不一,影响管理。为了在同一天种完地,就要同时用较多的劳动力。另外,在刮玉米时也力求当天完成,否则怕因施肥不同步而导致长势不一致。因此,在种玉米的季节,在村的劳动力几乎每天都全部出动,轮流在各家的土地上做活。②

(三) 集体运肥互助

村屯—家庭集体帮工模式是较好利用生产力的一种方式。除了插秧集体互助外,运肥也是一项非常繁重的劳动,单靠一家一户的力量根本无法完成。于是一些地区还形成了运肥方面的集体互助。这种互助合作问题解决了如下两件事:(1) 及时地春耕下种及送粪到田,瑶里乡瑶寨屯挑粪都是一帮人。如里湖乡里纪屯陆正明用背工及时做好了 40 挑田。(2) 扩大耕地面积,互助组也起了很大的作用。③

广西融水苗族人民的运肥集体互助也颇具特色。当地苗族多居住高山峻岭,田地分散,且远离村寨。长期以来,在征服自然和发展生产的斗争中,形成了互相帮助,团结协作的传统组织。春耕开始,各家各户都估计自家的牛栏粪约有多少担,每一块田需放几多担肥,需要多少人工协助挑运。然后由户主串联,成立临时互助组(三户五户、十户八户不等),根据各户农事的缓急轻重,商议安排背工日程。背工组的人员,由各户抽出 1—2 名身强力壮的中、青年男女充当。到挑粪的时候,背工组员自带扁担、粪钩、粪篓等农具,在一两天内把一户的肥料全部挑下田,然后,再转向另一家,直到将组内所有农户的牛栏粪统统挑下田为止。每逢春耕生产季节,在融水苗族自治县的苗乡山寨,到处都见苗胞背工运肥的繁忙景象。这对促进和发展生产,密

---

① 兴安县地方志编纂委员会编:《兴安县志》,广西人民出版社 2002 年版,第 627 页。
② 覃主元等著:《大石山区的祥和村落——广西布努瑶社会经济文化变迁》,民族出版社 2007 年版,第 73—74 页。
③ 广西壮族自治区编辑组编:《广西瑶族社会历史调查》(第 9 册),广西民族出版社 1987 年版,第 104 页。

切乡亲邻里的感情,起到了积极的作用。①《融水苗族》一书也对苗族的运肥集体互助作了阐述:融水苗家山区采取相互"背工"办法,也是解决农时生产大忙的一大举措。苗家喜欢用禾秆草、青草或嫩树叶垫牲畜栏,积猪、牛粪种田种地,每年开春要运大量的猪、牛粪下田,只有采取相互"背工"的办法,才能解决。根据各家各户农事的轻重缓急,合理安排时间,这家干几天,那家干几天,一同把粪肥全部运下田。到插秧大忙和秋收大忙时,也同样采取这一办法,按质按量完成季节性生产劳动,决不让谁家拖后腿,共同发展生产,密切邻里间的情谊。②

二、打会制度

广西少数民族还形成了专门性的集体帮工组织——打会。这种组织是民众自发形成的,以无偿集体帮工的形式解决某户人家劳动力的不足。俗谚有"百人约会,换手抓背"(约会,民间的一种经济互助形式,侗谚又作"换手抓背,换工耙田")③的说法。"打会"主要流行于以前贺县的新华乡和狮狭乡瑶族。其与村屯—家庭模式的区别是:第一,从组成人员上看,打会是群众自发形成帮工集团,而不是以村屯为单位进行集体帮工。其成员来源很广,既有亲戚朋友,也有外来人员,或者说只要想帮工的人员都可以参加进来。第二,从帮工对象和方式来看,打会的目的是帮助某一户人家因劳动力不足造成的生产困难,时间也较短,主要是为了集中劳动力,而村屯集体帮工制则是一户一户地帮,时间较长。从这一点上来说,打会是临时性组织,而村屯集体帮工制则是稳定的常年性帮工。

贺县的打会主要限于瑶族内部,通常没有报酬,主家只准备一顿丰盛的餐饭。新华乡的打会组成主要是因为某一家因一时劳动力不足,而无法下种时,就委托一人出头,在本村及到邻近各村去邀约别人来帮忙,人数肯定后,主家即准备一餐便饭招待他们,然后才进行工作,至于工具及午饭,均由他们自备,一日即结束工作,到收获时,主家为了感谢他们的帮助,于是杀猪煮酒,邀请他们饮宴一番。打会不止在下种时进行,而且在收获时也可以这样做,但只是备办酒肉盛情招待一番而已。打会是一种集体的帮助活动,做"打会"的一般都是所种的山场较大而一时忙不过来的人家,前来劳动的人也不

---

① 桂林图书馆数字资源库·文化民俗资源库,http://www.gll-gx.org.cn/test/digital_resours.asp#4,访问时间:2014年3月22日。
② 戴民强主编:《融水苗族》,广西民族出版社2009年版,第78—79页。
③ 中国民间文学集成全国编辑委员会、中国民间文学集成贵州卷编辑委员会编:《中国谚语集成:贵州卷》,中国ISBN中心1998年版,第226页。

是少数,往往是百人以上,而劳动多是一日即结束。这种活动只限于本民族内,凡是同族的任何一户都可以照办,这也是没有工资的。① 贺县狮狭乡的瑶族打会则是某一户在下种或收获时,因特殊原因,一时劳动力不足时,则请一人出头在同村或其他村邀约别人相帮,人数决定后,主家即备办饭食招待作为酬劳。如果是下种,则在当时备办一餐家常便饭即可,待收获时,又再杀猪酿酒盛情招待一番。如果是帮忙收获的话,则仅招待一餐酒肉即可。也有的主家因家庭环境较差而不能杀猪款待,相帮的人也不致说长论短的。打会往往在需要很多劳动力的情况下才搞的,每打一次少者数十人,多达百余人。这种劳动互助的形式只限于瑶族内部,当中也没有族系之分,过山瑶和土瑶之间也可以进行。② 贺州土瑶的集体帮工"打会",直至20世纪80年代仍盛行,由需要劳动力的户主发起,邀请劳动力较多的亲友邻居来相帮,主人以酒肉款待。③

三、困难户集体帮工制度

上述两种集体帮工制都是为帮助单个家庭尽快尽好地完成生产。在这两种模式下,单个家庭的生活不存在问题,只是因生产规模较大而导致人手不足,因此这种劳力的短缺是一种相对的短缺。还有一种劳动力绝对短缺的家庭,如有死丧患病残疾的家庭,就属于生产上的困难户,如果不集体帮工的话,这些家庭的生存将出现问题。因此,在集体互助制度中还有一种专门对困难户的帮工。这种制度由于是中国民间优良的传统,甚至受到统治者的认可和推广。如清代顺治十七年(1660年)皇帝覆准:"设立里社,令民或二三十家,四五十家聚居,每遇农时,有死丧疾病者,协力耕助。"④显然,这是民间自发形成的一种保障机制。如在龙胜各民族中,有些农户农忙季节主要劳力成员久病,不能劳动,耽搁生产,或因山洪暴发,田地被冲毁,一家人力财力当年无法复修,房族或近亲及时帮忙修整耕作,主家供饭食。⑤

这种困难户集体帮工制度在瑶族中最为常见,这也许和瑶族的山耕方式及共耕制度发达有关。在对困难户的集体帮工中,无偿是毋庸置疑的,也不

---

① 广西壮族自治区编辑组编:《广西瑶族社会历史调查》(第3册),广西民族出版社1985年版,第170页。
② 同上注书,第220页。
③ 黄淑娉,龚佩华:《广西壮族自治区贺县土瑶社会文化概况》,中山大学人类学民族学教研室调查小组1988年8月撰写,第12页。(平桂管理区沙田镇当年曾参与该调研的乡镇干部提供)
④ 《清会典事例》(第2册),卷168·户部17·田赋·劝课农桑,中华书局1991年版,第1130页。
⑤ 龙胜县志编纂委员会编:《龙胜县志》,汉语大词典出版社1992年版,第106页。

要求对等的换工。但是互助者的范围以亲戚朋友为主。龙胜红瑶有的人家若遇天灾人祸,农忙赶不上季节,为不误农时,房族或近亲及时抽出劳力帮工。外村亲戚还喊其本寨的主要劳力十到二十人,到有困难的亲戚家帮工1—2天,主家供饭食,帮工者无偿劳动。① 富川县瑶族人民历来有着互相帮助解决困难的优良传统,无论在生产上或是在生活上都有互助习惯。例如某家劳动力得病或生产上赶不上时令,大家就自觉地进行帮助。② 田东县平略乡瑶族长期以来在瑶族内部一直盛行着劳动互助的习惯,自愿帮助亲戚朋友解决劳动力不足的困难,主家只需招待饭食而无其他报酬,这就叫帮工。③ 那坡县瑶族农民为了解决生活中的各种困难,新中国成立前经常有帮工习惯,有些因人力不足,同时瑶族的耕作土地都分布在山上,耕作是比较费力费时,瑶族农民为解决各种困难,与集中劳动力,新中国成立前经常有帮工习惯,每逢在夏种秋收,隔离邻舍便自由组合起来,互相帮助,也不取酬劳,只有在晚上吃一餐普通菜饭。据规或一屯的调查,在瑶族的贫雇农中,农民认为谁家缺牛或缺农具使用,可以事先几天到有牛的农户问借,而有牛的农户用完都可以互相借用的,不用换工。④

广西其他民族也有对困难户集体帮工的制度。隆林苗族如果哪家是困难户,就在自己家里吃过饭后去帮他,这样就不用困难户管饭了。当地吴玉章老人也说:五十多年前我们就有换工帮工的习惯了。有一年,我全家都病了,黄正光(苗族,同村人)他们来帮我把所有的田都犁完。在换工、帮工的互助中,加强了各族之间的友好往来。⑤《融水苗族》一书就谈到:所谓"背工"就是我帮你,你帮我,劳力多的农户帮劳力少的农户,劳力强的农户帮劳力弱的农户共同做好农活,以赶上生产季节,不误农时。⑥ 仫佬族生活的罗城县石门村田心屯在农忙季节,如果谁家劳动力不足,同一房族内亲属关系

---

① 龙胜各族自治县民族局《龙胜红瑶》编委会编:《龙胜红瑶》,广西民族出版社2002年版,第125页。
② 中国科学院民族研究所、广西少数民族社会历史调查组:《广西富川县红旗人民公社(富阳区)瑶族社会历史调查》,1963年3月印行(内部参考),第35页。
③ 广西壮族自治区编辑组编:《广西瑶族社会历史调查》(第六册),广西民族出版社1987年版,第69页。
④ 中国科学院民族研究所、广西少数民族社会历史调查组:《睦边县下华公社规六生产队瑶族社会历史调查报告》,1964年3月印行(内部参考),第4页。广西壮族自治区编辑组编:《广西瑶族社会历史调查》(第6册),广西民族出版社1987年版,第99页。
⑤ 广西壮族自治区编辑组编:《广西苗族社会历史调查》,广西民族出版社1987年版,第68页。
⑥ 戴民强主编:《融水苗族》,广西民族出版社2009年版,第78—79页。

比较好的人家就提供无偿互助。① 水族在耕种收割上有协作互助习俗。在抢收抢种的季节,劳力强、耕畜多的家庭完成自己的农活后,便主动帮助那些缺少劳力的亲族干活,进行义务的劳力支援。②

笔者也调研到多个集体帮助困难户的例证。这些困难户主要包括身患重病者、子女都不在的老人及教师。如前文提到的融水苗族自治县拱洞乡龙培村苗族村民杨某定说,他本人2010年查出患有严重肾病,无力干活。两个孩子又都在读书,家里一共2亩田,全靠他老婆一个人种,忙不过来就请人帮忙,主要是亲戚朋友来帮,他们自己的田种好了,就会主动帮我来插田,有时他们自己来,有时去叫他们来,大多数时候都是他们主动来帮忙。家里有什么他们就吃什么。那坡县马独屯黄姓村民(59岁,壮族)说,我们夫妻俩在家耕地,三个子女都在那坡县工作,要请亲戚朋友帮忙,免费,不计报酬,时间随便,我们这里还要还工,但是因为我们年纪大了,他们也不乱喊我们去还工。我不去,他们也不计较,因为我们老了。马独屯黄世学(男,40岁,壮族)说,我从15岁起就得了肾结石,一直到现在,干不了重活,只能请人帮忙,我只要准备菜就好了。这里的帮工主要是春耕、秋收时节,一般都是帮1天,很少有连续帮很多天的。不要钱,但一日三餐都要有酒、肉。那坡县德隆乡团结村上劳屯黄文权(男,40岁,壮族,小学教师)说,我是教师,我家也有地,教师种地要经常请人帮工,帮工是无偿的,我煮饭菜给他们吃就可以了,而且我不用还工。本地互相帮助做得是比较好的,有困难大家都来帮。正如文献所说:"壮人在春耕时,从不发愁劳动力短缺,更不会把鳏寡撇过一边。"③

四、集体帮工的文化学意义

在集体的帮工劳作中,少数民族还演化出了重要的艺术形式——背工民歌艺术。这种歌唱艺术的特点是由两人作前导领唱,众人附和合唱,从而增加劳动的娱乐性,减轻疲惫感,加快劳动进度。在此过程中,男女青年可以藉此机会以歌为媒,传递感情,集体帮工由此转变成一场民族文化艺术的盛会。这也使得集体帮工的意义和价值已不仅仅限于物质上,还具有了较高的非物质文化价值。宋代王禹《畲田词》就有记载:"援桴者,有勉励督课之语,

---

① 章立明、俸代瑜主编:《仫佬族——广西罗城县石门村调查》,云南大学出版社2004年版,第166页。
② 何积金主编:《水族民俗探幽》,四川民族出版社1992年版,第164页。
③ 桂林图书馆数字资源库,文化民俗资源库,http://www.gll-gx.org.cn/test/digital_resours.asp#4,访问时间:2014年7月20日。

若歌曲然,且其俗更互力田,人人自勉。"①乾隆《镇远府志》记载了集体插秧时的唱歌景象:"每至插苗时……挥汗成雨,用善歌者二人前导,鼓声锣声铿然,众人从而和之,音节堪听。"②民国《三江县志》也有同样的记载:当地瑶人"垦地互相换工,每集男女百数十人,新衣美服,混杂排列,以领工者唱歌敲锣前导,大众同时动作,男女互唱情歌,藉联情会,其家人亦不加干涉,故多劳而忘倦,开垦甚速"。③这种独特的艺术形式不仅陶冶了少数民族的艺术情操,也丰富了他们的精神生活,极大地提高他们参加集体帮工的积极性和工作效率。

  这种艺术形式在广西各地少数民族的集体帮工中都有体现。如新中国成立前,龙胜花瑶、新化人挖大块荒地时,背工人数一般三四十人,有的多达七八十人,附近各寨也有人参加,都自带工具。开工时还挑选一到二人,在挖地人群面前来回边敲锣边唱《挖地歌》助兴,以提高工效。歌的内容大意是鼓劲用力,多流汗多收成,广种广收,岁月无忧……,词句有三、五、七字,以后者较多,声调高,拖音长。别寨来参加帮工三十人以上的,结束后出寨时,主家放鞭炮,吹唢呐欢送。④十万大山的山子瑶在伙有共耕砍山时,虽然山寨里生活很艰苦,但青年们快活,他们可以同别个村寨的姑娘或小伙子对歌,上山抛绣球玩。⑤都安瑶族自治县下坳乡瑶族男女青年有集体帮工唱歌的习俗,他们在集体帮工的共同劳动中经常一边耕作,一边唱歌。⑥生活在大石山区的布努瑶在收玉米时要集体帮工,玉米脱粒的工作一般在晚上进行。邻居两三户组合起来,所有的家庭成员都参与这项工作。在此过程中劳动者们一边不知疲倦地工作,一边谈天、唱歌、讲故事。今天晚上在东家,明晚到西家,这样轮流着直至工作结束。⑦荔浦县马岭镇的长安、地狮等村壮族在每年农历三月三铲茶山,叫"采青节"。瑶族在开山挖地时,来帮者多达数十人,打锣唱歌,鼓劲劳作,场面极为热烈。⑧

---

① (宋)王禹偁:《小畜集》,卷8,第20页,载(清)纪昀等编:《文渊阁四库全书》第1086册,台湾商务印书馆1986年版,第72页。
② (清)蔡宗建主修,龚传绅、尹大璋纂辑:[乾隆]《镇远府志》,卷9·风俗,第17—18页,载《故宫珍本丛刊》第224册,海南出版社2001年版,第320—321页。
③ 魏任重修、姜玉笙纂:《三江县志》,卷2·社会·民族·侗僮,第3页下,民国三十五年(1946年)铅印本,《中国方志丛书》第197号,台湾成文出版社1967年版,第118页。
④ 龙胜县志编纂委员会编:《龙胜县志》,汉语大词典出版社1992年版,第105页。
⑤ 广西壮族自治区编辑组编:《广西瑶族社会历史调查》(第6册),广西民族出版社1987年版,第155—157页。
⑥ 广西壮族自治区编辑组编:《广西瑶族社会历史调查》(第5册),广西民族出版社1986年版,第340页。
⑦ 覃主元等著:《大石山区的祥和村落——广西布努瑶社会经济文化变迁》,民族出版社2007年版,第73—74页。
⑧ 荔浦县地方志编纂委员会编:《荔浦县志》,三联书店1996年版,第872页。

笔者在贺州黄洞瑶族乡调研时也了解到,当地以前集体帮工制度盛行的时候,尤其是春天播种插秧季节,所有人像期盼重大节日一样盼望着帮工时节的到来,对当地瑶族群众来说,这种集体帮工早已超越了劳动的层面,而变成了一场民族服饰、歌舞、交际的盛会。因为那一天,所有分散居住在深山里的瑶族同胞都会下山来参加帮工,而青年妇女们更是穿上自己最美丽的民族盛装争奇斗艳。在帮工的过程中,大家相互对歌、跳舞,男女青年谈情说爱,可谓盛况空前,热闹非凡,这也难怪少数民族群众会如此热衷于集体帮工。集体的劳作是少数民族重要的艺术灵感源泉,由此而诞生的艺术文化也是最为瑰丽优秀的。2010年,在中央电视台举办的青年歌手大奖赛中,获得原生态组冠军的湖北恩施土家族"撒依尔嗬"组合,他们演唱的《薅秧锣鼓》就是来源于集体帮工中的音乐艺术,广西少数民族也不乏这方面的优秀遗产。因此,少数民族生产互助习惯不仅具有社会保障方面的价值,更具有文化学、非物质文化遗产方面的意义,这进一步凸显出对其发掘与保护的必要性。

对于集体帮工,广西民间也形成了许多俗谚,如"做事不依众,累死也无功""好汉虽强也得众人帮助,好花虽红也得绿叶衬托"①等,说明这种集体合作的强大力量。集体帮工都是无偿不要求回报的,是对长期共同生存者的一种本能义务,正如民国《平坝县志》所言:"世人处事,有时不计对方报酬,不问此事结果,不喜旁之人与知,只以己所当为即尽力进行,如不然其良心上非常抱歉,似一种惩罚加临,非迷信有因果报应也,乃以为分所应尔也。此为正义的信仰,即'正其义,不谋其利'等训条所养成。"②这是广西少数民族互助习惯形成的思想基础和理论根源。

第三节 对等换工制度

在共耕制度及集体帮工制度之后,生产力的进一步发展使广西各地少数民族在单个家庭的生产中,逐渐形成一项重要的互助制度,俗称"打背工",又称"换工""帮工""变工""讨工",这些名称虽有时与集体帮工制度重合,但涵义却不相同。前者是集体对个体,后者是个体对个体,帮工范围要小得多。壮语称为"多揉",意思是"相邀互助",又叫"滚揉制","滚"意为人,"揉"是邀约。其意即在农忙时节单个家庭结成互助对象,进行对等的帮工,

---

① 鄂嫩吉雅泰、陈铁红编:《中国少数民族谚语选辑》,广西人民出版社1981年版,第239页。
② 《平坝县志·礼仪民俗》,民国二十一年(1932年)贵阳文通书局铅印本,载丁世良、赵放主编:《中国地方志民俗资料汇编·西南卷(下)》,书目文献出版社1991年版,第587页。

一家为另一家帮工之后,后者还以前者以对等的劳动量与工作日作为补偿,而不必付其他报酬,这种制度极大地维持了以家庭为单位的私有农业生产秩序。例如,都安瑶族自治县三只羊乡团结互助是这里的瑶族和其他民族的良好风尚,每当农忙时都互相换工,说明各民族之间的生产互助在历史上就已经存在。①

一、换工的工种

(一) 基本模式

"有难有病相扶,农事季节相助。"②换工的内容包括一年四季各个农事环节的所有工种,主要有挖地、开荒、犁田、犁地、耕田、耙田、耘田、锄地、整地、下种、插秧、栽秧、培土、中耕、挑粪、施肥、挖土、收割等事宜。例如,新中国成立前,龙胜各族农民生产活动盛行背工,即换工,由成年男女分别自由组合。参加人数多少视农活难易远近及季节而定,一般五六人,多达数十人。工种包括犁田、耙田、施肥、插秧、耘田、收割,挖地种杂粮、桐茶、棉花、蓝靛,收拣桐茶果、采桑等。大多是一工换一工。农忙工数天内还,平时可以酌情推迟,一般都守信还工。远活、重活主家招待晚餐。劳动中均尽力而为,劳力强弱技术高低,一般不斤斤计较。③ 但一般来说,换工主要集中在农忙季节,其中春耕和秋收是对等换工的高峰期。这两个时间段几乎所有的农户都要相互换工,从而形成对等换工制度的"双峰效应"。(见图 3.7)笔者在调研中,各民族访谈对象几乎异口同声地称主要是在春耕和秋收时节互相换工。

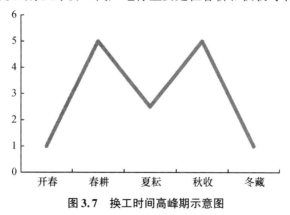

图 3.7 换工时间高峰期示意图

---

① 广西壮族自治区编辑组编:《广西瑶族社会历史调查》(第 5 册),广西民族出版社 1986 年版,第 296 页。

② 中国民间文学集成全国编辑委员会、中国民间文学集成贵州卷编辑委员会编:《中国谚语集成·贵州卷》,中国 ISBN 中心 1998 年版,第 226 页。

③ 龙胜县志编纂委员会编:《龙胜县志》,汉语大词典出版社 1992 年版,第 105 页。

壮族由于生产力较先进,基本实行一家一户的单干,因此是实行换工最普遍的民族。在广西中西部的壮族中,换工的内容包括所有的农事环节。广西都安瑶族自治县高兴乡群众为了战胜大自然,壮族人民特别是贫苦农民注意团结起来,共同生产劳动和斗争。他们在劳动上有着互助帮工的习惯,特别在生产大忙时期更是如此,他们以换工共同完成生产任务。① 西林县那劳区壮族历来有换工的习惯,维新乡亦然。换工的工种有:犁田、犁地、耘田、中耕、挖地、收割等。其中以挖地、开荒为每年换工的主要工种,其他不一定换工,要视各家情况而定。换工的好处,首先可以解决劳动力不足的困难,使能赶上季节,旱田能赶上耙田用水,以达到抢种抢收。其次,能使偷懒者不敢懒惰,特别是青年换工对改变懒更为有用。最后是大家一块干活,积极性较高,劲头也较大。②

其他民族的换工主要集中在春耕和秋收两个时段。如龙胜地灵侗族有原始互助习惯,每在农忙时期,如春耕、秋收这两段时间,三五成群地进行换工。至于其他时节,只有砍树、开垦新地时才换工。③ 2014年清明节期间,笔者在广西三江侗族自治县富禄村随机采访了一名侗族男子,他谈到当地打背工的习俗时说:"打背工叫人家就来。插田,收谷子,建房子,重的活路都要帮,他需要几天就帮几天,叫两天就两天。"瑶族换工的内容最为细致。环江县长北乡后山屯瑶族换工,是当地瑶族农民互助生产的一种传统习惯。换工时间,多在春种或秋收气节的农忙时间进行。④ 富川县瑶族一般都有劳动互助的良好习惯,每当农忙时,各户都互相帮助,尤其在插田及收割时,这种互助更来得频繁,当地称这种习惯为"换工"。换工不仅存在于亲属之间,而且也在朋友邻居间盛行,这种换工是没有任何剥削的。⑤ 贺州土瑶也有劳动互助的习惯,其中最普遍的是换工互助,一般是户与户之间个别劳动力的交换使用。⑥ 狮东村干部告诉笔者:"我们以前耕地、插秧、种稻、收割都有互助,比方说我明天割稻,我就通知几个人,明天帮我割稻,大部分是亲戚朋友,主

---

① 广西壮族自治区编辑组编:《广西壮族社会历史调查》(第6册),广西民族出版社1985年版,第109页。
② 广西壮族自治区编辑组编:《广西壮族社会历史调查》(第2册),广西民族出版社1985年版,第170页。
③ 《龙胜地灵侗寨史记》编委编:《龙胜地灵侗寨史记》,2007年3月编写(内部参考),第239页。
④ 广西壮族自治区编辑组编:《广西瑶族社会历史调查》(第3册),广西民族出版社1985年版,第71页。
⑤ 中国科学院民族研究所、广西少数民族社会历史调查组:《广西富川县红旗人民公社(富阳区)瑶族社会历史调查》,1963年3月印行(内部参考),第5页。
⑥ 黄淑娉、龚佩华:《广西壮族自治区贺县土瑶社会文化概况》,中山大学人类学、民族学教研室调查小组,1988年8月撰写,第12页。(平桂管理区沙田镇当年曾参与该调研的乡镇干部提供)

要是平时说得来的。"

(二) 春耕换工

春耕是换工制度的第一个高峰期,这主要是因为春耕要赶节气,劳动量又大,因此必须在有限的几天中集中劳动力完成春耕,否则一年都没有收成。春耕环节的换工主要包括挖地、开荒、犁田、犁地、耕田、耙田、耘田、插秧、栽秧等事务,其中插秧是最主要的活路。因为广西少数民族的水田多为山上,而且面积狭小,形状不规则,几户全部靠人工插秧,必须采取多户协作的形式。民国任国荣《广西瑶山两月观察记》记载了瑶族各户之间插秧对等换工情况:"三月插秧时,往往有今天甲乙助丙,明天乙丙助甲,后天甲丙助乙。帮助工作时,早餐个人自备,午餐晚餐由被助者供给。"①可见插秧互助是瑶族春耕换工最主要的内容。贺州狮东村的团支书说,帮工主要是春耕种田的时候,要去通知,主要是通知那些自己从前帮过的人及帮过自己的人,互相调换,换工,主人家包饭。笔者于2011年5月初在三江侗族自治县洋溪乡玉民村调研时,恰逢当地插秧时节,看到许多亲戚朋友集中在某一家的田地中为其插秧。小孩则在旁边帮干一些轻活。(见图3.8)

图 3.8 融水县拱洞乡龙培村苗族群众插秧时的互助

一些保留了较原始刀耕火种的地区,春耕换工的内容主要是开山、砍山、烧山、挖地、整地和播种。以盘村瑶族为例,由于家庭中劳动力不多,不能迅速开出大片刀耕火种的山地,而且少数几个人在大山坡上开荒,也显得十分孤独,因此盘村瑶族很早以来就有同村中的几户联合以来"变工"生产的习惯。即在刀耕火种、砍树挖地的时候,邀请同村亲近的人前来帮助,一起劳

---

① 任国荣:《广西猺山两月观察记》,亚洲民族考古丛书第二辑(19),台湾南天书局1978年版,第51页。

动,只请吃饭,不给工资。当对方需要劳动力时,又可以请这一家派人前去帮助,作为还工,同样地只供吃饭,不给报酬。这种互相"变工"中,不计较劳力的强弱。一般都是大家尽心竭力地共同劳动。它的好处是在过去游耕的生活中,原始的互助形式可以克服户单人少的困难,有利于抢季节,适时砍倒、焚烧、播种。人数较多的劳动也大大提高了劳动兴趣,增进了劳动效率,并且对发扬团结互助的精神,联络感情也有很大的好处。这种生产上互利的"变工"习惯,在从游耕到定居的生活里,都一直很好地保持着。①

春耕互助的内容还包括运肥、施肥、培土等事务。《两广瑶山调查》记载了广西瑶族的运肥对等换工:"瑶人工作多互相帮助,如运牛粪时,今日甲乙帮丙,明日甲丙帮乙。"②天峨县白定乡壮族,在劳动中互相帮助是他们传统的美德,每年旧历二三月,各家都互相帮助挑粪下田,五月插秧的季节到来了,便请亲戚来帮忙,同村中自己已经插完田地或者还无田可插都去帮别家的忙。③ 生活在中西部大石山区的广西少数民族,水田很少,大多依靠在石窝或石缝中种植玉米来谋生,因此他们的春耕互助主要是种玉米和给玉米培土、施肥。除了前面提到的布努瑶外,百色县两琶乡壮族虽然是单干,但也有帮工和换工的习惯,如在玉米培土时组织帮工和换工。④ 在笔者的调研中,那坡县德隆乡团结村上劳屯黄某连(男,48岁,壮族)说,我们村互相帮助很多,主要是种田、种玉米。

(三) 秋收换工

秋收是生产换工的第二个高峰期,其原理和春耕是一样的,讲究节气和时机,需要大量劳动力同步协作。正如据《大明一统志》记载:贺县"谷熟时,里闬同取。"⑤贺州狮东村的村民说,帮工主要是秋收,因为怕自己收不及,庄稼会坏。

在秋收时节,广西大地上处处可见互助帮工的情形。笔者于2012年11月28日前往贵州考察途中,经过有"天下第一糯"称号的三江侗族自治县梅林乡匡里村,见到了一户农民正在抢收糯米的帮工场景。只见公路边的一块糯米田中,有十多个男女老幼正在齐头并进地用独特的手镰收割糯米禾。笔

---

① 胡起望、范宏贵:《盘村瑶族》,民族出版社1983年版,第134页。
② 庞新民:《两广瑶山调查》,东方文化书局1934年版,第123页。
③ 广西壮族自治区编辑编:《广西壮族社会历史调查》(第1册),广西民族出版社1984年版,第1页。
④ 广西壮族自治区编辑编:《广西壮族社会历史调查》(第2册),广西民族出版社1985年版,第218页。
⑤ 《大明一统志》(十),卷84,文海出版社1965年版,第5148页。

者下车与村民细谈了解到,收割糯米不能像收割稻米那样用大镰刀一捆一捆地割,而必须用小小的手镰一根一根割,这样就需要耗费大量的人力,而且必须抢在两三天内收割完毕,否则糯米就会变质,所以必须请亲戚朋友来帮工。在帮工者中,有同村的,也有从贵州下来的,还有专程从广东赶回来的打工者,大家都为了帮忙收割糯禾而从四面八方聚拢在一起,因为一年只有这一次盛大的聚会。大人们在忙着收割,小孩则在水田里忙着捉鱼。主人刚提了一筒从田里捉上来的新鲜禾花鱼准备作美味的午餐——烤鱼招待帮工者。原来,他们春天播种的时候就放鱼苗到田里,禾苗生长,鱼也生长,鱼粪还可以肥田。秋天收获时,鱼就用来款待前来帮工的人。(见图 5-8、5-9、5-10、5-11)三江洋溪乡玉民村苗族村民杨某兄说,他家里只有两夫妻是劳动力,因此打谷子、抢收都需要别人帮忙。我去叫一声,他们就来了。今天你叫他帮,明天他帮你,主人只准备晚饭。每年打谷子的时候帮工的情况都很好。大家的时间都错开,今天你家收,明天他家收,刚好可以互相帮助。那坡县德隆乡团结村上劳屯黄某连(男,48 岁,壮族)说,我家 5 口人,种 2 亩地,1 亩水田,加上玉米最少有三四亩地,主要靠我们夫妻俩种。秋收时要互相帮忙。就是今天你帮忙,明天我帮忙,我们做完了就去帮人家,人家做完了就来帮忙,来了就一起吃两餐饭,没有报酬,一般帮工都是 1—2 天,我家从来没有雇过工。(见图 3.9、3.10、3.11、3.12)

图 3.9　三江县匡里村侗族群众帮工收割糯米(一)

图 3.10　三江县匡里村侗族群众帮工收割糯米(二)

图 3.11　独特的糯米收割工具——手镰

图 3.12　主家在准备午餐烤鱼

生活在大石山区的布努瑶,其秋收换工内容主要是收玉米。在许多劳动力外出打工的情况下,留在村里从事农业生产的劳动力相对不足,单靠各家在村劳动力根本无法在一两天内完成诸如收玉米这样的活。因此互助显得更为必要。每到玉米收获季节,亲戚朋友的意义便会突显出来。如加平组的蒙仙桃家收玉米时,就集中了许多个体的力量,形成一个小群体共同劳动。他们请来了本组有亲属关系的蒙神周、堂哥在弄甲的舅舅、弄甲 14 岁的表弟。加上蒙仙桃和她的儿子,总共 5 个劳动力。这三人之所以接受蒙仙桃家的请求,并不是因为这三个人自己家的玉米已经收完了,而是因为他们的玉米已经收了一部分,但蒙仙桃家的玉米还没有收。再则是亲属关系的存在,他们就来帮忙一天,从离家最远的土地开始,他们结伴而行。午饭、晚饭都在蒙仙桃家吃,他们宰了两只鸡、煮了黄豆招待辛苦的劳动者。[①]

[①]　覃主元等著:《大石山区的祥和村落——广西布努瑶社会经济文化变迁》,民族出版社 2007 年版,第 73—74 页。

（四）其他时节的换工

有些民族在春耕和秋收之外的其他农事环节也换工，但这种现象比较少见。例如，水族劳力换工协作多出现在农事季节不很紧张的时候，如表现在冬天翻松土地过冬等，便可以进行换工协作。今天翻甲的田，明天整乙的地，你帮我几天工，我也相应还你几个工，其目的主要是为了促进友好往来和增加生产中的互换互助，大家扬长避短，相得益彰。这在价值观念上多表现义重于利，畜力尽管强于人力，但出畜力的人家也是不会斤斤计较的。① 贺州狮东村大冷水的村民说，当地种植茶果也是一项主要的家庭收入来源，因此每年锄茶果地时也需要帮工。

二、换工的对象

贺州金竹村的一位村民说："换工谁都可以，人家帮了你也要帮人家。"由此可见，换工的对象并没有严格的限定和要求，最关键的是对等的还工。尽管如此，大部分情况下，换工的对象仍以亲戚朋友和同村人这两个群体居多。这主要是因为换工一般限于户与户之间的单独交换，而且必须还工，所以请亲戚朋友或同村人比较容易，而且还工也比较方便快捷。而很多时候，由于居住特点的原因，广西少数民族的同村人大多互相之间有亲戚关系，亲戚朋友和同村人这两个群体常发生重合，因此亲戚朋友仍是换工的主要对象。这说明，这种生产互助习惯与血缘仍存在一定的联系。

一些少数民族的实证调查资料可以证实这一点。例如，贺县新华乡的换工一般在春耕、秋收及平日农忙时进行这种互助，一工换一工，只限于户与户之间的单独交换，而且多在同村的亲戚朋友间进行。② 贺县狮狭乡瑶族的换工是一种范围最小的劳动互助方式，只限于户与户之间少数或个别的劳动力交换，即是某一户因一时劳动力不足，而请亲戚朋友帮忙代做，日后又再以工偿还劳动日。这种换工，除了对方招待饭食之外是没有任何报酬的。因此，这是在互利的基础上进行的。③ 广西罗城县石门村仫佬族实行承包制以后家庭成为独立的生产、经营单位，各个家庭内部劳动力有限，在重大的农事活动中，自发进行互助合作。其常见的做法是：在自家进行插秧、打谷子等农活时，通知两三个尚未进行此类劳动的亲戚劳力前来帮忙，不付报酬，只负责其

---

① 何积金主编：《水族民俗探幽》，四川民族出版社1992年版，第164页。
② 广西壮族自治区编辑组编：《广西瑶族社会历史调查》（第3册），广西民族出版社1985年版，第170页。
③ 同上注书，第220页。

三餐饮食,等到对方也做同样的农活时,自己也去帮助对方,对方也只管三餐饭,不另付报酬,对方帮自己一天则自己也回帮对方一天,对方帮自己两天则自己也回帮对方两天,形成基本对等的劳力、劳动时间对换,其根本目的在于追求一种合作效益。最初这种活动只在亲戚间进行,后来发展到朋友之间,一家三两次不等。①

笔者的实践调研也证实了换工现象。如融水苗族自治县拱洞乡龙培村苗族村民杨凤说,家里的收入主要靠种田,田太大的时候,要请人家作工,主要是亲戚朋友,他们都是主动过来帮忙,过后我们也去帮他们。那坡县德隆乡团结村上劳屯李某玲(女,20岁,壮族)说,农活是一家亲戚来一起帮忙,做工需要人数多也叫其他人去帮工。上劳屯李某(男,30岁,壮族)说,种地主要是靠亲戚朋友互相帮,这家种完种那家,一家一家种。笔者曾随机走访了四个县10个村屯的24户人家,在他们所叙述的帮工对象中,有14户均为本寨、本村人换工,占58.3%,其次是亲戚朋友帮工的有8户,占33.3%,不需要帮工的有2户,占8.3%,可见换工的范围主要集中在本村人(俗称"寨上的")和亲戚朋友这两大类。(见表3.1)

表3.1 笔者所调研村民帮工对象一览表

地点	户主		耕地面积	家庭劳动力	帮工情况	帮工时间
龙胜各族自治县	潘内村	潘某贵	5亩	3个,夫妻俩和第三个女儿	主要是女婿来帮忙,其他人农忙时来1—2天	插秧、秋收时
		粟某纬	4亩	2个,夫妻俩	寨上人互相打背工,3—4个人	种旱田、播种、犁田、耙田、收割、打谷子时节
		粟某旺	3亩多	2个,夫妻俩	寨上人互相打背工,不一定是亲戚	
		粟某庆	3亩	3个	与弟弟一家互相打背工	
	金坑大寨	潘某明	4亩	2个,夫妻俩	隔壁邻居互相打背工,人不固定,随便叫一声	
		余某才	2亩	2个,夫妻俩	农忙时打背工,平时姐姐过来帮一下	农忙

① 章立明、俸代瑜主编:《仫佬族——广西罗城县石门村调查》,云南大学出版社2004年版,第98、166页。

(续表)

地点		户主	耕地面积	家庭劳动力	帮工情况	帮工时间
三江侗族自治县	玉民村	杨某昌	2亩	3个	不用帮工	
		杨某兄	不详	2个,夫妻俩	寨上的人,去叫一声	打谷子、抢收
	高定村	杨某刚	4口人,每人几分田	2个,夫妻俩	忙得过来,不必请工	
		吴某高	2、3亩地	2个,夫妻俩	耙田、收谷子时要请工	耙田、收谷子时
	林略村	欧某燕	种茶叶、种田	2个,夫妻俩	收谷子时亲戚朋友打背工,主要是大哥和小舅子	收谷子
		杨某登	1亩地	1个,本人	插秧时需帮工	插秧
融水苗族自治县	龙培村	杨某定	2亩	1个,妻子(本人有病)	主要是亲戚朋友	插田、收谷子
		李某进	1亩	2个,夫妻俩	种大田有时要请亲戚朋友帮忙	农忙时节
		杨某	5、6块水田	2个,夫妻俩	主要是亲戚朋友主动过来帮	
那坡县	弄文屯	黄某琼	1亩田、2亩地,退耕还林退了1/3亩地	不详	寨上的人互相借工	
		黄某连	1亩水田、2亩地,还在山上种点玉米	2个,夫妻俩	寨上的人互相帮忙,一般1—2天	秋收
	团结村	李某	2.5亩水田、地亩数不清楚	2个,夫妻俩	亲戚朋友互相帮	
		农某生	1亩多水田、3—4亩地	2个,夫妻俩	村人互相帮忙	春耕、秋收时
		不详	1亩多水田、2亩地	2个,夫妻俩	以前大家免费帮工,现在全部出钱雇工	忙不过来时

(续表)

地点		户主	耕地面积	家庭劳动力	帮工情况	帮工时间
那坡县	马独屯	黄某学	不详	不详	无偿帮工,一般一天,因本人有病,不用还	春耕、秋收时
	达腊村	黄某	4坵田、1亩多地	4个劳动力	同村换工,一般一天	春耕、秋收时
		黄某杰	1亩4分9地,还在荒坡上种自留地	不详	需10来人帮工4—5天	犁田、下种
		梁某支	2亩田,2亩地	2个,夫妻俩	同村换工,一般2天	

调查问卷的统计数据则相对集中于亲戚朋友这一群体。对于"家里的各种农活,主要依靠哪些劳动力进行?"的问题,高达81.65%的人回答"自家人",这主要是因为目前广西少数民族的生产力水平提高很大,而且大部分地区以一家一户的单干为主,除了农忙时节,主要的农活还是自己干,所以对于这一问题他们的第一反应是自家人做。但除此而外,有20.11%的人回答"本家族或亲戚",还有6.5%的人选择了"本村人","雇工"所占的比例很少,只有2.16%。可以看出,除了自家劳动力之外,亲戚朋友是对家里农活贡献最大的群体,其次是本村人。因此,换工主要是在这二者范围内进行的。(见图3.13)

图3.13 关于"家里的各种农活,主要依靠哪些劳动力进行?"问题回答的数据分析示意图

三、换工的方式

(一) 换工要约

换工是一种对等的契约,因此其订立也有契约成立所必需的两个环节——要约和承诺。换工的要约形式一般是需工者的口头劳务邀请,即哪家需要帮工,就通过口头通知的方式邀请。这种口头通知方式一般有两种,一

是公众通知,这种要约的对象是不固定的,接到消息的都可以来帮工;二是逐个通知,即逐门逐户地到帮工者家中邀请,这种要约的对象是特定的。承诺的方式则因要约的方式不同而不同。对于公众通知方式,受要约人以行为作出实践承诺,即在第二天前去帮工,双方由此形成换工关系。对于逐个通知,则一般要求受要约人做出明示的表示,双方即形成换工关系。如果受要约人不能去帮工,也必须说明,以便要约人邀请其他帮工者。

公众要约的方式如隆林各族自治县委乐乡壮族,因为当地生产力低,劳动消耗大,有的活儿自己干不了,这样自然产生互助的习尚。互助的范围很宽,可以从耕地、建屋及生活上的大事,都要彼此互相帮助,只要今晚把事情呼传出去,明天大早就有人自动来帮忙。这种互助的道德风尚很久以前就有了。除同村外,别村的同姓或亲友也可同来帮忙。看事情大小和需要的多少而定,帮助的时间有两三天或四五天不等。今天你帮我,明天我帮助你,这种互相合作的优越性,使人们克服了劳动上的不少困难。倘若有某家的活儿较忙,实在丢不下时,别人也不责怪。① 笔者调研时,龙胜金坑大寨的村民潘某明说,打背工的人是不固定的,随便叫一声都会来。

但大部分地区以逐个要约的方式为主,这主要是因为换工需要日后对方对等偿还,因此通知的对象要有选择性和目标性,慎重从事。如南丹县拉易乡壮族换工互助虽然没有固定的组织形式,但彼此之间既发生过换工关系了,则以后你往我来,总是经常不断的。换工是这样进行的,需工的一家,凡需要多人帮忙的活路,便在前一两天晚上,趁串门的机会,到邻舍去约人换工。如果被邀约的一家,自己有紧要的活路,不能丢开,也得说明原因,需工的人便到另一家相约,直到约足所需的人数为止。到了做工的一天,被邀约的人,就自动带着工具前去帮忙。以后被邀约的人需工时,即通知曾经帮过工的人家,他就得前来还工。这种关系发生之后,村里的人,几乎没有一个不参加这种组织的。这种没有一定组织形式,也没有谁做领导的换工活动,在大家都迫切需工的农忙季节,如何安排各户的日程,都由大家协商解决,从来也没有争先抢早不愉快的事情发生的。这种村邻互助的换工习惯,起于何时,已不可知,据六七十岁的老人们说,他们从小就见如此。② 西林县那劳区维新乡壮族历来有换工的习惯。一般的规模有十户至二十户,同姓和异姓均可参加,不分富、中、贫农都进行换工。有几家换工,亦有五六十户的大规模

---

① 广西壮族自治区编辑组编:《广西壮族社会历史调查》(第 1 册),广西民族出版社 1984 年版,第 30 页。
② 同上注书,第 163—164 页。

的换工。这种换工没有组长和头人,也不进行计账。如甲、乙、丙、丁家,若甲家明天要工,首先于前一晚上自己去通知各户要人。如需十五个工才能做完的工作,事先自己有个初步安排,一般的一家出一个劳动力就可以了,有多劳动力之家也有出二人至三人的,大、小不论,但太小也不行。这种换工叫做"gub Iou"(音谷隆,即轮流的意思)。①

笔者在调研中也了解到,从帮工者的角度来说,只有有人要约的才去帮工,没有提出邀请的一般不会主动去。主动发出要约也可以让对方知道你要帮工的内容和人数等信息。如贺州狮东村干部就说:"不通知哪里知道你哪天割稻?"那坡弄文屯黄韶琼(壮族,71岁)说,地里的劳动力不够的时候要借工,人家讲了就去,人家不讲我不去。起码要提前一天跟我讲,不然明天有其他人要我去帮工,我就走了。如果不是亲戚的话就不要紧,村里、外寨人都可以借工。牛不是家家都有,因此耕地借牛很普遍,都不要钱。借牛时顺便借人,第二天人带牛或马过来帮助犁地。三江林略村主任韦良敏(男,45岁,侗族)说,帮工主要存在于亲戚兄弟之间,不是全寨都帮忙。我们寨子很大,人太多,帮工不要那么多人,不然要准备太多晚饭。帮工主要是农忙的时候,什么事都可以帮,看他自己找谁帮忙,需要人就喊一声,被喊的人就过来帮,来的就能帮上忙。笔者在第一章也提到,在调查问卷中,对于"别人遇到农忙、建房、婚丧嫁娶时候、您会主动去帮忙吗?"的问题,49.11%的人回答"如果别人要求去就去,没说就不去",可见明示的、特定的要约是非常必要的。

换工要约还可以跨越民族的界限相互邀请。如环江县长北乡后山屯瑶族换工,是当地瑶族农民互助生产的一种传统习惯。这种生产性的临时互助,并无什么组织和规定,谁需要人力时,都可在村内或邻村去邀约,而且还突破了民族界限,当地瑶、壮、汉民族都可以互相换工。需要人帮工的主户,除准备供给一餐午饭外,早餐和晚餐都是自备,工具也自带,纯粹属互助性质。② 布努瑶是个崇尚情义道德的民族,他们帮助别人是不计回报的。都安县加文村的上加、下加和内加的壮族群众乐于与瑶族村民交朋友。每到农忙时,他们就向瑶族朋友求助,请瑶族朋友来帮他们种、收玉米。瑶族朋友干起活来很卖力,与其他每天索要20元工钱的壮族人不一样,他们认为主家给了金钱便是轻视了他们之间的情义,往往会谢绝主家给的工钱,只在主家吃了

---

① 广西壮族自治区编辑组编:《广西壮族社会历史调查》(第2册),广西民族出版社1985年版,第170页。
② 广西壮族自治区编辑组编:《广西瑶族社会历史调查》(第3册),广西民族出版社1985年版,第71页。

餐饭便回家。①

没有收到要约的人也可以主动去帮工,在这种情况下,其主动帮工的行为可视为要约,而对方接受其帮工的行为视为承诺,二者之间也可以成立换工关系,日后受助者对等偿还。如西林县那兵乡的换工是由一方面邀请,另一方面自愿就成。如果某人受到邀请,但自己没空也可不去,也有自己未受到邀请自动去参加的,这样也不遭拒绝,以后别人也要给他赔工的。② 笔者在调研中也遇到这种情形,如那坡县达腊村黄碧(男,41岁,彝族)说,我家有4坵田,1亩多地,4个劳动力,赶农活要帮工,我们叫换工。一个帮一个,一般是干一天,主要是与同村人换工。我们不主动去请人,看他们自己主动来了多少人,然后决定煮多少饭。比如我们早上出去看到坡上有七八个人干活,我们就回去按人数煮饭。达腊村梁×菱(女,33岁,彝族,小学教师)说,种田是要互相帮工的,不用主人请,自己去,人多的话半天就可以忙完。大家以热闹为主,人多热闹,大家一起帮忙。

(二) 换工履行

1. 换工者的出工义务

一旦对他人提出的帮工要约做出承诺,就必须按照约定的时间、约定的工种履行帮工义务。这是换工关系最重要的义务。也许有人会认为,既然帮工是自愿无报酬的,只是尽人情,是否会导致帮工质量较差,出现"磨洋工"、干活拖拉、走形式等问题。从实际情况来看,这种担忧或怀疑是完全多余的,根本不会发生。这是因为,如果帮工者不尽力劳动,那么不仅别人不会还工,而且以后都不会有人再邀请其帮工,这样一来,该户就会在村民中被孤立,自家的农活根本无法完成不说,还会导致其在村中无法立足,从而产生一系列的连锁反应。所以,在履行帮工义务时,尽心竭力地劳动,是换工的一个特点,这种尽心竭力甚至比花钱雇工还要积极。所谓"干活不怕慢,就怕在旁站。"③

新中国成立前龙胜红瑶人民在生产活动换工,由不同班辈的成年男女分别组合。工种包括挖田、挖地、犁田、耙田、插秧、施肥、耘田、收割等。农忙工在短期内还。他们认为,现在他年幼,将来我年老,背工就要有互助精神。但如果故意省力偷懒,久而久之,他人自然不与其背工了。所以,大家都不敢偷

---

① 覃主元等著:《大石山区的祥和村落——广西布努瑶社会经济文化变迁》,民族出版社2007年版,第73~74页。

② 广西壮族自治区编辑组编:《广西瑶族社会历史调查》(第5册),广西民族出版社1986年版,第244页。

③ 戴民强主编:《融水苗族》,广西民族出版社2009年版,第212页。

懒取巧,总是尽力而为,以求得主人的满意。特别是冬天挖大块新地,来参加背工的人很多,少则三四十人,多到七八十人,自带工具,主家供午饭。换工来者虽多,主人须在次年还清。① 龙胜的侗族人民在各种生产活动中,都爱"打背工",视工量、季节性定邀。去还凭自愿,恐日后别人嫌弃,故干活多尽全力。换工的对象,一般是在邻居和亲友之间,人数三至五人。换工日数不多,两三天为限,而且不能拖欠。换工没有一定的组织和领导人,只要双方愿意即可。多同劳力间"打背工",也有不论强弱,甚至有因工种不同,需与男或女换工者,有男女"打背工"现象。换工时工作量的计算,在以前,不论大小强弱,均一个工日换一个工日。平等乡老农陈志友讲:"年轻的以后也会长大成人,年青力壮者以后也会衰老,大家帮忙点也无所谓"。由此可见,这种换工是带有人与人之间互助互济之美德的。但到近二三十年,情况变化了,换工一般找土地差别不大,劳动力均衡为对象。② 龙胜地灵侗寨的民众在各种生产活动中,互相"打背工",以赶季节,互学生产技能,对象以男女间的同伴、亲戚为主。干活也多尽力,怕日后别人嫌弃。③

实践调研中群众也都反映,换工时大家都是自愿按时按点出工,而且自带工具,自备干粮,并尽力工作。融水县田头屯村民说,插田一个人干要10天,但农业讲究时令,必须大家互相帮助。帮工时需工者在村上说一声,互相约好,几点到哪里就行。帮工者自带工具,比如挑谷子,就要自带扁担,因为自家的工具毕竟有限。早晨去耙田的,如果主家没有牛,或牛小,可以带牛去。总之主家需要什么就带什么。去帮工都是自带午饭,但晚饭全部由主人准备。龙胜潘内村粟长纬说,他家只有夫妻2个劳动力,农忙时节需要3—4个劳动力,打背工的时候就是你去我家帮2天,我去你家帮2天,没有固定时间限制。打背工的人要自己带农具和午饭,主人只需准备晚饭。那坡县城厢镇弄文屯黄绍壮说,农忙的时候,主要是种水稻和玉米的时候,我们都互相帮工,你帮我,我帮你,把地里的秧苗种好就行了,吃饭就可以了,没有报酬。

2. 主人的备饭义务

换工者履行帮工义务的同时,主人也要履行一项重要的义务,那就是准备伙食。许多村民在访谈中,都有一句相同的话:"去帮工,只在主人家吃餐饭,没有什么报酬",这句话说明帮工者出力与主家准备饭食是对应的。三

---

① 龙胜各族自治县民族局《龙胜红瑶》编委会编:《龙胜红瑶》,广西民族出版社2002年版,第125页。
② 龙胜县志编纂委员会编:《龙胜县志》,汉语大词典出版社1992年版,第102页。广西壮族自治区编辑组:《广西侗族社会历史调查》,广西民族出版社1987年版,第130页。
③ 《龙胜地灵侗寨史记》编委会编:《龙胜地灵侗寨史记》,2007年3月印,第239页。

江县富禄村侗族村民在谈到当地打背工主人管饭的习俗时说："打背工主人要管饭、管烟。饭肯定要管,不管饭,太没有人情味。"虽然这是主家的普遍义务,但各地区各民族在具体执行方面又有所区别。事实上,主家的备饭义务并不是一种绝对的义务,但其之所以得到很好地履行,主要是能够为大家提供一个相互交流、聚会的机会。

隆林苗族的换工伙食较有特色,其区分不同的对象给予不同的待遇。据《广西苗族社会历史调查》记载:隆林苗族和其他各族自古以来就有换工、帮工这个传统习惯。苗族的劳动互助组织,一般是以聚居的自然屯为单位自由组合。特别是在农忙季节,如春种和秋收两季,几家劳动力相差不多的人就组织起带有互助性质的换工,到各家轮流来工作。给谁做工时,就由那家管饭,不要什么报酬。而主人管饭的基本的原则是:(1)来帮工者由主家管饭;(2)如果来帮工的人不吃饭,主家就给一升谷子给他,还给一瓢饭给他带回去给孩子吃;(3)如果帮工的人自己无田换工,主家除了请他吃饭外,还送他一升米,一葫瓢饭作报酬;(4)如果主家是困难户,无法管饭时,帮工者在自己的家吃饭。据韦启婆(彝族)说:在农忙时,只要喊一声,大家都来帮忙,如果来帮工的人不吃饭,就给一升谷子给他,还给一瓢饭给他带回去给孩子吃。熊正芝(红苗)也说:第二天哪一家需要帮工,那家妇女几个晚上就帮推磨、做豆腐,早上起来就叫吃饭。如果我没有田,去帮他,他就给我一升米,叫吃饭,另外还给一瓢饭带回去给孩子吃。据了解,不同寨的各个民族间也彼此换工、帮工。在换工、帮工的互助中,加强了各族之间的友好往来。①

主人准备饭食多是以午餐和晚餐为主,早饭一般是帮工者自己在家吃,然后来帮工。至于午饭还是晚饭,则分几种情况:(1)只准备1餐——午餐或晚餐。有些地方只准备午饭,主要是节约时间,提高劳动效率。如贺州狮东村的团支书说,帮工时主人只包午饭,晚饭回自己家吃。这是因为午饭时帮工的人路远难以回去。就在田里搭个棚,在里面煮饭,午饭就在田里面吃。有点肉有点青菜就可以。因为是午饭,下午还要接着干活,所以很少喝酒。但有些地方则只准备晚饭。如龙胜地区的侗族"打背工",早餐在家吃,午饭各自准备,晚餐齐到"东道主"家吃。② 那坡县彝族农民之间也有帮工习惯,一般是在农忙时节,农民自由组合起来,你帮我,我帮你,或亲戚帮亲戚,朋友帮朋友,不取酬劳,只有在当天晚上,主家要管帮工的伙食,比较富裕的农户

---

① 广西壮族自治区编辑组编:《广西苗族社会历史调查》,广西民族出版社1987年版,第68页。隆林各族自治县地方志编纂委员会编:《隆林各族自治县志》,广西人民出版社2002年版,第851页。

② 龙胜县志编纂委员会编:《龙胜县志》,汉语大词典出版社1992年版,第102页。

就买些好酒好菜,请客一餐。① (2) 既准备午饭又准备晚饭。龙胜壮族各种季节性强之农活,都有互帮互助换工之俗。中午吃主家饭。思梅一带收割"背工",晚餐男工到主家喝酒吃饭。收割完毕,家家买猪肉,杀鸡鸭办餐,称"洗谷桶""洗禾剪"。② 西林县那兵乡瑶族换工时一般都是各人吃自家饭,只有在收谷子时,因要将谷子运到主人家,并且运回家时总正好是吃饭的时候,故这时由主人请大家吃午饭和晚饭,而早饭则仍然是各人自备。③ (3) 根据帮工工种及路程的远近决定饭食的数量。如南丹县拉易乡壮族换工时的饭餐供给为:水田活路,工地离村都很近,则由需工之家招待早午晚三顿;如果是山坡上的活路,离村较远的,则仅在山坡上招待午餐一顿。换工互助既是出于自愿,故出工时间从来也无人拖拉的。招待饭餐,多的待两餐,少的待一餐。④ 达腊村梁×菱(女,33 岁,彝族,小学教师)说,本村的种田帮工,如果只帮半天工的话吃一餐午饭就可以,吃完午饭后下午大家就各忙各的。如果帮一天工的话就吃二餐饭,包括午饭和晚饭。

至于饭食的质量和内容,有些地方比较讲究,特别是晚餐,必须有酒和肉。如帮工在东兰县内农村相沿成习,每至农忙或开基造屋,亲戚、好友和邻里自发前来帮工,不取工钱,主家备办饮食,晚餐稍丰盛,有酒有肉,任帮工者划拳痛饮。如帮插秧或收割,主家还馈送糯米饭团与粉蒸肉。⑤ 环江县城管乡壮族惯例,请帮工的人总要准备一点酒肉,作为对帮工者的酬劳。⑥ 平果县良美乡的瑶族农民向来有互助合作的习惯。他们大都是亲戚亲族,上屯下屯与邻居兄弟的互相帮助,但需要人帮工时,必须具备酒肉招待。⑦ 全州、灌阳一带的瑶民过去有互相帮工的习惯,在农忙时换工,主家只供酒食,不给任何报酬。⑧ 都安瑶族自治县加文村来帮做工的人都是主人的亲戚或较好的朋友,并不需要付给现金报酬,但主人要请帮工者吃饭,做工当天的三餐都在

---

① 中国科学院民族研究所、广西少数民族社会历史调查组编:《睦边县那坡人民公社龙隆平生产大队倮倮(彝)族社会历史调查报告》,1964 年 7 月编印(内部资料),第 5 页。
② 龙胜县志编纂委员会编:《龙胜县志》,汉语大词典出版社 1992 年版,第 103 页。
③ 广西壮族自治区编辑组:《广西瑶族社会历史调查》(第 5 册),广西民族出版社 1986 年版,第 244 页。
④ 广西壮族自治区编辑组:《广西壮族社会历史调查》(第 1 册),广西民族出版社 1984 年版,第 163—164 页。
⑤ 东兰县志编纂委员会编:《东兰县志》,广西人民出版社 1994 年版,第 262 页。
⑥ 广西壮族自治区编辑组:《广西壮族社会历史调查》(第 2 册),广西民族出版社 1985 年版,第 270—271 页。
⑦ 广西壮族自治区编辑组:《广西瑶族社会历史调查》(第 9 册),广西民族出版社 1987 年版,第 124 页。
⑧ 广西壮族自治区编辑组:《广西瑶族社会历史调查》(第 4 册),广西民族出版社 1986 年版,第 6 页。

主人家吃。早、中两顿吃一般的饭菜,晚餐要有肉和酒。① 贺州狮东村村支书说:"帮工一般吃午饭、晚饭,不吃早餐,一般都吃好一点的菜,比往常家里多弄一二个菜,酒是最起码的。"

但在大部分地区,帮工者对饮食并不十分挑剔,特别是如果遇到主人家比较困难,大家甚至可以不吃饭或只是象征性地吃简单的饭菜,不去计较。如在田林县,群众在农忙、婚丧、建房诸事都能互相帮助。需要帮工帮牛力的只要通知一声,无论本屯邻村,无论是否近亲远戚都按时而来。帮工时间一二天或三四天不等,今天你帮助我,明天我帮助你。倘若自家的农活实在太忙,抽不出人手相帮,别人也能够谅解,不会责怪。帮工时各人自带工具,主家只招待饭餐,别无其他报酬。如果主家穷困,无法招待饭餐,各人还是自食自家的饭,照样去帮工。② 西林县那劳区壮族换工后的吃饭问题是,除当天种庄稼或收庄稼外,都是在自己家吃饭。如在主家吃饭,菜饭有多少吃多少,穷的不嫌其少,反正能够吃饱就可以。较富裕之家,有宰猪或杀鸡买酒款待,穷的人家能备些酒及简单菜类也就知足了。③ 贺州狮东村大冷水的一位村民也说,换工自己带午饭,然后各回各家吃晚饭,除非用钱雇人干活才要备饭,但用钱请的不多。

四、还工

(一) 还工的自觉性

"以工换工,不会落空。"④还工是换工制度的重要内容,只有还工之后,换工关系才算真正履行完毕。在调研中,可以真切感受到少数民族群众对还工义务的清晰认识。龙胜潘内村民粟×旺说,打背工一定要还,你帮我干一天,我也帮你干一天,只要是寨子里的人都可以,不限于亲戚之间。三江县高定村前村主任吴忠(男,侗族)说,你去帮我,我去帮你,你插完了田,别人田还没有插,就去帮,不用喊。高定村民吴刚(音,男,48岁,侗族)说,干农活、种田太忙的时候要互相帮忙,一般是春耕、收谷子的时节,干两三天。收谷子不用喊,自己还没有打完,就去帮别人忙了。春耕有的喊,有的不喊。那坡县达腊村梁廷支(男,58岁,彝族,腊摩)说,我家有2亩地,2亩田,4个劳动力,

---

① 覃主元等著:《大石山区的祥和村落——广西布努瑶社会经济文化变迁》,民族出版社2007年版,第72—73页。
② 田林县地方志编纂委员会编:《田林县志》,广西人民出版社1996年版,第183页。
③ 广西壮族自治区编辑组编:《广西壮族社会历史调查》(第2册),广西民族出版社1985年版,第170页。
④ 中国民间文学集成全国编辑委员会、中国民间文学集成贵州卷编辑委员会编:《中国谚语集成·贵州卷》,中国ISBN中心1998年版,第226页。

2个儿子、儿媳妇都出去打工了,所以我们种田必须请人,第二天我们再去帮他们,他们帮我们几天工,我们再去赔几天工。调查问卷也反映了群众还工的高度自觉性。针对"对于别人的帮忙,您会以什么方式酬谢?"这一问题,有高达80.47%的少数民族群众选择"等别人需要帮工时,也去帮工",有30.18%的群众选择"只准备晚饭和酒",13.02%的群众选择"支付金钱",有2.95%选择"给付物品",只有极少部分群众选择"其他"。(见图3.14)由此可知,换工制度是一种建立在少数民族群众之间的平等互利的关系,一般情况下,其不需要或不能以金钱或其他方式偿还,只能用对等的帮工来偿还。或者说,换工最为"合法"的偿还方式就是还工。

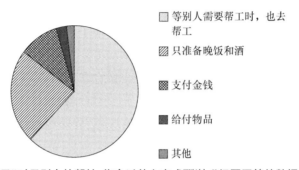

图3.14 关于"对于别人的帮忙,您会以什么方式酬谢?"问题回答的数据分析示意图

(二) 还工时间

还工时间应当及时,一般应当是同一季节的相同工种,例如春耕还春耕,插秧还插秧,收割还收割。原因在于:一是大家都是在这些时节需要帮工;二是帮工一般不计账,时间久了怕双方会忘记。广西少数民族生活的地区,尤其是龙胜、三江、融水等山区,多是以坡地梯田为主,这就为群众轮流还工提供了便利。由于高度的增加,气温、供水都有一定的差异,所以高低不同的梯田,其耕种和收割的时间也不一样。大家帮工的时候,往往从最下面一家帮起,再依次往上帮,直到最顶上人家的农活忙完,相互既错开了农忙的时间,又契合了农作物生长的自然规律,因此帮工制度与广西的自然环境可谓结合得天衣无缝。

大部分地区的帮工都要求及时地偿还。如西林县那兵乡不论瑶族或壮族,在过去即有换工的习惯,在整个生产劳动中,不论是开荒、犁田、栽秧、收割等都可以换工。谁家需要就找亲戚朋友来帮工。一般是三五家或七八家一组,而以三五家为最多,因一般农民田地不多,不需要太多的帮工。帮工一般都是以工计算,一个工即是一个劳动日,至于帮工与赔工干的是什么活,劳动强度是否相当都是不计较的。不过一般换工的时间总是差不多的,因为大都是在农活较忙,或是较繁重,自家劳动力不够才换工的。大家都是从需要换工,又都是从事农业生产劳动。同时,换工一般也都在同一季节,因而所干的活不论是换工的或赔工总是差不多或相同的。① 潘内瑶族"背工"一般必须及时还工,即要在同一个季节内还工,只有在因病或其他特殊情况下,可以暂缓还工。② 环江县玉环乡毛南族的劳动互助习惯,一般都是以工换工,而且多在农忙季节,过去他们就依靠简单的协作,克服了生产中劳动力不足的困难。③

但是也有个别地区并不要求相同时间还工。如环江县下南乡南昌屯毛南族在日常的生产生活中,原始集体协作还很普遍,毛南话称"威瓦",意即换工。凡是建房子、耕田耕地、抢种抢收、红事白事等,人们都习惯以换工互助的形式来完成。这种互助形式是建立在自愿基础上的,还工的时间不一定对等,劳动强度也不一定按等量,甚至不用还工。④ 环江县长北乡后山屯瑶族还工日期,一般不超过一个月。但有些劳动力少的人家,或发生疾病等偶然事件,一时还不出工;也有是劳动力多,农事生产上又不缺劳动力,一时不需要别人还工,有的往往推迟一两年之久,需要时才通知别人还工。⑤ 上林县正万乡瑶族过去都是以一家一户为单位进行劳动生产,但在农忙季节,有的也有互相帮工的习惯,帮工是为了抢上季节,但没有一定的集体组织,只是到了抢种抢收季节,大家因感到劳力不足,便互相邀约起来而组成。帮工一般有还工,有的则不一定帮多少还多少。⑥

(三) 劳动力的计算

还工必然牵涉到劳动力的计算问题。主要指标是人数、工力、时间、田亩面积或农产品数量。许多地区是按帮工的天数计算的,对方还工的时候也应当帮对等天数的工作。在龙脊十三寨壮民的日常生活中,从古到今都存在着互惠的形式。新中国成立前龙脊乡打背工现象很普遍,新中国成立后不但没

---

① 广西壮族自治区编辑组编:《广西瑶族社会历史调查》(第5册),广西民族出版社1986年版,第244页。
② 广西壮族自治区编辑组编:《广西瑶族社会历史调查》(第4册),广西民族出版社1986年版,第186页。
③ 中国科学院民族研究所、广西少数民族社会历史调查组编:《环江县玉环乡毛难族社会历史调查报告》,1963年5月31日编印(内部资料),第5页。
④ 匡自明、黄润柏主编:《毛南族——广西环江县南昌屯调查》,云南大学出版社2004年版,第57页。
⑤ 广西壮族自治区编辑组编:《广西瑶族社会历史调查》(第3册),广西民族出版社1985年版,第71页。
⑥ 广西壮族自治区编辑组编:《广西瑶族社会历史调查》(第5册),广西民族出版社1986年版,第21页。

有减少,反而增加了四分之一。打背工的范围很广,在做田工、建造房子、砍柴以至举行婚丧嫁娶活动时,都有"打背工"的。若属耕作,则一般按帮工的日数还工;若属耕插的背工要等到自己插完后,便主动去帮忙,而不须要别人来请求;打背工都是限于同姓族进行,但不分阶级,帮工时没有记工分,也不硬性规定要按帮工的日数还工。所以它纯属互相帮助性质,它曾经做好某些人家一户人不能做好的工作。① 龙脊金坑大寨的村民余某才说,我们这里打背工很多,种田、建房子都要打背工,种田打背工则按天数计算以还工。贺州狮东村大冷水的邓桂华(瑶族,男,41岁)说:你帮我一天我也帮你一天,按天数还工,人工也是对等的。邻近新民村的主任也说,本村种田有换工,按劳力算。换工不计报酬,换工的对象都是本村人,最多二三十个人,田少就不用了。如果我去3个人,那么对方也去3个人,还工时间没规定,但天数要相等,一般都是一天,早晚没有规定。贺州金竹村邓支书说,在生产上,耕种、秋收时的帮工都是有的,也是要通知的。比如开荒凑七八个人做伴,主要找说话谈得来,做事又比较好的人,五六个,三四个都可以。今天你帮我,明天我帮你,还工期限不限,你帮2天,到你需要帮的,他当时没空,以后帮两天也可以,明年还也可以,但天数要相等,要公平。耙田、锄草、挖地,工种不限,人数也要相等,2个人就还2个人,即使过几个月拖一年也要必须还的。帮工不必记账,没有专门的账本。

换工既然是以劳务,尤其是以干田地农活为标的的合同关系,其劳动力最好的计量单位就是田亩面积或农产品。田林县凡昌乡瑶族为了弥补劳动力的不足,农忙时内部有"换工"的习惯,借一个人工,以后还一个人工;少数没有耕牛的,则向别户借牛,以一个人工还一个牛工。这里劳动效率的计算是以劳动力工作一天为单位,每个单位劳动力(即一个工)可作下列各项生产劳动中一项:犁田二亩、耙田一亩、收稻谷一亩、摘玉米五分、捡茶果一百斤、捡桐果一百斤、插秧一亩、耘田一亩等。② 南丹县拉易乡壮族换工互助,如果那一家种田不多,则替两家做,做完甲家再做乙家。如果这两家的活路并不相等,还工时则按田面产量计算。但其实,彼此换工,主要是为了互助,谁多谁少是不斤斤计较的,即使帮的时候是一个能力极强的劳动力,而还工

---

① 广西壮族自治区编辑组编:《广西壮族社会历史调查》(第1册),广西民族出版社1984年版,第73页。

② 广西壮族自治区编辑组编:《广西瑶族社会历史调查》(第5册),广西民族出版社1986年版,第50页。

的时却是一个能力较差的人,彼此也不在乎的。①

有的则是按人工来还。东兰县内农村的换工一般在距离较近的农户和村屯之间进行。农时由各换工户自愿协商组合,轮流做东做工。换工一般是男工换男工,女工换女工,强劳动力换强劳动力,也有以牛换人工的,一头耕牛干一个早上,可换一个人工。② 贺州狮东村大冷水一名17岁村民说,我家主要跟我小姨或者其他人换工,对等换工。比如我们去了2个人的话,那如果他们那边来1个人,就要来2次。

(四) 不同年龄、性别、工种之间的还工

在选择换工对象的时候,由于不同年龄段、不同性别的劳动力不一样,因此要求换工对象应当在体力上对等,并且是相同年龄段和相同性别的人相互还工。

从对等年龄段换工来说,西林县那劳区壮族的换工制度较为典型。当地换工,年纪小的与年纪小的换工,也有男和男,女与女换工的情况,但最小也要在十二岁以上。换工大略分为三种:(1) 壮年换工(亦称一般换工),其特点是每日劳动有休息三次的时间,当天做得多少算多少,此次做不完下一次再做。(2) 青年换工,其特点是以做完工作为主,有包工的现象,如开荒挖地,每人负责十锄(用锄杆去量)左右,中间不休息,做完为止,甚至有的当天做不完,傍晚时还猛干。(3) 少年换工,多是少女换工,与壮年换工的情况相同,即做得多少算多少。③

从性别还工来说,环江县龙水乡壮族的做法较为典型。当地农民一般是男换男工,女换女工,但也有某些工作,如拔秧和插秧、耘田和收割,可以男女互换,男的帮妇女拔秧,妇女帮男子插秧。但男子帮做了犁田、耙田等工作,则不愿意妇女以插秧和种地等来还工,他们认为这两者之间是有着轻重的差别的,彼此交换,不但男工会吃亏,而且两者相距时间也较久,又恐日后妇女忘记还工。从男女的分工看,虽然有某些工作男女都干,但重活路则由男的负担。他们认为:一方面女人力气小,做不得重活,另一方面与换工有关。普通都是男与男换工,女与女换工,所以在某些工作中,男的去做,女的就不去

---

① 广西壮族自治区编辑组编:《广西壮族社会历史调查》(第1册),广西民族出版社1984年版,第163—164页。
② 东兰县志编纂委员会编:《东兰县志》,广西人民出版社1994年版,第262—263页。
③ 广西壮族自治区编辑组编:《广西壮族社会历史调查》(第2册),广西民族出版社1985年版,第170页。

做了;妇女做的工作,男的也不做了。① 南丹县月里乡壮族人民历来都有互助友爱习惯,尤其是生产上大家都经常互相帮助。换工一般是在农忙时,不分工种。不分男女,都可以进行换工。换工时,需工之一家必须先在头一天通知。换工的对象,一般多是近邻和同姓,但也有甲寨和乙寨、甲姓和乙姓换工的现象,不过只是少数而已。过去在换工时,也有男工对男工,女工对女工的现象,如果男的在劳动中不能肩挑的亦算一个女工。民国三四年(1914、1915年)以后,这种情况改变了,在劳动中都是一工对一工,不分男女,也不分老少。② 据1990年代对广西南丹地区400户农村家庭所作的劳动力互助调查,从年龄上看,主要集中在36—55岁和35以下这两个年龄段,分别占42.07%和45.84%,二者加起来占了87.91%;从性别上来看,帮工仍是以男子为主,占了调查总人数的85.64%,(见表3.2),由此可见,生产换工互助还是以青壮年男子为主。

表3.2 20世纪90年代广西南丹地区400户农村家庭劳动力互助年龄、性别情况一览表

互助对象	性别				年龄					
	男		女		35岁以下		36—55岁		56岁以上	
	人数	%	人数	%	人数	%	人数	%	人数	%
合计	340	85.64	57	14.36	167	42.07	182	45.84	48	12.09
本村亲戚	116	34.12	26	45.61	54	32.34	68	37.36	20	41.67
兄弟姐妹家庭	94	27.65	9	15.79	43	25.75	50	27.47	10	20.83
没有	43	12.65	10	17.54	20	11.98	26	14.29	7	14.58
邻居	37	10.88	6	10.53	21	12.57	18	9.98	4	8.33
本村朋友	21	6.18	2	3.51	9	5.39	9	4.95	5	10.42
外村亲戚	13	3.82	1	1.75	8	4.79	6	3.30	0	0
父母家庭	14	4.12	0	0	10	5.99	4	2.2	0	0
外村朋友	2	0.59	3	5.26	2	1.2	1	0.55	2	4.17
总计	397(有3人不作答)									

资料来源:《中国国情丛书——百县市经济社会调查》编辑委员会、南丹县情调查组:《中国国情丛书——百县市经济社会调查·南丹卷》,中国大百科全书出版社1991年版,第422页。

换工制度还存在不同工种之间的还工,一般都按确定的计算标准换算还工。如环江县长北乡后山屯瑶族换工一般按一工换一工,从不计较换工劳动力的强弱,也不受男女老少的局限。但在技术工换普通工方面,有些区别,如

---

① 广西壮族自治区编辑组编:《广西壮族社会历史调查》(第1册),广西民族出版社1984年版,第242页。
② 同上注书,第208页。

以农活工换木工、打铁工的技术工种,两者比例是一点五比一,即一个半普通工换一个技术工。①

但是,大部分地区的少数民族群众似乎对还工没有那么严格的要求,对等互助的执行是非常灵活的,并非完全死抠要求对方等价换工。他们基本上认为,只要相互帮工尽义务就可以,体力、年龄、性别方面是否对等,不必过分斤斤计较,否则会破坏换工的友好气氛。如龙胜的红瑶劳力组合,过去因生产资料为家庭所有,劳动生产一般都以家庭为单位活动。田间劳动,逢插秧秋收大忙季节紧迫,开新地造新田劳动量大,有些农户临时自由组合打背工互助。打背工无论年纪大小,劳力强弱,技术高低,习惯一工换(还)一工。他们认为:如今的老年人以往在年轻力壮时劳动生产作过贡献;小孩日后会长大成强劳动力,因此不必斤斤计较得失。反之,会被众人讥笑是心胸狭窄、目光短浅。② 龙胜潘内瑶族新中国成立前"打背工"没有一定的组织领导,一般都是临时自由结合组成,多在插秧、收割大忙和砍山开荒的时候进行的。"背工"成员,不分民族,不分男女,但一般要求劳动力大体相当,双方互利,因而大都是青年、壮年和中年人分别对等互相背工,有时也邀约家庭缺乏劳动力的老人参加背工,明知其亏,也不斤斤计较。正如当地农民粟兴旺所说的:"人,哪个不从小到老,帮点忙不要紧。"③贺州狮东村的团支书说,帮工是无偿的,所以帮助人不一定要相等,不一定要够天数、人工,如你帮我三四天,我不一定要帮三四天,一天干完也可以。基于这一点,绝不能简单地用商品交换的原理来阐释换工制度。

五、对等换工的法律性质分析

(一) 是一种劳务合同

换工虽然都是口头订立的,没有规范的形式和程序,但很明显属于一种民事合同、契约关系,完全符合民法关于合同的规定,是双方协商一致,权利义务明确的协议。从合同的分类上来说,它是以某一项劳务以及劳动成果,即做农活为标的的,因此属于典型的劳务合同,受合同法及其他民事法律的调整,适用这些法律的规定。

---

① 广西壮族自治区编辑组编:《广西瑶族社会历史调查》(第3册),广西民族出版社1985年版,第71页。
② 龙胜各族自治县民族局《龙胜红瑶》编委会编:《龙胜红瑶》,广西民族出版社2002年版,第7页。
③ 广西壮族自治区编辑组编:《广西瑶族社会历史调查》(第4册),广西民族出版社1986年版,第186页。

换工是以在农忙时相互帮助干农活为目的的合同,双方享受的是对方提供的帮工服务及劳动成果。笔者在调研时,群众也多次提到,换工就是为了相互帮忙干农活,大家一起协作把农业生产搞好。所以这种契约关系的主要内容就是相互提供对方所需要的劳务。如那坡县达腊村黄永杰(男,64岁,彝族)说,我们在荒坡上种自留地,要人帮工,需要十来人帮工,四五条犁头,下种还要七八人帮忙,是我们去请的,都是亲戚、兄弟,我要还工,人家来帮我们,我们也要去,小孩不在家我们年纪大了也要去,不然还不了别人的工。

(二) 是一种协商一致、平等互利的合同

既然是民事合同,换工当然符合合同最重要的一个特征——意思自治,而且就权利义务来说,对双方都公平合理,互利互惠。如前所述,换工都是在经济条件相当的农民之间进行的,建立在双方平等自愿的基础上。这种关系产生的根本原因在于广大少数民族群众缺少足够劳动力又无钱雇工,所以换工能够很好地解决这一问题,无需花费金钱而解决生产力短缺。双方都实现了利益最大化,劳动力也得到了充分利用。这就是换工制度在广西少数民族间长盛不衰的原因。以荔浦县清福乡瑶族人民为例,出于自然条件的限制,当地需要劳动量很大,单独一户人家,有时就不可避免地感到劳动力的缺乏,不能按期完成生产。因此,瑶族内部自然产生了劳动互助的良好习尚。在九择一带的互助形式主要是换工:这是户与户之间单独进行的一种临时互助形式,如某一户一时劳动力不足时,即请亲戚或朋友相帮,日后又再以同等时间的劳动归还,即一工换一工。至于还工时以妇女或不成年的人代替,对方也不会有什么意见。[①] 2009年笔者在都安瑶族自治县隆福乡崇山村考察时,看到该村《村规民约》第16条规定:"在经营、生产、借贷、社会交往过程中要遵循平等、自愿、互利的原则。"这是对换工制度的一个规范化要求。

基于这一特征,建立换工关系的多是家庭经济条件、收入水平相当的农户,只有这样双方才能实现平等互利,而不会出现以富压贫,以强凌弱的不平等现象。如环江县城管乡壮族除以各家为独立生产单位外,也有互相帮工的情形。这种帮工的关系,很像其他地方的背工组、换工组,所不同的是北方的换工组,都有一本账。谁帮谁出几个工,甚至劳力的强弱都分得清清楚楚。其他地方的背工组,虽不似换工组计算的那样清楚,也总有个大体的数字,这里的互相帮工则不然。互请帮工的情况通常是这样:甲的农活忙不过来了,便请乙来帮忙,忙过以后,乙如遇到类似的情况,便转请甲去帮忙,都是以把

---

① 广西壮族自治区编辑组编:《广西瑶族社会历史调查》(第4册),广西民族出版社1986年版,第247页。

农活忙完为准,从不计算工数,更不计算劳力的强弱。所以如此的原因,一则,这种帮工的情况多发生在贫雇农之间,或贫雇中农之间,都是穷人,谁多出点力,少出点力,也不想去计较,只要大家都能吃上一顿饱饭就行。二则帮工的双方又多系家族、亲属,因之也就更不需那样斤斤计较了。①

在调研中,群众都承认,换工制度极大地解决了家庭生产的劳动力短缺,是一种非常互惠有利的制度。三江县林略村石益弟(女,28岁,侗族)说,我老公去打工,家里还有70多岁的婆婆,所以家里的地都由老公的大姐帮忙来种,他们夫妻两人经常一起来帮忙。主要是耙田,收谷子时也过来帮,只在我家吃一点饭。林略村民欧帮燕(音,男,50岁,侗族)也说,我家有4亩地,虽然有4个劳动力,但2个孩子去广东打工了,大女儿也已经出嫁了,所以主要是我们两夫妻干活。我们家里主要种茶叶、种田,平时我们两人干农活还忙得过来,但到收谷子时就要换工、打背工,给我打背工的都是我的亲戚、朋友,主要是大哥和小舅子。你一天我一天,要亲自去喊,不请不来。

(三) 是一种对等交换的合同

关于换工合同的有偿性与无偿性,是一个非常复杂的问题。从目前的情况看,广西少数民族在生产中存在三种帮工关系:

(1) 纯粹无偿的义务帮工。如笔者在前面提到的集体帮工中的对困难户的无偿帮工,这种关系不但不需要支付任何报酬,而且也不需要主人对等还工,因而是名副其实的无偿帮工。贺州明梅村的邓支书对换工和帮工做了明确的区分:换工就是我帮你做一天,你帮我做一天。也就是相互交换劳动力,而帮忙就是看你忙不过来,去帮你做一天,不需要对等偿还。

(2) 有偿的劳务雇佣,这是完全按照商品经济要求建立起来的付费雇佣关系。帮工者提供劳务,雇主按照市场价格支付报酬。例如,《两广瑶山调查》载:"惟有尚给工值者。其工资赀为男瑶每日谷五升,女瑶谷四升。割谷亦用互助法,但担谷者因需力较大,则用雇工而给工资,每日为银二角。此种互助法,瑶人名为'打帮'。"②大石山区的布努瑶在刮玉米时由于商品经济思潮的影响,有时请帮工时亲戚朋友人数不够,有出钱雇工的现象,雇工一天需支付15元左右。③ 在新中国成立前,十万大山地区南屏乡瑶族渡荒的方式,主要是帮工,如帮壮族砍木及放木,砍木的时间是每年农历五月至七月,工钱

---

① 广西壮族自治区编辑组编:《广西壮族社会历史调查》(第2册),广西民族出版社1985年版,第270—271页。
② 庞新民:《两广瑶山调查》,东方文化书局1934年版,第123页。
③ 覃主元等著:《大石山区的祥和村落——广西布努瑶社会经济文化变迁》,民族出版社2007年版,第73页。

除供饭外,每天三斤米,放木是在七、八月之间,工钱按需工情况,每天除吃饭外,有六至八斤米。做工的以楼义、米录、南桂等村的人较多。如今年(1953年)开山特别多,人多去帮砍木放木,至九月为止,全乡帮工不下60人,占年青劳动力的三分之二左右。① 显然,这种"帮工"虽名为帮工,实则为雇工,属于有偿雇佣性质,与换工有着本质的不同。

(3)换工。换工与前面两者的性质都不同。如果说换工是无偿的,它又不像第一种帮工那样是完全无偿的,因为换工者之间需要对等偿还;如果说换工是有偿的,它又不像纯粹的劳务雇佣关系那样,需要支付报酬,仅仅是双方工作量的对等交换。在笔者的调研中,对于对等换工关系,村民的叙述似乎都存在一个二元的"悖论":一方面他们认为换工必须要还工,但另一方面他们又坚定地认为换工是一种无偿的互助,不需要支付报酬。实际上,这两种说法并不矛盾,这恰恰说明换工是一种无法简单地用有偿和无偿来衡量的关系。因此,换工既不同于无偿义务帮工,也不同于有偿的劳务雇佣,它应该是介乎于二者之间的一种对等交换的合同关系。之所以是"对等交换",而不是"等价交换"或"等量交换",是因为,第一,换工的劳动量不是按照市场价格计算的,而是按照天数、工作量、工种和工力来衡量的。第二,换工偿还的时候也不要求严格的等量和公平,许多情况下,只要对方来人还工就可以,是不是本人,劳动力强弱是不是相等,都不是特别苛求。

在广西少数民族民间,这三种关系是截然不同的,所享受的待遇和权利义务也完全不同。在三种帮工关系都存在的地区,它们之间的区分是非常明显而且容易的。例如,都安瑶族自治县加文村现有的生产互助有两种形式。一种叫"帮工",即在农忙时节,单个家庭的劳动力不足,就要请亲戚朋友来帮助做,这种帮工是无偿的,一般在主人家吃饭。另一种形式称为"换工",是一种互相帮助做工的性质,即若甲帮乙家做了一天工,乙(或乙家的某个劳动力)也要帮甲家做一天工。这样的互助具有交换劳动力的性质,因此被称为换工。换工的帮工者一般不在主人家吃饭,但有时做完工后,主人同样会邀请换工的帮工在一起吃饭。有时,在一家的土地上同时做工的人有一二十人,其中既有帮工者,也有换工者。② 环江县下南乡南昌屯的毛南族三种帮工形式并存,村民往往区别对待。在农忙季节,村民、家庭之间相互帮工,既有纯粹义务的也有要报酬的帮工。纯属义务性质的帮助是完全自愿的,不

---

① 广西壮族自治区编辑组编:《广西瑶族社会历史调查》(第6册),广西民族出版社1987年版,第53页。
② 覃主元等:《大石山区的祥和村落——广西布努瑶社会经济文化变迁》,民族出版社2007年版,第72—73页。

需要任何报酬与回报,如有的南昌屯村民义务帮助别村的亲戚种田与收割;与此相对的是相互换工,这不属于义务,而是你家有困难我家来帮助,当我家有困难时你家也来帮助,此类换工是最多的。与此同时,南昌屯的村民出去帮其他村屯的家庭种田,从事钟点工找钱。① 仫佬族生活的广西罗城县石门村田心屯的互助关系也有三种性质:(1) 无偿的。在农忙季节,同一房族内亲属关系比较好的人家互相帮助;(2) 换工的。同一房族或不同房族的人,今天我来帮你家,做完工后自己回家吃饭,明天你去帮我家干活,也回自己家吃饭;(3) 有偿的。农忙季节,在田心屯及周边的村屯请人犁地、耙田、收割、打谷的,要按照每人每天15—18元的标准付给工钱,并提供一顿午餐。②

从上述三种帮工关系的性质分析中,我们可以清楚地得出结论,换工制度是一种介乎于有偿和无偿之间的对等劳务交换合同。由于其并非市场经济的产物,而是一种以血缘关系为纽带的乡土互助关系,所以不适宜用现代商品经济的原理和观念进行生搬硬套。在这种关系中,人情大于利益,感性多于理性,我们更应该用一种善意的、正面的眼光是看待这种关系。正如三江洋溪乡玉民村苗族村民杨玉兄所说:"你如果付钱给他(换工者),他不愿意接,因为他觉得不好意思,下次就不会来帮工了。"这使得换工完全脱离了有偿雇佣制度的庸俗化与商品化,成为一种高尚的社区关系。群众对这种换工制度也非常拥护。如融水拱洞乡龙培小学汉族教师吴建义说,汉人都是各作各的,但这里的苗族种田都是你帮我,我帮你,几家人共同插一块田,这种精神很好、值得推广。前两年我也会带一两个老师去帮他们做农活。融水苗族自治县田头屯村民的一番话道出了换工制度的真谛,实际上,换工制度在解决了少数民族群众生产物质需要的同时,也给他们的精神上带来了高度的幸福感与满足感。因此,换工关系早已超越了简单的物质生产,而转化成一种具有文化涵义的习惯:

> 帮工是一种很好的制度,因为大家一起劳动很开心。以前今天你帮我,明天我帮你,你需要我,我也需要你。晚上大家一起吃饭,杀鸡杀鸭很快乐。人生一世就求快乐,我们的快乐指数并不比你们低。以前人多,干重体力活才找人帮。但现在因为劳动强度不是那么大,所以生产不一定非要人帮才行,帮工也不是帮一整天工,因此转变以娱乐为主。现在做半天工,喝半天酒,转化成娱乐开心的方面,边吃边喝。这一二年

---

① 匡自明、黄润柏主编:《毛南族——广西环江县南昌屯调查》,云南大学出版社2004年版,第132页。
② 同上注书,第166页。

才出现出钱请工,现在木工头是出钱,一天80元,从5元、10元、20元、25元一直涨到80元,现在出钱后幸福指数没有那么高了。

第四节 其他生产互助习惯

除农业生产外,广西民间还形成了在狩猎、渔业、放牧等方面的互助制度,其基本的内容包括狩猎、渔业的劳动成果平均分配制度与放牧的互相协助。与耕作互助制度相比,虽然这些互助制度在少数民族的整体生产中不占太大比重,但仍是原始公社制度留存而演化的一种社会共济制度。

一、狩猎互助习惯

狩猎是广西少数民族除农耕之外最主要的生产方式之一,尤其是生活在山区的群众,许多民族都将狩猎作为农耕之外的重要生活资源补充。由此少数民族形成了在狩猎方面的一些习惯,其中最核心的内容就是猎获物平均分配制度,这种制度来源于"自然资源公有制"的观念及原始的食物共享制度。在少数民族的观念中,山林、水源、野生动植物都是造物主赐给人类的共同财富,是属于大家公有的,任何人不得据为己有,不得私分私占,因此而获得的产品也应当是公有制的,如果谁私自占有而不与大家分享,就破坏了自然公有法则,会受到造物主的惩罚。此外,在生产力水平非常低的阶段,食物异常短缺,只有共享猎物,所有人才能获得生存下去的机会,这些因素使得狩猎平均分配制度也成为互助习惯的一个组成部分。尽管少数民族的生存环境千差万别,但在狩猎平均分配制度上却异常相似。

广西民间素有"上山打猎,见者有份"[①]、"分人不分众,吃了会肚痛"[②]的俗谚。瑶族是广西狩猎业最为发达的民族。各地瑶族都有一个共同的狩猎习惯:猎物平均分配,人人有份。十万大山的瑶族狩猎是相当普遍的,参加狩猎的人,不论是男女老幼还是外来客人,只要跟随上山就可以分到一份猎物,猎狗也得一份,射手多得一份。带有相当原始的分配色彩。[③] 尤其是十万大山地区的山子瑶,打猎时集体围捕,猎获的野兽,大家吃一餐以后,领队、猎狗

[①] 广西隆林各族自治县文化局、民委编:《中国民间文学三套集成:隆林民间谚语集》,广西隆林各族自治县文化局、民委1988年编印,第94页。

[②] 卢嘉兴编:《中国民间文学三套集成:北流县民间谚语集》,广西北流县三套集成办公室1986年编印,第15页。

[③] 中国科学院民族研究所、广西少数民族社会历史调查组编:《广西上思县十万大山南桂乡瑶族社会历史调查报告》,1963年8月印行(内部参考),第25页。

主人、枪击者各多得一份,其余平均分配,见者人人有份。① 荔浦县瑶民爱狩猎,当发现兽迹时,头人吹哨,呼唤出猎,男女蜂拥而来至。所获猎物,内脏由出猎人集中煮食,分肉时,先将兽头割下献给第一枪击中猎物的枪手,其余均分,过路人看见打猎的也同样分一份。② 贺州沙田镇马窝土瑶村是有名的狩猎村,过去狩猎常常集体参加,猎获物按参加的人数平均分配。③ 南丹县大瑶区的瑶族群众,如围猎较大的野兽,往往由一人发起,邀十数人,集体进行。但人员不固定,每次出猎都是临时性组合,各就所长,分工行猎。无论收获多少,同伙者共同平均分配。④ 南丹白裤瑶撵山活动比较特别,据说只要有瑶族同胞发现有野猪或者其他猎物到田里糟蹋农作物,那么整个山寨的瑶族男人会倾巢而出,拿着沙枪追捕到底,直至捕到猎物为止,而捕到的猎物,会分给所有一起上山打猎的人。⑤ 田林县渭标乡瑶族狩猎带有保护生产的性质,主要狩猎对象是野猪和黄猄。狩猎时自由组合,人数多少不等,猎获物按参加人数平分,每人一份,打中者可多得一份,如果有几个共同打中的,则由该几人共分一份。内脏煮熟后也平分,煮内脏的汤则由参加者共喝。⑥ 西林县那兵县蓝靛瑶猎获野兽即进行分配,如获一两个小动物就大家共吃一顿,俗称"打平伙",不再分配。如果大只者亦先"打平伙",然后再行分配。一般是平均分配。⑦ 笔者在龙脊金坑大寨调研时,当地村民说他们曾打中过一头300斤重的野猪,光猪脚就有普通猪的2只猪脚那么大,后来参与打猎和来看热闹的人平分了这头猪,大家高高兴兴吃了一餐。生活在华南之巅猫儿山脚下的兴安县华江瑶族乡高寨村的群众以前有集体捕猎的习惯。村民邓祥华(男,65岁,瑶族)就回忆,他年轻时,村民常常互相邀集,十几个人一起上山协作围猎野猪、黄麂、马蜂等动物。由于山高谷深,野生动物又很凶猛,因此在狩猎过程中,他们常遇到各种危险和难题,但依靠大家的相互帮助都能化险为夷,没有村民在打猎中遇难。当然猎获物也全部平分。这几年国家保

---

① 广西壮族自治区编辑组编:《广西瑶族社会历史调查》(第6册),广西民族出版社1987年版,第166页。
② 荔浦县地方志编纂委员会编:《荔浦县志》,三联书店1996年版,第872页。
③ 黄淑娉,龚佩华:《广西壮族自治区贺县土瑶社会文化概况》,中山大学人类学民族学教研室调查小组,1988年8月撰写,第13页。(平桂管理区沙田镇当年曾参与该调研的乡镇干部提供)
④ 广西壮族自治区编辑组编:《广西瑶族社会历史调查》(第3册),广西民族出版社1985年版,第30页。
⑤ 张廷兴、邢永川等著:《八桂民间文化生态考察报告》,中国言实出版社2007年版,第382页。
⑥ 广西壮族自治区编辑组编:《广西瑶族社会历史调查》(第5册),广西民族出版社1986年版,第117页。
⑦ 同上注书,第261页。

护野生动物,他们已不再上山打猎了,但这种相互帮助及平均分配猎获物的传统很好。

其他民族也有类似的狩猎平均分配制度。如侗族也是一个保留猎物平均分配的民族,他们的许多史诗都描述了在远古时期人类始祖共同生产并平均分配劳动产品的制度。侗族琵琶歌民族族源歌《人的来历》中讲:"祖婆天天领起腊耶(姑娘)摘果捉鱼捞虾在河塘,祖公朝朝率起腊汉(小伙)打猎撵肉山岭间。摘得果子捞得鱼虾大家一起吃,打得野肉众人团坐火塘烤烧间(吃)得香又甜。"①侗族的《萨玛辞》中讲:"地上田塘多兮,大家都共有;收得粮食平均分兮,打得野肉一锅煮。准吃不准占兮,归公无私物。人人出力气兮,个个不怕苦。同山共水兮,和睦相处分乐悠悠。"②这种传统一直延续至今,打猎人人有份已成为打猎这一生产行为重要的特征,猎物必须平均分配已成为众所周知的习惯法。侗族琵琶歌《七十二艺》中唱到猎人这一行当时就说:"猎人赶山打肉熟悉岭和冲……打到野肉人人有份不会空。"③苗族在分享猎物方面已形成了习惯法。如融水苗族还保存着原始的平均主义思想和传统的互助精神。村上哪家打得野兽,全村每家都给一点,在山上打猎也是见者有份。④ 如果在山上捕获猎物分肉时,若有行人碰见,则按见者有份的条规,把客人一同算人,按到场人数平分。⑤ 融水苗族埋岩理词就唱到:"到闹鱼那天,共条河闹鱼,到打猎那天,共条路打猎,打得猎物大家吃,不得猎物大家散。"⑥

二、渔牧互助习惯

广西少数民族还有打鱼平均分配的制度。如贺州沙田一带的土瑶就有这样的习惯:"集体捕鱼,规模较大,一般要先用茶枯药鱼,然后大家再去捞捕,并实行平均分配。"⑦生活在北部湾的京族是广西唯一从事纯渔业的民

---

① 杨锡光、杨锡整理译注:《琵琶歌选》(中国少数民族古籍侗族古籍之三),岳麓书社1993年版,第16页。
② 湖南少数民族古籍办公室主编:《侗全》,杨锡光、张家祯整理注校,岳麓书社1989年版,第30页。
③ 杨锡光、杨锡整理译注:《琵琶歌选》(中国少数民族古籍侗族古籍之三),岳麓书社1993年版,第68页。
④ 广西壮族自治区编辑组编:《广西苗族社会历史调查》,广西民族出版社1987年版,第139页。
⑤ 戴民强主编:《融水苗族》,广西民族出版社2009年版,第78页。
⑥ 乔朝新、李文彬、贺明辉搜集整理:《融水苗族埋岩古规》,广西民族出版社1994年版,第173页。
⑦ 黄淑娉、龚佩华:《广西壮族自治区贺县土瑶社会文化概况》,中山大学人类学民族学教研室调查小组,1988年8月撰写,第13—14页。(平桂管理区沙田镇当年曾参与该调研的乡镇干部提供)

族,由此也形成了渔业产品分享制度,这种制度称为"寄赖",是由来已久的。《京族简史》对此曾作如下描述:"捕鱼作业中的寄赖现象,它带有原始社会'见者有份'的色彩。无论是谁,遇到海上塞网捕鱼,便可带上鱼罩、鱼叉到塞网范围内捕捉,主人不得干涉和阻拦。"① 实际上,"寄赖"虽为京语谐音,但此二字如果用汉字解释,也能说明其中包含的互助因子。"寄"可以理解为"寄托",而"赖"可以理解为"依靠",二者结合起来可以理解为将自己的生命寄托于他人,依靠相互帮助生活。这样解读更可以把握这一制度的互助特征。因此,"寄赖"是渔业领域一种特殊的生产互助习惯。京族的"寄赖"制度的起源,应当也与少数民族自然资源公有制的观念有关。

畜牧业在广西少数民族中所占比重不大,但放牧耕牛则是重要的生产活动,在这方面也形成了一些互助习惯。如西林县农户有连户放牛习俗,即数户或一寨联合雇人放牛,各以牛的多少分别付给放牛人钱、粮。有的不雇人而采取各户轮流放牛的形式,一般以一街(六天)或一月为一期。② 这种互助制度可以使大家腾出更多的精力和人手去从事主要的生产,避免了生产力的浪费与重复使用,极大地提高了劳动效率和劳动力的集中使用。

三、其他生产技术互助习惯

除此而外,广西各民族还形成了生产技术方面,如医药、养殖业、手工业、纺织业、建筑业、文化艺术等的互助习惯。长期以来,各少数民族互通有无,取长补短,共同促进了本民族的经济文化发展。在广西多民族聚居的地区,我们常常会看到这样的现象,一项生产技术被某个民族掌握后,生活在同一地区的其他民族也会逐渐掌握这门技术,从而在整体上导致了这一地区生产力的发展变化。龙胜境内各民族在科技方面间历来有互助互学传统:瑶族传授跌打损伤药方及养蜂技术;苗族传授接种蜜梨及薏米技术;侗族传授稻田养鱼及安装毒剑杀虎技术;壮族传授织网、养鸬捕鱼技术;汉族引进弹棉机、造纸、开矿、石印及打豆腐等先进技术。在文化方面:瑶族传授挑花刺绣技术;侗族传授建筑风雨桥亭及音乐多声部合唱技术;壮族传授铜鼓舞;苗族传授吹唢呐。近代交往更为密切,汉、侗族知识分子到苗、瑶地区教书、教戏;苗、瑶族群众担鸡、鸭、梨,到侗、壮族地区兑换侗布、衣裳及茶油;侗族妇女挑侗布到壮族地区兑换棉花。③ 少数民族群众在农业技术方面的互助是非常

---

① 符达升、过竹、韦坚平编:《京族风俗志》,中央民族学院出版社 1993 年版,第 13 页。
② 西林县地方志编纂委员会编:《西林县志》,广西人民出版社 2006 年版,第 1077 页。
③ 龙胜县志编纂委员会编:《龙胜县志》,汉语大词典出版社 1992 年版,第 117 页。

慷慨的,毫不吝惜,正如贺州狮东村村干部说:"如果我在生产技术方面懂得好一点,肯定要跟别人讲。"狮东村的村民也说:生产技术方面,如果被人问就会帮助别人,告诉别人怎么样种养才好。在农业科学技术突飞猛进的今天,少数民族群众还发挥传统的技术互助,成立了种养互助协会。贺州市平桂管理区民宗局的工作人员介绍,近年来,当地的瑶族还成立了种茶互助协会,共同提高茶叶种植技术。

第四章　广西少数民族生活互助习惯

美国学者博登海默认为:"习惯乃是不同阶级或各种群体所一般遵守的行为习惯或行为模式。他们所涉及的可能是服饰、礼节或围绕有关出生、结婚、死亡等生活重大事件的仪式。它们也有可能与达成交易或履行债务有关。"①广西少数民族在生活上的互助习惯包括救济性借贷习惯、婚丧互助习惯、打老庚制度及待客互助习惯四个方面。

第一节　救济性借贷习惯

在金融流通极为落后的广西少数民族地区,大部分借贷都属于救济性质的互助借贷,因此多以无偿不收利息的方式实现。"民间称贷,原以济缓急、通有无也。"②事实上,深入调查这种借贷关系后,会发现它们更类似于赠与或对等互助。

一、借贷事由

广西少数民族的救济性借贷主要针对的是家庭生活、生产方面的经济困难,如婚、丧、建房、春种或家中有人生病等急需救助的情况。对于因生活急需或困难而提出的借贷,人们都乐于出借。并且在这种情况下,人们认为相互借贷是一种必须履行的义务。如明万历《广西通志》载:"耳佃,象州人,家富而乐施,凡窘戚有求者,未尝少吝。"③《赤雅》记载,广西壮族"同类有无相资,一无所吝"④。在广西少数民族社会,凡因生产生活困难提出救济性无偿借贷要求的,一般都予以满足,很少有人拒绝借贷。事实上,向生活有困难的

---

① 〔美〕E.博登海默:《法理学—法哲学及其方法》,邓正来、姬敬武译,华夏出版社1987年版,第369页。

② "本县谕债主暂停追索以度凶荒示",参见王庆成编著:《稀见清世史料并考释》,武汉出版社1998年版,第255页。

③ (明)戴耀主修,苏濬编纂、杨芳刊行:《广西通志》,卷42·杂记六·事迹,第19页上,载吴相湘主编:中国史学丛书《明代方志选》(六),台湾学生书局1965年影印版,第859页。

④ (明)邝露:《赤雅》,中华书局1985年版,第1页。

人主动提供借贷是一种互助义务。例如那坡县城厢镇弄文屯黄绍壮说,现在屯里谁家有大困难、灾害,大家才帮。以前帮困难户,亲戚帮钱,其他人就帮米。借钱经常发生,一般都会借给困难户,不收利息。2014年清明节期间,笔者在广西三江侗族自治县富禄村随机采访了一名侗族男子,他谈到当地的借贷习俗时说:"别人家有困难就借钱给他,也不要借条,也不要利息,一般是自己的兄弟来借,本村来借也不要利息。"互助借贷还能解决群众生产上的资金短缺,保证社会的顺利发展。龙胜潘内村的村民粟长纬说他去年春耕时没有钱买肥料,就向别人借了钱,这种借贷一般不收利息,偿还全靠村民之间的诚信。

因此,借贷事由就变得很关键,向生活、生产困难者提供借贷是责无旁贷的,但如果借贷的钱用于挥霍或违法,则是对救济性借贷善意的最大玷污,群众对此的立场非常鲜明。贺州狮东村的凤支书介绍说,本地土瑶最肯借钱的事由就是丧事、建房。但是,如果借贷人借钱去从事赌博等不良行为,则会遭到大部分人的抵制。狮东村大冷水的邓桂华认为,借贷的事由很重要,它直接决定了村民是否出借的态度:借钱、借酒、借猪肉、出劳动力,这跟小气没关系,就是一种习惯。主要看你借贷做什么用,如果是红白喜事、建房,大家都会借给你,有能力肯定会借。但如果你借钱是去赌博,那大家就不会借。贺州鹅塘镇槽碓村的凤副主任也说,借钱都是亲戚朋友之间。借钱的时候要看情况、看人、看做什么用,不乱借。

救济性借贷极大地保证了少数民族社会的发展。费孝通、王同惠在《花篮瑶社会组织》中对金秀瑶族的无偿借贷习惯有较高的评价,认为这是一种能同时满足个人与社会需要的经济制度:

> 瑶人的借贷是不取利的,实是一种以习俗为保证的保险制度。任何人在需要社会的帮忙时,可以申诉而得到所需。同时,任何人在他人需要帮忙时,凡能力所及的都有出力的义务。这样各个家庭虽然自成一个经济的单位,仍可经营一家能力所及之外的事业,这样形成了花篮瑶村落的经济结构。①

从这一段描述来看,瑶族群众的无偿借贷更类似于一种"互助信用",人们通过自己向他人提供无偿借贷获得互助的"信用储蓄",这种信用储蓄的最大收益就是今后自己在遇到类似问题的时候可以获得对方无偿的借贷救济,而本人也获得了社会的认可。这种"利息"回报恐怕是纯粹的商业借贷

---

① 费孝通、王同惠:《花篮瑶社会组织》,江苏省人民出版社1988年版,第46页。

所无可比拟的,因为它的收获是双重的,包括精神层面和物质层面。如果用身体构造来做比喻的话,则村落互助习惯是一个巨大的心脏,人们通过"静脉"输出自己的互助,再通过"动脉"收回别人的互助,由此形成一个良性循环系统,少数民族社会也因此成为一个健康的机体。至今,广西各地这种无息借贷仍然是农村家庭解决资金短缺的主要渠道。问卷调查也印证了这一点。对于"若邻居或者亲友的家庭出现经济困难、您会予以什么样的帮助?"这一问题,高达79.29%的人回答"借钱给他,不收利息",10.65%的人回答"大家分摊",6.51%的人回答"借钱给他,但收利息",2.96%的人回答"设立公共基金,帮助困难户",而9.35%的则回答"其他"。(见图4.1)由此可见无偿进行救济性借贷的观念在少数民族地区已深入人心。

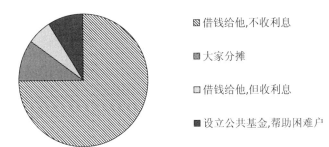

图4.1 关于"若邻居或者亲友的家庭出现经济困难、您会予以什么样的帮助?"问题回答的数据分析示意图

二、借贷标的

(一) 金钱借贷

金钱借贷主要用于弥补群众生产、生活上的资金不足,是较为直接的救助。尽管广西少数民族群众整体生活水平都不富裕,但在金钱借贷方面毫不吝惜。在壮族的《传扬歌》里,老一辈教导年轻人:"交友当交心,好比石头重。花钱不吝惜,度量要宽宏。"[①]贺州狮东村大冷水邓玉兰夫妇说:有钱就相互借,你借我的,我借你的。有人钱不够的话,谁有谁就借一点给他。贺州新民村盘主任介绍,本地互助借钱,关系好就借,关系不好就不借,看自己家庭情况,几百元、几千元、几万元都有,不收利息,不立字据。

笔者了解到,当群体成员发生困难时,其他人在金钱方面有两种救济办法,一是无偿赠与的"给钱",另一种是不收利息的"借钱",二者不仅在性质上有区别,还有标准上的区别。"给钱"纯属救济捐助,无需偿还,因此一般金

---

① 梁庭望编:《壮族风俗志》,中央民族学院出版社1987年版,第45页。

额不高,但积少成多,救助效果也很明显。如那坡县德隆乡团结村上劳屯李某玲(女,20岁,壮族,在读大学生)说":我家是双女户,只有两个女儿,我在右江民族医学院读书,我妹妹又患有贫血症,家里很困难。2011 年我妹妹去南宁检查了 3 次,一共花了 9000 元钱,亲戚们就自动拿钱过来帮我们,每人 100—200 元,对我们帮助很大。"融水苗族自治县拱洞乡龙培村村民杨某定(苗族,41 岁,男)说:"2010 年 5 月我患上肾病综合征,家里的亲戚朋友都帮了我不少。我堂兄借了我 3000 元,其他的家族兄弟都是每人 1000 多,这些钱我以后不用还,算是他们送给我的。"而"借钱"虽不收利息,但却是必须偿还的,因此金额一般较"给钱"要大。在一些地方,给钱和"借钱"分得很清楚。如贺州大冷水的一村民说:

> 村里虽然穷,但大家都很齐心协力,有钱出钱,有力出力。村民有困难的时候,如果是给钱最多 200 元,不超过 500 元,借钱就得 1000—2000 元。2011 年,我借了 10 个人 6 万元用以建房子。我自己只有 4 万元,儿子借了 62800 元。那时候没有钱,借 6 万元也不容易。我去借钱,别人看到我困难都给。有的多的就借了 3000 元。我邻居自己拿存折给我,把密码告诉我,说需要多少取多少,存折里有 15000 元,我借了 6000 元,其实就算取完他也不会说什么。给的钱就不要还,有的人给 100、200 就算了,也不用还了。大冷水有 100 户,平均每户给了 100 元,也不要你还。房子建好了,靠 3 个儿子出去打工还,目前还欠 4 万元。现在人家要建房子,我都没有钱还给出借人,他们也来催过,但是我没有钱也没有办法,慢慢还。这些钱都没有利息。

纯粹的借钱一般用于需要大量资金的建房、看病等。同村邓桂华说,去年我建房,现在欠了 2 万多,一部分是工钱,还有一部分是盖房子用的土钱 5000 元,此外我媳妇向娘家借了 13000 元,另外 100 元是本村人的,应该今年冬天还,因为他们今年也要盖房子。表 4.1 是大冷水村一位村民赵某庆所记录的借钱账目。可以看出,群众对待借钱是非常讲信用的,每一笔钱的时间、地点、出借人、事由、偿还情况均有详细地记载,以便偿还。这些借贷中,最少的只有 8 元,最多的 10000 元,表现出群众在平时生产生活的资金互助情况及诚信精神。

表4.1 贺州狮东村大冷水赵某庆借贷金钱账务记录

时间	借贷人	出借人	数量	返还情况
丙子年(1996年)6月17日	(赵)某庆	球庆	壹佰元整	交清
2000年2月15日	(赵)某庆	石春	捌元整(欠牛肉钱)	交清
		满青	壹拾零伍角整(欠牛肉钱)	交清
2000年3月18日	(赵)某庆	水娇	贰佰元整	还壹佰欠壹佰元,后全部交清
		增转	壹佰元整	交清
		春成	壹佰元整	交清
2003年	邓东观	(赵)某庆	伍拾元整	
2013年农历2月1日	(赵)某庆	石岔邓土成	2000元整(建房)	还清
		石岔邓春胜	2000元整(建房)	还清
	(赵)某姑	石岔邓土成	2000元整(建房)	
		石岔邓春胜	2000元整(建房)	
		妹楂	2000元整	
2013年农历7月12日	(赵)某姑	石春	500元整	
2013年	天旺	小冷水邓金生	3000元整	
	连花	留姑	10000元整	还3000元,还有7000元

资料来源:笔者根据2014年8月调取的贺州狮东村大冷水赵某庆家保存的账本原始记录编制。

(二) 实物借贷

救济性借贷的标的不止限于金钱,在资金奇缺的广西少数民族地区,还存在着实物借贷习惯。金钱借贷固然是实施救济的最直接途径,但广西少数民族群众还通过实物借贷来互通有无,弥补资金流通的不足。实物借贷比较多的是猪肉和酒。《花篮瑶社会组织》中曾描述过瑶族的"猪肉"借贷法:

> 他们生活的资料并不是完全由一家自给的,所以他们不能不有一种互通有无的制度。货物的缺乏起于两个原因:一是虽有生产,但不够消费;二是根本不生产。在一家需要的消费量超过了他们自己所能生产的时候,他们普通的方法是向邻里亲朋借贷。譬如他们的猪:每家所养的猪在数量上是受制于每家所剩余的食料,普通不能超过两头。但是在需要消费猪肉的时候,如婚、丧、度斋等等,时常自家所养的不足应用,于是就得向亲朋借取。在权利的转移上讲,这是一种借贷的方式。若从整

个社会经济结构上来看,是一种私家豢养,公共消费的办法。家庭的单位不能在一时消费一只猪,同时他们又没有以村落为单位的豢养制度,所以发生现在的办法,亦可说是出于人口过小,不能维持一普通的商业制度的适应方式。①

20世纪50年代民族工作者的调查也证实了这种实物借贷习惯的存在。据记载,十万大山地区上思县南桂乡的瑶族在养猪方面有互助互让的习惯:凡是杀猪都是由几户集体分取,等到第二家杀猪时分取同样的数量,其余各家依此类推,没有挑到街上出卖,多是作为各家肉食和油料之用。也有的人家杀猪除了自己留部分自用以外,不出卖,借给附近各户或还肉债,直到自己油吃完时,便向人借肉(普通过节杀猪时才借),直到自己杀猪时才还。② 贺州新华乡瑶族内部很早就有无息的借贷,带有互助的性质。如在结婚时,互相无息借贷猪、黄豆、米等物。③ 从上述记载可以看出,虽然在小农经济下,养猪是各家各户独立的行为,但猪肉却是属于公共所有的,换成句话说,养猪不仅仅是为自己一家,而是为整个村寨养猪,每个村民都将自己的一份"互助基金"寄养在别人家的猪上,一旦自己需要的时候或者别人家杀猪的时候,就可以领取这份"互助基金"了。这种实物借贷极大地解决了少数民族日常生活对于消费性商品的需求。笔者在调研中发现至今实物借贷的习惯仍很盛行。贺州一带的土瑶在这方面有悠久的传统。狮东村大冷水的一位村民说,土瑶的婚礼以前要搞3天3夜,需要1000多斤酒,猪肉最少也要1000多斤,这么多猪肉和酒都是借来的。赵某庆家里的记账簿也记录了大量的实物借贷,上面清清楚楚地写明了每笔借贷的时间、借贷双方的姓名、借贷物品、数量、偿还情况等。见表4.2:

表4.2 贺州狮东村大冷水赵某庆借贷实物账目记录

时间	借贷人	出借人	借贷物品	数量	返还情况
丁丑年(1997年)11月4日	(赵)某庆	邓金石	米酒	60斤(新秤)	交清
丁丑年(1997年)12月18日	(赵)某庆	赵秋贵	猪肉前脚	壹比(佰)肆拾伍斤(新秤)	交清

---

① 费孝通、王同惠:《花篮瑶社会组织》,江苏省人民出版社1988年版,第45页。
② 中国科学院民族研究所、广西少数民族社会历史调查组编:《广西上思县十万大山南桂乡瑶族社会历史调查报告》,1963年8月印行(内部参考),第25、42页。
③ 广西壮族自治区编辑组编:《广西瑶族社会历史调查》(第3册),广西民族出版社1985年版,第180、218页。

(续表)

时间	借贷人	出借人	借贷物品	数量	返还情况
丁丑年（1997年）12月27日	（赵）某庆	邓增转	猪肉	壹边(佰)柒拾斤(新秤)	清数
丁丑年（1997年）12月29日	（赵）某庆	邓接连	木茹(薯)酒	壹佰斤(新秤)	交清
戊寅年（1998年）正月初二日	（赵）某庆	石春	猪肉前脚	壹比(佰)叁拾伍斤半(新秤)	交清
戊寅年（1998年）正月初二日	（赵）某庆	春转	猪肉后脚	壹比(佰)伍拾斤(新秤)	交清
		春成	杂肉	壹斤玖两	
庚辰年（2000年）正月15日	邓东金	（赵）某庆	木茹(薯)酒	伍拾斤(新秤)	
2000年2月15日	（赵）某庆	水连	鸡	壹个共壹斤陆两	交清
		赵球庆	茶油	贰拾玖斤捌两	交清
		邓增转	杂肉	叁斤肆两	清数
2000年3月20日	（赵）某庆	欢旺	猪手	一个伍斤	交清
		水娇	猪手	一个陆斤玖两	交清
2000年农历7月27日	（赵）某庆	邓元兰	鸡	叁个共肆斤半连一个水泥带(袋)	(还一个,有二个)清数
2000年11月19日	（赵）某庆	邓增转	茶油	叁高橙幅	交清
2000年12月8日	（赵）扬转	（赵）某庆	猪肉	壹边(佰)陆拾叁斤柒两(新秤)	
2001年8月10日	（赵）某庆	水娇	杂肉	壹斤玖两(新秤)	交清
	赵球成	（赵）某庆	猪肉	叁拾斤(新秤)	清
	赵球成	（赵）某庆	木茹(薯)酒	叁拾斤(新秤)	
2001年	（赵）某庆	冬转	杂肉	陆两肆	
2001年农历10月15日	（赵）某庆	赵转贵	杂肉	陆两壹	清数
2001年农历11月6日	（赵）某庆	春成	杂肉	叁斤壹两	
2001年农历11月19日	（赵）某庆	邓欢连	杂肉	肆斤	交清
2002年	（赵）某庆	求成	猪肉	壹拾伍斤(新秤)	
2003年农历7月11日	凤客娘	（赵）某庆	木茹(薯)酒	壹佰零柒斤(连皮新秤)	清

(续表)

时间	借贷人	出借人	借贷物品	数量	返还情况
2003年7月30日	(赵)某庆	(凤)客娘	杂肉	叁斤(新秤)	
			红豆	肆斤(新秤)	
2005年	邓天仙	(赵)某庆	猪肉前脚	伍拾壹斤(新秤)	
2005年农历12月29日	邓东金	(赵)某庆	猪(更)肉	16斤(新秤)	
2007年农历10月23日	(赵)某庆	赵扬转	米酒	壹佰零肆斤连皮(新秤)	清
2013年农历6月19日	赵东转	(赵)某庆	茶菇	4并(柄)	
	春成			5并(柄)	
2013年农历12月29日	邓东金	(赵)某庆	猪(更)肉	16斤(新秤)	

资料来源:笔者根据2014年8月调取的贺州狮东村大冷水赵某庆家保存的账本原始记录编制(注:新秤是指新的市斤秤,连皮是指连转食品的袋子,杂肉是指猪内脏)

从借贷的物品来看,主要是猪肉、酒和其他食品。其中借猪肉最多,20次,其次是借木薯酒6次,茶油、茶菇4次,借鸡2次,红豆1次。从借贷双方的情况来看,赵某庆本人借别人18次,别人向他借东西9次,其中邓东金向赵某庆借3次(2次猪肉,1次酒),赵某庆向邓增转借3次(2次猪肉,1次茶油),借春成2次(杂肉),春成借某庆1次(茶菇)。这些食物借贷之所以记录如此详细,是为了严格按斤两、按品种归还。首先,归还时在数量上要一样,只能多不能少;其次,归还物品也要一致,如借的是猪前腿,就还猪前腿,不能还杂肉和猪后腿,杂肉和猪后腿也是如此,因为价钱不一样,其他物品以此类推。新民村的盘主任说,借猪肉、酒要按数还清,不能少,多了也不要,猪前腿肉后腿肉必须分清楚,按斤量还。

除了猪肉借贷以外,实物借贷标的较多的是粮食。在自然条件恶劣的少数民族地区,粮食短缺是经常发生的,但通过救济性粮食借贷,可以解决一部分群众的生活困难。金秀罗香村的坳瑶,在清朝时借稻谷都是无息的。[1] 十万大山地区的瑶族劳动人民之间是相互支援的,在缺粮户来借粮食时,主人家再困难也要帮一点,只要有大家就分着吃。世世代代以来,瑶族人民就是在极端贫乏的生活条件下,相互协作和支持而生存,发展了起来。[2] 贺州地区的瑶族内部,也常有无偿的粮食借贷发生。如狮狭乡有土瑶和过山瑶两个

---

[1] 广西壮族自治区编辑组编:《广西瑶族社会历史调查》(第1册),广西民族出版社1984年版,第157页。

[2] 中国科学院民族研究所、广西少数民族社会历史调查组编:《广西上思县十万大山南桂乡瑶族社会历史调查报告》,1963年8月印行(内部参考),第19页。

族系,虽然他们在风俗习惯方面有一定的差别,但彼此之间都能和睦相处,友好往来,在发生困难时,也能做到互相支援,而且不计利息。如水竹村和扬尾村的土瑶,曾向金竹村的过山瑶借过玉米和稻谷,不仅不计利息,而且后来由于借方生活困难,贷方就将所借的粮食全部相送,不再追问。① 实践中还有春耕时接种,秋收后还的习惯。贺州明梅村的邓支书说:"这里春耕借种子也是互助的。比如今年我要种玉米,但我的玉米种不好,你就让一点给我,秋收以后再还,这真是一种很纯粹的友谊。返还的数量不管,我借你 2 斤,你还 1 斤,主人都不说的,就算不还,也不说。"

三、借贷利息

广西大部分少数民族没有借贷收利息的习惯。群众相互之间的救济性借贷一般遵循"三不原则",即"不收利息,不打借条,不规定期限"。在他们的观念中,对于救济性事务收利息是无法接受的。他们认为收利息是一种很不道德的行为。问及借款的利息时,大部分村民都摇头予以坚决的否认。在他们的语汇中,有息与无息的借贷有本质的区别,所对应的"借钱"与"借债"是两个完全不同的概念。无息的救济性借贷是互相帮助,只能叫"借钱",不能叫借债,只有高利贷才叫债,群众一般不借。在调研中,贺州一带的土瑶都强调:本村借债很少,借钱是互助,不是借债。正因为如此,民间的救济性借贷双方当事人不能称之为债权人、债务人,而应称为出借人和借贷人。

据记载,环江县长北乡后山屯的瑶族人民内部因生活困难的短期借贷时有出现,但分文不取利息,完全是一种互助性质。② 富川的平地瑶和过山瑶中均有无利息的借贷,这种形式多是亲友之间的往来及互相帮助。主要是在婚葬和意外经济紧张之时,请求亲友帮助,借后在一定时间内如数照还,不加利息。③ 20 世纪 80 年代关于贺州平桂管理区沙田镇土瑶的社会调查材料也写道:"解放前穷困的人家有时会向山外的汉族借钱、借粮以度饥荒,利息一般是 20%,至于土瑶之间借粮借款则是互助性质的,不计利息。"④ 而笔者 2014 年再去当地土瑶地区访谈时,习惯依然如此。除瑶族外,其他少数民族因生活困难而发生的无偿借贷也很常见。如隆林各族自治县委乐乡壮族在

---

① 广西壮族自治区编辑组编:《广西瑶族社会历史调查》(第 3 册),广西民族出版社 1985 年版,第 180、218 页。
② 同上注书,第 81 页。
③ 同上注书,第 111 页。
④ 黄淑娉、龚佩华:《广西壮族自治区贺县土瑶社会文化概况》,中山大学人类学民族学教研室调查小组,1988 年 8 月撰写,第 15 页。(平桂管理区沙田镇当年曾参与该调研的乡镇干部提供)

盖房子或丧葬等事,近邻亲友,都量力自动给钱帮助,借的钱也不计利息。主人只招待一顿饭作为报酬,若是十分困难,连一顿饭也招待不起,大家也没有见怪的。①

虽然广西民间也存在一些有偿贷款及高利贷盘剥的情况,但一旦涉及天灾人祸、新建房屋、婚丧嫁娶等救济性事项的借贷,则较一般借贷优惠,如借贷期限较长,且利息较低或干脆不收利息。如《资源县志》记载,新中国成立前当地民间借贷利息较高,一般是大加一的月息(即10元钱每月1元的利息,利率为10%),还款时间3个月左右。但如遇有特殊情况,如天灾人祸、新建房屋、婚丧嫁娶等而造成经济困难的,临时借些钱,以解燃眉之急,一般都是半年或1年以上,其利息大都是加三的年息(即30%),到期即自觉归还;还有一些是至亲好友,经常互相往来者,借钱1年半载或二三年只要本钱,不要利息者有之。② 特别需要指出的是,广西少数民族的许多习惯法明确规定禁止高利贷。融水苗族著名的习惯法"埋岩"中,就专门有限制债务利息额度和追债方式的"放债岩",以保障贫民的利益:"埋个放债岩,立了放债规,乃朱埋岩、仲娃埋岩,利钱每元收三角,利谷百斤收四十,不准利大过本,不准利滚利,有借有还,欠债别拖延,讨债不准刮粮仓,追债不准端锅鼎。"③严禁高利贷盘剥,讨债时不得采用剥夺债务人基本生存需要的方式,这些规定再次体现出互助借贷的社会保障功能。侗族琵琶歌《挖芒歌》中也谈到传统习惯法对灾荒时期借款高利贷的限制:"借谷还谷,借钱还钱,人穷志不穷,谁人想要高利超过村约款条也不容。"(侗族民间约法《款》对借贷利息有所规定,不准乱要高利贷。)④该条款说明,无论是灾荒时期,还是正常情况下,都不得乘机通过借款谋取高利,这是习惯法所不能容忍的行为。

笔者在调研中也遇到一些可以称之为"乡村精英"的成功人士,他们在自己先富起来之后,对乡亲们的救济性借贷也非常慷慨大方。在他们看来,接济乡邻是他们必须承担的义务之一,而且承担得比普通人要多一点。用他们朴素的话说就是:"有多给多",或者用现在通行的话说,"能力越大,责任越大"。笔者到龙胜潘内村的粟×旺家中调研时,从其穿着和家中的摆设看

---

① 广西壮族自治区编辑组编:《广西壮族社会历史调查》(第1册),广西民族出版社1984年版,第30页。
② 广西壮族自治区资源县志编纂委员会编:《资源县志》,广西人民出版社1998年版,第509—510页。
③ 乔朝新、李文彬、贺明辉搜集整理:《融水苗族埋岩古规》,广西民族出版社1994年版,第108—110页。
④ 杨锡光、杨锡整理译注:《琵琶歌选》(中国少数民族古籍侗族古籍之三),岳麓书社1993年版,第72—73页。

出家境较为富裕。经了解,他因近几年经商而致富。他说,本地私人之间的借贷一般不收利息。他现在算村里的成功人士了,许多人都来找他借钱,但他从不拒绝,也不收收利息,偿还主要是靠个人信誉。那坡县龙合乡果桃村马独屯是一个较为贫穷落后的壮族村落。该村大部分村民还住在竹木编织,外面抹着黄泥的木楼中。但笔者遇到的黄××(壮族,59岁,男)是原百色电力公司职工,现已退休,由于其有稳定的工资收入,而且三个女儿也都在城市有固定的工作,因此属于生活较好的人。他说,我这个人很乐善好施,别人家有困难,身上有钱我就随便给他了。我借钱给别人不收利息,还不还随他的便,但是现在为止没有遇到不还钱的情况。从其他村民那里了解到的情况看,他们所言非虚。

最重要的是,一些借贷最初是以"借贷"的名义借出的,但往往最终由于债务人过于贫困无法偿还而转变成赠与。如果借贷不计利息或最终放弃债权,则本金并不产生流通与增值,仅发生使用权或所有权的转移。因此,无偿借贷是广西下层贫苦民众实施社会救济的方式之一。例如,民国《钟山县志》就记载了两个感人的案例。王锡纶,"有负债难偿者置不问,贫苦无告者,每怜而周济之。"何国逢,"咸丰时匪乱,携资避居羊头。同行数人无资斧日用,皆仰逢供给。寻至囊虚用罄,雇苦工庋日,终不取偿于人。"① 笔者在实践调研中也常听到债务转变成赠与的实例。三江县独峒乡高定村民说,别人来借钱一般都借给,不收利息,有时债务人不还也没有办法,债权人一般不主动追讨,或干脆放弃了事。三江洋溪乡玉民村杨玉兄(小学教师)说,对家里有困难的户,村民都借钱,不计利息,有的就不用还了,算是给他了。融水苗族自治县田头屯的村民说,苗族是救急不救穷,借钱不要利息,也有的不用还了,如果债务人实在太穷了,也可以用实物、劳务偿还。

四、借贷期限

从目前的文献记载及笔者的实践调研情况来看,救济性借贷的期限分两种情况:

(一) 一年期借贷

一年期借贷是指期限不超过一年的救济性借贷。借款后,应当在秋收或农历春节前偿还,无特殊情况不得跨年度。在一年期借款盛行的地区,由于习惯已约定俗成,因此一般订约时不必约定期限,彼此心照不宣,除非双方另

---

① 潘宝疆修、卢钞标纂:《钟山县志》,卷14·列传,民国22年(1933年)铅印本,台湾学生书局1968年版,第211、214—215页。

有约定。龙胜地区的各少数民族在新中国成立前,农村办红白喜事的费用,家庭经济拮据的,亲友及近邻大都乐意借给猪羊、牛和酒米,有钱的借钱。老人去世,近亲还借给棺材殓费,侗族还借给自织白布、自腌酸鱼、作孝布及待客。逢天灾人祸,农业歉收,家庭老小口多,劳力少,入不敷出,"寅吃卯粮"的,农民间互借钱粮。上述借贷虽然是待借者生活宽裕或借助者需要用时归还,但习惯上应当于秋收后或过年前归还,无特殊情况不跨年度。[1] 在龙胜金坑大寨调研时,村民告诉笔者,村民之间的借贷完全靠村民自觉及相互间的信任保障债权。但是,虽然不约定时间和利息,却要遵守一定的借贷习惯。如一般本年度的借款一定要在农历春节前偿还,因为"一年是一年的事",债权不能跨年度。如果家里实在困难,到春节还不了,就必须在大年三十那天亲自到债权人家里"说"一下,这个规矩是不能少的,哪怕那天再忙也要去,一是解释不能偿还的理由,二是表示对债权人的尊重。那坡县德隆乡团结村上劳屯村民农生玉(男,壮族,50岁)也说,我们这里借钱不收利息,但一般不超过一年,春节前一定要还上。贺州狮东村的凤支书说,本地土瑶借钱不打字据,不讲期限,一年过完你主动去要,他就会还给你。狮东村一名17岁的男孩说:我家借过别人的钱,主要是借给亲戚。有时没有亲戚关系的来,有急用就借,不要利息不写字据,只要记得还就可以了。一般几个月就还,很少有拖了很久才还的。人家的钱借给你,你不还,人家没钱过年,不厚道。到了过年的时候,即使你没有能力还钱,也要还人家100多。这和龙胜地区"借债不过年"的习惯是一致的。

(二) 长期借贷或无期借贷

在广西一些少数民族中,救济性借贷的偿还期限较长,有的根本不约定期限,直待债务人有能力时再偿还。长期借贷或无期借贷无疑存在偿还风险,但少数民族群众似乎从无此方面的忧虑。在许多广西少数民族群众的心目中,借债还钱是天经地义的,无需主动催讨,无需时间约束,全凭相互之间长期建立的一种高度信用机制来约束。既然借钱是因为生活困难而发生的,那么偿还就应当等对方手头宽裕的时候还,这是不能用某一固定时间点来衡量的,而是一个长线的概念。在调研中,许多群众都坚定地表示,当地从未发生过欠钱不还的情况。从他们的表情来看,欠钱不还完全超出了他们的理解范畴。

少数民族调查文献记载了许多长期欠款的案例,如田林县渭标乡渭康屯

---

[1] 龙胜县志编纂委员会编:《龙胜县志》,汉语大词典出版社1992年版,第106页。龙胜各族自治县民族局《龙胜红瑶》编委会编:《龙胜红瑶》,广西民族出版社2002年版,第126页。

的邓某,在新中国成立前买一区地主的20斤田种(合四亩),共需要钱85元,邓某以一条牛折价65元,又向本族人借了20元银元与牛一起合成85元交给地主,买入该田,这笔借款直过了二年后,邓某又卖了一条牛才归还,没有付分文的利息。① 金秀坳瑶内部在婚事费用的借贷,都是一种互相的性质,从来都是没有利息的。举办婚事时所需要的银钱、米、猪肉、酒类等都可向家族或亲戚告贷,而且这种无息的借贷,偿还期限是没有限定的,十年八年都可以,或者等到债主方面有婚事时再偿还亦可。② 十万大山地区的瑶族如借钱给别人,完全不要利息,有时借债十多年尚未还清,也同样不用利息。如录西屯李广文在结婚时向蒋德福借的80斤猪肉近十年了才还清,不要什么利息。③

调研中笔者了解到,没有固定还款期限,并不意味着借贷人就不受任何约束。相反,传统信用机制是时时刻刻悬在他们头顶的"达摩克利斯之剑",其偿还期限的界定标准有两个,一是"借款人有钱的时候",二是"出借人有急用的时候"。基于这两点,出借人可以分期一小笔一小笔地偿还,也可以一次性清偿,而遇到出借人有急用但自己又没钱还的情况,即使再借新债还旧债也在所不辞。贺州土瑶普遍实行无期限借款。狮东村的团支书告诉笔者,本地借钱不规定期限,借贷人什么时候有就什么时候还,一般都是2—3年时间,没有拖欠不还的,如果出借人急着用,就还得快一点。借钱的人自己都知道要还得的,不还的人别人就不再信任你,以后你有困难别人也不会帮助。狮东村大冷水的凤玉兰夫妇说:借钱不收利息,不立字据,不讲限期,村里人不会不还,会还,只要有了钱借贷人都会主动还的。钱可以分期还,比如今天我借你1000元,明天我钱不够你可以给100元,100元100元的还,直到还清为止。春节也不过问,1年、2年、3年都可以,也有拖了6、7年的。数不清总数出借人也不说话,但他知道借贷人还了多少。同村另一位村民说,因为婚礼、建房借了别人的猪肉和酒以后都要还的。如果遇到出借人盖房子,借贷人就算没钱再跟其他人借也要还给人家。新民村盘主任介绍,本地很少有借了钱不还的,借了不还的别人以后就不会借了。如果大家发现某人有这个习惯,即使你建房、家里人生病,只有比较好的亲戚才会借,一般人

---

① 广西壮族自治区编辑组编:《广西瑶族社会历史调查》(第5册),广西民族出版社1986年版,第115页。

② 广西壮族自治区编辑组编:《广西瑶族社会历史调查》(第1册),广西民族出版社1984年版,第157页。

③ 中国科学院民族研究所、广西少数民族社会历史调查组编:《广西上思县十万大山南桂乡瑶族社会历史调查报告》,1963年8月印行(内部参考),第19页。

都不借。金竹村邓支书说,只要你提出要求别人都借钱给你,借钱不要利息,不立字据,双方都记得住,等你有钱的时候还。如果借贷人知道出借人真正需要钱,另外借钱也要还给你,从来没有拖欠的。我借钱给你,知道你不急用钱,就不急还。金竹村一村民说,这里借钱不收利息,不立字据,等我急用时,借贷人知道就想办法还钱给我,非常自觉,不用催,很少拖欠。槽碓村的副主任说,目前村里的借贷不存在收利息的情况,不立借据,双方口头协商偿还期限,一般在对方有急用的时候还。正常借款没有不还的情况,只有赌债出现过一例借了钱不还的情况,以后别人不会再借给他了。

值得一提的是,长期借贷或无期借贷习惯也得到了司法部门的理解与宽容。笔者在龙胜县人民法院调研时,法官谈到了对这一民间习惯的尊重与通融。由于在当地少数民族群众的观念中,别人欠钱不管过去多少年都应该归还,这就产生了与法律上时效的冲突。龙胜法院顺应少数民族的传统习惯做法,对于这类案件采取"默示"的做法,即不主动提醒诉讼时效。如果诉讼双方当事人都没有提出诉讼时效问题,那么主审法官也不会主动提出来,而是径直根据双方的债权债务关系做出实体判决。

第二节 婚丧互助习惯

广西民间生活互助习惯主要体现在日常的婚、丧、嫁、娶等事宜上。在这方面,各族群众形成了大量约定俗成的制度。民国《榕江县志》载:"婚丧相助,缓急相通,此榕俗交际之习也。"[①]根据习惯的约定,当个体家庭发生婚丧嫁娶等事宜时,其他社会成员必须提供互助,包括实物互助与劳务互助。民国22年(1933年)7月19日广西省政府委员会第九十五次会议决议修正公布的《广西省改良风俗规则》第14条规定:"如送奠仪,不得过银贰元。但援助丧葬致送赙仪者不在此限。"第34条规定:"凡一切庆吊,戚族邻友非有襄助之必要不得群往聚食吊贺",说明广西少数民族的婚丧互助习惯已经得到了政府立法的认可,将其排除在残风陋俗之外,予以保留。由于这种互助习惯的主要目的是为了解决群众婚丧经费的困难,并非攀比或陋习,因此得到了法律的尊重。

---

① 《榕江县志·礼仪民俗》,载丁世良、赵放主编:《中国地方志民俗资料汇编·中南卷(下)》,书目文献出版社1991年版,第966页。

一、实物互助

(一) 互助标的

1. 传统互助标的

在传统广西农村,红白喜事耗费很大,仅靠单个家庭的力量无法支撑。据民国《三江县志》记载:瑶人"婚费过多,贫者每有养猪还账,一世不清,累及后代者。故瑶人之贫乏此一因也。"①据调查,1988年南丹县八圩、里湖乡两对白裤瑶青年结婚平均花费4226.1元,而该年度两乡人均纯收入分别为224.66元和257.39元,负担是相当沉重的。② 因此一旦发生红白喜事,得到消息的人们都会从四面八方赶过来,带着各自互助的物资,包括钱、粮食、酒及其他物资,帮助主家完满地办好婚丧事宜。民国《钟山县志》第三编"社会"中记载:"凡过婚丧庆吊,亲房邻里多相过从。或赠以礼物,或助之人力,亲霭恒如人家,甚有以钱米相助者。"③广西各地少数民族婚丧互助物资的标的是不一样的,主要根据当地的习俗及平均收入水平,而且婚与丧的礼仪也不同。但总体而言,钱、米是必备的物资。

传统的婚事互助物资除钱、粮外,一般还有酒、肉、布料等。在田林县群众有婚事,互帮酒、肉、米、金钱,大多是在亲戚中进行。这些互助,义不容辞。有丧事,不必通知,即有村众闻风而至,送米、送钱、出力,直到丧事完毕为止。④ 南丹县六寨乡雅陇村结婚时,亲戚朋友,同村乡邻,纷纷前来贺喜(不请自来,即不用发请帖或口头邀请),较亲的送一坛酒,至少15斤以上,另外再封3、5元钱或一份7、8尺的布料。一般人多数送一双袜子或一条毛巾等等,无礼物的人须送贺礼3、5元。⑤ 融水苗族还保存着传统的互助精神。哪家红白喜事,村上不是亲戚的群众也都拿酒肉去支援,可谓是一家有事百家帮。⑥

传统丧事互助物资一般包括钱、家畜、家禽、粮、香纸、香烛等。这一点历代文献也有明确的记载。如清代康熙时期的文献记载苗族如果有人父母亲

---

① 《三江县志·礼仪民俗》,十卷,民国三十五年(1946年)铅印本,载丁世良、赵放主编:《中国地方志民俗资料汇编·中南卷(下)》,书目文献出版社1991年版,第954页。
② 《中国国情丛书——百县市经济社会调查》编辑委员会、南丹县情调查组编:《中国国情丛书——百县市经济社会调查·南丹卷》,中国大百科全书出版社1991年版,第278页。
③ 卢世标、潘宝疆等编:《钟山县志》(第三编上·社会),第8页,据广西通志馆民国抄本1987年印。
④ 田林县地方志编纂委员会编:《田林县志》,广西人民出版社1996年版,第183页。
⑤ 张一民、何英德、玉时阶:《南丹县六寨公社雅陇大队社会历史调查》,载《广西地方民族史研究集刊》(第2集),广西师范大学历史系、广西地方民族史研究室1983年编,第179页。
⑥ 广西壮族自治区编辑组编辑:《广西苗族社会历史调查》,广西民族出版社1987年版,第139页。

死去,"亲戚宰牛羊鸡犬以助,名曰作戛。"①嘉庆《广西通志》载镇安府"丧葬事,比邻共为哀恤扶助,戚友闻讣,吊以香烛。至戚供素饭,名曰'帮斋'"。②清光绪《归顺直隶州志》载镇边县"一家遇丧,比邻共为哀恤,视其棺殓,则慰丧主食之粥,然后即安。"③民国《陆川县志》载"吊者或办祭轴、牲醴,或用挽屏、挽联,亲戚以酒米、钱银赗之。"④民国《上林县志》载父母弃世,"戚友来吊,仅用纸钱、香烛。出殡日,其亲戚则备猪、羊、酒、果祭献,谓之'十祭',小祭则豕首、鸡、鱼耳。"⑤民国时期,隆林各族自治县委乐乡壮族丧葬时,亲友来吊丧,一般送挽联、香烛和现款,数量多少则按亲疏及贫富决定,最少是铜仙50枚,最多是法光5元。⑥ 京族老人去世,主家一旦报丧,村族邻舍纷纷去人慰问。来时还助以钱粮,或一元几角,或白米数斤,相助十元、甚至几十元的都间或可见。⑦ 融水苗族报丧过后,亲戚朋友及寨上的民众便陆陆续续去给死者"上纸"(悼念的意思)。一般带些香纸和一两筒米(约0.5公斤),有的送纸币,也有的带上一筒酒或者块把酸肉之类作"礼信"。所带的"礼信"多少不论,量力而行,但香纸是非带不可的。⑧ 笔者在潘内村调研时了解到,如果父母死了,已经出嫁的女儿就要赶一头猪回来帮助娘家完成葬礼,如果一家有三个女儿,就要赶三头猪回来参加葬礼。贺州新民村盘主任说,本地土瑶丧事只是给香火、纸钱。金竹村邓支书说,当地白事烧香都要花很多钱,不给主人家一些捐助他们自己很难解决,因此金竹一般给香纸钱,大家凑5、6千元,甚至上万。

2. 现代变迁

虽然婚丧互助习惯至今仍在少数民族地区广泛存在,只是随着社会经济的变迁,互助物资种类发生了很大的变化。从调查的情况来看,广西少数民族婚丧互助物资种类呈现两个明显趋势,一是从品种上说,传统的互助物资

---

① (清)黄元治:《黔中杂记》,载劳亦安编:《古今游记丛钞》(五),卷40·贵州省,台湾中华书局1961年版,第19页。

② (清)谢启昆、胡虔纂:《广西通志》,卷88·舆地略九·风俗二,广西师范大学历史系、中国历史文献研究室点校,广西人民出版社1988年版,第2817页。

③ 《归顺直隶州志》,礼仪民俗,六卷,清光绪二十五年刻本,载丁世良、赵放主编:《中国地方志民俗资料汇编·中南卷(下)》,书目文献出版社1991年版,第1094页。

④ 《陆川县志·礼仪民俗》,二十四卷,民国十三年(1924年)刻本,载丁世良、赵放主编:《中国地方志民俗资料汇编·中南卷(下)》,书目文献出版社1991年版,第1063页。

⑤ 《上林县志·礼仪民俗》,十六卷,民国二十三年(1934年)广西林县图书馆铅印本,载丁世良、赵放主编:《中国地方志民俗资料汇编·中南卷(下)》,书目文献出版社1991年版,第894页。

⑥ 广西壮族自治区编辑组编:《广西壮族社会历史调查》(第1册),广西民族出版社1984年版,第64页。

⑦ 符达升、过竹、韦坚平著:《京族风俗志》,中央民族学院出版社1993年版,第113页。

⑧ 戴民强主编:《融水苗族》,广西民族出版社2009年版,第68、78页。

多以酒、米、柴火、布匹等具体的实物形态为主,且标准相对固定。但近年来,随着市场经济在少数民族地区的逐步渗透,少数民族外出务工人员增多,商品经济观念增强,改为以金钱互助为主,即具体的实物全部折合成钱一次性给付。二是从数量上说,金钱互助的金额也随着经济的发展逐年上涨。

在龙胜的金坑大寨,村民潘某明告诉我们,家里有老人过世,整个寨子的人都要来,打个封包,一般按照打工的标准来给,最开始是5元,后来涨到7—8元,现在按打工的标准是30—40元。按照他提供的数据,该村婚丧互助的涨幅达到800%。融水苗族自治县拱洞乡龙培村苗族村民杨凤说,村里现在结婚就给10—20元钱,去世不用给钱,想给封包就给。三江侗族自治县洋溪乡玉民村苗族村民杨永昌说,如果村里人婚丧,亲戚朋友都要去帮忙,现在一般都是给钱,100—200元,也有个别人送衣服和桶。这个标准已经和现代城市的标准持平。那坡县德隆乡团结村上劳屯黄某连(男,48岁,壮族)说,村里的红白喜事互相帮助的很多,哪家有困难我们就自己去了,红事要人家叫我们才去,白事人家不用叫。白事以前有拿米、拿柴的习俗,现在就只是拿钱、帮工,钱一般是拿50元、100元、200元不等。红事也是拿钱,与白事拿的钱一样多。上劳屯另一村民李某(男,30岁,壮族)说,现在结婚、白事一般都是给红包,前两年是30元,现在是50—100元。上劳屯村民农生玉(男,壮族,50岁)也说,我们村有红白喜事,都是互相帮忙,白事不用叫,红事要叫,主要是给钱、帮忙,帮他们渡过难关这个意思,现在都自给自足了,不用给米、柴火了。只有一些年龄较大的人还记得以前实物形态的互助标准。如那坡县城厢镇弄文屯60岁的壮族村民黄绍壮说,以前家里有人死了,村里每个人都要去帮他,主要帮助他料理丧事,去的时候都要带柴禾、菜米,柴禾一扛80斤,米30斤。结婚时主要送米、酒,米30斤,酒30斤,一般都这样。可以看出,实物形态的婚丧互助已逐渐退出历史舞台,金钱成为婚丧互助的主要形态。

(二) 互助标准

婚丧互助一般每个地区都有内部统一标准。一旦发生婚丧事宜,本村寨的人都负有互助义务,而且一些地区已形成了固定金额。民国《融县志》记载:清光绪以前,"贺仪以制钱二百文至一千文,简朴而率直,凶丧多尽力相助。"[①]但无论是否有固定标准,有一个规律是各地少数民族都具有的,即互助标准依照与主家或死者关系的远近而有少到多递增,亲属关系越近,金额越大,亲属关系越远,数量越小,亲戚之间所承担的义务要比无血缘关系人

---

① 《融县志·礼仪民俗》,二卷,民国二十五年(1936年)编纂,载丁世良、赵放主编:《中国地方志民俗资料汇编·中南卷(下)》,书目文献出版社1991年版,第950页。

重。大部分地区都以亲属关系为核心形成不同的等级标准。民国《宜北县志》记载:"凡遇庆哀之事,亲戚朋友皆互相往来,交相庆吊。婚家请客,或先发请帖,或亦不发请帖。亲友闻知,皆送礼致贺,最亲者送白米一担,约五十斤,酒一担,约三十斤,或送与布帛;交者贺仪送东毫五角至一元不等;同村者三角至五角,或送对联、喜炮。"①这说明当地把互助者划分为最亲者和友交者两类,二者的互助标准相差很大。民国《凤山县志》载:"亲友所送奠仪,除内亲外,先时普通多系一二元以下,今最少六七元以上。"②显然,当地将互助者划分为内亲和外亲,外亲互助标准是统一的,内亲必然要高于外亲。有些地方甚至对"不亲"者的婚丧互助予以退化,以免欠下人情债无法偿还。如民国《同正县志》载结婚时:"届时则诸客均携贺仪来交与掌簿者。其贺仪至少两毫四毫以上不等。其不亲赴席则退回之。"③此外,本村人和外村地人也有很大的区别。据1990年代对广西南丹地区400户农村家庭的调查,红白喜事互助以本村亲戚、邻居、本村朋友为主,因此,亲属关系与居住远近仍是确定互助标准的最主要指数。见表4.3:

表4.3 20世纪90年代广西南丹地区400户农村家庭红白喜事互助情况一览表

互助关系发生的对象	人数	占%
本村亲戚	194	48.74
邻居	61	15.33
本村朋友	47	11.81
没有	38	9.55
兄弟姐妹家庭	33	8.29
外村亲戚	19	4.77
外村朋友	5	1.26
父母家庭	1	0.25
合计	398(有2人不作答)	

资料来源:《中国国情丛书——百县市经济社会调查》编辑委员会、南丹县情调查组:《中国国情丛书——百县市经济社会调查·南丹卷》,中国大百科全书出版社1991年版,第428页。

由此看来,婚丧互助仍是一种以血缘关系为核心,以居住地域为坐标的制度。这主要是因为,婚丧是一种与人身权密不可分的社会事务,因此婚丧

---

① 《宜北县志·礼仪民俗》,八编,民国二十六年(1937年)铅印本,载丁世良、赵放主编:《中国地方志民俗资料汇编·中南卷(下)》,书目文献出版社1991年版,第930页。
② 《凤山县志·礼仪民俗》,八编,民国三十五年(1946年)修纂,1957年广西壮族自治区博物馆油印本,载丁世良、赵放主编:《中国地方志民俗资料汇编·中南卷(下)》,书目文献出版社1991年版,第941页。
③ 《同正县志·礼仪民俗》,十卷,民国二十二年(1933年)铅印本,载丁世良、赵放主编:《中国地方志民俗资料汇编·中南卷(下)》,书目文献出版社1991年版,第908页。

互助带有浓厚的血缘色彩和居住色彩也就可以理解了。(见图4.2)

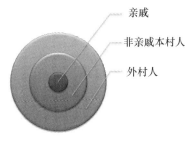

图4.2　广西少数民族婚丧互助义务承担关系示意图

　　课题组在广西黑衣壮聚居地百色那坡县马独屯调查时了解到,该村就丧事互助物资标准已形成了统一的规定,村里一家发生了白事,整个屯的人都按此标准执行,毫无例外。该标准的内容是:凡村中发生白事的,无血缘关系的村民一律帮助6斤米、5元钱和一捆柴(约100斤),但若是死者的近亲友则为10斤米,钱不限定,一般为50—100元钱。该村一黄姓村民(59岁,壮族)说,这是我们这里的规矩,都是自己带来,没有什么道理可讲。我妻子的母亲前几天刚过世,全村人都过来了,我们家因为是近亲,所以按统一规定送了10斤米。该村小学教师黄文权(男,40岁,壮族)也说,白事整个屯每家每户都要去,上述标准是寨子里的队干部统一规定的。另一村民黄世学(男,40岁,壮族)说,白事的标准是村里的统一规定,给多给少不过秤,这个月有个80岁老人因病过世,家家户户都是按照上述标准给的。这一标准能够得到村民的普遍认可,是因为它不仅遵守了"义务随亲属关系远近递增"的传统,又给非亲属关系人确定了统一的可接受标准,极大地防止了铺张浪费和因多寡不均产生的社会矛盾,而且数额也较为符合当地的实际情况,因此是一项深得人心的制度,值得在其他地区推广。

　　其他许多少数民族也都有各自约定俗成的标准,而且近亲与外人的标准有较大的差异。如贺州市狮东村土瑶结婚时道贺的客人红包31元比较多,以前是21元比较多,如果是去帮工就不用打红包。那坡县城厢镇弄文屯黄韶琼(壮族,71岁)说,红白喜事都是一个寨子里的人自己拿柴、米去。丧事自己主动去,每户都给柴火,自己挑过去,一般50—70斤,至少50斤,米20斤,钱现在有就给多,少就给少,最少也要给20元,但如果与死者不是特别熟的就只给几十元钱。红事要人家讲才去,近亲给米、给钱,一般人只给钱,至少50元。那坡县城厢镇达腊村黄碧(男,41岁,彝族)说,白事如果是亲戚就要帮米、酒、钱,酒一桶50斤,米50斤,钱100块,但如果是外面的人就只拿5斤酒,米10斤,20元钱。按着这个标准,亲戚与"外面人"的差异,酒为10倍,米为5倍,钱为5倍。该村另一村民黄永杰(男,64岁,彝族)则说,村里有白事,要拿酒、米、钱,近亲给30、60元—100元钱,酒、米60—100斤,不是亲戚的只拿2斤半米、酒,10—20元钱,白事不用请,亲戚都去。而根据这一说法,近亲与非近亲的差异钱达到10倍,米、酒达到50倍之多。而且一些地区贫富程度不一样标准也有所变化。近年来随着农村经济的发展,喜事标准出现了上不封顶的情况,完全看个人意愿,但亲戚多拿一点的惯例并没有改变。如达腊村苏某民(男,56岁,彝族)说,哪家有白事,叫了才去,不叫不去,米帮10—50斤,钱富裕的就给400、500—1000元,家庭困难的就给50元,1只鸡,酒是2—3斤,1塑料瓶,有的多的也给40—50斤。喜事也跟白事的标准一样,亲戚要多给点,本屯的来了只拿50—100元,其他不拿了。表4.4为笔者在各地调查的红白事宜互助标准一览表:

表4.4 笔者调研地区各民族红白事宜互助物资标准一览表

地点		被调查人	红事互助物资	白事互助物资
龙胜	潘内	粟某纬	酒和一些少量的钱,约几百元	
	金坑大寨	潘某明		钱一般按照打工的标准来给,最开始是5元,后来涨到7—8元,现在是30—40元
三江	玉民	杨某昌	100—200元钱,也有人送衣服和桶	
	高定	杨某刚		几斤米
融水	龙培	杨某	10—20元钱	去世不用给钱,想给封包就给
那坡	弄文屯	黄某壮	米30斤,酒30斤	柴禾一扛80斤,米30斤
		黄某琼	近亲给米、给钱,一般人给钱,至少50元	柴火50—70斤,至少50斤,米20斤,不是特别熟的就拿几十块钱。钱现在有就给多,少就给少,最少也要给20元
	团结村	黄某连	与白事的钱一样多	以前有拿米、拿柴的习俗,现在就是拿钱,50元、100元、200元不等
		李某	前两年是30元,现在是50—100元	
		不详		一般是50—100元钱
	马独屯	黄××	50—100元,家里穷的给20元也可以,家境好的要100元	每人5元钱,一捆柴,5斤米,亲戚给10斤米
		黄某权	教师给50—100元,群众去就拿10—20元	每家5元钱,一捆柴火,6斤米,近一点的亲戚给10斤米,50—100元都可以
		黄某学	一般是帮50—100元,有的20元,也有30元的,看是什么朋友,有多就给多,少给少	每户给6斤玉米,100斤柴火,5元钱

(续表)

地点		被调查人	红事互助物资	白事互助物资
那坡	达腊村	梁××	只拿钱,数额不一定	每人拿10—20元钱,最高20元,20斤米,1瓶酒
		梁某菱	出钱也可以,一般是20—50斤米	
		黄某	红事和白事的标准一样,也要记账	帮米、酒、钱,酒一桶50斤,米50斤,钱100块。外面的人拿5斤酒,20元钱,米10斤。
		黄某杰		拿酒、米、钱,近亲100块—30、60块,酒、米60—100斤,不是亲戚的拿2斤半米,酒、10—20元钱
		苏某民	喜事也跟白事的标准一样,亲戚多拿点,本屯的来了拿50—100元,其他不拿了	10—50斤米,钱多的就给400、500—1000元,没有的就给50元,1只鸡,酒是2—3斤,1塑料瓶,有的多的也给40—50斤。
		梁某支	红白事要帮钱、拿米、酒、随意,酒20—10斤也可以,钱20、50、100都可以	
贺州	狮东村	凤某书	结婚时红包31元比较多,以前是21元比较多,如果是去帮工就不用打红包	

(三) 互助的法律效力

1. 非对等互助

广西少数民族的婚丧互助则大多是对等的,即通过我帮你,你再帮我的方式实现,这是在双方财力物力都不丰富的前提下产生的相互依存关系。但针对生活困难者的婚丧互助并非是对等的,而完全是单方面的无偿资助,并不需要对方等价的回报。历代文献中记载了大量出钱出物无偿资助社会贫困人口办理婚丧事宜的感人事迹。乾隆《兴业县志》载,明代莫惟宗"孝友笃至,族人之无资婚嫁者,力赡焉。"①嘉庆《广西通志》载,平乐人欧阳榛"嗜义若渴。乡人有逋赋鬻其妻子者,榛代赎之。又捐金以助婚,备棺以恤死。"②民国《钟山县志》载:虞建业"所亲婚丧无力者,亦不时赠恤。"董锦江"为人忠厚好施,遇有无力婚丧,常解囊相助。"何国逢"有族人国融者,年已四十余,

---

① (清)王巡泰修:[乾隆]《兴业县志》,卷4·人物,第2页,载《故宫珍本丛刊》第202册,海南出版社2001年版,第324页。
② (清)谢启昆、胡虔纂:《广西通志》,卷263·列传八·平乐·国朝,广西师范大学历史系、中国历史文献研究室点校,广西人民出版社1988年版,第6597页。

家贫不能娶,逢毅然倾囊相助,尤为乡里推重然。"①这种非对等的互助并非普遍现象,一般都具备三个条件,一是资助者有一定的经济互助能力;二是资助者乐善好施,不求回报;三是被资助者生活贫困,无力回报。在中下层贫农之间,也存在这种非对等的婚丧互助。在龙胜的苗瑶侗壮等民族中,生活贫困的男青年婚事,由房长操持,各户集资为之办喜酒,房族兄弟都尽力帮助,缺钱借钱,帮助把婚事办好。② 这种针对困难户的婚事互助,不以对方回报为目的,并非基于对等义务而产生,很难用等价有偿的原则来衡量,而是一种纯粹的社会救助。

2. 对等互助

在广西少数民族民间,大量的婚丧互助都是对等的,即互助行为会产生对等偿还的效力。雍正《广西通志》载,宜山县"丧礼恒相结而甲乙之。甲有亲丧,凡奠祭埋葬,乙为之资,务修备无阙而后安。乙有亲丧亦然,名曰结孝。初起于贫民,士类善之,相率成俗,易其名曰锡类。"③乾隆《庆远府志》也有相同的记载。嘉庆《广西通志》则记载宜山"俎豆皆有古法,甲有丧,乙为之资,乙有丧亦然,名曰结孝。"④民国《宾阳县志》载:"县民交际,向称厚道,对于亲友恒往来酬酢以联情谊。有喜相贺,有忧相吊,其礼物、筵席之丰,约各称其家之有无。"⑤这些记载清楚地说明,婚丧互助制度起源于中下层贫民之间,在大家物资都较为匮乏的情况下,集众人之力风光完成耗资巨大的婚丧事宜。这是一种建立在等价有偿基础上的物资交换,当援助者家中发生类似事宜时,受助者应当给以同样的帮助作为回报。笔者在调研时,龙胜的金坑大寨的潘某明说,老人过世封包的支付是等价的,即今年我家的老人去世,你给了100元,明年你家的老人去世了,我就给110—120元钱,依此类推。贺州新民村盘主任说,红白喜事你不去帮,那你家有什么事别人也不去帮。但这种对等关系并不让人感觉到功利或斤斤计较,而是一种充满了公平和善意的"良法美意",这就是为什么其会取得社会上层的认可并将其作为固定的习惯。

---

① 潘宝疆修、卢钞标纂:《钟山县志》,卷14·列传,民国22年(1933年)铅印本,台湾学生书局1968年版,第202、214—216页。
② 龙胜县志编纂委员会编:《龙胜县志》,汉语大词典出版社1992年版,第106页。龙胜各族自治县民族局《龙胜红瑶》编委会编:《龙胜红瑶》,广西民族出版社2002年版,第125页。
③ (清)金鉷修,钱元昌、陆纶纂:《广西通志》,卷32·风俗,第16页上。桂林图书馆1964年抄本。
④ (清)谢启昆、胡虔纂:《广西通志》,卷87·舆地略八·风俗一,广西师范大学历史系、中国历史文献研究室点校,广西人民出版社1988年版,第2789—2790页。注引自《金志》。
⑤ 《宾阳县志·礼仪民俗》,八编,1961年广西壮族自治区档案馆铅印本,载丁世良、赵放主编:《中国地方志民俗资料汇编·中南卷(下)》,书目文献出版社1991年版,第898页。

基于这种对等关系,广西民间的婚丧互助有一项非常重要的制度——记账。即每次在做红白喜事时,主家把每家所送的物资的品名、数额详细记录清楚,下次轮到别人家做红白事时,先查一下对方来参加仪式了没有,给了多少钱物,然后照数付给对方。如永福县瑶族为儿女办婚事,家族和亲朋都主动帮钱或物(如米、肉、酒、豆类、菜类),办婚事之家,把帮钱、物人的姓名,所帮数量,一一记明,日后待别人办婚事时,相应归还,既是贺礼,又是互助。① 贺州狮东村大冷水的邓桂华(瑶族,男,41 岁)说:我们这里借钱不要利息,不立字据,但双方都有一个账本,会写清楚。如果你结婚借了别人钱,那等人家遇到红白喜事的时候你就要还,人家要是生病住院了你也要还。如果你平时不理人家,人家去要你才还钱,或者有些赖皮,只管借不管还,那以后人家也不借给这个人了。而在那坡县城厢镇达腊彝族村,我们了解到了较为具体的记账制度。村民黄碧(男,41 岁,彝族)说,每次做白事都要记账本,酒多少,米多少全部都记上,连一瓶酒都要记,然后按这个数字去还。白事时邻近村的人也要来,不用请,但他们要翻账本,看以前他们做白事的时候你来了没有,有就来,没有就不用。红事和白事的标准一样,也要记账。村民苏某民(男,56 岁,彝族)说,家里有白事,谁给了什么东西、给了多少,主人都记下来,以后他有白事我就按照同一标准去帮他。同村黄永杰(男,64 岁,彝族)说,白事要记账本,送放在棺材里的布,布也要还。我们还在黄文杰的家中调取到了这样的账本和珍贵的原始记录。(见图 4.3、4.4)

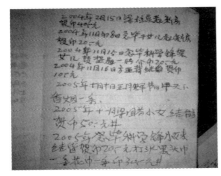 

图 4.3、4.4 那坡县达腊村彝族村民的婚丧互助账本原始记录

该账本为一普通塑料封面的老式笔记本,约 32 开大,里面每页都记录了该村民在别人有婚丧事宜时所互助的钱、物,时间、人名、金额、品名、数量都写得很详细,虽然由于文化程度不高,有许多错别字,但可以清楚地看出婚丧物资互助的情况。以下略摘录几条:

---

① 何为彦编著:《永福民俗》,永福县地名委员会 1997 年版,第 5 页。

2004年11月15日念毕、科学锋架(嫁)女儿贺垫步(布)一张,介(借)币20元

2004年11月16日方亚背结婚贺币10元

2005年11月梁国芬小女结婚贺币50元并(整)

2005年念毕、科学锋小妹结婚贺币20元,打酒,黑头巾一条,花巾一条,(折合)币30元并(整)

2005年12月初二日力元天大妹结婚脸盆一个,脸巾一张

2005年12月初二日梁廷光小仔结婚贺币10元并(整)

这些记录说明了在2004年11月——2005年12月间一年多的时间内,黄友杰对本村其他村民结婚互助物资的情况。互助的物资除了钱以外,还有布、酒及生活用品等,有的只出钱,有的只出物,而有的既出钱又给实物。钱的金额也多少不同,最低的为10元,20元的次数较多,最高的为50元,这也许是亲戚关系的远近造成的。可以看出,他和其中一名叫"科学锋"(疑为音)关系较为亲近,科嫁女儿、嫁小妹,他都送了20元钱和较多的实物。有一个有趣的现象是,在这份账单中,除了"方亚背"以外,其他的人都不是结婚当事人本人,而只是注明结婚者与另一村民的亲戚关系,这就是由婚丧互助的义务对等性造成的。即主人偿还时,只需向另一与自己负有对等互助义务的村民偿还就可以了,而不是向结婚当事人本人偿还。例如,账本中记载,"科学锋"嫁女儿,黄友杰贺垫布一张,钱20元,这一互助义务他是向"科学锋"支付的,不是向其女儿支付的,因此以后偿还的义务也是由"科学锋"来承担,而不是"科学锋"的女儿承担。或者说,如果以后黄友杰的儿子或女儿结婚,"科学锋"只需要互助相同的财物给黄友杰就可以了,而不是付给黄友杰的儿子或女儿,因为黄友杰和"科学锋"是对等互助人,而和对方的子女之间并不存在这种对等互助义务。这是因为,婚丧互助是以家庭为单位的,每一个村民只需向该家庭的户主履行互助义务就可以了。一般来说,对等互助人都是本村人或同一辈分的人。

由此可以看出,婚丧互助是一种横向的、内向型的互助关系。(见图4.5)其横向性是因为它发生在地位、身份、辈分相同的村民之间,且金额相等;其内向性则是因为主要发生在村寨内部、以亲属关系为聚合力的环形体系。在这一环形体系中,向心的动力来自于人们长久以来的互助理念。这不禁使笔者想起经济学上的"木桶效应",即一个参差不齐的木桶的容量通常是由最短的木条决定的。少数民族群众的经济条件有好有坏,收入水平参差不齐,这就好比一个木条长短不一样的木桶。但如果少数民族群众通过对等

互助,使每个人的"木条"都达到相等的长度,那就形成了一个功能良好、容量适当的木桶。在广西少数民族的观念中,金钱上的债务容易偿还,但婚丧礼仪来往上的对等互助有亏欠,则是不可宽恕的行为,因为这种行为破坏了整个互助体系的平衡,会带来其他一系列的负面效果。所以有关这方面的俗谚有很多,如"欠借的得,欠礼的不行""有礼不可免,无礼不可兴"①、"人情紧过债"②等,意思是欠债只需偿还即可,但是欠了礼可能永远无法弥补,而且还破坏了公共互助体系。这足以说明婚丧对等互助是极为重要的义务,一旦违反,将造成严重的后果。

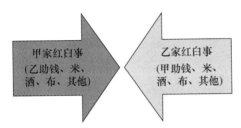

图 4.5 广西少数民族婚丧互助对等关系示意图

二、劳务互助

(一) 内容与性质

婚丧互助除了财物互助外,还有一个很重要的内容就是劳务互助。在少数民族地区,婚丧事务通常是由大量仪式构成的多环节程序,往往持续几天,而且参加者越多则越风光。这些仪式环节的履行及贺客的吃喝住行,就不仅是财物能够解决的了,还需要大量的人力做帮手。前述思陵土州《宗祠规条》"红白二事躲懒者,重责10板"的宗约,以强制性规约的形式明确规定宗族成员必须在婚丧嫁娶等事务提供劳务相助,否则将受到肉刑处罚,可见劳务互助也是婚丧互助不可或缺的内容。正如俗谚所云:"午酉两时不串邻门,红白两事别坐家中。"③清光绪十七年(1891年)修纂的《迁江县志》载:"民间婚丧等事,村人皆随派帮理而不受工资,此睦姻任恤之谊之犹存于今

---

① 广西隆林各族自治县文化局、民委编:《中国民间文学三套集成:隆林民间谚语集》,广西隆林各族自治县文化局、民委1988年编印,第56、95页。

② 卢嘉兴:《中国民间文学三套集成:北流民间谚语集》,广西北流县三套集成办公室1986年编印,第14页。

③ 中国民间文学集成全国编辑委员会、中国民间文学集成贵州卷编辑委员会:《中国谚语集成:贵州卷》,中国ISBN中心1998年版,第577页。

者。"① 民国18年(1929年)修纂的《灵川县志》有完全相同的记载。② 民国二十九年(1940年)修纂的《平乐县志》则明确记载了白事劳务互助的具体内容:"惟乡村地方,凡舁棺、司厨、造坟、供奔走、任劳作者,彼此互助不费分文,与城厢迥异,盖城厢于此类操作皆给值受雇,不免多耗金钱。"③ 上述记载说明,婚丧劳务互助可以免去雇佣工人的费用,节约成本,这是其在少数民族中下层贫民中形成习惯的重要原因。

广西各少数民族把在婚丧事务中的劳务互助也和生产一样叫做帮工、换工,可见也具有对等补偿性。红白喜事帮工的内容包括接待客人、宰杀牲畜、摆放桌椅、做菜、煮饭、上菜、洗碗等,这就需要分工协作,因此帮工都是有组织的,一般以房族为单位进行。如龙胜各少数民族办红白喜事时,房族及近邻大都互相帮工料理,只要主人指定一人总管安排,其他人都听从指挥,各负其责,分别协助,认真做好,帮扛柴、做豆腐、宰杀畜禽、操办筵席,全力接待客人等,有条不紊。④ 以龙胜的侗族为例,当地换工除了农业生产以外,还有以族为单位的婚丧劳务互助传统习惯,如族内谁家遇有红、白、喜事,大家齐心合力出工协助,不取报酬,仅由主家供当天伙食而已。⑤ 壮族也有此习惯。那坡县德隆乡团结村上劳屯村民说,我们壮族就是这样,红白喜事在本村本屯都是互相帮助。有些是按姓氏来,如主人姓黄,则村里姓黄的人都要去帮工,帮着洗菜、洗米、洗碗。

实践中笔者了解到,在一些地区,甚至出现红白喜事主人不动手、基本靠集体帮工来完成的现象。贺州土瑶极盛此风。贺州狮东村大冷水邓桂华说:我们这里的习惯是红白喜事主人不动手,全都是帮工做。红白喜事主要看个人经济,主人有钱就不用帮钱,主要是帮工、做饭、招待客人。该村一名17岁的男孩告诉笔者,红白喜事帮工主要是煮饭、煮菜、借桌凳。每次都是我家里人去帮忙,我没去过,因为力气太小。可见婚丧劳务互助的工作量是非常大的。贺州金竹村的邓支书说,每个片家中有红白喜事、建房的情况时,每家每户都去帮工,包括煮饭、煮菜、砍柴等。金竹村的一位村民也说,红白喜事捐

---

① (清)《迁江县志》,四卷,清光绪十七年桂林书局刻本,载丁世良、赵放主编:《中国地方志民俗资料汇编·中南卷(下)》,书目文献出版社1991年版,第989—990页。
② 《灵川县志·礼仪民俗》,十四卷,民国十八年(1929年)石印本,载丁世良、赵放主编:《中国地方志民俗资料汇编·中南卷(下)》,书目文献出版社1991年版,第992页。
③ 《平乐县志·礼仪民俗》,民国二十九年(1940年)铅印本,载丁世良、赵放主编:《中国地方志民俗资料汇编·中南卷(下)》,书目文献出版社1991年版,第1007页。
④ 龙胜县志编纂委员会编:《龙胜县志》,汉语大词典出版社1992年版,第106页。龙胜各族自治县民族局《龙胜红瑶》编委会编:《龙胜红瑶》,广西民族出版社2002年版,第125页。
⑤ 广西壮族自治区编辑组编:《广西侗族社会历史调查》,广西民族出版社1987年版,第130—131页。

款,每个人随意,帮工是听主人安排,安排你做什么就做什么。三江侗族自治县高定村民杨怀刚(男,37岁,侗族,)说,村里刚死了一个老人,是我的亲戚。我去他家主要是帮蒸饭、杀猪等活路,七七八八的,什么都干。村里有人结婚也要去帮忙,因为有外面兄弟来喝酒,要帮忙煮菜、摆桌子等。三江侗族自治县林略村民欧帮燕(音,男,50岁,侗族)说,村里结婚、办丧事时,我都要去来帮忙做饭、抬死人上山,村里的红白喜事都是靠亲戚朋友互相帮忙,这样才能团结。

(二) 主人的通知义务

在通知方面,一个较普遍的传统是,红事要主人请了才去帮工,但白事则都是大家自觉去帮工。原因在于,红事帮工的私密色彩更为浓厚,只在关系最为紧密的团体中进行。而白事则是整个村寨的大事,是某个社会成员的消失,具有更强的社会性,因此全村寨都有义务去帮工。龙胜金坑的潘某明说,婚丧嫁娶的事都要帮工,喜事是叫了才去,但家里有老人过世,整个寨子的人都要来,自己去主动问人家要不要帮忙。那坡县上劳屯黄某连(男,48岁,壮族)说,村里的红白喜事互相帮助的很多,哪家有困难我们就自己主动去了。红事要人家叫我们才去,白事不用人家叫就去。红事帮工主要是帮主家陪酒、应酬,白事帮工主要是帮忙做工、煮饭、洗米。那坡县马独屯黄姓村民(59岁,壮族)说,我们村的红白喜事都要帮忙,亲戚要帮工。白事一定要去,红事不一定去。那坡县达腊村梁某菱(女,33岁,彝族,小学教师)说,红白喜事有空就去,出钱、出力、出物都可以,白事不用叫,自己去就可以了。

但也有例外,在贺州的土瑶当中,无论红白喜事都需要主人通知才去,因为通知可以控制帮工的需求量,防止上门蹭饭。如明梅村邓支书说,红白喜事都是上门通知,主人不通知,我不好意思去帮,就算是半路上知道了,他没通知,我也不能无故去帮忙。帮忙不能突然都跑去,都要有规矩。如果主人通知了都是无条件地去帮忙,就算我没空,我家里也要安排一个人去帮忙。白事看主人通知,通知多少人就是多少人,按以前老辈的规矩,全村人都要到位。以前的村民小组只有20多户,现在有50多户了,组里商量把事办好就可以的。新民村的盘主任说,红白喜事帮忙要通知,你不说别人也不知道,不好意思去,好像去蹭饭。红白喜事帮工主要是搬凳子、洗碗筷、煮东西。喜事去帮忙,不给红包。狮东村的凤玉兰夫妇说,喜事本村人去帮工,主要是接待客人等等,哪一户干哪一样,都是无偿的,但是要去请才来。或者跟人家讲一声,或者到最高的寨里喊一声,喊的内容是要大家相互帮忙,大家听到了都会来,别的寨打个电话就过来帮忙。槽碓村副主任说,红白喜事要请到你就去,主要是去做工帮忙,挑担、煮饭,都是无条件的,本村去帮工不用给红包。

笔者在三江侗族生态博物馆看到了红白喜事互助通知的实物。这是一组刻竹记事的文物,共有 8 条窄长的竹片。这些竹片的弓面分别用汉字写着"有一男人逝世""家家有一老妇逝世""生一女孩""家有人逝世节哀火纸在大门上""结婚请酒通知""亲为通知"等字样,竹片的两侧分别刻了大小不等的三角形缺口,有的修饰成 M 形或 W 形,可能代表数量或婚、丧事,竹片的底端大都削成尖角,但顶端都插着一根鸡毛,在少数民族的木刻语言当中,鸡毛和尖角代表紧急通知、急需支援的意思。这些竹片应当是在某个家庭发生婚、丧、生育等事宜时,主家刻竹作为通知,向远亲近邻及其他村寨报信所用,属于古老的木刻传书形式。周围群众一旦接到通知,就会前来帮忙,就如同发生战争、火灾等一样从四面八方赶来支援。(见图 4.6)

图 4.6　三江县侗族生态博物馆中的婚丧互助木刻通知

(三) 婚事劳务互助

婚事劳务互助是喜事互助中较为常见的,主要包括帮忙招待客人、举行婚礼的各环节仪式等。帮工需要一定的分工。水族村寨中凡有婚丧大事,全村各户都会出人力帮忙,这已成为定俗。比如结婚庆典,帮忙的人常常都是由办婚事有经验的人担任内、外事务总管,从采购、借物、办宴、接待、赞礼等各项劳务,都有较细的分工,井井有条。① 那坡弄文屯村民黄韶琼(壮族,71岁)说,当地红事很繁杂,全部仪式前后需要四天,第一天要准备豆腐、菜,第二天新媳妇进门,第三天喝酒,第四天待客,即请帮做工的人喝酒。所以需要借劳动力,本地的土话叫讨工。讨工干活只给饭吃,不付钱。贺州明梅村的邓支书也说,红事主要是帮主人家里干活,洗碗筷等。干什么活根据主人的意愿,要主人开口,你就去帮干活。但事实上,帮工的内容远不止这些。2011年 12 月,笔者在贺州市黄洞瑶族乡参加了一场瑶族婚礼。新郎家是过山瑶,

---

① 何积金主编:《水族民俗探幽》,四川民族出版社 1992 年版,第 164 页。

新娘是土瑶。墙上贴着一张用红纸写的名单,将同村前来帮工的人按工作不同分成几个小组,有洗切组、炒菜组、端菜组、洗碗组、迎亲组,大家按照名单上的分工有条不紊地做着各自的活计,使得整个结婚现场虽然人多但一点都不混乱,客人来了随时有人招待,且桌上的菜随时保证是热的。婚礼其中有一个环节:新娘家送亲的队伍进了新郎家门后,新郎家要打水给每个人洗脸洗脚,虽然人多工作量很大,但全部由帮工者顺利完成。瑶族的婚礼通常要持续十几个小时,从清早就开始迎客,但一直等要到半夜两三点吉时新郎新娘才拜堂,帮工者还要通过娱乐活动帮主客熬过这漫长的时间。由于天气冷,且来祝贺的客人太多也没有地方住宿,大家就围着火塘坐成一个大圈,通过唱山歌、对歌等来帮助客人赶走困倦、驱走寒意,直到拜堂大礼完成。据了解,婚礼完成后,主家也只是请这些帮工者吃一顿饭而已,没有其他的报酬。以后前来帮工者谁家有了结婚事宜,大家还是这样依次帮工。

(四) 丧事劳务互助

1. 报丧

报丧是丧事互助的启动环节,这个环节本身即需要多人帮忙分头去通知大家,同时通过这个环节,可以召集更多的人前来帮工。民国十八年修纂的《灵川县志》就记载:"越日大殓,诸姑姊妹女或婿甥闻报奔视助其乏。"[①]这方面最有特色的是融水苗族。当地村寨多居于深山中,偏僻分散,这里一小寨,那里一小村,生产生活难免有困难,需要互相帮忙,才能解决。如果村里有人死后马上报丧。报丧有几种方式,一是由房族青壮年男子分头向至亲挨家挨户报丧;另一种是"喊寨"报丧,即由一名嗓门粗亮的中年男子到寨子中的几个制高点喊:"某某人今天不在啰,亲戚朋友都去帮忙啊!"无论哪种方式报丧,众村民闻讯后,都会纷纷前来吊丧和帮忙。只要消息一传出,深山几个小寨子的男女老少几乎全部出动,全力帮助。男的干难活重活,出谋划策分担主要义务,大家分工到位,各负其责,一干到底;女的则担当后勤,挑水煮饭、洗菜洗碗,连干几天,虽然劳累,但谁也没有怨言。[②]

报丧通知发出后,人们就会根据各自与死者的关系做出不同的反应,但有一点是基本相同的,即立刻前往丧家帮工。南丹白裤瑶葬礼是人一生中最为隆重的典礼,特别是大型丧葬活动,是跨村进行的大型综合活动。远近亲戚好友、家族成员、村里人以及一般关系的近邻闻讯后都会从各村寨赶来,送

---

① 《灵川县志·礼仪民俗》,十四卷,民国十八年(1929 年)石印本,载丁世良、赵放主编:《中国地方志民俗资料汇编·中南卷(下)》,书目文献出版社 1991 年版,第 993 页。
② 戴民强主编:《融水苗族》,广西民族出版社 2009 年版,第 68、78 页。

酒、谷子或者香纸,自备铜锣准备参加仪式。① 龙胜红瑶凡谁家有丧事,闻耗主动上门看望其亲属,一切事务都由房族和邻居帮忙,不需主家出钱请人抬棺安葬。② 但是也有一些民族即使没有主家报丧,仍然会主动前去帮忙。如环江县下南乡南昌屯毛南族屯中有丧事,无论主家经济状况如何,也无论主家是否通知,全屯的人都自觉地去帮忙。③ 天峨县白定乡壮族,同村有老人逝世,村中的青年妇女便来帮主人家挑水,每一个青年男子都将一担柴送给主人家使用。这些互相帮助属于一种打背工性质,使劳动力得到充分利用。④

  笔者在调研时也了解到许多这方面的案例。贺州狮东村的凤支书介绍,丧事大家相互帮忙都是很主动的,除非村里某个人很刁,平时在群众中、在村里很捣蛋,大家就不会去主动帮。一旦接到丧事的通知,大家马上把自己家里的活停下来,去丧家做所有的活。大部分人接到通知就去,到丧家那里自会有人安排工作,谁做哪种活路,都有分工。是丧家的亲戚的还要拿斤把酒、一点猪肉、一个碗过去。贺州金竹村邓支书说,白事也不用家主通知,亲戚都会安排好。如果家里安排其他工了,没有工的人就是找柴火,起码一家要有一个人在那里。融水苗族自治县拱洞乡龙培村苗族村民杨凤说,如果村里有人家办丧事,想去帮忙就去帮,主要是去帮砍木头做棺材,帮忙招呼客人喝酒等等。那坡县弄文屯黄绍壮说,家里有人死了,村里每个人都要去帮他,主要帮助他料理丧事。那坡县德隆乡上劳屯黄文权(男,40岁,壮族,小学教师)说,白事一般要3、4天,长的要5、6天,都要去帮工,主要是煮饭菜给客人吃。龙胜潘内村农民粟长纬说,老人过世后,帮着去杀猪。那坡县城厢镇达腊村苏某民(男,56岁,彝族)说,上个月有个13岁男孩从二楼掉下来摔死了,全村都去帮工,一连帮了3—4天,天天都是如此,帮着煮饭、洗菜等等。2009年7月笔者在隆林县蛇场乡调研,傍晚返回县城的路上,看到许多村民都向一个方向走去,经打听才知道村里刚才有个老人过世了,大家都是听到信后赶去帮忙的。2011年5月,笔者在三江县高定村调研时,所有采访的村民均表示,村里这两天有个老人过世了,他们明天都要去帮忙。

---

  ① 张廷兴、邢永川等:《八桂民间文化生态考察报告》,中国言实出版社2007年版,第383页。
  ② 龙胜县志编纂委员会编:《龙胜县志》,汉语大词典出版社1992年版,第106页。龙胜各族自治县民族局《龙胜红瑶》编委会编:《龙胜红瑶》,广西民族出版社2002年版,第125页。
  ③ 匡自明、黄润柏主编:《毛南族——广西环江县南昌屯调查》,云南大学出版社2004年版,第240页。
  ④ 广西壮族自治区编辑组编:《广西壮族社会历史调查》(第1册),广西民族出版社1984年版,第1页。

2. 守灵

守灵是葬礼非常重要的一个环节,从死者逝世直至吉时下葬,一般要七天的时间,这也是互助帮工的重要内容。守灵环节的帮工,一方面帮助主人料理事务,减少负担,共渡难关,另一方面在在这段时间,大家一起陪死者的亲属渡过,可以减轻和冲淡家属的悲伤情绪,从而对未来的生活充满信心。守灵帮工包括陪死者亲属守夜、为尸体净身更衣、打造棺材、选墓地、挖穴等等。融水苗族在报丧过后,亲戚朋友及寨上的民众便陆陆续续去给死者"上纸"(悼念的意思)。人从咽气到下葬这段时间都要守灵。参加守灵的人除了死者家人外,大多是亲戚朋友和寨上的中老年男子,青年人有时也参加,在火塘边、走廊里围成一堆堆、一群群,昼夜守候。有的讲述死者的身世、生前的为人,表达对死者的尊敬与怀念;有的讲故事,说古道今,说天道地。选择好墓地后,派十个八个青壮年去挖穴。① 水族村寨在处理丧事时,从病人病危开始,村寨中有经验的人(特别是血缘亲族)便到当事人家协助守夜。人死后,协助死者家属为亡者净身、整容、整发、更衣,陪同守丧。全村各户主动出人力来采购食品,打磨豆腐,上山砍柴,办理吊丧礼仪及选墓地、挖墓穴、抬棺等全部出殡活动。并尽自己力所能及,送粮、送酒、送黄豆等物质援助,不需归还。②

最重要的是,守灵帮工还有精神和文化层面的意义。明清时期的文献对南方少数民族在集体守灵时的特殊风俗均有记载。据明田汝成《行边纪闻》载,苗族"亲死不哭,笑舞浩唱,谓之闹户"③。明代王圻编《稗史汇编》载:"仡伶习俗,死丧群聚歌舞,辄联手踢地为节,丧家椎牛多酿以待,名踏歌。"④ 明代顾炎武《天下郡国利病书》载,瑶族"丧葬则作乐歌唱,谓之暖丧"⑤。清光绪《归顺直隶州志》记载:"丧事,邻里亲友吊唁即为经理,谓之'坐夜'。"⑥ 这些习俗为中原士大夫所鄙,认为其不守丧仪,事实上,这是少数民族群众通过守灵时集体的歌唱舞蹈帮助丧家度过艰难时期、减轻失去亲人苦痛的一种方式,是葬礼中非常重要的互助环节。相对于物质上的资助,这是一种精神

---

① 戴民强主编:《融水苗族》,广西民族出版社2009年版,第68、78页。
② 何积金主编:《水族民俗探幽》,四川民族出版社1992年版,第164页。
③ (明)田汝成:《行边纪闻》,蛮夷,第87页下,载《四部丛刊续编》068册,台湾商务印书馆1966年影印版。
④ (明)王圻编:《稗史汇编》,卷14,第22页上、下,台湾新兴书局1969年影印版,第248页。
⑤ (明)顾炎武:《天下郡国利病书》,卷29·广东下,瑶僮,第1页下,载《四部丛刊续编》080册,台湾商务印书馆1966年影印版。
⑥ 《归顺直隶州志·礼仪民俗》,六卷,清光绪二十五年刻本,载丁世良、赵放主编:《中国地方志民俗资料汇编·中南卷(下)》,书目文献出版社1991年版,第1091页。

上的支援与安慰。侗族的《侗款》中就有对守灵的时候大家一起来帮忙的情形的描述:"我得了坏信,头发皮都落;寨邻同伴,跟我一起两眼泪汪汪。我得坏信,心恸在前,寨里跟我痛苦在后。我像得了崩山愁苦;难为乡里,跟我得了同样忧愁。""今日,还要劳烦乡里,明日,隆重热闹;还要送龙登殿,送虎归山,送灵落金窖。如今后生儿郎来守丧,守丧人人盘丧歌。"①从最后一句话看得出来,前来帮工的人还一起为死者亲属"盘丧歌"来度过悲痛的时刻。

2014年清明节恰逢广西各少数民族传统节日"三月三",笔者前往广西三江侗族自治县富禄镇参加当地一年一度的"花炮节",在富禄村遇到一位来自贵州省从江县的"女婿"金秋(娶了富禄村一户人家的次女),由于岳父刚过世不久,赶来参加葬礼的他亲眼目睹了广西守丧互助的情景:我家里的老人81岁去世,这里老人80岁以上去世都是喜事。有人死全村人都来帮一个月的忙,在此期间,来帮忙的人天天晚上都要熬通宵。我妻子家门前的广场上坐满了人,他们通过打牌九、唱歌等活动帮助主人守灵。

3. 出殡

出殡是葬礼的最后一个环节,这一环节的互助主要包括抬棺、送葬和埋葬等劳务。清光绪《镇安府志》载:"凡遇丧事,比邻共为哀恤,葬亦咸相扶助。"②清光绪《归顺直隶州志》载:"送殡之日,男妇皆首裹白巾,杂沓街巷,出郭而返,亦有送至山场者。忠厚之风于此犹见一斑。"同书还记载该州镇边县"及葬,亦咸相扶助"③的习俗。民国时期的文献也记载了出殡互助的情形。民国《镇越县新志稿》记载瑶人"出葬之日,阖村成年男女,均须共襄丧事。"④民国《崇善县志》载:"抬柩归山,城乡不同,城则雇伕抬柩,乡则亲朋抬柩,有互相扶助之义。"⑤显然,无偿的劳务互助具有重要的文化涵义。龙胜地区的苗瑶侗壮等民族,丧事都要帮洗殓、挖坑、抬棺、埋葬。⑥龙脊壮族打背工若属埋葬的,邻近亲属从病人死到出殡都帮助料理丧事。⑦龙胜的侗族

---

① 湖南少数民族古籍办公室主编:《侗款》,杨锡光、杨锡、吴治德整理译释,岳麓书社1988年版,第488、490页。
② 《镇安府志·礼仪民俗》,二十五卷,清光绪十八年刻本,载丁世良、赵放主编:《中国地方志民俗资料汇编·中南卷(下)》,书目文献出版社1991年版,第1089页。
③ 《归顺直隶州志·礼仪民俗》,六卷,清光绪二十五年刻本,载丁世良、赵放主编:《中国地方志民俗资料汇编·中南卷(下)》,书目文献出版社1991年版,第1091、1094页。
④ 李拂一撰:《镇越县新志稿》,台湾复仁书屋1984年版,第179页。
⑤ 《崇善县志·礼仪民俗》,十编,1962年广西壮族自治区档案馆铅印本,载丁世良、赵放主编:《中国地方志民俗资料汇编·中南卷(下)》,书目文献出版社1991年版,第918页。
⑥ 龙胜县志编纂委员会编:《龙胜县志》,汉语大词典出版社1992年版,第106页。
⑦ 广西壮族自治区编辑组编:《广西壮族社会历史调查》(第1册),广西民族出版社1984年版,第73页。

也是如此。他们换工,如丧事抬棺,在汉区则非钱雇请劳力不可,但在侗区有了这种互助的优良传统,一般都不须请人付工资。① 在龙胜的地灵侗寨,丧事从办酒席、挖墓穴、抬棺、下葬一应事宜全部帮工者代劳。② 其他地区的各民族也都有出殡帮工的习惯。如乐业县遇丧事,不要主人去请,周围的人自动来帮助主人完成丧仪,年轻力壮者都争着抬棺材上山埋葬(有的甚至抬到十几里外的高山峻岭上埋葬)。③ 京族村中有丧事,丧主报告翁村(村老),翁村会同翁记(文书),按乡饮簿上的顺序,派出二三十青壮年充当义务出殡安葬时的"大力"。这是众村中18至49岁男子所要履行的重要义务之一。④ 在一些地方,出殡环节还有对帮工者予以答谢的仪式。防城港的瑶族,家里有人死了(由长孝子去报丧),全村各户都派一人去吊丧并做帮工,保留着互助合作风尚。入殓后,棺柩顶上放一簸箕糯米饭。这些糯米饭,叫做阴阳饭,经道公做法事后,把它分为四份,即道工一份,帮工们一份,孝子们一份,死者一份。⑤

  笔者在调研中也了解到实际案例。那坡县达腊村梁××(女,38岁,彝族)说,白事不用请,是全村统一去帮忙,但小孩不去,老人个个要去。我家老人去年过世了,全村都来帮忙,帮煮饭和把老人抬到山上。我们看日子下葬,日子好要3天,不好要7、8天,我们办了3天,3天都有人来帮忙。在一些地区,送葬都是每户一人的惯例。贺州狮东村的邓桂华(瑶族、男,41岁)说:送葬的时候,村里每家每户都要派1个人一起送死者上山。临近新民村的盘主任也说,白事除了跟死者年庚相冲的人以外,其他人每户必须去1人。人丁少的家庭,亲戚会去陪,送葬的那天全村人都会去,把死者埋在山上。2009年12月初,笔者曾在龙脊景区遇到了一支送葬队伍,几乎全村的人都来了,送葬的队伍长长地排列在狭窄曲折的上路上,从山脚一直排到山腰的墓地,蔚为壮观。游客纷纷驻足为这支队伍让路。只见走在最前边的人打着经幡、引路牌等,然后是四个壮年男子抬着棺材,后面的人则抬着死者生前的衣物、生活用品等,还有抬着花圈和铜鼓的,其他的村民则徒手跟在后面。前述富禄村的贵州"女婿"金秋也描述了当地的出殡互助情形,并与贵州那边做了比较:"老人去世后,抬死人上山,全村人都来帮忙,女的只送到山脚,男人全

---

  ① 广西壮族自治区编辑组编:《广西侗族社会历史调查》,广西民族出版社1987年版,第130—131页。
  ② 《龙胜地灵侗寨史记》编委编:《龙胜地灵侗寨史记》,2007年3月编写(内部参考),第245页。
  ③ 乐业县志编纂委员会编:《乐业县志》,广西人民出版社2002年版,第604、618—619页。
  ④ 符达升、过竹、韦坚平编:《京族风俗志》,中央民族学院出版社1993年版,第113页。
  ⑤ 防城县志编纂委员会编:《防城县志》,广西民族出版社1993年版,第647页。

部要上山。抬棺材需要有 8 人,后面还要跟 8 个,用来轮流替换。还要有人拉纤,因为上山坡陡,棺材的两边要拉绳子上山,叫做拉纤。这里丧葬都是互相帮助的。在我们贵州抬死人有一帮人,搭帐篷有人,都是有偿的,和这里不一样,这里全部是人们帮忙做的。"在南丹白裤瑶生态博物馆,笔者了解到,白裤瑶采取洞葬的方式,即将死者的棺木放在山洞中,出殡的时候,不仅全村男女老少都要集体送葬,而且棺材进洞之后,全村人还要集体在洞口为死者哭丧。出殡互助,不仅使死者的亲属顺利地完成了葬礼,而且也表达了乡邻对相濡以沫的死者的哀悼。最重要的是,如此多的人送葬,使死者家属倍感体面和风光,增加了集体的荣誉感和凝聚力。笔者在临桂县的某个村子了解到一个案例。当地有世代相传的祖宗约法——同姓不婚。村中有一对同姓男女倾心相爱,但双方的父母出于约法坚决不同意。该男子的父亲流着泪对他说:"如果你娶了同姓女子,以后我死了村里都没有人为我抬棺材。"这对男女被迫分手。其违法性姑且不论,这个案例再次体现出互助的强制惩罚性。即如果违反了群体共同的习惯法,最严厉的惩罚就是剥夺享受丧葬互助的资格。它是维护习惯法效力的最重要手段之一。

4. 义务收葬无主尸骨

在广西少数民族的丧葬互助习惯中,不得不提到一个重要的内容,那就是无偿义务收葬无主尸骸。在中国传统文化中,死者应入土为安。因此历代政府都建立有"义塚"制度,要求各级官府收葬本地因贫困无法下葬的人及无主尸骨。明代《国朝典汇》载:"明代洪武三年(1370 年),命民间立义塚,若贫无地者,所在官司择近城宽闲之地立为义塚。"①《乾隆会典·礼部·风教》规定:"直省州县建义塚,有贫不能葬及无主暴骨,皆收埋之,民有收瘗遗骸年久不怠者,有司旌表其间。"②这也属于国家礼制建设及社会保障法律体制的一个重要内容。但在远离国家政治中心的广西,群众却自发在民间形成了收葬无主尸骨的制度,从而与国家保障机制产生了一定程度的暗合。广西历史上战乱频繁,无数无辜百姓在战争中遭到屠杀,其尸骨散处野外,十分凄惨。于是一些民间良善人士就募集资金义务收葬无主尸骸。民国《钟山县志》记载,乡贤卢秀芹"联同地方士绅,拣埋平山岩被匪熏毙枯骨,复建祠置田,每年

---

① (明)徐学聚编:《国朝典汇》(三),卷 99·户部 13·救荒·附恤孤贫,第 1 页下,载吴相湘主编:《中国史学丛书》,台湾学生书局 1965 年影印版,第 1286 页。
② (清)乾隆二十九年钦定:《钦定大清会典》,卷 32,第 15 页上,载(清)纪昀编:《四库全书荟要》(乾隆御览本,史部,第 33 册),吉林人民出版社 2009 年版,第 267 页。

九日到岩致祭,追悼幽魂。"①该书收录的另一篇《收葬平山岩白骨小引》详细记载了这一事件:"邑属平山岩,于咸丰初年被匪熏毙千余人",当地群众"因相与募化倡捐,埋骸安息",并修建了宏伟的陵墓,"其墓封之,若防若堂若覆,夏屋略仿古人之制",还设立牌位使死者的灵魂得到安息,"别于岩内筑坛为位俾,魂魄得所凭依焉。白骨有知,庶几稍慰。"②桂林市区一处山岩上也有类似的碑文,记载了普通群众义务收葬战乱中死去的无主尸骨的内容。这一制度是丧葬互助习惯的延伸与扩展,体现出广西民众高尚的人格及对人类生命深刻的悲悯情怀。

第三节 打老庚制度

广西民间流行"打老庚"的传统习俗,扩大了互助的对象和范围,使得相互间没有血缘关系的不同地区、不同民族的群众也参与到互助中来,是对以血缘集团为核心的互助关系的一个巨大突破。

一、"打老庚"的涵义

"打老庚"在各民族的称呼不同,"打老庚"是壮语,直译成汉意是"老树的根",即寓意老庚之间的关系如树根般牢固可靠。隆林苗族称打老庚为"嘎江",意亦为"老树的根"。③瑶族一般称"打老同"。"老同"借自汉语,即"同年""同伴""伙伴"的意思,"打老同"也就是结拜兄弟姐妹。其他的民族又称"结同年""找同年""打老年""走同年",意思是同龄的人之间结交生死兄弟。因此,"打老庚"最早是在年龄相同的人之间进行,汉字的"庚"本身就含有年龄的意思。古代文献对广西少数民族的这一传统也多有记载。如明代《炎徼纪闻·蛮夷》记载:苗人"与其曹耦善厚者,曰同年,同年之好,逾于亲弗。与汉人善者,亦曰同年。"④明代桑悦的《记僮俗六首》中有"能通官语惟村老,惯结同年是熟商"(称相交者为同年)⑤的诗句。清代许缵曾《滇行

---

① 潘宝疆修、卢钞标纂:《钟山县志》,卷13·人物·乡贤,民国22年(1933年)铅印本,台湾学生书局1968年影印版,第148—149页。
② 潘宝疆修、卢钞标纂:《钟山县志》,卷15·文艺,民国22年(1933年)铅印本,台湾学生书局1968年影印版,第230—231页。
③ 广西壮族自治区地方志编纂委员会编:《广西通志·民俗志》,广西人民出版社1992年版,第193—194页。
④ (明)田汝成:《炎徼纪闻》,卷4,商务印书馆1936年版,第56页。
⑤ (清)王锦总修:[乾隆]《柳州府志》,卷38·艺文,第18页,载《故宫珍本丛刊》第197册,海南出版社2001年版,第383页。

纪程》载中越边境地区的苗族"汉人戏称之曰同年,则辗然色喜"①,清代陆次云《峒溪纤志》曰:"苗人同类称曰同年。"②从这些记载看,打同年广泛存在于广西的壮、侗、苗等世居少数民族,且已有悠久的历史,其对象包括不同民族、不同地区的人。

二、打老庚的条件和程序

打老庚的基本条件是年龄相同。不仅男性之间存在,女性之间也有结同年的习惯。乾隆《象州志》记载了壮族结同年的程序:"僮人男女齿等,以衣带相赠遗,名曰结同年。"③民国《三江县志》则有更为详细的记载:"打同年,亦曰走同年,侗僮苗之男女皆喜就其同庚者,男与男,女与女,相契结,故亦称结老庚,皆密逾亲谊,互相走往。壮人则年节以猪肉、糯米粑为礼相赠答,能久要而不渝。侗、苗于走往时皆男女集会,以芦笙唱歌助兴。侗人之走同年尤为热烈、扩大。暇时,村与村间之相悦者互相邀集,女子皆青年,男则无分老少,结队以应邻村之约,侗话曰'月也'。"④虽然传统打老庚要求同年,但年龄并非最主要的结交标准。有些地区要求同年同月同日生才能打老庚,但更多的地区寻找打老庚的对象,最注重的是情投意合。凌云县打老庚,只要情投意合,立即互敬美酒,或赠送头巾、衣物等纪念品,就算结成了老庚。从此,围绕着"有福同享,有难同当"这个宗旨开展"拜老庚、想老庚、帮老庚"的活动。每逢春节,老庚向长辈老庚拜年,次年春天,长辈老庚才向小辈回拜,或是小辈向长辈连拜三年后,长辈才回拜。⑤ 东兰县各族有打"老庚"(也称"老同")的习俗。两人年纪相仿,在交往当中,觉得意气相投,志向一致,于是互相携带礼物上门相会,设宴相酬,并以鞋袜、布匹还礼,结为生死之交,即为"老庚"。女子也打"老庚",俗称"同年妹"(壮话叫"牙迈")。这关系一旦定下,以后来往频繁,互济互助,建造嫁娶,礼物也最为隆重。⑥ 除了情谊之外,打老庚还有一些其他的因素。如广西隆林地区有"女人好看床铺多,男

---

① (清)许缵曾著:《滇行纪程》,第36页下,载(清)吴震方辑:《说铃》,台湾新兴书局1968年影印版,第322页。
② (清)陆次云著:《峒溪纤志》,第20页下,载(清)吴震方辑:《说铃》,台湾新兴书局1968年影印版,第482页。
③ (清)蒋白莱编纂:[乾隆]《象州志》,卷4·诸蛮,第12页,载《故宫珍本丛刊》第198册,海南出版社2001年版,第44页。
④ 黄旭初监修,张智林纂:《平乐县志》,卷2·社会·风俗·交际,第20页下,载《中国方志丛书》第121号,民国二十九年(1940年)铅印本,台湾成文出版社1967年版,第153页。
⑤ 凌云县志编纂委员会编:《凌云县志》,广西人民出版社2007年版,第218—219页。
⑥ 东兰县志编纂委员会编:《东兰县志》,广西人民出版社1994年版,第609页。

人好看老庚多"①的说法,可见当地打老庚时相貌也是选择因素之一。

不同民族打老庚的程序各不相同,但都颇具民族特色,主要是通过互相交换特殊的赠品和纪念品确定老庚关系。如西林县境内各族人民,在长期的共同生产、生活中,互相交往、互相帮助,亲密无间。自清代以来,各民族间就盛行打"老庚"结"同年"习俗。这种交接仪式简单,只要双方通过互相接触了解后,觉得志趣相投,一方先提出,另一同意,通过互换纪念物即成"老庚""同年"。壮、苗族男子互打"老庚"时常互换猎枪和尖刀为纪念,壮、汉族男子互打"老庚"时,常互换马匹或马鞍为纪念。各族妇女之间结同年,多以互换绣花头巾、绣花布鞋或布料为礼。瑶族比较自尊,认为"先有瑶、后有朝",故一般不先主动去求其他民族打"老庚",多是由其他民族先提出。"老庚"和结"同年",多在平辈人之间进行,一般不需要征求父母意见,但"老庚"和"同年"打成后,家庭父母和兄弟姐妹都会尊重,双方互认"庚爹妈""庚兄妹",彼此互相往来,亲密无间,在生活和生产上经常互相帮助。新中国成立前,西平、那劳、那佐、八达等乡,普遍每个壮族男子都有一至三四个汉、苗、瑶族"老庚",出门在外,到处有朋友,和谐共处。而山区的汉族、苗族、瑶族妇女,常与圩场附近村寨的壮族"同年"家作客,带来瓜、果、豆类送给庚友;壮族"同年"热情接待他们,当"同年"赶圩归回时,常送给他们糯米粑和土布及衣服,作为回礼。② 田林县各民族之间也能互助合作。壮、汉、瑶各族交往都以"老同""老庚"称呼。长辈的称为"同年爹(叔)",平辈的称为"同年哥(弟)"。如果经过送礼,履行打老同仪式,那关系更为密切,视如亲兄弟。③

贺州土瑶"打老同"的习俗非常浓厚。如狮东村的习惯是:两人比较讲得来,问一下双方出生日期,正好是同年,年龄相仿,大家都同意,就可以"打老同"。可以跟本地的人打,也可以和外面的人打。妇女不打同年,只有男人之间打。至于打同年的程序,以前有个习惯,两人要结为兄弟,必须买点酒、菜祭拜一下双方祖先,才算正式结为同年。一般来说,如果序齿一方比另一方大一点,如大一个月或大一天,那么小的一方就要去大的一方家里走走。近年来有些人也不拜祖宗,不需要特别的仪式,只是相互说说就结为同年。结为同年后平时逢年过节大家互相说话联络一下,你有什么困难,有什么事我就来帮。同年之间并非终身制,比较松散,如果以后双方说不来就散伙,你不理我我也不再理你。狮东村大冷水的邓桂华说,我老爸那一辈人打老同,

---

① 广西隆林各族自治县文化局、民委编:《中国民间文学三套集成:隆林民间谚语集》,广西隆林各族自治县文化局、民委1988年编印,第57页。
② 西林县地方志编纂委员会编:《西林县志》,广西人民出版社2006年版,第1110页。
③ 田林县地方志编纂委员会编:《田林县志》,广西人民出版社1996年版,第183页。

本村人不打,都是跟外面的人打,跟金竹村打老同的也有。只要性格方面合得来、有共同的语言而且对方人品好就可以,一般要同一年出生的。我老爸的老同至少有9个以上,以前逢年过节都是去串门的,红白喜事也要去。现在他老了,走不动了,也不往来了。

  值得注意的是,打老同在贺州瑶族中经久不衰,一些年轻人仍然继承了打老同的传统,并将其作为自己拓展人脉关系的桥梁。贺州新民村年轻的村委会盘主任说:我们这里的土瑶打老同不分村内村外,男女之间也可打。我在本村没有打老同,但在外面有老同。打老同可以拓宽自己的人脉关系。老同必须是同年,结拜没有仪式,但序齿小的要一方要挑一个担去大的那一方,挑一只鸡、几斤猪肉,还有青菜,双方吃一餐饭,大的留下一半东西,包括鸡头,其他的仍由小的一方挑回去。过年双方要杀条猪来吃,平时办喜事都要请老同,双方像兄弟一样,什么都互相帮助。贺州明梅村的邓支书说,按老辈的说法,打老同是个人的习惯,不是集体的习惯,双方都是个别性的交往。打同年有两种情况,一是按生辰八字来,如果两人同年同月同日生,相互异姓就可以。二是看双方是否谈得来,如果合得来,就不管八字合不合也可以打同年。多数是外村人来找我们打老同,我们很少去找别人。打老同要祭拜老祖宗,序齿小的一方要先拜大的,大的再回访小的。拜了老同就是兄弟的关系,尽管双方并不是血亲。打了老同,我去拜访你,你却不拜访我,那就是你不尊重老同。金竹村邓支书说,本地有打老同的习惯,瑶、汉都可以,地方不限,远的连公会那边都有。男女之间不打,男的和男的打,女的和女的打,男女打同年的很少。打老同是想结交多一个兄弟,结拜一个兄弟,多一份力量。打老同要同一年的,也有隔一年的,比如我去山外面,碰巧和一个人一起喝酒,互相问年龄,刚好同年就打。打老同要带一点酒、菜,去结拜,比如一方是某年3月出生,另一方是同年5月出生,那么第一年就是5月的去找3月的,明年3月的就到5月的家。我有一个老同,是沙田的。老同逢年过节都要串门,互相帮助,等于多了一个兄弟。

三、不同民族之间的打老庚

  广西许多少数民族喜欢在不同民族之间打老庚,甚至要求老庚必须是不同民族的才能结交。下面以瑶族和苗族为典型案例进行分析:

（一）瑶族

  瑶族喜欢打老庚结交朋友,不但与本民族人打老庚,而且还和别的民族同辈人打老庚,男女老幼都喜欢认老庚,少的拜认几个,多的几十个。老庚不仅存在于同性之间,还存在于异性之间。男女之间也认老庚,不少人通过结老庚发展成为夫妻,不成夫妻则以兄妹相待。① 融水地区的瑶族盛行"打同年""打老庚",即结拜兄弟,"同年"有本民族的,也有别的民族。② 田林县那兵乡瑶族一般都有和壮族、苗族打"老庚"的习惯,凡是互相打"老庚"的,关系一般比较密切,彼此信任和互相支援。③ 打老庚的对象不仅可以跨民族,还可以跨境,扩展到周边很大的范围内。如广西凌云县壮、汉、瑶族不仅在县境内"打老庚",而且在与毗邻的巴马、凤山、田林、百色等县市的各族人民交往中,也做"打老庚",使毗邻县的各族人民,互相了解,沟通信息,更加团结友好,和睦相处。④ 笔者有一位同事是百色地区凌云县人,据他回忆,他家乡所在的村寨要求打老庚必须是不同民族之间的,如他是汉族,就和一位蓝靛瑶的村民认了老庚。潘内瑶村主任也说,他的老庚非常多,湖南、广西各个民族的都有。

20世纪80年代胡起望、范宏贵所著《盘村瑶族》一书中,对盘村瑶族打老庚的情况有非常深入的研究。据该书记载,盘村瑶族对于外村甚至外族的人,只要年龄相当,彼此情投意合,就可以打老同,互认同年,彼此以"老同"相称。"打老同"一般不经过什么仪式或手续,只要双方同意就行。一般是地位相当的才"打老同",男的与男的"打老同",女的与女的"打老同"。在盘瑶本族系内,因附近村寨中往往都有亲戚关系,也有"打老同"的情况,但主要是与外村的不同民族、不同族系之间的"老同"关系。据不完全统计,盘村十八户中共有14户、15人(其中男12人,女3人)在外村有"打老同"的关系。对上述结有老同关系的15人分别统计,打有4个"老同"的有1个;打有3个老同的,有1人;打有两个"老同"的有3人(其中妇女1人);打有1个老同的有9人(其中妇女2人)。妇女打老同的较少,是因为她们在外面的活动不多,接触的机会少,因此打老同的自然也少。盘村瑶族所结交的"老同"其民族成分见表4.5⑤:

---

① 广西壮族自治区地方志编纂委员会编:《广西通志·民俗志》,广西人民出版社1992年版,第193—194页。
② 融水苗族自治县地方志编纂委员会编:《融水苗族自治县志》,生活·读书·新知三联书店1998年版,第680页。
③ 广西壮族自治区编辑组:《广西瑶族社会历史调查》(第5册),广西民族出版社1986年版,第238页。
④ 凌云县志编纂委员会编:《凌云县志》,广西人民出版社2007年版,第218—219页。
⑤ 胡起望、范宏贵:《盘村瑶族》,民族出版社1983年版,第190—193页。

表 4.5　盘村瑶族结交"老同"民族成分一览表

老同民族	男	女	合计	占老同%
汉族老同	11	0	11	45.8%
壮族老同	3	0	3	12.5%
茶山瑶老同	4	4	8	33.3%
盘瑶老同	2	0	2	8.3%
合计	20	4	24	

资料来源:胡起望、范宏贵:《盘村瑶族》,民族出版社1983年版,第193页。

（二）苗族

在苗族中也极为盛行不同民族之间打老庚。隆林的偏苗就很喜欢与别族打老庚。[①] 三江地区的苗、瑶族性情相近,很能劳动,而且民风忠厚老实,两个民族中间也有打老同、打老庚的关系(即交朋友)。苗人有句俗话说:"壮人一条心,侗人三十变,苗瑶相交三年成亲戚。"[②]融水苗族打同年(或叫打老庚)是苗年的一项重要内容,也是苗族村寨与村寨之间的一种交往形式,即一村寨的群众到另一个村寨去"同过年",一般都轮流在对方的村寨进行。打同年是苗族村寨之间团结友谊的象征。苗族素以热情好客著称于世,他们奉行的是"穷年不穷餐"的处世哲学,每当有客人来时,他们都不惜代价尽力款待,打同年更是如此。由于苗族过苗年,附近不过苗年的民族如壮族、瑶族、侗族都来住上三、五天作客,这当然增进了民族的团结与友谊。[③]

四、老庚之间的互助义务

"好友愿交互相帮"[④]。不同民族之间的人一旦结为老庚,互相之间就产生了拟制的血亲关系,因而对对方的生活、生产就负有不可推卸的互助义务。不同村屯或不同民族的老庚之间的互助,凡有大事就一定找老庚商量,谓之"想老庚";老庚之间,凡一方有红白喜事或其他困难,一定要相互告知,把老庚的事和困难当做自己的事一样,互相关心、互相支持、互相帮助、排忧解难。这使得打老庚这一民族团结互助的传统形式,长盛不衰。[⑤]《盘村瑶族》对此

[①] 七九级赴隆林调查组:《隆林苗族初步调查》,载《广西地方民族史研究集刊》(第2集),广西师范大学历史系、广西地方民族史研究室1983年编,第185页。

[②] 广西壮族自治区编辑组编:《广西侗族社会历史调查》,广西民族出版社1987年版,第120页。

[③] 同上注书,第140页。

[④] 广西壮族自治区编辑组编:《广西瑶族社会历史调查》(第7册),广西民族出版社1986年版,第415页。

[⑤] 凌云县志编纂委员会编:《凌云县志》,广西人民出版社2007年版,第218—219页。

评价道:"这是劳动人民之间互相交流、互相帮助的一种方式。它把不同民族不同族系的人提到了与自己亲属相同的地位。有时他们之间交往的密切,甚至超过了远房亲属的关系。"①民国《平乐县志·社会·歌谣》记载有一首《老同歌》:"老同亲,老同亲,杀个母鸡十八斤,老同吃块我吃块,留块老同敬母亲。"②说明了老同之间有福共享、有难同当的深厚情谊。

老庚之间的互助,主要是日常的生产、生活,包括农耕、建房、婚丧事务、救济借贷等。如武宣、象州、柳江等县的壮族人民打老庚后双方相互往来支持、协作。双方家庭亦成庚亲关系,亲密无间,这种关系一般可延至下一代。瑶族心目中,老庚比兄弟姐妹还要亲,是亲戚中的亲戚,好友中的好友。俗谓"除了同年无好亲"。老同关系一般不传给后代,但子孙要按长辈结拜老同的关系来称呼。苗族结拜老庚主要是在红百喜事饮宴和生产互助中建立感情。侗族、仫佬族、毛南族、彝族、水族、仡佬族老庚之间有红白喜事要通知对方来帮忙,胜似亲兄弟,否则便认为情谊淡漠,"酒肉老庚",而使关系冷淡,甚至老庚关系破裂。结成老庚的双方亲属,自然形成"庚亲"。不同民族之间打老庚,还多一层民族友谊,在解决民族纠纷中,发挥了特殊的作用。③乐业县各民族间也有"打老同""打老契"等民俗形式,仍坚持不断地沿袭下来,老同、老契之间,只要一方有红白喜事,就鼎力相助,维系了民间的团结。④融水瑶族的"同年"之间重义气,经常往来,互相送礼,互相帮助,坦诚相待,情同手足。⑤永福县有的群众还喜互相拜认,如拜寄娘(父),认同年兄(弟),同年姐(妹)等。拜认者均互送鸡鸭鱼肉及衣服布草等物,以后均作亲戚,逢年过节均有互访。⑥"文化大革命"期间,西林县那劳寨黄达松因家庭劳动力少,年年缺粮。每年春他的弄普寨汉族"老庚"常用马给他驮来粮食,帮助他解决生活上的困难。⑦《盘村瑶族》中记载了三个非常感人的老同互助案例:

1."老同"的情谊比一般朋友更为亲密,平时互相走访,有困难时互

---

① 胡起望、范宏贵:《盘村瑶族》,民族出版社1983年版,第190—193页。
② 黄旭初监修,张智林纂:《平乐县志》,民国二十九年(1940年)铅印本,卷2·社会,第53页,载《中国方志丛书》第121号,台湾成文出版社1967年版,第93页。
③ 广西壮族自治区地方志编纂委员会编:《广西通志·民俗志》,广西人民出版社1992年版,第193—194页。
④ 乐业县志编纂委员会编:《乐业县志》,广西人民出版社2002年版,第603页。
⑤ 融水苗族自治县地方志编纂委员会编:《融水苗族自治县志》,生活·读书·新知三联书店1998年版,第680页。
⑥ 永福县志编纂委员会编:《永福县志》,新华出版社1996年版,850页。
⑦ 西林县地方志编纂委员会编:《西林县志》,广西人民出版社2006年版,第1110页。

相帮助,不斤斤计较得失。借钱给"老同"不计利息。"老同"来访,都要热诚招待,节日时互赠礼物,也有平时就互赠礼物的。其中黄金旺与金秀中学的职工何占堂(汉族)打老同关系较长,已有二十多年。黄金旺盖新房时,何占堂送来面条二十多斤和不少猪肉,以示帮助;黄金旺也给何送过糯米等物。黄金旺与在奋战草药场工作的冯春香(盘瑶),自幼关系很好,他们情同兄弟,互相往来,十分亲密,当春季工作的时候,还给黄金旺五元钱以示在经济上互通有无。

2. 也有不少是在新中国成立后打的老同,由于民族平等的关系,各族群众更易接近往来,所以当彼此关系融洽时,也就互认为老同了。如盘村的妇女盘玉琼,1976年在金秀医院住院治疗时,结识了六拉村的茶山瑶妇女陶玉香,两人关系很好。分手以后,盘玉琼拿一只鸡到陶玉香家中去探望。盘玉琼的公公去世以后,陶玉香还去送葬,以示吊唁。陶玉香的婆婆(丈夫的母亲)曾因公来到盘村,住在盘玉琼家里,盘玉琼除了热情接待外,全家大小都喊她为同年姑(老同祖母)的。这种盘瑶与汉族、茶山瑶或者与盘瑶本族系的人打老同的交往,在历史上就曾经存在。老同关系一般不传给子孙后代,但子孙要按长辈结拜老同的关系进行称呼。

3. 老同的结识,有时也带有很大的偶然性。盘村黄文龙在四十多年前的秋天(新中国成立前十多年)与象州县七建的梁奉培的认识就是十分偶然的。原来有一天梁奉培进瑶山捕鸟,天黑后进村投宿。因新中国成立前社会治安不好,梁奉培敲了多家屋门都不肯开,只有黄文龙开门接待了他。这使梁奉培十分感动,认为黄文龙很够朋友,就主动邀黄去七建梁家玩耍。隔了一段时间,梁见黄文龙没有去,就带了一些猪肉进山来再次访问,就这样他们结下了老同的关系。黄文龙没有米下锅,梁奉培就从七建送一些米来,不要一文钱。到插秧的时候,梁又叫他家的人进山来帮忙。黄文龙去七建回访梁奉培时,也往往带去木材或土特产。①

认老庚不仅是群众个体之间一对一的关系,还可以形成村屯之间集体认老庚的情况。这种情况是村屯之间互助的产物,主要出现在新中国成立后的土改期间。当时的社会氛围很好,从而形成了村屯之间亲如兄弟、不分你我的关系。如20世纪50年代,当龙胜地区泗水农业互助组春插大忙时节,邻

---

① 胡起望、范宏贵:《盘村瑶族》,民族出版社1983年版,第190—193页。

近的潘内瑶族出动十多个强劳动力来支援。自此,泗水汉族有八个人和潘内瑶家认"同年",逢年过节互相往来,有事或生产繁忙期间都互相帮助,亲如兄弟。① 龙胜江底乡系瑶汉族同聚地区,共有 15 个村寨 1318 人,东临资源两水乡,南与灵川九屋和兴安金石毗连,北邻湖南城步高梅乡,相邻之贸易、文化、社交往来,经久成俗,彼此不分族别、属地,互认"老庚"。边寨村民合力修路,架桥年均 10 余华里。中洞村修铁索桥,江底乡新建村群众捐款 600 元。黄家村小学与灵川县东源村新寨小学共同组成教研组,交流评教,提高教学质量。兴安金石卫生院照常接纳医治江底乡新建村病人。② 此外,打老庚还有助于化解不同地域、民族之间的社会纠纷和矛盾。1981 年,田林县潞城瑶族乡俄外屯部分壮族群众与丰房村渭古瑶寨发生群殴事件。后来,殴打人的壮族群众被判刑劳改,劳改释放后的壮族群众主动到渭古屯找朋交友,结"老同"。③

　　笔者在调研中也采访到打老庚互助的情况。在潘内村调研时,村民粟×旺说,他和湖南祁阳五锋村的一位村民认了老庚,他这边忙了,打个电话让对方过来帮两天工,对方那边忙了,也打个电话让他过去帮两天。三江侗族自治县高定村民杨怀刚(男,37 岁,侗族)说,本地有认老庚的习俗,虽然我没有认老庚,但是认了老庚就要来帮忙,像亲兄弟一样。那坡弄文屯黄韶琼(壮族,71 岁)说,打老庚现在很少了,以前很多,壮族叫"做同",就是交朋友的意思。老庚之间每年过节我去你那里,你来我这里,唱山歌。老同互相之间要帮忙,我有什么困难你来帮,你有什么困难我也帮忙。

　　综上所述,老庚之间的关系主要存在于平辈各族群众之间,其建立的基础是单纯的互助,彼此的权利义务也以主动的、积极的互助为主要内容,一般不发生继承关系,即使延续至下一代,也只是互助关系的继承,并不产生继承法上的财产或人身关系,因此,这种非血缘而又拟血亲的互助关系是一种非常纯粹的互助关系,可谓不是亲人,胜似亲人。其建立的目的似乎是为自己寻找一个血亲之外的陌生互助对象。据笔者的调研,近年来,随着少数民族地区出外务工人员的增多,人们之间原来那种建立于乡土社会的重感情、重亲情的人际关系逐渐崩溃解体,代之而起的是现代商品经济社会的人际关系,因此打老庚这一制度也逐渐衰落。现在在年轻一代人中打老庚的人已经很少了。笔者在三江侗族自治县独峒乡林略村调查时就了解到,该村现在已

---

① 龙胜县志编纂委员会编:《龙胜县志》,汉语大词典出版社 1992 年版,第 118 页。
② 龙胜县志编纂委员会编:《龙胜县志》,汉语大词典出版社 1992 年版,第 120 页。
③ 田林县地方志编纂委员会编:《田林县志》,广西人民出版社 1996 年版,第 186 页。

经无人打老庚了。独峒乡平流村的一位村民说,他们这里也没有打老庚的习俗,但他知道融水那边的苗族还有打老庚的习俗,说明这一传统曾经存在过或者产生过影响。

第四节 待客互助习惯

在生活上,广西少数民族还存在着一种对陌生的外来远客提供帮助的习惯,笔者将其命名为"待客互助习惯"。这应当是长期社会群体内部的互助关系向外扩张的结果。对于远道而来的客人,他们不仅没有敌意,反而尽自己最大的能力帮助对方。对于这一习惯,古代文献的记载可谓汗牛充栋,而且许多出自曾探访过广西少数民族的中原文人之笔,可见他们都曾亲身经历过这一习惯,并留下了深刻印象。明《钦州志》载:"客至,不拘贫富,果酒把杯致敬。"[1]《赤雅》记载:壮族"人至其家,不论识否,辄具牲醴饮啖,久敬不衰。"[2]清《粤述》曰:"又有大良,居处服食同僮,而性淳朴,敬慕华人,至则鸡黍礼待甚殷。"[3]清《粤西偶记》记载:"粤西有一种洞苗,喜结交,尚意气,人有与昵者,即倾家殉身不顾。"[4]乾隆《庆远府志》记载:"土俗客至不问讯,行礼入门即坐吃烟或杀鸡为黍,远方投宿者不拒。"[5]"僚杀鸡飨客,不自举箸。"[6]乾隆《柳州府志》记载:"大良瑶:其俗敦厚,人至其家,不问识否,辄具牲醴,任大嚼剧饮,无吝意。"[7]民国《榕江县志》载:"民习好交游远客,来必盛筵相待,邻友亦轮为鸡黍之约,有投辖于井之风焉。"[8]民国《上林县志》称:本地群众"性情好客,亲友偶尔临存,虽处境不宽,亦须杯酒联欢,以尽主人之谊。倘远客到来,则欢洽更为殷挚。"[9]民国《罗城县志》载:"遇有较远之戚友到家,或止宿,或暂留小饮,从无有专恃滑头政策,客来而主不顾者,不肯薄于交际,

---

[1] (明)林希元纂修:《钦州志》,陈秀南点校,中国人民政治协商会议灵山县委员会文史资料委员会 1990 年编印,第 40 页。
[2] (明)邝露:《赤雅》,中华书局 1985 年版,第 26 页。
[3] (清)闵叙:《粤述》,载劳亦安编:《古今游记丛钞》(四),卷 36,台湾中华书局 1961 年版,第 64 页。
[4] (清)陆祚蕃:《粤西偶记》,中华书局 1985 年版,第 1 页。
[5] (清)李文琰总修:[乾隆]《庆远府志》,卷 1·风俗,第 23 页,载《故宫珍本丛刊》第 196 册,海南出版社 2001 年版,第 113 页。
[6] (清)李文琰总修:[乾隆]《庆远府志》,卷 10·诸蛮,第 4 页,《故宫珍本丛刊》第 196 册,海南出版社 2001 年版,第 379 页。
[7] (清)王锦总修:[乾隆]《柳州府志》,卷 30·瑶僮,第 2 页,《故宫珍本丛刊》第 197 册,海南出版社 2001 年版,第 241 页。
[8] 吴国经等修,萧殿元等纂:《榕江县志》,民国二十六年(1937 年)铅印本,第 32 页,载《中国方志丛书》第 120 号,台湾成文出版社 1968 年版,第 46 页。
[9] 上林县志编纂委员会编:《上林县志》,广西人民出版社 1989 年版,第 482 页。

亦习俗使然也。"①

广西少数民族对陌生来客的热情帮助,主要源于他们的思想认识。在很多民族的观念中,有客人来临是吉祥的征兆。家中经常有客人走动,是家门兴旺的标志。这种正面的、积极的社会评价使他们人们在力所能及的情况下,总是尽力给客人提供最好的食宿和帮助。如按壮人观念,来客表示吉祥。所以老人一看到灯花,总是高兴地说:"好啊!快来贵客了。"壮人对老年宾客、新客尤其热情,宾至如归对壮人来说是名副其实的。② 侗族著名的《侗垒·劝诫词·待好客》也说明有远客来是旺家门的表现:"客走旺家门,无事不登临;狗叫要出迎,莫让狗咬人。请进堂中坐,甜酒一碗烟一根。若是过路客,也莫怠慢人。"③资源县的民间俗谚有"日日待客不穷,夜夜做贼不富"④的说法。全州瑶人的礼仪歌唱道:"雨浇百合花自开,问声客人哪里来,路过进屋喝口水,投宿找人帮安排。"全州民间械斗之风很盛,但有三不打:一不打妇女,二不打挑水人,三不打撑伞人(来客)。⑤

在上述思想的影响下,广西少数民族对外客表现出极大的热情和乐助性。他们对客人提供的帮助主要包括无偿的饮食、住宿、带路、纸路等。待客互助的最高境界就是将这种习惯作为乡规民约的条款加以明确规定。贺州市新民村马窝寨土瑶的村规民约就明确规定:"过路人如肚子饿,可以在附近玉米地和红薯地种任意吃饱,但不准带走"⑥,对外来人员给予必要的食物互助。融水苗族居住在崇山峻岭、密林深处,由于自然环境影响,自古养成朴实善良、热情好客的美德。因而对客人尤其是远方客人,总是笑脸相迎,热情款待,把其当做席上宾,使人深受感动,终生难忘。有人说:"在苗山即使没带伙食,也可以旅行几个月。"这话一点都不夸张。深山密林中遇见客人去向莫辩时,主动给客人指路带路。村头寨边相遇,总是招呼客人到家作客,如果你先到一家存放行李,而后串门到另一家去吃饭,原先的主人就不高兴,说你瞧不起他。野外吃野炊,若有行人路过,不论远亲近朋、熟悉陌生都相邀入

---

① 《罗城县志·礼仪民俗》,12 卷,民国二十四年(1935 年)铅印本,载丁世良、赵放主编:《中国地方志民俗资料汇编·中南卷(下)》,书目文献出版社 1991 年版,第 935 页。
② 梁庭望编著:《壮族风俗志》,中央民族学院出版社 1987 年版,第 45 页。覃国生、梁庭望、韦星朗:《壮族》,民族出版社 2005 年版,第 114 页。
③ 湖南少数民族古籍办公室主编:《侗垒》,杨锡光、张家祯整理注校,岳麓书社 1989 年版,第 100—101 页。
④ 广西壮族自治区资源县志编纂委员会编:《资源县志》,广西人民出版社 1998 年版,第 654 页。
⑤ 全州县志编纂委员会室编:《全州县志》,广西人民出版社 1998 年版,第 858、891 页。
⑥ 黄淑娉、龚佩华:《广西壮族自治区贺县土瑶社会文化概况》,中山大学人类学民族学教研室调查小组 1988 年 8 月撰写,第 20 页。(平桂管理区沙田镇当年曾参与该调研的乡镇干部提供)

席,一同就餐。① 全州人俗云"过门为客",遇客登门,必热情相待,端茶敬烟,酒菜留餐,所费毫不吝惜。农村尤其是山区僻壤的居民,好客之风,至今尤盛。民国时期农村流传一句谚语:"乡里人待客杀鸡婆,城里人待客点脑壳。"② 隆林仡佬族人民有助人为乐的美德,在本民族内互相关心、互相帮助,别的民族或外地的陌生人来本寨,没有食用的,群众都热情帮助,并做好饭菜给陌生人吃。③ 在钦州,还有帮盘待客的习俗,即一家有客,各户也端出自己的拿手好菜来同陪,谓之"帮盘"。这一淳古遗风沿袭到现在。④

在为客人指路、带路方面,桂北地区的全州、兴安、龙胜群众礼仪是最周全的。有人问路,兴安人十分热心指路,手指方向,详细告诉去向、路程远近。遇顺路,指路人还会领路,到分手时再详告走法。末了叮咛一句:"过去再问一声",并与问路人礼貌谢别。⑤ 在全州的山乡小路,每逢三岔道口,多竖有一块高约1尺的小碑,上刻"左走××村,右走××村",碑系农民为行善祈福所捐献,迷路者读碑便知去向。县人尊称这种指路碑为"矮大哥",有迷路问"矮哥"的美谈。⑥ 龙胜地灵侗寨凡过往客商问路,必引导之,不糊弄人家。客来问宿,尽量解决。吃、宿不收费,尽量以好饭菜、好铺盖相待。村辖道路常年有人自觉维护以便方便行旅。⑦ 最重要的是,一些群众还自费为过路的行人客商修建凉亭等公益设施,供其休憩栖息。据民国《钟山县志》记载,县民陶耀玉"尝在由回龙过羊头之龙歧岭顶建筑凉亭一座,名曰甘饮亭,并置田数亩,赡守亭者,令烹茗以供行旅。又拟建一亭于沙子冲路次,土木材料业已购备,因疾作中止。"县民周树栗于"道光时,曾在城西十余里之茶亭厂及城南十余里之腊木脚两处各建凉亭一所,以便行人憩息。"⑧ 这些为远方路人提供帮助的善举、义举受到世人的称颂,被传为佳话。如陶耀玉修筑的"甘饮亭",就有人题诗曰:"槛外手栽松柏树,行人到处被仁风。"⑨ 虽然广西少数

---

① 戴民强主编:《融水苗族》,广西民族出版社2009年版,第78页。
② 全州县志编纂委员会室编:《全州县志》,广西人民出版社1998年版,第887页。
③ 隆林各族自治县地方志编纂委员会:《隆林各族自治县志》,广西人民出版社2002年版,第892页。
④ 龙泉源:《钦州文史第12辑·钦州民俗文化专辑》,广西钦州市政协文史资料和学习委员会2005年编印,第31页。
⑤ 兴安县地方志编纂委员会编:《兴安县志》,广西人民出版社2002年版,第633页。
⑥ 全州县志编纂委员会室编:《全州县志》,广西人民出版社1998年版,第885页。
⑦ 《龙胜地灵侗寨史记》编委编:《龙胜地灵侗寨史记》,2007年3月编写(内部参考),第221页。
⑧ 潘宝疆修、卢钞标纂:《钟山县志》,卷14·列传,民国22年(1933年)铅印本,台湾学生书局1968年版,第198、216页。
⑨ 潘宝疆修、卢钞标纂:《钟山县志》,卷15·文艺,民国22年(1933年)铅印本,台湾学生书局1968年版,第248页。

民族的互助习惯是以血亲为核心发展起来的社会交往体系,但这一体系却绝不狭隘地限于既有的社会关系圈子,而是不断地扩大外延,使尽可能多的人被纳入互助的体系之中,是一个开放度非常高的社会保障机制。

最能说明少数民族待客互助习惯法的实例,是广西各地瑶族流传的关于"千家峒"的传说。据笔者在灌阳、恭城、贺州、富川及湖南的江永等地的调研,群众一致的说法是瑶族的祖先曾住在一个叫"千家峒"的地方,那是瑶族的发祥地和起源。约在元代大德九年(1305年),朝廷派了一名官员到"千家峒"视察瑶情,临别时与该官员约定以一月为期,到期不还则派兵征剿。一个月后该官员音讯全无,朝廷以为该官员已经遇害,于是派大兵入侵"千家峒"大肆屠杀瑶民。当官兵杀到最后一家的时候,赫然发现那个官员正坐在家中喝酒。原来瑶族待外客非常热情热情,该官员来到"千家峒"后,家家户户都拉着他吃饭喝酒留宿,村民纷纷拿出自己家最好的东西招待他,官员挨家挨户吃喝,过得太愉快以至忘记了与朝廷的约期,结果招致了这场灭顶之灾。经过这场劫难后,残存的瑶民从"千家峒"逃出,散布到了今天的广西、云南、贵州及东南亚各地。现在广西各地的瑶族都保存有一本《千家峒源流记》。这一传说虽令人扼腕叹息,但足见瑶族待客热情之甚。笔者在兴安、龙胜、全州等地调研时,常在山间小路的岔路口看到各式各样的指路牌,上面的方向说得很详细;每到一个山坳或隘口,都有一个凉亭供行人歇息;路边有清泉涌出的地方,都有人放置一个桶和瓢供行人饮用;在路上遇到任何一个少数民族群众,问路必详细描述,并热情邀请至其家吃饭;进到任何一个少数民族家庭的木楼,主人都会端茶递水,并热情挽留食宿;有客来必拿出腊肉,并杀鸡杀鸭招待;每家木楼的顶层一般都有二三间客房用于来客歇息,这些现象让人深深感慨广西少数民族对外客深厚的情谊。

第五章　广西少数民族建房互助习惯

第一节　总　　论

在物质和资金都极度匮乏的少数民族地区,建房不啻是一项耗财耗力的宏大工程,需要大量的人力协助才能建成。因此,广西民间历来有在建房上互相帮助的传统。一座房屋的建成,从砍树、运木、舂墙、立柱、上梁、铺板到割茅草、盖瓦等工序,都是集体协作而完成。文献对建房互助制度也多有记载。民国九年的《桂平县志》载:"往日人心纯厚,诸事互助,一家筑室,则四乡亲族纷来负土荷砖,盖瓦垩墙,各尽其力所能为,但受饗飧,不给佣值,经之营之,不日成之。"①《全州县志》载:"农村建屋,亲友互帮是传统美俗,至今相沿。"②《兴安县志》也载:农村建房"下脚"——"即开挖和砌墙基,下脚一般请人帮忙,不付工钱,待一餐酒饭即可。此习俗私人造房仍有存在。"③

各民族建房互助习惯的共同特点是:(1)互助的内容以劳务帮工为主,还包涵一定的救济性互助借贷和物资互助。劳务互助包括砍木、运木、打签子、打石、运石、开屋场、打地基、舂墙、砌墙、挑沙、立柱、搭架、锯板、装板、抬梁、捣面、拌浆、抹浆、上梁、割茅草、盖瓦等建房的所有工序。救济性互助借贷主要是主人建房资金不足时予以无偿借款,物资互助包括资助建房用的木材、米、酒、油等物资。(见图5.1)(2)互助帮工除个别技术要求较高的工作有偿雇佣专业工匠如木匠、石匠及装修工人外,其余帮工全部是无偿性质,主人一般只供应饭食。如龙胜各民族建房帮砍树运料、清地基、竖架、盖等,都不计报酬。④(3)有些地方按需要通知帮工数量,但大部分情况下以全村集体协作为主。(4)帮工期限不定,可根据个人情况在整个建房周期内各个阶段帮工。除上述共同点外,各民族建房互助习惯又有各自的特点。

---

① 《桂平县志·生活民俗》,59卷,民国九年(1920年)粤东编译公司铅印本,载丁世良、赵放主编:《中国地方志民俗资料汇编·中南卷(下)》,书目文献出版社1991年版,第1054页。
② 全州县志编纂委员会室编:《全州县志》,广西人民出版社1998年版,第885页。
③ 兴安县地方志编纂委员会:《兴安县志》,广西人民出版社2002年版,第627页。
④ 龙胜县志编纂委员会:《龙胜县志》,汉语大词典出版社1992年版,第106页。

图 5.1 广西少数民族建房互助习惯内容示意图

第二节 壮族建房互助习惯

一、特点

壮族是广西的主体民族,其在建房方面的互助也是值得称道的。民国《三江县志》载:僮人"好公益,乐建筑,似较其他边民为先进。"[1]首先,壮族有专门解决建房互助问题的机构。如隆林县内壮族聚居的村寨,一般都有一位"卜板"(壮话意为村寨父辈)主事,即"寨老"。寨老在壮族人民生活中起着重要的作用。在日常生活中,寨老还负责帮助村民解决建房、婚丧中的困难,不收群众的报酬(一般接受主家请吃饭一餐),不采取强制手段,而是凭着寨老的威信,按照社会习惯来办事。寨老这一民间传统相传至今。[2] 在天峨县白定乡壮族,同村有人建造新屋,木匠将木架搭好后,各家便主动去帮主人盖茅草,编竹壁;因人多力量大,一间普通的房屋只需一天的时间,便盖上茅草和编好安好竹壁。[3]

二、通知

壮族建房互助的通知程序非常重要。在广西各地,建房互助的通知分为

---

[1] 魏任重修、姜玉笙纂:《三江县志》,卷2·社会·民族各述·侗僮,第4页,民国三十五年(1946年)铅印本,载《中国方志丛书》第197号,台湾成文出版社1967年版,第119—120页。

[2] 隆林各族自治县地方志编纂委员会编:《隆林各族自治县志》,广西人民出版社2002年版,第850页。

[3] 广西壮族自治区编辑组编:《广西壮族社会历史调查》(第1册),广西民族出版社1984年版,第1页。

两种,一种是主人负有通知义务,只有接到通知的人、户才提供互助义务,未通知的则无须前来帮工建房。这种通知会产生多重效力:(1) 合同法上的要约效力。主人向特定的人或户发出建房互助的邀请,受要约人同意后,即在约定的时间和地点前来提供建房互助义务。这类似于一种实践性劳务合同,以对方的实践行为为承诺,只有对方实际履行了互助义务,合同才视为成立。(2) 习惯上的互助信用效力。一旦主人向特定的人或户发出建房互助邀请后,就产生了习惯上的互助信用效力,即当以后受要约人建房时,主人则负有向对方提供互助帮工的义务。(3) 道德上的效力。对于少数民族群众来说,别人家建房来邀请自己帮工,是一种荣誉,是对自己社会身份和地位的肯定性评价与尊重,因此这种通知具有巩固和加强群体成员之间关系的功能。

广西各地建房互助的通知方式各不相同,主要分为公共通知与单个通知。前者如在龙脊十三寨,壮民若遇造房子这类的背工,不用到各家去请,只要在很多人聚谈的地方简单说一句:我要背木或架房子请大家帮助。到时有工作空闲的人都来帮忙,若扛木头只吃一顿饭,若是架房子的,晚上吃一顿较好的酒饭便算了。海江时间乡乡府文书吴同志说,在龙脊地区各族人民的房子,要算壮人的房子好,因为他们起房子时,便有许多人来帮忙,可见打背工对新中国成立前壮族人民生产活动,曾经起到积极的作用。① 单个通知如南丹县月里乡,壮族人民如果是起房子,全寨都来帮忙,需多少工,则通知多少户。② 乐业县群众建房,主人到每家说一声(俗称"讨活路"),大家就自动来帮助。③ 笔者在调研时,那坡县马独屯黄姓村民(59岁,壮族)说,建房子主要靠帮工,全村人都来,但主人要一家一家去请,帮工的时间不固定,有空就来,帮不了工的就送东西,如油之类的。马独屯黄文权(男,40岁,壮族,小学教师)说,建房子一般是帮工,要帮一个月左右,一个帮一个,不要钱。不过要主人亲自来请,主人不讲别人不会去。我们屯今年有10多户起房子,天天有人上门来讲。昨天我还去了,帮了5—6天了,他是本屯的人,不是亲戚,只要讲了我都去。

但有的地区则不需要特别的通知,知道消息的村民都会自觉赶过来帮忙。如那坡县弄文屯村民黄韶琼(壮族,71岁)说,有人拆房子、建房子,寨子里的人只要知道了,都会自己来。那坡县德隆乡团结村上劳屯黄某连(男,48岁,壮族)说,建房子一定要一齐工作,只帮工,不用叫,哪家要建房我们都去,

---

① 广西壮族自治区编辑组编:《广西壮族社会历史调查》(第1册),广西民族出版社1984年版,第73页。
② 同上注书,第208页。
③ 乐业县志编纂委员会编:《乐业县志》,广西人民出版社2002年版,第618—619页。

只要村里有人建房就一定要去。需要说明的是,这种不通知并不影响建房互助的效力,它依然产生前述的合同法义务、习惯义务及道德效力。略微不同的是,主人未通知而前去帮工的人的行为属于要约,主人接受视为承诺,双方的互助关系也因此成立,日后帮工者建房,主人也无须对方通知即前去帮工。因此通知与否在各地有约定俗成的惯例。

三、内容

壮族建房互助习惯的基本内容就是帮工者提供建房各个工序的劳动力,主人只需准备饭食,不付任何报酬。环江县龙水乡壮族农民如建筑房屋,除请木工和石匠做技术工,须付给工资以外,其他一些粗活,多由村内农民互相帮助,主人只供饭餐,不给报酬。① 西林县那劳区壮族换工如遇大件工种,如红白事、修造房子等,都是在主人家吃上一餐或数餐,一般的都杀一两头猪来请大家吃喝,也就不用还工、赔工了。② 隆林各族自治县的壮族建房,除建房主人用钱请几个师傅做技术工外,还保持着"互相帮工"的习俗。盖一座房子,从扛柱头、运木料、烧砖瓦、舂墙、砌砖石、立柱安梁、盖瓦等,全村家家户户都派人来帮忙。男人做重工,女人做副工。来帮忙的人,由主人家招待普通的饭菜,不计工钱。屋主建房如果钱不够用,还可以向远近亲友借贷,不付利息。建房时,要有足够的粮食。因建房都是"互相帮工",由主人供饭。③ 隆林委乐乡壮族保持着远古以来具有的"互助""帮工"的美德,盖一座房子,全屯家家都来帮忙,远屯亲戚也来帮,如烧瓦、上山砍树,锯成木板后扛回家来、桩墙、安梁、立柱、盖瓦等,妇女也是参加这种劳动的能手。来帮工的人,由主家招待普通饭餐,不给工资,屋主如果钱不够用,还可向远近亲友们借贷,不取利息。群众把这种叫做"通禁",就是互助之意。④ 壮族和瑶族是广西人口最多的两个民族,在许多地区,往往壮瑶杂居,因此在建房时也会产生两个民族的互助。如凌云县伶站瑶族乡伶兴村弄林屯,世代壮、瑶同住,每当壮家建房,瑶族同胞乐于干重活。大家相处亲如一家,被传为佳话。⑤

---

① 广西壮族自治区编辑组编:《广西壮族社会历史调查》(第 1 册),广西民族出版社 1984 年版,第 242 页。
② 广西壮族自治区编辑组编:《广西壮族社会历史调查》(第 2 册),广西民族出版社 1985 年版,第 170 页。
③ 隆林各族自治县地方志编纂委员会编:《隆林各族自治县志》,广西人民出版社 2002 年版,第 858 页。
④ 广西壮族自治区编辑组编:《广西壮族社会历史调查》(第 1 册),广西民族出版社 1984 年版,第 43 页。
⑤ 凌云县志编纂委员会编:《凌云县志》,广西人民出版社 2007 年版,第 218 页。

笔者在壮族地区调查时,也了解到建房互助习惯的实例。如那坡县弄文屯黄绍壮说,村里有人拆房子、建房子,家家都要出人去帮工,有的家要出2—3个劳动力,自己带工具。此外各家都要帮米,每户出米30斤。建房帮工起码要帮3—5天以上,主人只包中饭、晚饭,帮工者中专门有人负责杀鸡、杀猪、做饭。那坡县德隆乡团结村上劳屯黄某连(男,48岁,壮族)说,建房帮工主要是下地基、打石头、拌浆。主人负责煮饭,有时人多帮工的人还要帮煮饭。建房一般帮2—3天。拆房子也一定要去。上劳屯李某玲(女,20岁,壮族)说,村里建新房,打地基,需要人手比较多,亲戚、本寨的都要来帮忙,连邻屯的都会来帮忙,主要是帮工。同屯李某(男,30岁,壮族)说,建房主要是靠帮工。一般是帮2—3天,打地基等活都需要帮工。同屯黄文权(男,40岁,壮族)说,起房子主要是靠亲戚朋友帮做工,只有富裕的人家才雇工。那坡县果桃村马独屯黄文权(男,40岁,壮族,小学教师)说,我们一般是去帮1天工,一连去几天不可能,过几天他再来讲,再去几天。主要是打沙、挖地基、搭板、架榫头,他家有什么工就做什么工,很灵活,不固定的。同村黄世学说,我哥哥建房,别人来帮一两个小时也可以,也有饭吃。龙胜泗水乡里排壮寨一位女青年说,对于我们这里的人来说,人的一生必须建一栋新房,而这必须要互相帮工才能完成。

四、公益性建筑习惯

广西各地壮族还有集体捐助架桥补路修井建阴功的公益思想。正所谓:"津梁济人,或创或因,必集众力而成。"[1]这也是从建房互助习惯中衍生出来的制度。历代文献有关壮族群众修建公益建筑的记载比比皆是。有许多是中原人士到广西游历所见公益建筑而赞叹的,如清金武祥《漓江杂记》就记载了多条普通群众捐资修建公共道路桥梁的感人事迹:"相传此途及石栏有妇人出资修之,故俗又称寡婆桥云。远在蛮徼,而妇人亦有仗义者,即以名归之,直道在人,无间于遐迩如是。""平乐府城揽胜亭畔,有桥新修,碑刻捐资人姓名,有捐银三分者,今观碧崖阁建桥道碑,有捐钱二百文者,均备书之,欲以见其不没人善。且可征风俗之俭,工力之省也。"[2]而更多的记载则见于广西本地文献中。桂林市区有两块石碑,记载了清代同治年间群众共同捐资重修古井与道路,方便众人的事迹:

---

[1] 佚名:《贺县志》,卷2,第12页,民国23年(1934年)铅印本,载《中国方志丛书》第20号,台湾成文出版社1967年版,第69页。
[2] 清金武祥:《漓江杂记》,载劳亦安编:《古今游记丛钞》(四),卷36,台湾中华书局1961年版,第30—31页。

清·同治八年己巳(1869年)《重修龙泉井并小井边街碑记》

小井边街向有龙泉井,不知凿于何年。水清而冽,且源远流长,虽秋冬不甚涸。人以为异于他井焉。乾隆十九年复经重修。兹因历年已久,势将倾塌,以致沟渠污浊之水,不时侵入,殊不便于汲食。爰集同人,捐资修理,即易所谓井絜无咎是也。并将捐数羡余重修小井边街道以便行人。阅两月而始落成,诚美举也。①

清·同治十二年(1873年)《黎庶椿等重修古井碑记》

窃维尊神庙中街历有古井,至今以来不知数多。馀年惟此井水泉,其水甚清而且甚涌,四季常流,春夏不浊,诚若体泉,则各户汲而饮之,其水清而又净。于咸丰二年贼匪入境,填塞古井,至今以来二十余年,为井填塞,即风俗不古如昔。至同治十二年,众街公议重修古井。其井面基址在,昔人所造本自宽有丈余,奈人心不古,起造房屋,侵占井面基址二尺有余,遂不成其为井。今众兴工,仍照古时基址。现有原籍所在,至此以后,起造房屋不得侵占。为此勒碑永远为记。

同治十二年十二月初九日重修立②

各个时期的《钟山县志》记载了多起普通县民捐资为公众修建道路、桥梁、水坝、渡口等的感人事迹:

陈世森,为人慈善乐施,热心公益,凡兴学、筑路、建桥诸善举莫不乐于提创。③

潘之萃,尝倡修江背洞大路,捐资三百金成之。④

钟章琳,偕其兄之子积亮捐资修筑城南自平政桥至马骝桥一路石街数里,行旅往来自是称便。⑤

邑人廖象鹏《修大桥冲路碑记》:爰集同人,议为高峻者,革故鼎新旁开坦道,低下者,砌石培土增美前程。……幸赖仁人君子,疏财仗义,乐意倾囊,此倡彼和,同心徙鼎,出百十年积累之金钱,输母子修千万人往来之路道,颂由庚问,犹有行人窘步者乎?无有也。凿山通路,诸君乐

---

① 桂林市文物管理委员会编:《桂林石刻》(中),1977年编印(内部资料),第339页。
② 同上注书,第343页。
③ 潘宝疆修、卢钞标纂:《钟山县志》,卷14·列传,民国22年(1933年)铅印本,台湾学生书局1968年版,第214页。
④ 同上注书,第201页。
⑤ 同上注书,第216页。

助,钞而襄成,镌石乘勋。①

钟舍光,尝捐资修自石龙过羊头之统岭大路及源头村前石街数里,又架统岭脚石桥二处,并在距石龙里许低洼处架石桥七度,名为七步桥,又架山口大路石桥三处,其平生热心公益慨可想见。②

虞建业,石龙墟外有濠,深逾丈,宽数丈,每届春夏,浊水河溢,上行者到此皆相叹汪洋却步,其族绅步陶拟建桥,苦无资,谋及恺元,遂慨然捐银一百五十元为之倡,其族中殷富者闻之,亦相继捐助,不数月,桥成,至今往来称便焉。③

岑启彩,教读于松木寨,两村距离不远,中有溪水间隔,春潦涨时,人多病涉,时彩家雇有石匠,乃尽举一年所得修金与工建筑,桥既成,往来称便。④

道光二十四年(1844年),曾德祥捐资修建十二车桥,初名太平桥。⑤

骆为琮,尤乐为公益,尝捐巨资筑英家观音阁石路,建燕塘四季桥,又重修十二车大桥。⑥

潘斯睿(邑人)《建造佛儿桥碑序》:距凤翔市之东土名佛儿田,旧乃古圳,行人越此者,无虑褰裳。历年来频遭水潦,湍流泻注,日已滋深,地适管孔,道东达芳林,南通公会,北至羊头,值春夏之交,担签蹑跻而来者,往往望洋兴叹,自崖而返也。近村好义者,议造斯桥以倡之,同心乐善者,相率酿金以成之。于是鸠工贮材,择日兴造。越三月而工竣,名曰佛儿桥。⑦

杨富,慷慨公益,尝置田十余亩,独出资筑一淹水新坎,工金毫不取于人,农田资其灌溉者,不下数百亩,人今犹啧啧称之。⑧

董绍纲,历年管理垒田渡,渡田歉收,租不足,无以赡舟子,常捐谷接

---

① 潘宝疆修、卢钞标纂:《钟山县志》,卷15·文艺,民国22年铅印本,台湾学生书局1968年版,第232—233页。
② 潘宝疆修、卢钞标纂:《钟山县志》,卷14·列传,民国22年铅印本,台湾学生书局1968年版,第215—216页。
③ 同上注书,第202页。
④ 同上注书,第215页。
⑤ 钟山县志编纂委员会编:《钟山县志》,广西人民出版社1995年版,第11页"大事记"。
⑥ 潘宝疆修、卢钞标纂:《钟山县志》,卷14·列传,民国22年(1933年)铅印本,台湾学生书局1968年版,第209页。
⑦ 卢世标、潘宝疆等编:《钟山县志》,第六编·文化,第92页,据广西通志馆民国抄本1987年印。桂林图书馆藏。
⑧ 潘宝疆修、卢钞标纂:《钟山县志》,卷14·列传,民国22年(1933年)铅印本,台湾学生书局1968年版,第208页。

济之,数十年如一日。①

邑人卢钞标《鸡母洲渡序》:鸡母洲渡适居西湾上游,一水盈盈,往来间绝。昔人设渡于此,置田数亩,供亿渡夫,殆即夏官司险,知川泽之阻而达其道路,使行旅免褰裳之苦及濡轨之忧者与。但年湮代远,物换星移,所置之渡田或因激浪奔涛,陷于沙砾,或因凶年饥岁,弃于荒芜,而桂棹蓝桨亦饱受风雨之剥蚀,等于枯槎之无用。逐至车阻迷津,大川不能利涉,舟横野渡,彼岸谁可先登?乡善士望洋而叹,心焉忧之,相与醵金数百,再造慈航,舟子既不虞绝粮,行人亦咸歌利济。②

热心公益建筑的优良传统至今仍在广西各地壮族中久盛不衰。如隆林县民间有"杀人放火短命鬼,修桥补路大阴功""修桥补路——得阴功"的俗谚。在当地的壮族山村里,有的人不计报酬地去修旧桥或搭新桥,有的填坑补路,为民行善,俗称修桥修路积德补阴功。搭桥者多是婚后不育而求生育的夫妇,修路多是老人。③ 但是年轻人修路筑桥的公益思想也很积极。如西林县的乡村青年,村寨上哪家有抬梁立柱的,随喊随到,尽力相帮。平时,修桥、铺路、掘水井等公益劳动,乡村青年认为是修"阴功"、积"阴德"的传统道德,总是尽力而为。④ 这种群众积极致力于公益性建筑的制度对于促进农村的社会管理具有重要的意义。笔者在调研中,发现龙胜泗水乡里排壮寨《寨规民约十二条》第7条规定:"公益事业,人人有责,修路架桥,建设公共场所等,家家户户都要积极参加。"这是古老习惯在现代乡规民约中的反映。

第三节 瑶族建房互助习惯

一、特点

瑶族的建房互助历史悠久。瑶族民间有"人多能搬山,蚁多挖穿山""灶火还有三块石,好汉也要三个帮""一根木头做不成桌子,一根稻草搓不成绳

---

① 潘宝疆修、卢钞标纂:《钟山县志》,卷14·列传,民国22年(1933年)铅印本,台湾学生书局1968年版,第207页。
② 潘宝疆修、卢钞标纂:《钟山县志》,卷15·文艺,民国22年(1933年)铅印本,台湾学生书局1968年版,第233—234页。
③ 隆林各族自治县地方志编纂委员会编:《隆林各族自治县志》,广西人民出版社2002年版,第741、744、892页。
④ 西林县地方编纂委员会编:《西林县志》,广西人民出版社2006年版,第1111页。

子"①的说法。富川地区的平地瑶和过山瑶人民,都有一共同的优良风尚:每当起房盖屋之时,大家都来帮助,除了主家招待三餐食之外是没有任何报酬的。② 贺县新华乡瑶族在某家建造房屋时,各户也往往前往帮助,主家只提供饭食而没有工资。③ 环江县长北乡后山屯瑶族除农事进行换工互助外,在造新屋竖田棚、起仓寮等较大的工程,邻里都主动前来帮助,主家供给饭餐,不给报酬。④ 民国时期一些人类学者在金秀地区的调研,几乎无一例外地都提到了当地瑶族的建房互助习惯:

庞新民《两广瑶山调查》:瑶人建筑房屋……先于山上伐木作板及行椽等,继请村中人帮助工作,概不给工资,仅供膳食。贫乏者以杉树皮盖屋顶,则完全可由瑶人自作,不必假手于汉人。其稍有资产能用瓦者,则连合需瓦之瑶人数家,赴桂头请一汉人,入山烧瓦。每日须工资五角,并供给食宿。待瓦烧就后,则各家均分。……瑶人造屋完全不用木匠瓦匠,由亲邻朋友互相帮助。所有木匠瓦匠之工作,均由帮助者代之,概不给工资。唯供给膳食,每日须三餐。⑤

任国荣《广西瑶山两月观察记》:如果某甲要建房子,通知一声,便三三五五,挑泥伐木,再雇几个汉人泥水匠,马上动起手来。有些竹做的简陋房子,简直连泥水匠都不要,更是快当了。做工的虽没有工资却得到三餐吃。⑥

费孝通、王同惠《花篮瑶社会组织》:不只是货物可以向多余的人家借贷,人工亦可借贷。一家要盖房屋时,自己家里的人工不够用,又没有专门出卖劳力的人,于是在另一种方式之下去得到全村人的帮工了。他们的习俗是由主人请客,把造屋的计划告诉大家,大都在农闲的时节,闲暇的人工就自愿的集中来完成一所房屋。在劳动时,主人预备了饭请做工的人吃,房屋造成了,再杀猪请一次客。……因为他们没有专门化分工组织,各家庭所需及所能,双方都没有悬殊的差别,又因为人口少,所

---

① 中央民族学院语言所第五研究室编:《壮侗语族谚语》,中央民族学院出版社1987年版,第10、132页。
② 中国科学院民族研究所、广西少数民族社会历史调查组:《广西富川县红旗人民公社(富阳区)瑶族社会历史调查》,1963年3月印行(内部参考),第58页。
③ 广西壮族自治区编辑组编:《广西瑶族社会历史调查》(第3册),广西民族出版社1985年版,第170页。
④ 同上注书,第71页。
⑤ 庞新民:《两广瑶山调查》,东方文化书局1934年版,第4、100—101页。
⑥ 任国荣:《广西猺山两月观察记》,亚洲民族考古丛书第二辑(19),台湾南天书局1978年版,第51页。

以这种经济和义务的交流中并不需要特殊帮助记忆的媒介物,因之不用货币计算。以造屋为例,每家所需要的房屋在质量双方都是相若,若每二十年需要重造一次,则每家在二十年中可以收回自己在帮人造屋时所付出的劳动了。①

从上述记载可以看出金秀瑶族建房互助习惯的几个特点:第一,都是利用农闲时候的秋冬季节建房,以方便众人互助;第二,帮工者全部无偿支援劳务,主人只供应饭食;第三,帮工是对等的交换劳动力,每人都有机会享受一次。第四,在涉及烧瓦等需要资金较多的项目时,则集体互助凑钱进行,使人人都可顺利完成建房任务。

二、贺州土瑶的"建房打会"

笔者2014年8月在贺州沙田镇狮东土瑶村调研时,该村凤支书提到村里以前曾存在过一种因建房而成立的临时性互助组织,也称为"作会"。村民以前建房子,就凑几户人家,一般7—10户,多的十几户凑成一个会,谁家建房谁就是会主,会员有的是亲戚关系,有的没有亲戚关系。今年建你的房子,明年建他的。谁家建房,成员都去帮忙,直至帮大家把房子都建起来。会的主要目的是凑米,数量或多或少,会员家里米有多的,就多凑点,会员家里米少,就凑少点,有的30斤,有的50斤,标准不等,不够的就由会主垫付。等到大家的房子都建好了,会就撤了,要想做就再重新成立一个会。但遗憾的是,这种临时性互助组织现在没有了,因为现在建房都有政府补贴,而且许多人雇工,因此都不做了。村里的团支书也说,以前有过这种组织,听老人讲过。这一信息说明,瑶族将互助组织制度扩及到了建房领域,这样可以集中多人的物资,共同解决大家的建房难题。

土瑶的建房打会制度虽然消失了,但村民之间一对一的建房互助习惯仍然保留了下来,特别是一些需要大量人力集体工作的活路。狮东村大冷水一名17岁的男孩说,现在建房都用钱雇人了,但打地基、和水泥、架天花板这三样活要请村里人帮助,尤其是和水泥,一定要叫村里人一起帮忙,没有一个人搞的,这种活一个人搞不了。请的人都是村上的,接到通知的村民只要有空就来,通知了没来的就没空,或者只有老人小孩在家、年轻人出去打工的。大家一起帮建一两天,吃三餐,有时不包早餐,一般是午餐、晚餐,一般有肉,即使没钱也会有鱼。大冷水村的凤玉兰夫妇说,建房子帮工,你帮我,我帮你,

---

① 费孝通、王同惠:《花篮瑶社会组织》,江苏省人民出版社1988年版,第45—46页。

需要就去,不管多久。主要是帮人家运材料,主人要管中饭或晚饭。8月12日恰逢大冷水村有一位名叫赵秋贵的村民第二天要建新房,村里的许多妇女都在他家帮着打糍粑,作为明天来帮工的人的午饭。笔者对其进行了现场采访。他说,我们这个寨建房子,个个都去帮的,我以前帮别人建过房子,现在我家里要建新房了,也是一样的。村里家家户户都请了,专门去挨户通知的。明天是起工,村里的男人都会来帮忙。建房的人工都是互相帮助,主要是帮助抬石头、木头,因为村里路不通,就要用肩头去挑砖头。建房子有些路不通,要帮很久的。主人家包饭,做什么菜就吃什么菜。今天家里打糍粑,帮忙打糍粑的人有朋友,也有亲戚。第二天笔者参加了赵秋贵的建房开工仪式,村里每家每户都派了一个人来帮忙,场面非常热闹。同村邓桂华说:如果你不去帮忙,等你需要帮忙的话,我们也不去。就像今天起房子,谁家没来人,大家都看得到,所以以后他家起房子,我们也不去。以前是亲自上门,挨家挨户去请,现在有手机容易多了,只要通知一个人,他喊一声大家都知道了。

土瑶建房不仅帮工,还要帮资金和建筑材料。村民之间无偿借贷建房资金和建筑材料也是建房互助的重要内容。这种借贷会在账本上详细记录下来,包括每一笔资金的来源、金额、材料的数量和尺寸,以便到时按数归还。笔者在大冷水一户村民家中看到了其记录的借贷建房资金和建筑材料的账本。该户村民刚刚建好新房,里面的装修还未做完,内壁尚未涂水泥,但家人已在里面其乐融融地生活了。这栋房屋是一排四间大屋的平房,由2个哥哥和2个妹妹四兄妹合资修建,每家住一大间,内部由各家自己隔成小间。厨房和卫生间在外面另建。为了修这套房屋,三人都分别向别村人借了款,其中大哥兴旺借得最多,为5笔共23000元,二哥秋生借了10笔共15700元,三妹莲花借了2笔共13000元,小妹某姑(家中)借了5笔共10500元,四人共借62200元,账本上清楚地记下了各自借款的金额和总数,从中可以看出,村民对其家建房都予以积极的支持,纷纷慷慨解囊,帮助他们完成"建屋大业"(见图5.2):

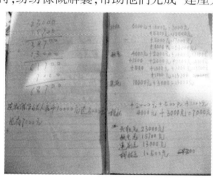

图5.2 贺州土瑶建房资金互助账目

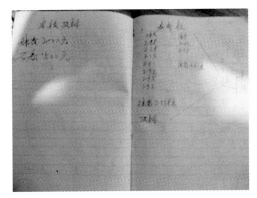

图 5.3　贺州土瑶建房物资互助账目

该账本还清楚地记载了为建整栋房屋,所借的板材和顶桐等物资,尺寸、规格、大小都清清楚楚(米数精确到毫米),并注明都已还清。(见图 5.3)其中借村民春成最多,共借 12 块大小不同的板和顶桐,其他还借了客娘的顶桐。特别注意的是,账本上还记录,一位叫桂花的村民也曾向二哥秋生借过 2 块板,并都已还清。这说明,当别人建房时,他们无偿地出借了建筑材料,反过来当他们自己要建房时,别人也无偿借给他们建筑材料,村民之间在建房物资上的互助得一览无余。主要账目如下:

春成板

2 米长	1 米长
2.28	2.62
2.28	2.05
3.13	
2.61	1 米宽 4.76 米
2.92	
2.85	
1.52	

2 米宽 2.058 米

顶桐

上述全部还清

桂花借秋生板数

2 米长	1.5 米	清
20.24 宽	126 宽	

贺州其他的土瑶也盛行建房互助。新民村的盘主任介绍,本村土瑶建房

子的互助在精神上、劳力上都有,但也要主人通知,过每户说一声,告知建房子需要多少人,大家有空就尽量去。槽碓村副主任说,本村建房都是主人去请零散工,但是下地基、打楼面的时候就需要村里人帮工,下地基一般1—2天,打楼面只有1天,速度要快。金竹村的邓支书说,建房帮工那天大家都去,做什么工,由家主安排,一直到帮他建好为止,从拆旧房子就开始了。你建我帮,我建你帮,今天帮这户,明天帮那户,轮流建,不讲工钱,大家都是互相帮的。主家只准备午饭、晚餐两餐。需要多少人工就通知多少。明梅村邓支书说:建房要帮工,你帮我,我帮你,都是自觉性的。主人根据所建房屋的面积,确定工作量及需要多少人帮工,然后通知一下(现在要通知,以前不用),如果村民全部过来,但施工量没有那么大,也是浪费。主人按需通知,今天需要多少人,就通知这一条(村民小组),明天再通知那一条,轮着去,今天10个,明天10个。80年代建房一条村(组)都去的。

三、龙胜红瑶建房互助习惯

龙胜红瑶在起房子方面的帮工最多,瑶民说:"起屋众人事,大家都有责任。"从砍树、抬树、开屋场到竖屋、盖瓦都是本寨人帮忙,若是工程大的还须女婿喊其本寨数十人上门帮工。近邻帮工各自吃了早饭才来,主家供中午和晚餐。远亲帮工食宿全由主家安排,帮者无偿援助。① 潘内瑶村无论谁家修建住宅,同村的人都出工帮助,帮工日由主家供饭,富裕的家则办酒席招待。至于架桥修路等地方公益事业,大家出工同干。② 笔者在潘内调研时,村民潘某贵(男,瑶族,64岁,农民)说,他家建房时用的木料,虽说树是自家的,但都是村民帮着从山上砍倒并扛下来的。此外,全村人还帮了他1—2天的工,主要是树柱搭架。村里其他人建房,他也去帮工。场地好工就少一点,场地不好要多一点工。难度最大的开地基主要靠帮工,主人要负责准备饭菜、烟酒。房屋建好后内部装修则由主人另外雇工。同村瑶族村民粟×旺说,建房是全村人都来帮忙,主要是砍树、砌墙。龙脊金坑大寨建房子,必须喊工,叫人家才来,不叫不来,每户人家都必须叫到,只要说了就会来,即使建房做旅馆,本地人都会去帮工。金坑一位50岁的村民说,别人起房子,只要有人叫我我就会去帮工抬料,我没有钱,只能出力气。2013年12月,笔者在潘内村恰逢一户人家盖新木楼,全村男女老少都来帮忙。盖楼最重要的环节就是架

---

① 龙胜各族自治县民族局《龙胜红瑶》编委会编:《龙胜红瑶》,广西民族出版社2002年版,第125页。
② 广西壮族自治区编辑组编:《广西瑶族社会历史调查》(第4册),广西民族出版社1986年版,第186页。

梁盖瓦,需集体协作才能完成。先是男子集体上山将砍好的可以用做房梁的粗壮杉木扛下来,架好房梁之后,妇女和老人再在搭建好的木梯上排列成 L 形队伍,通过依次传递的方式将一摞摞瓦片搬运到屋梁上铺好,整个过程热闹而又井井有条,庄重而又其乐融融。(见图 5.4、5.5)

图 5.4　龙胜潘内村建房互助:架梁盖瓦

图 5.5　龙胜潘内村建房互助:扛木料

第四节　侗族建房互助习惯

一、私人建房的互助

侗族高超的建筑艺术闻名于世,其在建房方面的互助也是一大特色。《侗垒·萨玛辞》唱:"男耕女织最勤快,邻舍有事去帮忙兮,寨上人人都喜爱,喜岛开荒地一块兮,大家帮忙把屋盖。"[①]20 世纪 50 年代的《广西侗族社

---

① 湖南少数民族古籍办公室主编:《侗垒》,杨锡光、张家祯整理注校,岳麓书社 1989 年版,第 42 页。

会历史调查》记载:侗族换工,新建住宅抬木料,搭屋架等工种,须劳力较多,在汉区则非出钱雇请劳力不可,但在侗区有了这种互助的优良传统,一般都不须请人付工资。你有事我来帮,我有事你来干,彼此互相协助,一代传一代。① 在龙胜地区的地灵侗寨,在建房互助方面形成了一些非常有特色的制度。村中人建房砍树、运料、开屋场、竖架装板、盖瓦等大部由帮工完成。主家只要安排饮食。有些农户主要劳力久病耽搁生产季节或天灾冲毁田土、毁坏屋子,主家一时无人力、财力修复,房亲邻里及时帮工整修使其能耕种安居之。地灵还有一家盖新屋,百家帮送添粮的习惯。此为本村一习俗。主家起屋帮忙人多,时间长,为了不使主家因造屋产生困难,村民主动送来若干斤米给该户以支持,这里俗称"添粮(梁)"②。

2011年5月,笔者在三江侗族自治县独峒乡高定村调研时,就亲眼目睹了一家建房、人人来帮的景象。一户人家的木楼刚刚搭好框架,正在砌底层的石墙。来帮工的总共约有十多个人,分工明确,妇女们负责用箩筐从坡上挑沙子,络绎不绝,井然有序,三四名男子负责把沉重的石头从村口抬上来,一名男子负责拌浆,还有三四名男子则在抹灰、砌石,虽然活计很辛苦,但大家干得热火朝天,还彼此说笑逗乐,气氛非常轻松愉悦。而主人刚刚买了鸡、猪肉等食品回来,正在准备丰盛的晚餐。站在一旁的村民吴刚(音,男,48岁,侗族)向笔者介绍了建房互助的情况:房子翻修,都是自己的亲戚朋友来帮忙,村里的人建房都是这样的。现在建房的这家来帮工的有外甥、叔、兄弟、表兄、表舅、女婿,全都是主家的亲戚。这些人不用请,都是自己来的,看到他(主人)建房子,就要来帮忙,很少有不来帮忙的,(不来帮工)这种事很少,总是要帮几天的。总是一家人都来,个个都是这样的,不去不好意思。帮忙的人男7个,女5个,共12人,女的挑土,男的砌石头,帮到修好为止。主人不用付报酬,只要准备好饭就可以,三餐都由他包。晚饭要做好一点,酒、菜起码要有五六样,一般是鸡、鸭、鱼、肉,虽然不给钱但吃的就要讲究一点。(见图5.6、5.7)

2011年10月,笔者前往贵州考察时,路过三江侗族自治县梅林乡石碑村,也见过类似的接力建房互助场面。只见约50多名男女老幼一个紧挨一个,从路边地面一直排到二楼楼板上,正在热火朝天地传递砖块和灰浆。车上的游客见此富有浓郁民族特色的情景都发出阵阵惊叹。在个别访谈时,村

---

① 广西壮族自治区编辑组编:《广西侗族社会历史调查》,广西民族出版社1987年版,第130—131页。
② 《龙胜地灵侗寨史记》编委编:《龙胜地灵侗寨史记》,2007年3月编写(内部参考),第244—245页。

图 5.6 三江高定村建房互助:男子砌石

图 5.7 三江高定村建房互助:妇女挑沙

民的话也印证了建房互助习惯的存在。高定村村民都说,建房时亲戚都要去帮工,不用去请,够朋友就去帮,包吃。村民杨怀刚(男,37岁,侗族,)说,建房时亲戚朋友都来帮忙,一般不用喊,亲戚家建房子不来帮忙的很少见。建房的时候需要锯木头、挑沙子,扁担都是自己带,建房户没有准备那么多,没有工具就自己回家去拿。人多就要包饭,一天三餐都要包。我的房子是去年建的,亲戚朋友都来帮忙,天天都有10多个人来帮忙,房子修了20多天,有10多天基本上都有10多个人帮忙。帮工一般都要七八天,最少也要两三天。等房子都做好了,盖上瓦了,底下围好砖了,大家就不来了,剩下装修就要自己花钱请人做了。三江独峒乡林略村民村民石益弟(女,28岁,侗族)说,我家建房的时候亲戚朋友都来帮忙,是我们去喊的。新房建了半年多,天天都有两三个人来帮工,有时需要的话三四十个都有。帮工有时需要自己带工具,扁担、箩筐都是自己带。来帮忙不给钱,但包三餐。林略村前主任韦良敏(男,45岁,侗族)说,如果建房起架的话,需要五六十人帮忙,装修就另外花钱请师傅。

二、公共建筑的协助

侗族建房互助最大的特色是,除了私人建房外,对公共建筑侗族也采取共同协助的方式。侗族有大量的公共建筑,例如鼓楼、款坪、凉亭、风雨桥、石板路等,这些建筑全部靠村民无偿义务出工修建,修建的资金也全部由村民自愿募集。而且和私人建房不一样的是,公共建筑的帮工是无须还工或对等换工的。民国《三江县志》对侗族热心公益建筑的传统大加赞赏:"侗村鼓楼,不啻规成之村公所矣。以其夙树自治自卫之良基,迈进于善政善教之新轨,于迁治古宜之举,建筑县府学校、马路、电话诸大工程,皆短期完成,侗僮各族之爱公益乐建筑以及一般民众之勇于从公更益表现。"[①]20世纪50年代的《广西侗族社会历史调查》也记载:侗族人民很热心于公益事业,如架桥、修路、起凉亭等,也均以族为单位甚至打破族为单位,齐心合力干。例如在龙胜平等河上修建的三座大石墩桥,据当地老人的估计,前后修建三年才完工,总计共用一万多个工日,除了石工和木工因为是技术性的工种需另请人(侗族)以外,其他全部工程所费的工日都靠群力共同负担。[②]

笔者的调研也证实侗族公益建筑的协助制度。三江高定村前村主任吴忠说,现在我们村采取一事一议制度,修建鼓楼、桥梁、道路等公共建筑,资金都是平摊,每户出15元、10元,根据政府划拨资金的比例出,多出也可以,大家都愿意出。以前政府不出钱,全都是村民自愿义务去修的。以前村里修鼓楼,大家排队送糯米、酸鱼,不要钱,自己送过去。林略村民欧帮燕(音,男,50岁,侗族)说,在2009年11月的特大火灾中,村里有2座鼓楼被烧毁。建新鼓楼的时候家家都出义工,寨老在广播里喊,我们有空就出,一连出了几天义务工。家家都捐款,自愿捐献,金额自定,我家捐了40元,我20元,我儿子20元,多的有出四五百元的,现在两个鼓楼都已经开工了。在龙胜的地灵侗寨,修建鼓楼、风雨桥的资金主要是靠村民的自觉捐赠。该村鼓楼和风雨桥顶部两侧的横梁上密密麻麻地写满了历年修楼桥村民捐赠的金额。从中可以看出,尽管当地村民收入并不高,但他们却在自己力所能及的情况下捐资修桥,甚至有的人家出不起钱,就捐米、谷子、油等。(见图5.8、5.9)在侗族地区,每一座风雨桥、每一座鼓楼旁、每一座凉亭、每一条村道头上都有一块"千古流芳"的石碑,上面着镌刻着捐款人的姓名及捐款额,虽然捐款的额度都不

---

① 魏任重修、姜玉笙纂:《三江县志》,卷2,第24页下,民国三十五年(1946年)铅印本,载《中国方志丛书》第197号,台湾成文出版社1975年版,第160页。

② 广西壮族自治区编辑组:《广西侗族社会历史调查》,广西民族出版社1987年版,第130—131页。

多,有的出不起钱,就捐米、油,但这些石碑使得侗族这种共同捐助完成公益建筑的制度一代一代地传承下去。看着这些在历史的风雨中斑驳的字迹,让人对少数民族互助的执着精神肃然起敬。

图 5.8

图 5.9 龙胜地灵村村民集体捐助修建鼓楼的牌匾和红榜

第五节 苗族建房互助习惯

苗族的建房互助也很积极。苗族谚语说得好:"只要人手多,牌楼搬过河。"①在融水苗族自治县,苗族人民非常注重团结互助精神,一家有事全寨

---

① 鄂嫩吉雅泰、陈铁红编:《中国少数民族谚语选辑》,广西人民出版社1981年版,第224、227、228页。

帮,起新屋也体现其中。由于山高坡陡,要建造一座木楼,从开挖地基到平整房地极不容易。要从山上将几十根甚至百多根大杉木抬到家直至将屋架竖起、屋壁镶好,这当中更需要众多的人力。寨上若有人家准备建新屋,亲戚朋友及左邻右舍知道消息后,都主动带上锄头、撮箕、拉绳、钉勾、刀斧、抬杠等劳动工具相邀而来。年纪长的就帮挖屋基,年轻力壮的就上山帮抬木头。虽然需要的时间或三五天,或十天半月,人们都不在乎,不计工钱,不计酬劳,乐意放下自家农活,自愿前来帮忙。① 隆林苗族建房仍然保持互相帮工习俗,从砍柱和解木方到挖地基、运木料、立柱盖瓦或割茅草盖房等全过程,都是互相帮工,家家户户都来帮忙,直到建完房为止,不计报酬。②

笔者在融水四荣乡田头屯调研时,村民说,这里生产、生活、红白喜事,小到扛木头,大到盖房子,都是一家有事百家来帮忙。本寨山高林密,人也没有那么多,不互相帮助是活不了的。比如一根木头一个人根本无法从山上扛下来,要找雇工,又付不起工钱,那就我帮你一天工,你帮我一天工。一般盖房子要一年时间,全寨的人都来互相帮工,全部是无偿的。三江洋溪乡玉民村杨永昌(苗族)说,村里有人起新房,全村人都要去帮忙,如果是隔壁村的人起新房,那么关系好的朋友也要去帮忙,这里有13个寨子,基本上都是这样。同村杨玉兄说,建房子要大家一起帮,看关系的远近出钱。同族的出力,不用出钱,但要出谷子,一般是两把稻子。亲戚关系比较远的人不出谷子,主要是帮砍木头、抹浆,一般要自带工具,主人要准备午饭、晚饭两餐,早餐自己在家吃。建木楼的话,帮主人建起房子就行,剩下的内部装修等就由主人自己做。融水拱洞乡龙培村村民杨某定的房子在火灾中烧毁了,他说,建新房打地基时要请亲戚朋友帮助"捣面",需要10—20人,捣一层需要2天,他们一连帮了三四天。他们出力,我出饭,不用出钱。我要买肉、酒,一天包二三餐饭。龙培小学教师吴建义说,这里的苗族起木楼人少了不行,起码要10多个人,因为木楼都是一个一个架子拼成的,必须要那么多人。建砖房需要的人更多,因为以前没有搅拌机,要很多人挑沙子、水泥,水泥要用小桶一桶一桶拖上去,所有这些都要依赖无偿的帮工完成。龙培村杨凤说,她家被烧后,起了一个小砖瓦房,朋友、亲戚、客人都来免费帮忙,帮了1—2天,自己家里只准备午饭和晚饭。融水洞头乡甲朵村韦中民(72岁,男,苗族)说,这里建房子都是互帮。比如建一个月,大家就帮一个月,都在主家吃饭。

---

① 戴民强主编:《融水苗族》,广西民族出版社2009年版,第59页。
② 隆林各族自治县地方志编纂委员会编:《隆林各族自治县志》,广西人民出版社2002年版,第859页。

第六节 其他民族建房互助习惯

广西其他的少数民族如彝族、毛南族、水族、仫佬族等也都有建房互助的习惯，这些习惯的内容与壮、瑶、苗、侗等民族大致相同。

一、彝族

彝族建房的时间一般在农历腊月到次年二月农闲时节。建房时，全村寨互相帮工。① 那坡县白彝农民之间也有建房互助帮工习惯，在冬天搭盖新屋时，也互相邀请亲朋帮忙，直到进新屋那天，有牛的便杀牛一头，或杀鸡一两只，请大家吃一餐，表示有劳众亲帮忙，并愿进屋大吉。② 笔者在2011年7月前往那坡县达腊村调研，实际了解到了彝族建房互助习惯。村民黄碧（男，41岁，彝族）说，村里建房子很隆重，帮工完全看个人的力量，有多少帮多少，一个帮一个，如果你不帮我我也不帮你。建一栋新房子需要一个月，我们帮20多天，帮抬木头、盖瓦脚，不用报酬，不过要主人请我们才去，如果不请的话我们都不懂得（知道）他要盖房子。同村苏某民（男，56岁，彝族）说，我建房子钱不够，我就向兄弟姐妹每人借了3000—5000元，三至五年还都可以。这里借款不收利息，也没有约束，债务人想什么时候还就什么时候还。但从来没有人赖账不还的，借款全部都还了。由此看来，彝族的建房互助习惯也包括劳务互助和资金借贷互助两部分。其中资金借贷是无偿性质，而劳务互助则

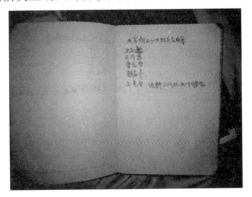

图5.10 建房互助记录：9月25日扛欠子

---

① 隆林各族自治县地方志编纂委员会编：《隆林各族自治县志》，广西人民出版社2002年版，第859页。

② 中国科学院民族研究所、广西少数民族社会历史调查组编：《睦边县那坡人民公社龙隆平生产大队俫保（彝）族社会历史调查报告》，1964年7月编印（内部资料），第5页。

是对等换工性质。由于劳务互助的对等性,建房帮工都要记账,即每个帮工者的人名、帮工内容、性质、天数都要详细记录清楚,以便以后等量归还。笔者在达腊村黄文杰家中的账本上就看到了关于建房互助帮工的详细记载(见图5.10—5.17),这可谓广西少数民族建房互助帮工习惯的活化石:

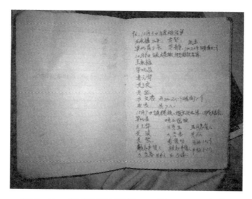

图5.11　建房互助记录:10月3—7日锯板

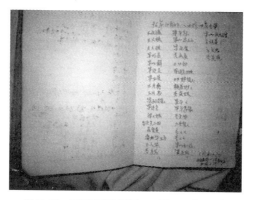

图5.12　建房互助记录:10月8日拆旧房

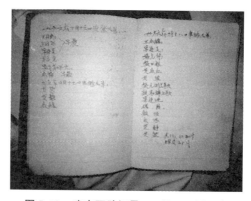

图5.13　建房互助记录:10月8日拆旧房

图 5.14　建房互助记录:10 月 12—15 日做欠子

图 5.15　建房互助记录:10 月 12—14 日做欠子

图 5.16　建房互助记录:10 月 16—18 日串排

以该账本其中几页为例,这几页完整而详细地记载了账本主人在 1996 年农历 9 月至 10 月间建新房时,同村人来帮工帮物的情况。这些记录使我们清楚地目睹了一栋房屋从打地基到建好村民劳务帮工的全部过程,为少数民族建房互助帮工提供了最重要的原始资料:

图 5.17　建房互助记录:10 月 29 日立柱

1996 年 9 月 25 日扛欠(杆)子名单:(共 5 人)

王永福、王月忠、鲁元华、颜志丰、王光台,用料 20 斤,酒 2 斤,腊肉;

1996 年 10 月 3 日锯板名单:(共 5 人,其中 1 人只上午来,1 人下午来);

王永福(上午)、梁明昌(下午)、黄登、黄静、永杰,酒 20 斤,腊肉 2 斤;

1996 年 10 月 6 日锯楼板名单:(共 7 人)

王永福、梁明昌、鲁元华、黄波、黄登、方文忠、永杰,用酒 20 斤,腊肉 2 斤;

1996 年 10 月 7 日锯楼板、架柱头、楱粮食名单:(共 6 人)

梁明昌、力元华、黄波、黄登、颜志丰爱人、力秀春

晚上搞饭名单(共 6 人):力秀生、力秀春、苏爱民、颜志丰爱人、王已莲、王月忠爱人,用酒 10 斤,牛肠 5 斤;

1996 年 10 月初 8 日拆旧房名单:(共 38 人)

王永福、王大妹、力×妹、梁明昌、梁明解、梁廷支、梁卫英、王月春、王月忠、梁建波爱人、梁廷光、梁×妹、梁廷光三妇、苏爱英、鲁元华(上午)、力人华、李美花、梁平超、梁明忠三小、梁平原、黄永贞、力日劲、梁廷光大妹、力日照爱人、颜善财、李采妹、果平×、梁平忠爱人、李元华、力合爱人、李××、李××、梁明金二仔、梁建成、梁明兵大妹、方桂英、方文忠、李美艳,用酒 70 斤,用腊肉 5 斤,牛肉 5 斤;

1996 年 10 月 12 日做欠(杆)子名单:(共 2 人)

永宏、永福;

1996 年 10 月 13 日做欠(杆)子名单:(共 2 人)

永宏、永福;

1996年10月14日打石登(凳)名单:(共8人,还有1人继续做欠(杆)子)

王永福做欠(杆)子,永宏、永支、黄登、黄静、李继勇、李日光大仔、黎元军、梁绍安外仔;

1996年10月15日打篱笆名单:(共9人,还有2人做柱头)

梁廷支、黄永宏做柱头,梁廷进、黎元华、王万昌小仔、鲁元华、李仁华、王月飞大仔、梁明忠三仔、力日劲(下半天)、颜善财;

1996年10月16日安登名单:(共6人,其中5人只有半天)

王月飞(早晨)、王月忠(早晨)、梁廷支(早晨)、黄永宏、梁廷芳(上半天)、永福(早晨);

1996年10月17日串排名单:(共3人)

黄登、黄静、永福;

1996年10月18日串排名单:(共14人,其中2人半天)

王永福、梁廷支、黎元华、黎日秋、黄永红、黄波、黎元刚(上半天)、颜志锋(上半天)、梁廷进、杨肖、颜顺、永杰、黄静、黄登,酒30斤,猪皮2斤;

1996年10月22日打茅草名单:(共4人)

王月忠爱人、王月光爱人、力元天爱人、力合爱人;

1996年10月22日锯板名单:(共6人)

鲁元华、黄波、梁国昌、黄登、黄静、永杰;

1996年10月23日做门坎名单:(共2人,下半天)

梁廷支、黄永宏(下半天);

1996年10月26日

梁廷支做门古;

1996年10月27日

梁廷支做挑手,王月忠、梁明(上午和黄登去念毕)、黄波;

1996年10月28日

梁廷支做神古,王月飞、王月忠(下午)、梁明、黄波;

1996年10月29日立柱。

根据上述记载,我们可以看出以下几个特点:

(1)从帮工的总人次来看,从9月25日开始打签子到一直到10月29日立柱一个多月的时间内,除去停工的天数,建房干活共有17天,天天有人来帮工。帮工者有名字记载在册的约72人,总共帮工144人次,平均每天都有8个左右的人帮工,平均每人帮工约2次,可见建房帮工的密集性是非常高的。

(2) 从帮工的内容来看,包括打签子、锯板、做柱头、拆旧房、做签子、打石凳、打篱笆、安凳、串排、割茅草、做门坎、立柱等建房的 12 道工序,除此而外,还包括做神古、念毕等建房的宗教劳务。其中拆旧房时来的人最多,有 38 人,这是因为该劳务需要的人手多而且要在一天内做完;其次是串排,有 14 人,其余一般都有 2 个以上的人来帮工。

(3) 从建房主人的情况看,上述帮工全部为无偿,主人只要准备酒饭就可以了,不需支付其他的报酬。从账本的记载来看,在 17 天帮工中主人只有 6 天准备了饭,共耗费酒 170 斤,腊肉 11 斤,牛肠 5 斤,牛肉 5 斤,猪皮 2 斤,这 6 天主要是帮工人数较多(均在 5 人以上)或劳动强度较大(扛钎子、锯板、拆旧屋、串排),其他的天由于活路较轻或人数较少,主人都没有安排饭食。因此,相对于密集的帮工者来说,饭食的支出并不算多。如果按 72 人来算的话,平均每人消费 2 斤多酒,1 两腊肉,按 17 天天数来平均的话,平均每天消费 10 斤酒,6 两腊肉。(见表 5.1)

表 5.1 那坡县达腊村建房劳务互助一览表

时间	劳务名称	帮工人数	酒饭用料
1996 年 9 月 25 日	扛钎子	5	酒 20 斤,腊肉 2 斤
1996 年 10 月 3 日	锯板	5	酒 20 斤,腊肉 2 斤
1996 年 10 月 6 日	锯楼板	7	酒 20 斤,腊肉 2 斤
1996 年 10 月 7 日	锯楼板、做柱头	6	酒 10 斤,牛肠 5 斤
	做晚饭	6	
1996 年 10 月 8 日	拆旧房	38	酒 70 斤,腊肉 5 斤,牛肉 5 斤
1996 年 10 月 12 日	做钎子	2	
1996 年 10 月 13 日	做钎子	2	
1996 年 10 月 14 日	打石凳	8	
1996 年 10 月 15 日	打篱笆	9	
1996 年 10 月 16 日	安凳	6	
1996 年 10 月 17 日	串排	3	
1996 年 10 月 18 日	串排	14	酒 30 斤,猪皮 2 斤
1996 年 10 月 22 日	打茅草	4	
1996 年 10 月 22 日	锯板	6	
1996 年 10 月 23 日	做门坎	2	
1996 年 10 月 26 日	做门古	1	
1996 年 10 月 27 日	做挑手、念毕	5	
1996 年 10 月 28 日	做神古	5	
总计		144	酒 170 斤,腊肉 11 斤,牛肠 5 斤,牛肉 5 斤,猪皮 2 斤

资料来源:笔者根据那坡县城厢镇达腊村黄文杰家中的账本编制。

(4) 从帮工者的个人情况来看,在帮工者中,王永福帮得最多,共出现了 10 天,黄登出现了 7 天,黄波 6 天,黄静 5 天,其余人大多为 2—4 次。显然,帮工次数的多寡与相互之间关系的亲疏远近有着密切的关系。而且,帮工的性别分工也很明确,如在 10 月 22 日的记录中,打茅草的 4 个人均为女性,而锯板的 6 个人均为男性,显然这是因为前者的工种性质更适合女性。由于建房仍是一项重体力活,因此大部分阶段还是以男性帮工为主。

(5) 从帮工的时间来看,在这些记录中,连有些人只帮了半天如一个早晨或一个下午都记得很清楚,就是为了以后还工时查看,以便照数还工。这种建房劳务互助的对等性表现得一览无余。值得注意的是,一些帮工者并没有出现本人的名字,还是以"×××爱人""×××大妹""×××小妹""×××三妇""×××大仔""×××二仔""×××三小""×××外仔"的身份出现,这表明建房互助还是起源于以父系血缘为基础的家族之间的互助,对等帮工者都是家庭的男性主人,如果家庭的男主人有事不能来帮工,则在其近亲属中找一人来代替其帮工,而这笔帮工的账还是记在男主人的头上,下次建房户还工的时候,还是还男主人的工,并不是还其近亲属的工。所以记录的时候只记代工者与家庭男主人的关系,而不必记其本人的姓名。由此,两人之间的帮工演变成两个血亲集团之间的帮工。这也就意味着,两个村民之间的互助劳务之债,可以由以各自为首的血亲集团的任何一个成员来偿还。而这种代工,也说明建房互助帮工是村民必须履行的一项义务,即使本人无法履行,也必须派去替代者履行。

除了劳务互助外,这份账本上还记载了此次建房村民对建房主人的物资互助。从上面的记载来看,主人招待帮工者吃饭喝酒也耗费了不少的物资,因此来帮工的人还同时帮衬了主人不少的酒、大米、玉米和现金等,以便使建房工程能顺利进行(见图 5.18)。

其内容记载如下:

  1996 年起新房屋亲友来帮米、酒

  十月初五日 黎秀美来帮大米 20 斤零 8 两

  十月十六日 梁廷芳来帮 20 斤整玉米

  梁明兵来帮大米 20 斤,酒 30 斤

  王月挥帮币 30 元整

  鲁元华帮黄登 8.6 斤连皮

  黎日兆玉米 20 斤

  梁卫红帮大米 20 斤

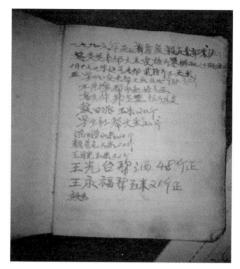

图 5.18 达腊村建房物资互助原始记录

梁国芬玉米 20 斤

颜苕光大米 20 斤

王月光玉米 32 斤

王光台帮酒 48 斤整

王永福帮玉米 21 斤整

从上述记录总计,共有 12 名村民提供物资互助,共帮助大米 80.8 斤,玉米 113 斤,酒 78 斤,现金 30 元,其他 8.6 斤。其中别人资助的酒占主人全部消耗酒量的 45.9% 之多。这些帮助对于正在建房的主人来说,可谓雪中送炭。而这些帮助物资的人,也全部在前面的劳务互助名单中出现,说明村民既帮工,又帮物。

二、毛南族

生活在环江县下南乡南昌屯的毛南族,村民之间的经济互助关系突出地表现在村民盖房方面。按照当地的习惯,一家建房,房族兄弟及村中各户有帮工的义务,只要主家上门通知一声,大家便会前来帮忙,主家只需招待吃饭即可。但毛南族的建房互助还不止于此,他们最具特色的是建房互助借贷制度。即建房所需资金也采取互助借贷的方式来筹集,从而使村民可以在自有资金不足的情况下,依靠互助资金及时地盖起新房。自 2000 年以来,南昌屯村民共盖了平顶砖房 24 幢。这些砖房平均造价为 25000—30000 元。村民盖房不是等到自己积累了所有建房的钱款后再去建房,而是积累了一部分钱后,就向本屯或周边自己的亲戚借够不足的部分,将房子建好后再逐步还清借款。一旦本屯别的家庭需要建房时,自己家庭也要尽力帮助这个家庭借钱。也正是在这样一种相互帮助的传统之中,南昌屯才会在较短时间内迅速地建成这么多的房子。①(见图5.19)

图5.19 毛南族建房互助资金来源示意图

三、水族与仫佬族

水族修建房屋的协力互助,是很多世纪流传下来的帮工互助惯制。水族有谚语云:"一根木头盖不成房,一块砖头砌不成墙。"②特别是在立房上梁盖顶时,全村劳力主动帮工,甚至家里没有成人男劳力时,妇女孩子也来参加辅助劳动。立房那天,村上前来协助帮忙的人同心协力,立柱抬梁,穿枋斗榫,用很短的时间便可盖好一栋木楼,房主人则依照惯俗备宴,招待参加立房的人们。③ 罗城县石门村仫佬族建房所请木匠一般在10人左右,零活一般都是亲友自己前来相帮的,一直到竣工为止。④

四、跨民族建房互助

在多民族聚居区,还形成了各民族协作建房的制度。如乐业县建房、打屋基,抬五六百斤重的大木头,壮、汉、瑶族都主动帮工,将其看做是自己的责无旁贷的义务,从不讲任何报酬。通常是十多人或几十人帮做工,一做几天或几十天,直到帮起好房为止。⑤ 西林县各族群众建房历来有互相帮助的传统。砍树、运木、舂墙、立柱、上梁、割茅草、盖瓦等,都是集体协作而成的。需

---

① 匡自明、黄润柏主编:《毛南族——广西环江县南昌屯调查》,云南大学出版社2004年版,第468页以及132—133页。
② 鄂嫩吉雅泰、陈铁红编:《中国少数民族谚语选辑》,广西人民出版社1981年版,第224、227、228页。
③ 何积金主编:《水族民俗探幽》,四川民族出版社1992年版,第164—165页。
④ 章立明、俸代瑜主编:《仫佬族——广西罗城县石门村调查》,云南大学出版社2004年版,第235页。
⑤ 乐业县志编纂委员会编:《乐业县志》,广西人民出版社2002年版,第604页。

用工时,家主主动向邻居逐家挨户"讨工",寨上邻居和亲戚朋友也理解,派人来帮工。来帮的人不计报酬,由家主招待饭菜,一般午餐不大讲究,晚餐必有酒、肉招待。建房户还经常收到邻居和亲戚送来的钱、米、菜等,互相支援,主家人暗中记好数字,日后待机相还。① 隆林县内各民族,特别是民族杂居的乡村,有协作建新房的习惯。当地有"蚂蚁造山,倈人互帮"②的说法。长发乡仁上屯,杂居着壮、苗、彝、汉、仡佬等民族。全屯21户,其中壮族3户、苗族5户、汉族2户、彝族6户、仡佬族5户。解放初期,全屯只有一户住上瓦房,其余各民族均住在矮小的茅草房。为了改变住房的落后面貌,1963年以来各民族订规划,齐心协力"消灭地脚棚",年年建新房,全屯分三个组:打瓦组、木工组、农业组。每年都安排一定的时间建筑住房,建房的木料由各家自备,瓦片由生产队供给。生产队领导班子虽多次换届,但建房仍按原计划进行,每年都建筑瓦房一二幢,经过20多年的艰苦奋斗,全寨有18户已建成了石泥墙的新瓦房。1978年中共十一届三中全会后,全县各民族的住房逐步向现代化方向发展,新州镇和各乡(镇)所在地的一部分农户已住上砖房或钢筋水泥结构的房子。③

---

① 西林县地方志编纂委员会编:《西林县志》,广西人民出版社2006年版,第1083页。
② 广西隆林各族自治县文化局、民委编:《中国民间文学三套集成·隆林民间谚语集》,广西隆林各族自治县文化局、民委1988年编印,第50页。
③ 隆林各族自治县地方志编纂委员会编:《隆林各族自治县志》,广西人民出版社2002年版,第857—858页。

第六章　广西少数民族扶助弱势群体习惯

理想的社会状态是"鳏、寡、孤、独各有所养"。广西各民族居住较为分散,而经济形式也以一家一户式的家庭农业生产为主,再加之国家的社会救济制度难以深入,因此少数民族社会的老弱病残等弱势群体的生存成为一个很大的问题。在这种情况下,社会成员之间的相互团结和相互扶助就显得颇为重要。令人庆幸的是,除了生产与生活上的互助外,广西民间还把互助传统发展到了救助鳏、寡、孤、独等社会弱势群体领域。这种传统影响了一辈又一辈人,逐渐形成了一种农村社会救助制度,将弱势群体消化于社会内部,弥补了国家救济力量的不足。

第一节　扶助孤寡老人习惯

和所有社会一样,广西少数民族地区也存在着孤寡老人,对于这一社会弱势群体,少数民族通过一系列互助互利的制度,使他们的生活获得保障。广西少数民族养老问题绝大部分依赖于家族或村落内部解决,赡养孤寡老人成为这一地区民间社会保障习惯的重要内容。

一、广西少数民族的敬老制度

(一) 敬老文化

要了解广西少数民族对孤寡老人的扶助制度,就要先了解他们的敬老文化,因为后者是前者的思想基础。对于少数民族群众来说,老人不仅不因丧失劳动能力而遭到遗弃和冷落,相反,他们是整个社会及家庭的宝贵财富,他们所积累的经验对后辈人有重要的指导价值。在广西少数民族的俗谚中,有大量关于对老人的智慧、经验表示崇敬的内容。例如,隆林各族人民有大量关于敬老的俗谚,如"老不可嫌,小不可欺""嫩笋竹木高过母,箍桶还要老篾条""人老才乖,姜老才辣""老姜辣味大,老人经验多""姜是老的辣,醋是陈的酸""老树耐寒,老母猪耐瘟"①,北流民间有"凡事要好,须问三老""家有老人算一宝,无使朝朝扫门口"②的说法,田阳民间也有"休笑九寸鼻涕小儿童,莫嫌三尺胡须老翁公""芦苇不成柱头,少儿不如老叟"③的说法,其他如"家有一老,胜过活宝"④"树老根须多,人老见识多"⑤"家有老人出世,家有菜园吃嫩菜"⑥"三斤嫩姜,当不得一斤老姜"⑦"九衫不如一袄,九娃不如一父"⑧等。这些俗谚所体现出来的敬老文化使我们看到,在少数民族社会中,老人不仅不会因为他们的年老体衰受到冷遇,反而因他们的丰富经验和智慧受到更多的尊敬和爱戴,这也是孤寡老人受到社会集体扶助的重要因素。

在这种思想观念的带动下,广西少数民族普遍存在"敬老有福"的理念。这种理念进一步推动了敬老文化的扩展与传承。他们生活中的很多习惯性做法都是依据这种理念自然而然形成的。如民国《钟山县志》载:县民"在平日乡里往来,关于敬老慈幼之节,恒以猪肉、面食、糖果、饼饵之属为普通馈遗之物品。"⑨龙胜潘内的禁忌有:冬天老人来了,让坐近火处,表示关怀。⑩ 京族有给老人"添粮"习俗,即年逾五六十岁的老人,如果重病或久病不愈,民间认为他是"络脉稀微",需请法师前来念咒作法事,意谓"请他的生灵力保病者复康",这种习俗,在京族民间称为"做十保"。在"做十保"时,族内亲邻还自动送来黏米、粉丝、白糍粑等,敬奉老人食用。民间俗为"添粮"。这也和壮、侗、毛南、仫佬等骆越后裔诸民族的传统意识一样,认为人的一生都是有一定的"命粮"的,老人的"命粮"愈来愈少了,亲友们要奉送食品为他添粮,让他添寿延年。这些都属远古骆越文化积淀。⑪ 在世界长寿之乡巴马,

---

① 广西隆林各族自治县文化局、民委编:《中国民间文学三套集成:隆林民间谚语集》,广西隆林各族自治县文化局、民委1988年编印,第6、12、15、21页。
② 卢嘉兴编:《中国民间文学三套集成:北流县民间谚语集》,广西北流县三套集成办公室1986年编印(内部资料),第13、31页。
③ 广西田阳县民间文学集成编委会编:《中国民间文学三套集成:田阳县谚语集》,1989年编印(内部资料),第8、18页。
④ 龙殿宝编:《中国民间文学三套集成:罗城谚语集》,罗城仫佬族自治县民间文学集成办公室1990年编印(内部资料),第52页。
⑤ 荔浦县地方志编纂委员会编:《荔浦县志》,三联书店1996年版,第803页。
⑥ 灌阳县志编委办公室编:《灌阳县志》,新华出版社1995年版,第692页。
⑦ 广西壮族自治区资源县志编纂委员会编:《资源县志》,广西人民出版社1998年版,第654页。
⑧ 戴民强主编:《融水苗族》,广西民族出版社2009年版,第211页。
⑨ 潘宝疆修、卢钞标纂:《钟山县志》,卷3·风俗,民国22年(1933年)铅印本,台湾学生书局1968年版,第55页。
⑩ 广西壮族自治区编辑组编:《广西瑶族社会历史调查》(第4册),广西民族出版社1986年版,第221页。
⑪ 符达升、过竹、韦坚平编:《京族风俗志》,中央民族学院出版社1993年版,第77页。

也存在着同样的"添粮"习俗。正是这种习俗使许多老人能够颐养天年,长寿不衰。(见图6.1、6.2)这种文化不可一概以封建迷信加以摒弃,而应当以正面的、积极的态度去看待。除此而外,敬老文化在生产生活中也有体现。如路遇长者,年轻人主动让路,如长辈肩有重担,便主动帮忙,不得超越前行。融水苗族在路上见老人挑重担主动帮挑等美德已成为人们的自觉行动。① 都安青壮年上路遇见长者负带物品时,往往主动替老人捎带,一直送达目的地。② 西林县乡村青年有助人为乐美德,为他人为集体办事,从不吝惜自己的力气。日常,如和老人出门,走路主动挑重担;早晚见老人扛柴、担水,则主动帮助。③

图6.1 巴马瑶族自治县长寿博物馆

图6.2 巴马瑶族自治县长寿老人祖谱

笔者在调研中,也了解到少数民族敬老文化的传承。如贺州狮东村规定,65岁的人不用参加村里的集体劳动。该村满十六七岁就要开始参加村

---

① 广西壮族自治区编辑组编:《广西苗族社会历史调查》,广西民族出版社1987年版,第139页。
② 都安瑶族自治县志编纂委员会编:《都安瑶族自治县志》,广西人民出版社1993年版,第788页。
③ 西林县地方志编纂委员会编:《西林县志》,广西人民出版社2006年版,第1111页。

里的集体劳动,记工,一天一个工,主要是开路,但老人可以免除这一义务。这一硬性规定对老人是非常实惠的优待。三江洋溪乡玉民村小学教师杨玉兄说,苗族传统的美德就是帮助、爱护老人,一般年轻人在路上看到老人都要打招呼,年轻人要帮老人洗衣服,扶老人走路。学校曾组织小学生去向老人献爱心,送柴火,陪老人聊天,一开始是学校组织,但一些小学生习惯了就会自己主动去。那坡县达腊村黄碧(男,41岁,彝族)说,彝族对老人很尊敬,他年青的时候帮我们,现在他老了,做不了了,我们就去帮他,如主动帮他种地。他去世了,做大白事叫我们,我们就去。笔者在调研中,曾遇到各个民族的老人,但他们的生活都有所保障,无论是物质条件还是精神面貌都较好。笔者带领学生在潘内调研时,经常会惊叹于一些老人的外观与实际年龄不相符。许多七八十岁的老人仍然头发乌黑,面无皱纹,腿脚灵活,身体硬朗,且活泼开朗,这都与村寨集体悉心的照顾分不开。据了解,该村60岁以上的老人共有332人,其中90岁以上的有5人,还有一位1911年出生的百岁老人,89—80岁年龄段的有44人,79—70年龄段的有110人,69—60岁年龄段的有173人,是名副其实的长寿村。而且这些老人中,男女比例平衡,有256人的婚姻非常稳定,仍然保持初婚状态,占全部老人的77.1%,可见其生活非常幸福安康。(见表6.1)在龙脊金坑大寨调研时,笔者在山路的拐弯处看到一位精神矍铄的老人,询问年龄,他已经98岁了,是村里最长寿的老人,我感叹于他的年龄和精神面貌,欣然提出与之合影,老人却伸出手来表示合影一次要10元钱,原来他在当地是知名人士,许多中外游客都与他合影。我对其强烈的商业味有些反感,于是没有合影就走了。但现在想来,如此高龄的老人还能以自己的良好的精神面貌赚钱谋生,又何尝不是一件幸事。

表6.1 龙胜县泗水乡潘内村60以上人员情况一览表

总数	男性	女性	婚姻状况	90岁以上	89—80岁	79—70岁	69—60岁
332	162	170	初婚:256人 离婚:36人 丧偶:27人 再婚:8人 未婚:5人	5(其中1人100岁)	44	110	173
所占总数比例	48.8%	51.2%	初婚:77.1% 离婚:10.8% 丧偶:8.13% 再婚:2.41%				
未婚:1.51%	1.51%	13.3%	33.1%	52.1%			

资料来源:根据潘内村村民自治委员会2011年4月提供材料计算编制。

（二）敬老制度的成文化

为了能够使养老问题得到切实的保障,广西各民族将敬老的内容列为重要的条款,规定在大大小小的乡规民约中,并明确了严格的违法责任和惩罚方式,使敬老的道德诉求制度化、条例化、法规化。如乾隆六十年(1795年)订立的灵川县草坪回族乡潜经村白氏宗祠《宗约》规定:"房族中不拘从堂、嫡堂,伯叔辈俱所当尊。或因所求不遂而私行陷害;或因出言不谨而大起争端,皆是犯上,察出议处,再则送官惩治,不许入祠。"光绪三十年(1904年)订立的三江县《浔溶两江集议条例》规定"宜尊贤敬老也"。① 龙胜红瑶家族族规第1条内容就是:不许虐待老人、妇女、小孩和残疾人。虽然改革开放以来,旧的习惯已被逐渐废除,但少数民族制订的现代乡规民约中,依然继承了养老敬老的优良传统,并对其进行了合乎法理的改造,使这一重要的习惯生命力得以延续。如龙胜泗水乡周家村(当时称为泗水公社周家大队)于1983年订立的村规民约第二部分"加强社会秩序管理"中规定:"为人要相互尊重,年轻人尊重老年人,老年人也要尊重年轻人,尊老爱幼,互相关心。"② 广西都安瑶族自治县隆福乡崇山村2006年订立的《村规民约》第20条规定:"全体村民要遵循尊老爱幼的原则。"贵港市覃塘区樟木乡黄龙村村规民约第7条规定:"要尊老爱幼,保护老人、妇女、儿童在社会和家庭生活中的合法权益,禁止虐待、遗弃、伤害行为。"

二、血亲赡养制度

虽然各民族赡养孤寡老人的习惯差异很大,但长期共同的生产生活使他们相互影响,相互借鉴,从而在赡养孤寡老人习惯方面呈现出一定程度的共性。最重要的共同点是:有血缘关系的近亲,是孤寡老人赡养义务的第一责任人。他们一般包括兄弟、侄子、外甥等。如龙胜红瑶家族族规第1条内容就规定:对贫困孤寡老人、残疾人,由其叔伯兄弟侄子供养,不许外出流落讨饭,丢家族面子。③ 笔者调研时,那坡县德隆乡团结村上劳屯李某(男,30岁,壮族)说,以前没有养老院的时候,村里的孤寡老人都靠亲戚朋友养活。那坡县马独屯黄文权(男,40岁,壮族,小学教师)说,村里孤寡老人要么是亲戚养,要么去果灵养老院。贺州新民村盘主任说,本村孤寡老人都是靠亲戚。

---

① 魏任重修,姜玉笙纂:《三江县志》(二),卷10,第4页上、下,民国三十五年(1946年)铅印本,载《中国方志丛书》第197号,台湾成文出版社1975年版,第753—754页。
② 龙胜各族自治县民族局《龙胜红瑶》编委会编:《龙胜红瑶》,广西民族出版社2002年版,第40、49页。
③ 同上注书,第40页。

(一) 兄弟赡养

由于少数民族父系观念较重,所以孤寡老人多由自己的同胞兄弟赡养。如龙胜红瑶,兄弟之间,有的子女多,有的不生育子女,有的娶不到妻室而成单身汉的,其兄弟便接一子或一女给他们待老赡养。单身汉自己不想立家或者有残疾的,年轻时与兄弟合为一家,做些力所能及的事,老来由兄弟赡养和处理后事。① 上思县十万大山南桂乡的瑶族丧失劳动能力且无后代的老人,一般搬到兄弟家里去住,死后财产全部归兄弟。② 笔者在调研时,那坡县达腊村苏某民(男,56岁,彝族)说,我们村有七八个40岁以上、没有老婆、没有儿子的老人,都和兄弟姐妹一起生活。三江县林略村民欧帮燕(音,男,50岁,侗族)说,老人主要靠子女,没有子女就靠兄弟。

(二) 侄子、外甥赡养

笔者在金坑、潘内等地调研时了解到,该地孤寡老人一般由同族侄子赡养,如龙胜潘内村村民潘某贵(男,瑶族,64岁)说,我们村上面有一个人没有老婆,没有子女,现在由他弟弟的小孩养。潘内村粟某旺(瑶族,男,42岁,农民)说,没有子女的,就跟侄儿住,大多数都由侄儿、侄女赡养。金坑大寨潘某明说,我有兄弟,如果我残疾了,我的侄儿、侄女必须照顾我。我的内弟今年40岁了,还没有结过婚,将来我的儿子要养他,不能抛弃的。

(三) 宗族赡养

在广西民间,存在着大量已成文的宗族对孤寡老人进行救济和扶助的制度。如前文提到的潜经村白氏《宗约》规定:"族中无子者,必择昭穆相当之人过继,不得偏爱非族,亦不得渔利争继,更宜次序昭然,不可以弟作子及以孙继祖辈,犯者两家俱不许入祠。"前文第二章提到的永福县《木村莫朝翰墓碑》中明确规定宗族公共农产品收入只能用于救济族中鳏寡孤独、老弱病残等,一般族人不得借贷支用,否则追究法律责任。侗族重要的宗族习惯法《侗垒·劝诫词·孝义传家训语》规定:"邻里无忿戾,泛爱乎众人。不侮于鳏寡,怜恤夫孤贫。"③笔者2011年4月在龙胜潘内村调研时,得知该村有5位老人终生未婚,是典型的孤寡老人,这5位老人共4男1女,均为瑶族,其

---

① 龙胜各族自治县民族局《龙胜红瑶》编委会编:《龙胜红瑶》,广西民族出版社2002年版,第124页。
② 广西壮族自治区编辑组编:《广西瑶族社会历史调查》(第6册),广西民族出版社1987年版,第38页。
③ 湖南少数民族古籍办公室主编:《侗垒》,杨锡光、张家祯整理注校,岳麓书社1989年版,第90页。

中2位当时已经79岁了,其他3名分别为71、68和63岁,他们中除年龄最轻的自己独立居住生活外,由养子女赡养的1人,由兄弟姐妹赡养的1人,由其他人赡养的有2人。(见表6.2)

表6.2 龙胜县泗水乡潘内村未婚老人赡养情况一览表

序号	姓名	性别	民族	出生年月	婚姻状况	与户主关系
1	粟保义	男	瑶族	1932.1.1	未婚	其他
2	粟氏	女	瑶族	1932.1.2	未婚	父母
3	粟福安	男	瑶族	1940.8.1	未婚	其他
4	侯加才	男	瑶族	1943.3.1	未婚	兄弟姐妹
5	粟进生	男	瑶族	1948.6.1	未婚	本人或户主

资料来源:潘内村村民自治委员会2011年4月提供。

三、非血亲义务赡养制度

在赡养孤寡老人的制度中,最令人感动的莫过于没有任何血缘关系的人对孤寡老人尽无偿的赡养义务。亲戚、房族等对孤寡老人进行赡养,是理所当然的行为。因为血缘关系或共同生活体系使他们对处于生存困境的孤寡老人负有一定的救助责任,即使不是法律上的,也有道德上的责任。但在广西少数民族民间涌现出大量这样的现象,即一个与孤寡老人无任何关系,无论是法律上还是道德上都不负有任何义务的人,无私地对孤寡老人实施了赡养义务。这些人有的是邻里隔壁,有的是同村同屯人,有的是同一民族,还有的是没有任何关系的陌生人。这种现象不是偶然的,而是广西少数民族互助习惯长期的影响造成的。这种现象也是少数民族互助习惯的最高境界。

宾阳县解放初期曾发生一起有关孤寡老人遗产纠纷的案件。虽然案件争议的焦点是关于一栋房产的继承,但其中牵涉到的孤寡老人赡养问题,让我们看到了无血缘关系赡养的实例。房屋的所有权人是一位孤寡老人涂×氏,死后其夫的堂妹要求继承她遗留下来的房屋,但法院经审理后查明:"涂×氏因无子女,以卖制小儿疳药谋生,年老病弱后,亦是邻居亲友照顾,自1956年至病故止,政府作为困难户给予定期救济补助,病重期间多为邻居孔××照料"[①],因此驳回了原告的诉求。但上述信息表明,在孤寡老人的姻亲未履行赡养义务的情况下,邻居们提供了无私的帮助,而且没有索要任何报酬,对孤寡老人遗留的房产也没有提出任何要求,这种互助精神是非常值得鼓励的。由此看来,非血亲赡养是对血亲赡养的一种补充制度。在血亲赡养

---

① 广西壮族自治区地方志编纂委员会编:《广西通志·审判志》,广西人民出版社2000年版,第251页。

义务缺位或落空的情况下,孤寡老人仍可以得到来自于非血亲甚至陌生人的救助,从而获得生活保障。这一制度再次体现了广西少数民族互助习惯的救济性功能。这些习惯宛如一张编织得非常精密的多层救助网络,即使其中一层出现了漏洞或破损,但其他的网层仍可弥补,从而使每个社会成员都能生活在保障网络之中。

除了法律案例外,广西各县的地方志中都记载了大量义务赡养孤寡老人的事例。这些义务赡养人都是极其普通的群众,在自身经济并不宽裕的情况下,克服重重困难,主动帮扶周围无血缘关系的孤寡老人(见表6.3),其中较具代表性的是广西贺州市钟山县城厢乡护平村老虎冲妇女韦月梅二十年如一日赡养双目失明的孤寡老人杨八妹的感人事迹:

表6.3 广西各地非血亲义务赡养孤寡老人事迹一览表

地区		时间	赡养人	被赡养人	关系	主要事迹
兴安县	崔家乡高泽村东山屯	1982年	王代益	王道美	同屯	老人双目失明,生活不能自理。王代益主动承担赡养老人的任务。1982年起,每天往返约1公里为老人送三餐饭菜。老人病时,请医上门治疗,并予专心护理。为老人洗衣服检修房子,每年还为老人做一套衣服。服侍老人8年如一日。
	护城乡柘园村南陛口屯	1984—1987年	余明坤、李素芳夫妇	双目失明的五保老人	陌生人	每年春节送几斤猪肉、几元或十几元钱,从不留名。
荔浦县	修仁镇建中街		袁孟琼	诸葛士保		赡养五保老人。
	横水村七里屯		李求秀	廖玉英	同族	老人60岁时就失去依附,生活无着落,把老人接回家赡养,至今20年,使老人欢度晚年。
	荔浦二中	自黄9岁—1989年	黄柳丽	四奶	同村	利用放学和假日为老人扫地、挑水、洗衣和拾柴草,持续两年,1989年四奶不幸病瘫在床,生活完全不能自理,黄柳丽每天从家里端饭菜来喂四奶,还替老人换洗脏衣服,经历8个月,四奶不幸逝世,黄柳丽为老人洗身、穿衣,然后与村上人把遗体入棺收殓。

(续表)

地区		时间	赡养人	被赡养人	关系	主要事迹
钟山县	城厢乡护平村老虎冲	1967年—1995年	韦月梅	杨八妹	同屯	二十多年如一日把双目失明的杨接入家中当做亲娘赡养。
天峨县	六排大队第八生产队	1977年—1982年	侯乔秀、刘元毅夫妇	伍亚珍	隔壁	五年如一日服侍伍。1977年伍搬到侯隔壁一间茅棚独自居住。侯便承担起照料她的责任。常替老人买米、挑水、打柴，平时家里有好吃的给老人送去，逢年过节请老人来家作客。后为方便护理干脆让老人来一起住。1981年7月间的一个夜晚，亚珍奶从床上跌下来，几天吃不下饭，又是腹泻又是肚痛，乔秀采回草药替她煎煮，直到恢复健康。在5年里，除生活费用由生产队开支外，乔秀一家给老人开支水电费，还供老人蔬菜450多公斤、柴2000公斤。
都安县	三只羊乡上年村	1970年代	袁达东、袁忠辉夫妇			袁达东曾赡养一位"五保"老人，后来袁达东病逝后，其丈夫袁忠辉仍照常供养"五保"老人，直至老人去世。
	澄江乡桑里村	自1972年起	韦庆东	某五保老人		赡养一位五保老人，直到28岁才与一位姑娘结婚一起供养老人。
	高岭乡吞晚屯	自1971年起	潘毓林	韦玉芳、潘毓珠		20岁时把年逾花甲的韦玉芳老人和双目失明的潘毓珠（44岁）接至自己家中赡养。

(续表)

地区		时间	赡养人	被赡养人	关系	主要事迹
宁明县	海渊镇思州村	1963—1981年	黄琳	五保户陆大娘	邻居	连续14年照顾陆。1968年至1970年在中小学读书时,放学回家常帮陆劈柴、挑水、煮饭、扫地,做家务。1972年初中毕业回乡劳动,每天给大娘挑水,在陆患病期间照顾并请来医生给大娘治病。1980年暴风雨掀翻了陆的屋瓦,和家人用生产队送来的瓦帮大娘盖好房子。同年腊月,用自己的钱买灯头、灯泡、花线为大娘装上电灯。1981年主动提出并和生产队干部群众为大娘建了一间新房。黄琳的爱人也经常帮大娘洗衣服,缝补蚊帐,给大娘送好吃的食物。
	桐棉乡恭敬村		黄耀求	五保户陆的旦	同村	长期赡养,亲如家人。陆早年丧夫,无男无女,已88岁,年老体弱,生活不能自理,黄耀求便主动料理她。后来为了料理得更周到,将陆接到家中赡养。当作亲人一样服侍。一晚深夜,陆突然得病,昏迷过去,黄耀求立即和儿子扎好担架,抬陆翻山越岭,送到公社卫生院抢救。

资料来源:兴安县地方志编纂委员会编:《兴安县志》,广西人民出版社2002年版,第636页;荔浦县地方志编纂委员会编:《荔浦县志》,三联书店1996年版;钟山县志编纂委员会编:《钟山县志》,广西人民出版社1995年版,第723、873页;天峨县志编纂委员会编:《天峨县志》,广西人民出版社1994年版,第477页;都安瑶族自治县志编纂委员会编纂:《都安瑶族自治县志》,广西人民出版社1993年版,第788页;宁明县志编纂委员会编:《宁明县志》,中央民族学院出版社1988年版,第699—700页。

钟山县城厢乡护平村老虎冲有一个平凡的妇女韦月梅,1967年把双目失明的孤寡老人杨八妹接入家中,当做亲娘赡养,二十多年如一日,饮食起居,关怀备至,使杨得意安度晚年,健康长寿。1964年杨八妹丈夫因病去世,无儿无女,家贫如洗,悲伤过度而双目失明。韦月梅经常给她送柴送水,照顾她的生活。1967年,她征得丈夫同意,认杨大娘作妈,接到身边同吃同住。1969年,月梅的丈夫不幸病逝,把抚养三个四岁以下的孩子的重担,让怀有身孕的月梅一人承担,生活艰难极了。护平老虎冲是全县最干旱的缺粮穷山区,韦月梅贪早摸黑,也难以维持一家六口人的生计,断粮是常事。有一次做工回来,锅里只剩三碗粥,她先给老人盛一碗,剩下的分给四个孩子。杨大娘年老体弱多病,她请医抓药,精心料理。早上帮大娘梳头洗脸,晚上给大娘洗澡换衣,为了给大娘滋补身体,养鸡下蛋,砍柴换钱买肉给大娘补充营养。1988年春节过后,杨大娘得了重病。村上许多人认为杨大娘难过这一关了。可是月梅一家为其请医买药,守候床前,喂汤喂药,端屎端尿,认真服侍。杨大娘在月梅及其孩子的照料下,康复了。韦月梅一家在自己生活极其困难条件下,供养、照顾杨大娘二十几年,从来没有一句怨言,也从不向政府伸手要补助。①

四、遗赠抚养制度

"谷怕八月风,人怕老来穷"②,对于养老问题,最重要的保障莫过于物质上的。各民族长期以来形成了一个独特的养老制度,即对于自己有财产的孤寡老人,赡养的基本原则是:谁赡养孤寡老人谁继承遗产。这一制度类似于现代民法上的遗赠抚养制度,它使孤寡老人的生活有了切实的物质依靠,而赡养人也可以获得其财产的继承权。这一制度既保证了孤寡老人的赡养问题,又使赡养人的付出能有所回报,极大地激发了人们赡养孤寡老人的积极性。

广西各民族都有这方面的习惯。龙胜地区的习惯是,孤寡老人有田地的一般由亲戚或房族代耕,收获归耕者所有,但其必须承担老人的抚养义务,为其养老送终。如龙胜红瑶孤寡老人有田产的,给人代耕抚养。③ 龙脊壮族规定,绝户财产应由房族(壮语哆兰)或远一点的宗族(壮语,台瓦)平分,如果连房族宗族都没有,便为本寨所有,他们说:"有亲归亲,无亲归旁,无旁归外。"但无论任何人继承产业,死者的丧事都由继承者负责办理并要戴孝送丧。④ 罗城的仫佬族有关绝嗣老人财产的处理办法是:如果田产不多,由为其办丧事的近亲继承;如果田产较多,又是几位近亲属平摊丧葬费用的,田产归大家一起均分,或者从死者遗产中变现一部分用作丧葬费用,其余的再大家平分。⑤ 上思县十万大山南桂乡的瑶族丧失劳动能力且无后代的老人,一

---

① 钟山县志编纂委员会编:《钟山县志》,广西人民出版社1995年版,第723页。
② 鄂嫩吉雅泰、陈铁红编:《中国少数民族谚语选辑》,广西人民出版社1981年版,第307页。
③ 龙胜各族自治县民族局《龙胜红瑶》编委会编:《龙胜红瑶》,广西民族出版社2002年版,第124页。
④ 广西壮族自治区编辑组编:《广西壮族社会历史调查》(第1册),广西民族出版社1984年版,第115页。
⑤ 章立明、俸代瑜主编:《仫佬族——广西罗城县石门村调查》,云南大学出版社2004年版,第165页。

般搬到兄弟家里去住,死后财产全部归兄弟。绝户的财产人家不要,怕有鬼。但死前去照顾他的人,得死者遗嘱继承财产的例外。[①]

笔者在实践调研中,发现这种遗赠抚养制度在很多地区都存在,已经成为一种当地群众约定俗成,心照不宣的传统习惯法。这在贺州市鹅塘镇的三个土瑶村寨非常盛行。笔者最初了解到该习惯,是由在鹅塘镇槽碓村挂职第一书记的镇干部介绍的,之后鹅塘镇明梅村村支书详细介绍了该制度。他说,本地有一种特殊的赡养孤寡老人的习惯:孤寡老人一般都有山产,如果有村民愿意赡养老人,为老人送终的话,就把山产过户到赡养人名下。双方之间是一种契约关系。只要双方约定好,村民也都认可。程序一般是找几个村民代表,在他们的见证下达成约定。槽碓村副主任也证实该村确实存在这一习惯。笔者在其他地区也了解到了这种互助性质的遗赠抚养制度。如融水田头屯的村民说,以前五保户都是由村里集体供养。整个寨子都去帮他,还分田地给他。以前他们有苗王,苗王会指定人去赡养老人。谁赡养老人财产就归谁。这种指定先从他最亲的人开始(这是理所当然的),不是随意乱点的。融水甲朵村韦中民(72岁,男)也说,本地孤寡老人谁接养谁就继承财产。三江县林略村村主任韦良敏(男,45岁,侗族)说,生前没有儿子只有女儿的老人,就看房族中那一家近,就赡养并继承遗产。这种习惯既解决了孤寡老人的赡养问题,又解决了其遗产的继承问题,可谓一举两得。

五、劳务赡养制度

以劳务赡养孤寡老人是广西侗族发展出的一项特殊救助制度。如果有血亲或非血亲承担孤寡老人的赡养义务当然很好,但对于一些尚未完全丧失劳动能力的孤寡老人来说,如果能做一些力所能及的劳务来换取养老保障,这比靠别人供养要强得多,因为它既发挥了老人的余热,维护了其人格尊严,又使养老救助显得名正言顺,有理有据。

(一)以劳务换取赡养

孤寡老人以劳务换取别人的养老,这一制度与"遗赠抚养协议"的不同之处在于,抚养人取得的不是老人死后的遗产,而是老人生前的劳务。这是一种平等互利,自愿协商的养老制度。如龙胜平等一带的侗族,曾存在一种劳务养老的制度——"养老工"。"养老工"的对象,一般是生活困苦,而且又无依无靠的老农,投靠有地的人家干活养老。"养老工"的工期一般至老死

[①] 广西壮族自治区编辑组编:《广西瑶族社会历史调查》(第6册),广西民族出版社1987年版,第38页。

为止,其待遇由主家供饭吃、衣着、零用钱、医药费、埋葬费,除不能领取工资外,在生活待遇上近似主家家庭成员生活水平。"养老工"的劳动范围,除了干农活以外,还给主家料理家务。例如平等乡吴通翰曾雇请贫苦农民吴老山为"养老工"便是这样。新中国成立前,平等乡共有五户有"养老工"。① 这种制度可以解决一些孤寡老人的养老问题。

(二) 孤寡老人担任公益性职务

在公共服务观念和体系非常发达的侗族社会中,还有一项制度值得推崇,就是提供一些社会公益性职务给孤寡老人。孤寡老人为大家提供力所能及的公共服务,而大家则凑集生活物资作为报酬用于老人养老。这一制度不仅解决了公共服务无人愿做的困难,还解决了孤寡老人的养老问题,可谓一举两得。最重要的是,它变"输血式"的养老为"造血式"的养老,使孤寡老人不再成为需要社会救济的包袱,而成为受人尊敬的公仆。

1. 担任款脚。侗族最重要的社会组织是侗款。侗族群众根据居住地域分成大大小小的"款",每个款中最重要的人物就是公共推举的款首,他负责制定约法款,调解纠纷,召集会议等等。但在侗款中还有一个人物不可忽视,那就是——款脚,他类似于款首的助理和实际执行人。侗款《法规》中有"款首邀集寨老,款脚传报众人。"这里的款脚指各款区雇用的专职人员,为款区内传送消息、传呼款众等事。② 侗族琵琶歌中专门有一首《款脚苦》,说明款脚是侗寨中的的传事,负责鼓楼的管理,这职务多是由孤苦无靠的人来充当,其工作主要包括喊寨、打扫鼓楼、给鼓楼挑水生火、执行侗款处罚等事务。③ 款脚的报酬由大家共同分摊,每年支付一定的稻米,用于其生活。

2. 担任喊寨员。喊寨是侗族的一项防火习惯,现在已转变成地方性法律制度。为防范火灾,侗族村寨都设有防火喊寨员。他们大多由村民推举出来的热心村寨公益、责任心强的五保户担任,报酬由村民捐资或用公田收成支付。防火喊寨员的职责包括:早、中、晚走村头串寨尾喊村民注意防火若干次,提醒村民防火注意事项,同时,还要深入村民家中,查隐患,指不足。若遇有隐患的户主不听劝告,有权报告村寨寨老,寨老在鼓楼商议决定,视情节轻

---

① 广西壮族自治区编辑组编:《广西侗族社会历史调查》,广西民族出版社 1987 年版,第138页。
② 湖南少数民族古籍办公室主编:《侗款》,杨锡光、杨锡、吴治德整理译释,岳麓书社 1988 年版,第84、91页。
③ 龙跃宏、龙宇晓编:《侗族大歌琵琶歌》,贵州人民出版社 1997 年版,第283页。

重,对不听劝告户主进行教育或罚款,以告诫其他村民加强放火意识。① 龙胜地区的喊寨制度仍然由民间习惯维系。地灵侗寨上专门有个人喊寨,以前是热心公益的人自觉自愿地喊,现在是由五保户担任,大家一起捐钱给他发工资,每个月 200 元,天亮、天黑各喊一次:"小心火烛"。因为有喊寨制度,这里 10 多年没有发生过火灾。三江县高基瑶族乡冲干村赵主任介绍说,喊寨员以前是每家每户出点钱、出点米聘请一个,现在由财政拨款请一个。喊寨制度不仅极大地加强了村寨消防安全,也是一项很好的赡养孤寡老人制度。

这种劳务养老制度值得在其他地区借鉴推行。如前文提及的草坪回族乡潜经村老年协会章程"老有所为"条规定:"充分发挥老年人的作用,鼓励和引导低龄老年人,在自愿和量力的前提下,发挥技术专长,积极参与社会建设和管理活动,为维护社会稳定,促进社会和谐,推动社会发展作出贡献,实现老有所为。"

六、村寨集体赡养制度

村寨集体养老是互助色彩最为浓厚的一项赡养老人制度。它充分发挥了广西少数民族村寨的自治传统和集体功能,从而实现了社会保障方面的自治。

(一)将赡养孤寡老人作为村寨的集体职责与义务

许多村寨将赡养孤寡老人作为一项集体的法定职责与义务,形成了成文的制度。早在民国时期,广西省政府制订的《广西全省村治计划书》就提到,"乡村的组成"包括"学校、协社、储蓄、农会、卫生、消防、养老、育婴等。"② 人民公社时期,一些村寨的规章专门对生活困难的老人予以计工上的照顾。1958 年 9 月 8 日,龙胜平等乡人民公社管委会制定的《平等人民公社章程(草案)》附则中规定了劳动报酬评级条件,分为四级十等,其中第四等(十级)是:因体力衰弱的中老年人,病残不能干重活的老年人,但生产积极的,可以分工喂牛水、看牛、种菜、养草鱼、看小孩等并有一些技术的,不能达到上面条件的为第十级。③ 一些公社内部则划拨大量集体物资用于孤寡老人的赡养。上世纪 50 年代实行农业合作化时期,三江县程阳乡全社因缺乏劳力的

---

① 中共龙胜各族自治县委员会宣传部、龙胜各族自治县民族事务管理局、龙胜各族自治县教育局编:《龙胜各族自治县少数民族知识读本》,2010 年 8 月编印(内部资料),第 62—63 页。
② 《广西全省村治计划书》,线装手抄本,一册,合刊,第 1—2 页,桂林图书馆藏:索取号特线 F229.973/0018。
③ 广西壮族自治区编辑组编:《广西侗族社会历史调查》,广西民族出版社 1987 年版,第 230 页。

鳏寡孤独户有21户57人,建立高级社后实行照顾五保户制度,每年拨稻谷28500斤,人民币290元,茶油6027斤,盐684斤供应五保户,使这些过去无依无靠的农民有了依靠。全社有困难户78户,243人,缺生活费共计人民币1282元,稻谷16000多斤,成立高级社后,这些困难户所需的生活费用解决了。① 改革开放之后,这一制度被进一步明确化。1981年9月11日中共隆林县委员会、隆林各族自治县人民政府发布的《隆林各族自治县包干到户生产责任制实施办法》第三章"生产干部职责和社员义务"中,生产队干部职责第4条是:"做好烈军属、五保户的优待和困难户的照顾",社员的义务第4条则是:"发扬团结互助精神,照顾好烈军属、五保户和困难户。"

进入21世纪以来,这一制度非但没有消失,反而被赋予了新的内容和生命力,愈发发达和规范。一些村寨将扶助孤寡老人习惯与现行村级治理结合起来,形成了良好的制度。村寨在各项制度的实施中优先考虑和照顾孤寡老人,如三江高定村前任村主任吴忠(男,侗族)说,村里修路捐钱,大家都按户头出,但孤寡老人不用出钱。政府发的各项补助、救助物资,都优先安排他们。村里聚餐,孤寡老人免费参加。这方面的典型是贵港市覃塘区樟木乡黄龙村。该村是一个100%的壮族村寨,村里将赡养五保老人的工作纳入村级治理中,作为一项村集体工作来抓,并使之常规化和规范化,对壮族村集体义务赡养孤寡老人的习惯进行了极大地发扬。黄龙村领导小组议事范围中的"村公益事业"第2项就是:"配合上级做好计生、医保、优抚、低保、五保、残联等工作"。在黄龙村党员中开展的"小分队大合力,小红旗大促进"的活动中,专门成立了"扶贫帮困"小分队,该队的工作职责是:负责对本村的贫困户、残疾户和五保户的扶持和帮助,在生产上辅助,在生活上关心。为了切实履行好这一职责,村里实行"履诺情况及评议"制度,即年初由"扶贫帮困"小分队成员先做出扶助五保户的行动承诺,然后由村民逐月考察其履诺情况,根据完成的好坏给出好、较好、一般、差的评价。表6.4是黄龙村"扶贫帮困"小分队部分成员作出的承诺,其中大部分都包含有扶助五保户和孤寡老人的内容,涉及孤寡老人的吃、穿、住、行和生产各项内容,包括食品、衣物、用水、用电、住房、疾病防治、种养培训、医疗保险、养老保障、生活补助等,可谓全方位服务,关怀备至。

---

① 广西壮族自治区编辑组编:《广西侗族社会历史调查》,广西民族出版社1987年版,第168页。

表6.4 贵港市覃塘区樟木乡黄龙村"扶贫帮困"小分队成员承诺内容一览表

队员姓名	承诺内容
韦洁爱	组织黄龙小学的少先队员开展学雷锋活动,上门为五保户服务。
谢君恭	保证孤寡老人生活用水、用电,对孤寡老人的住房进行全面排查并及时修缮。
谢兆号	1. 组织村内贫困户种植桉树; 2. 组织组内党员义务上门为五保户开展送温暖活动。
秦海清	1. 组织党员为病残老人服务,坚持每日消毒,防治流行疾病的传播; 2. 改善(其后字迹模糊)。
秦兴中	1. 义务为困难群众上门服务,帮助困难群众; 2. 关注留守儿童的日常生活,关怀留守老人的日常生活。
韦丽芳	1. 组织贫困户、五保户进行林业种植及养殖培训; 2. 帮助困难子女上学。
秦克环	1. 力争为残疾户申请各种补助; 2. 帮助孤寡老人种植蔬菜。
秦凤林	逢年过节给五保户送粮、油及衣物等慰问品。
王天宋	1. 带头捐款,解决五保户的生活困难; 2. 关心爱护、帮扶困难户。
黄梅芳	关心妇女、留守儿童、留守老人。
谢村片支部	争取上□□□留守老人及留守儿童。

资料来源:贵港市覃塘区樟木乡黄龙村村民委员会提供。

表6.5则是黄龙村"扶贫帮困"小分队部分成员2014年5—7月完成承诺情况的公示。从公示的情况看,村"扶贫帮困"小分队部分成员都以"较好"的成绩完成了承诺的项目:

表6.5 黄龙村扶贫帮困小分队2014年5—7月承诺项目完成情况公示

姓名	承诺事项	完成情况		
		5月	6月	7月
林育杰	组织黄龙小学部分少先队员为五保户服务,结队帮扶困难五保户。	较好	较好	较好
秦其朗	协助开展危房改造工作。	较好	较好	较好
秦时	义务为困难群众上门服务,关怀留守老人日常生活。	较好	较好	较好
林开长	义务为村级事业投工投劳,帮助困难户子女上学。	较好	较好	较好
秦建春	组织党员上门为五保户服务,帮助孤寡老人种植蔬菜。	较好	较好	较好
王天宋	带头捐款解决五保户的生活困难问题。	较好	较好	较好
谢志闪	逢年过节为五保户送粮、油、衣服等慰问品。	较好	较好	较好
秦海清	组织党员为病残老人服务。	较好	较好	较好
谢君恭	为孤寡老人排查、修理水电管道、住房。	较好	较好	较好
谢兆号	组织村内贫困户种植树木。	较好	较好	较好

资料来源:贵港市覃塘区樟木乡黄龙村村民委员会提供。

为了建立激励机制,村党支部还特别设立"每月一评"红旗之星展示台,对各小分队表现突出者给予公示表彰,以带动激励,其中的"扶贫帮困"之星,就是"扶贫帮困"小分队中在扶助孤寡老人方面贡献突出的队员。在这一名单中,谢兆号、王天宋、谢君恭、林开长、林育杰等5人均连续2次获得"扶贫帮困"之星的称号。(见表6.6)

表6.6 贵港市覃塘区樟木乡黄龙村2014年1—7月扶贫帮困之星

月份	1月	2月	3月	4月	5月	6月	7月
队员姓名	谢兆号	谢君恭	林开长	秦海清	林育杰	谢君恭	谢兆号
	王天宋	林育杰	秦其朗	秦建春	秦时	林开长	王天宋

资料来源:贵港市覃塘区樟木乡黄龙村村民委员会提供。

有些村寨还成立了专门的机构和组织协助村委扶助孤寡老人。如灵川县草坪回族乡潜经村自发成立了老年协会,村中183个老年人口中有178人参加了该协会,协会设有"老年维权组"等机构,其职责有六个方面:"老有所养""老有所医""老有所教""老有所学""老有所乐""老有所为",其中包括协助村委会做好"五保供养、困难老年人救助、老年优待、关爱空巢老人等工作,组织开展养老互助活动"。(见图6.3、6.4)

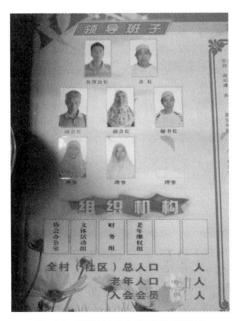

图6.3 潜经村老年协会组织机构

图 6.4 潜经村老年协会职责

(二) 集体义务代耕制度

有些孤寡老人仍有自己的田地,但在其丧失劳动能力无力耕种的情况下,各民族还发展出了村寨集体义务代耕制度。这项制度最初起源于村民自发的行为,如龙胜潘内瑶族早在新中国成立前,对年老力衰、无依无靠的人干农活有困难的,邻舍和亲友大都出工帮助,不取报酬。① 20 世纪 50 年代土地改革时期,义务代耕成为村集体的重要制度。如 1951 年到 1952 年,岑溪县以自然村组织代耕队(组),对缺乏劳动力、困难烈军属,实行义务代耕。1951 年,水汶、古味、新圩、糯垌等 4 个区为 830 户烈军属代耕 3580 亩。1954 年 83% 的乡对缺乏劳动力的贫苦烈军属及特一、二等革命伤残军人实行固定代耕制(即包耕和包工制)。部分乡对老弱孤寡军属包肥、包产。1955 年,全县代耕土地 672 亩,享受代耕烈军属 459 户。② 马山县第五区忠党乡在合作化运动中,把大部分烈军属组织起来,以缩小代耕面、减轻农民负担。全区烈属 13 户 74 人,参加互助组 5 户 25 人;军属 221 户 1,183 人,参加互助组 183 户 1,008 人,革命残疾军人 7 人,参加互助组 3 人。有部分缺少劳动力仍予代耕的 18 户,田地 84.52 亩;临时帮助工的 22 户,田地 90.1 亩,固定代耕 5 户,田

---

① 广西壮族自治区编辑组编:《广西瑶族社会历史调查》(第 4 册),广西民族出版社 1986 年版,第 186 页。
② 岑溪市志编纂委员会编:《岑溪市志》,广西人民出版社 1996 年版,第 701 页。

地 27.63 亩。当时文献的评价是："总的来说,本区的优抚代耕工作做得还好。"①

80 年代土地实行家庭联产承包责任制后,义务代耕制度完全转变为社会公益制度。如钟山县回龙乡团委,从 1980 年开始,成立"关心小组""助耕小组"共 240 个,为五保户、军烈属、困难户等义务帮忙。8 年来,帮打柴割草 15937 担;种责任田 949 亩;犁耙田 1860 亩;插田、收割 2470 亩;碾米 5555 次;修理农机具 1347 件、其他 559 件。② 1985 年,资源县全县共有孤寡老人 463 户,515 人。其供养情况为:由亲属代耕的 208 人,自耕责任田的 90 人,转包责任田的 23 人,由地方统筹口粮的 144 人,国家定补的 50 人。③ 目前,这项制度仍在一些地区有所保留,如调研中,三江高定村村主任吴忠(男,侗族)说,孤寡老人的田、地都是由亲戚、村里人帮助耕种。

(三) 划拨专门的养老田

一些村寨划出专门的土地用于孤寡老人的赡养,使其生活有切实的保障。如广西《归顺直隶州志》记载当地"以频洞余田四百亩为岁时养老"④。前文第五章也提到,在瑶族的村寨共耕制中,在平均分配劳动产品时,对丧失劳动能力的孤寡老人也给予一份,使其生活得到保障。农村实行家庭联产承包制后,这类土地已不多见。

(四) 村民集体对孤寡老人予以生活上的照顾

对于有土地的老人,遗赠抚养、义务代耕制度可以解决其养老问题,但对于没有田产的老人,则主要依赖村民平时对其生活的集体照顾。如龙胜一些民族对于没有田产生活困难的老人,由近亲轮流赡养,无亲无故者由家庭富裕、乐善好施人家供饭食。鳏寡老人若独居,逢年过节,同寨人有的送给一些鱼、肉、粑粑、蔬菜、干柴,还有的上屋添瓦补漏。近几年来,鳏寡老人从 60 年代初由集体"五保"。但逢年过节,近房亲戚及先富户仍送些肉鱼、蔬菜、衣帽等。孟化、乐江一带的壮族在办红喜酒时,凡是同寨鳏寡老人,无论亲疏都请赴宴而不收礼物,行走不便者送肉酒上门。⑤ 龙胜乐江乡地灵侗寨的孤寡老人,逢年过节时村中有人送肉、粑、柴火给之,并帮翻房添瓦补漏以解决其

---

① 广西壮族自治区编辑组编:《广西壮族社会历史调查》(第 6 册),广西民族出版社 1985 年版,第 104 页。
② 钟山县志编纂委员会编:《钟山县志》,广西人民出版社 1995 年版,第 724 页。
③ 广西壮族自治区资源县志编纂委员会编:《资源县志》,广西人民出版社 1998 年版,第 195 页。
④ (清)何福祥纂修:《归顺直隶州志》,载《中国方志丛书》第 137 号,台湾成文出版社 1968 年版,第 37—49 页。
⑤ 龙胜县志编纂委员会编:《龙胜县志》,汉语大词典出版社 1992 年版,第 105 页。

实际困难。老人过世,邻里不论亲疏都上门送葬悼念。① 笔者在调研时也了解到许多村寨集体赡养孤寡老人的案例。如那坡县弄文屯黄绍壮说,以前村里有孤寡老人,全村人都送米给他吃。没有饭吃,做不了活的老人,大家就送米、菜、柴禾。他死了,全屯人都拿1斤米、柴火去送葬。那坡县上劳屯黄某连(男,48岁,壮族)说,以前没有敬老院时,孤寡老人的生活费由亲戚或朋友负担,丧葬费则家家户户都自愿分摊,并把他抬埋到深山里。上劳屯农生玉(男,壮族,50岁)也说,村里的孤寡老人我们平时都去帮。贺州新民村盘主任说,本村有2户五保户,没娶老婆,村里人虽然困难没钱给,但主要给大米、油、被子、衣服(新)等。

第二节 扶助孤儿习惯

与孤寡老人一样,孤儿也是急需社会救助的群体。广西少数民族形成了一些重要的救助孤儿制度。各民族自古就有"孤儿不会死绝,一根茅草也会有三滴露水滋润"、"寒霜打死单根草,狂风难毁大树林"、"没有亲,众人亲,没有戚,众人戚"②说法,说明广西少数民族社会非常重视孤儿的公共抚养问题。

一、血亲抚养制度

(一) 近亲互助抚养

和孤寡老人一样,近亲对孤儿的抚养具有责无旁贷的优先义务。笔者在实践调研时,大部分访谈群众都指出,近亲抚养是较为普遍的救助孤儿的制度。这些近亲主要指父系方面的血亲,包括孤儿的叔伯、堂叔伯、姑妈等。受浓厚的父系观念影响,由母系方面抚养孤儿的较为少见。三江县高定村前任村主任吴忠(男,侗族)说,本村现在虽没有孤儿,但有单亲家庭、只有妈妈的情况,家里(孤儿父亲家族)的兄弟都会帮助。高定村民杨怀刚(男,37岁,侗族,)说,村里孤儿比我们大的有一个,十几岁的时候父母死了,跟着他的叔叔家里长大,以后他应该给他叔叔养老。另一村民吴刚(音,男,48岁,侗族)说,孤儿由堂叔家抚养的多,以后长大他要养堂叔的老。这说明,在当地,抚养孤儿的人,与孤儿形成了相互抚养的关系,孤儿获得抚养后,以后也必须承担为抚养者养老的义务。三江县林略村民石益弟(女,28岁,侗族)说,村里

---

① 《龙胜地灵侗寨史记》编委编:《龙胜地灵侗寨史记》,2007年印(内部资料),第244页。
② 广西隆林各族自治县文化局、民委:《中国民间文学三套集成:隆林民间谚语集》,广西隆林各族自治县文化局、民委1988年编印(内部资料),第33、49、50页。

有孤儿一般由叔伯帮养。另一林略村民欧帮燕(音,男,50岁,侗族)说,村里一般没有孤儿,有的话就是靠父亲的兄弟养,有宗族的就靠宗族来养。三江洋溪乡政府一名民政干部说,本地孤儿都靠家族、亲戚来抚养。洋溪乡玉民苗族村民杨玉兄(小学教师)说,村里没有孤儿,如果有丧父的孩子,母亲不改嫁的话,就由亲戚帮助一起把他养大。融水甲朵村韦中民(72岁,男)说,孤儿由近支宗族、叔、堂叔等扶养。那坡县马独屯黄文权(男,40岁,壮族,小学教师)说,村里有孤儿,一般都是靠亲戚养,村里人帮他家去做工,也有人给他钱,20—30元不等,一般是亲戚给的。贺州新民村盘主任说,本村孤儿都是自己亲戚照顾。贺州槽碓村副主任说,本村有3个孤儿,都是叔父抚养。笔者在南丹县里湖乡调研时,在该乡白裤瑶生态博物馆前看到一个四岁的女孩,村里人告诉我她是一个孤儿,父母双双丧生,现在她由自己的叔叔和姑妈共同抚养。

(二) 家支、房族抚养

由有血亲关系的房族和家支抚养,也是一些民族的传统做法。如生活在隆林各族自治县的彝族群众,至今延续着维护社会秩序的家支制度。家支制度的主要宗旨是进行道德品质教育,调解民事纠纷,安排和照顾鳏寡孤独,处理本家支的红白喜事等。上世纪40年代,居住在德峨那地的"替仆阿发"(韦姓大房)家支,在第8代时,有一位叫"替仆美尼"的少年,15岁时父母双亡,姐姐出嫁,成为孤儿,智力较差不能谋生。凡"替仆"家支的人们,共同执行家支制度的规定,轮流养育美尼。到1988年4月,美尼已60多岁了,才由其堂兄"替仆米细"供养。新中国成立前夕,王氏有个孤儿流浪到外讨米,后来被族老发现,立即收回来全寨抚养,不许本族有一人在外流浪而败坏了全族的名声。隆林地区的俫人是仡佬族的支系,在漫长的历史进程中形成了自己的宗族家族体系。宗族的分支是房族,房族是扩大了的家庭,内部辈分清晰,等级严明,尊老爱幼,亲善和睦。若有什么困难,也首先是房族相助,如孤儿抚养,缺嗣过继等,都是先经房族,后及邻里。①

二、非血亲收养孤儿制度

管仲《人国篇》曰:"所谓恤孤者,凡国都皆有掌孤士,人死子孤,幼无父母所养,不能自生者,属之其乡党知识故人。养一孤者,一子无征;养二孤者,二子无征;养三孤者,尽家无征。掌孤数行问之,必知其食饮饥寒,身之腊胜

---

① 隆林各族自治县地方志编纂委员会编:《隆林各族自治县志》,广西人民出版社2002年版,第892、849页。

而哀怜之"。① 可见从春秋时期,政府就提倡同乡人士收养孤儿,并给予免除徭役的奖励,收养的越多,奖励就越丰厚,即奖励随收养孤儿的数量递增。这种制度促进了无血缘关系人收养、救助孤儿的积极性。而广西许多民族自古以来就在民间形成了主动领养、收养无血缘关系孤儿的制度,而这是在没有任何政府鼓励和提倡措施下产生的,是一种自发的救济体制。

孤儿的收养人一般是本村寨的成年人或家庭。如在乐业县乡村,子女少、或没有子女的中年夫妇,对亲戚子女多的或孤儿,自动领养(俗称"抱养")。个别人重男轻女,弃女婴,一些善良的人(多为老太婆)就拿来抚养。② 西林县农村寨上如有孤儿孤女,长辈老人总是经常都关照,给他们送吃送穿或收养。民国37年(1948年),西平乡六娄寨王阿十,父亲被抓去当兵,母亲被逼改嫁,留下他一个孤儿和一间房子,后由寨上邻居老人轮流抚养长大。③ 都安瑶族自治县澄江乡兰堂村下六良队潘盛安1986年不幸病故,妻子改嫁,家中弃下3个未成年孤儿,该队妇代会委员蒙玉平与丈夫商量,悉心照顾抚养这三个孤儿,视如亲生骨肉。④ 在多民族聚居的地区,还有收养其他民族孤儿的习惯。如隆林县德峨乡各族群众就有收养其他民族孤儿的传统。小德峨屯彝族妇女韦启婆,新中国成立前30多岁就守寡,自己生两个儿女,家里很穷,先后收养了3个孤儿(其中两个是苗族)。有时连稀饭也吃不上,家里有点好的东西就让孤儿吃,自己吃南瓜,把3个孤儿养大,帮他们讨老婆,成家立业。原自治区政协副主席、苗族干部杨宗德的父母亲,在新中国成立前先后收养了13个孤儿,扶助孤儿成家立业。⑤ 此外,这种习惯不仅仅限于相互认识的人,而是扩展到了陌生人之间。有些地区还会主动收养外来的孤贫儿。如南丹县瑶寨乡瑶寨的黎姓,传说原系贵州黎平县一个不知姓氏的孤儿,因生活困难,乞食流浪,才进瑶寨居住。一户姓黎的人收留他,后来黎姓人死绝了,就由他继承黎姓财产,承顶黎姓宗祧,子孙繁衍。⑥

这些优秀的传统至今仍影响着少数民族对待陌生孤儿的方式。广西各地救助孤儿的事迹层出不穷,而且都是普通群众。如1993年夏的一天,西林

---

① (明)冯琦编纂:《经济类编》(三),卷11·政治类·仁政,台湾成文出版社1968年版,第1218—1219页。
② 乐业县志编纂委员会编:《乐业县志》,广西人民出版社2002年版,第619页。
③ 西林县地方志编纂委员会编:《西林县志》,广西人民出版社2006年版,第1111页。
④ 都安瑶族自治县县志编纂委员会编:《都安瑶族自治县志》,广西人民出版社1993年版,第788页。
⑤ 隆林各族自治县地方志编纂委员会编:《隆林各族自治县志》,广西人民出版社2002年版,第892页。
⑥ 广西壮族自治区编辑组编:《广西瑶族社会历史调查》(第3册),广西民族出版社1985年版,第7页。

县汽车运输公司的一位姓陆的班车司机,在开往云南线的归途中,捡到一名遭遗弃的女婴,已气息奄奄。他急忙把婴儿抱回家,用糖开水救活。第二天,陆司机夫妇立即向计划生育办公室报告情况,并表示愿意收养这个被遗弃的女婴。因这女孩是在出车云南的路上拾到的,故名"云妹"。① 进入现代社会,孤儿不仅存在生活问题,最重要的是教育发展问题。广西一些地区涌现出了资助孤儿读书及完成高等教育的事例。1981年秋,兴安县中学教师郭豫祯,见学生文教立因父母双亡后生活无依靠处境艰难,主动承担供养义务,使他读完了高中。1982年秋,文教立考上了广西大学后,郭老师继续援助,直到1985年郭老师调回广东为止,三年期间共寄给文教立800多元人民币。在郭老师调离兴安中学之前,文教立得到县公安局杨凤林的援助,每月寄去五六元,直到文教立大学毕业。②

此外,本村寨人也积极对孤儿实施力所能及的救助。那坡县弄文屯黄绍壮说,村里现在没有孤儿,以前有孤儿,也和孤寡老人一样,全村人都帮着养,不够吃就帮一点。那坡县达腊村梁×菱(女,33岁,彝族,小学教师)说,村里单亲的孤儿比较多,我舅娘有一个孩子,我们经常去帮工,但很少帮钱或物,因为我们也很穷。贺州市狮东村的凤支书说,本地孤儿比较少,寡妇比较困难的我们都会去帮,主要是对她生活上予以照顾,给点米,也有人给钱,孤儿和寡妇真正过不下去大家就会给。在调查问卷中,当问到"本地孤儿主要由谁抚养"的时候,56.21%的人回答由"亲戚"抚养,24.26%的人回答由"同姓族人"来抚养,22.49%的人回答"其他",4.14%的人回答"过继给异姓"抚养,3.55%的回答由"全村人集体抚养"(见图6.5)。这表明,对于孤儿的抚养问题,亲戚、房族仍是孤儿的主要抚养群体,而其他的无血缘关系人抚养也占有一定的比例。

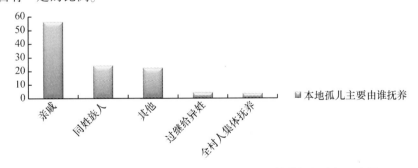

图6.5 关于"本地孤儿主要由谁抚养"问题回答的数据分析示意图

---

① 西林县地方志编纂委员会编:《西林县志》,广西人民出版社2006年版,第1111页。
② 兴安县地方志编纂委员会编:《兴安县志》,广西人民出版社2002年版,第636页。

三、孤儿财产保障制度

广西民间还形成了对孤儿的财产保障制度,其基本的内容是:(1) 对于父亲死亡母亲改嫁的孤儿,如果母亲不带走孩子,则不得带走财产,应留给孤儿享用,该财产一般由父家的亲戚代管,将来孤儿成年后交还给孤儿。(2) 父母均死亡但留有遗产给孤儿的,收养人为遗产的保管人,任何人不得侵占、使用该遗产,待孤儿成年后,该遗产要交还给孤儿。在这种情况下,收养人无论与孤儿有无血缘关系,遗产的处理方式都相同。(3) 宗族中专门拨出一定的田产或农林产品收入作为孤儿的扶养和教育经费支出,由族中年长者代为耕种保管。

在西林地区,如果父亲死亡的,如母亲改嫁不随带子女的,原分得的家产不得带走,留给子女享受。① 十万大山地区的瑶族在这方面形成了共同的习惯法。十万大山地区山子瑶如寡妇再嫁时,将前夫的子女交给前夫的亲戚收养,那么前夫家的财产就不得带走,交由亲戚代管,待这些孤儿长大,再还给他们。如果儿童的父母双亡,由亲戚抚养,其父母的财产由亲戚帮管。等他们长大了交给他们,亲戚们不得占用。孤儿由哪个亲戚抚养,他们的教育、婚姻由该亲戚负责。没有亲戚者,同姓或其他见其可怜将他们收养,收养者对财产的处理权与亲戚同。十万大山地区大板瑶扶幼尊老是传统美德。大板瑶对于孤儿总是爱护和同情的。孤儿的财产受到社会保护,谁要侵吞,将受到社会的遣责,孤儿的财产由叔伯亲戚代管,待其长大成人之后,把财产归还给他们。②

宗族划拨专门的田产或农产品用于抚养孤儿,以广西《归顺直隶州志》的记载最具代表性,当地"以频洞余田七百亩养孤独、残疾"③,康熙《永明县志》记载的"宗族条"规定,宗族专门划出"学田"用于扶助孤儿:"有学田以给孤寒,择其分之长而年之老者,用筦家政宗法最为井井。"④还有前边提到的永福木村《莫朝翰墓碑》规定宗族林木收入要用于孤儿的抚养也是一例。近年来,扶助孤儿习惯的重心转移到教育经费问题。

---

① 西林县地方志编纂委员会编:《西林县志》,广西人民出版社2006年版,第1055页。
② 广西壮族自治区编辑组:《广西瑶族社会历史调查》(第6册),广西民族出版社1987年版,第258—259,622页。
③ (清)何福祥纂修:《归顺直隶州志》,载《中国方志丛书》第137号,台湾成文出版社1968年版,第37—49页。
④ (清)周鹤纂修:[康熙]《永明县志》,卷2·风俗,第4页,载《故宫珍本丛刊》第156册,海南出版社2001年版,第419页。

第三节 扶助其他弱势群体习惯

一、扶助残疾人习惯

（一）残疾人亟需救助

少数民族大多聚居在偏远的山区，地形复杂，危险性高，交通落后，基本的医疗卫生又很难得到保障，许多病人因为无法得到及时的救助而身患残疾。残疾人由于丧失了劳动能力，使原本就不富裕的生活状况雪上加霜，往往生活在贫困线以下。笔者在调查龙胜县潘内瑶村时，发现全村500余户人家，竟然有192名不同程度的残疾人。其中肢体残疾者最多，有154人，占总数的80%，这在以体力活为主要生活来源的农村，就意味着劳动能力的丧失。其他的残疾包括听力、视力、智力、言语和多重残疾等。在192人中，属一级残疾的就有16人之多。可见残疾人是农村社会一个亟待救助的群体。（见表6.7）图6.6、6.7为村长提供的潘内村残疾人名单和瑶族村民持有的残疾人证。

表6.7 龙胜县潘内村办第二代残疾证人员情况一览表

残疾类别	总数	男性	女性	一级	二级	三级	四级
肢体	154	70	84	0	5	20	129
听力	21	14	7	9	5	5	2
视力	11	9	2	3	4	1	3
智力	3	2	1	1	1	0	1
多重	2	1	1	2(听力一级1个，言语一级1个)	0	0	0
言语	1	1	0	1	0	0	0
总计	192	97	95	16	15	26	135

资料来源：根据潘内村村民自治委员会2011年4月提供名单计算编制。

表6.8为笔者2014年8月在贺州市沙田镇调研时了解到的三个土瑶村办第二代残疾证人员情况。但据乡镇干部介绍，这些都是办理了残疾证，有资格领取国家救济者，在广大少数民族地区，还有许多残疾人未办理残疾证，无法得到政府救济的。笔者在阳朔龙尾瑶村调研时，瑶族村民邓万壳（音，男，32岁）说，他2002年在广东打工时因工伤事故将手砍伤，经鉴定为八级伤残，但他回来后也没有去办理残疾证，因为不知道去哪个部门办理。手伤残对他的生产造成一定影响，农活干不好，只能打个零工，而因为手残疾，打

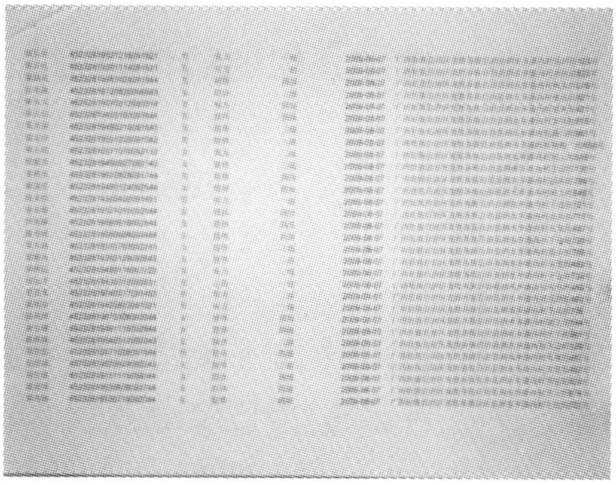

图 6.6　潘内瑶族村残疾人员名单

图 6.7　潘内瑶族群众持有的残疾人证

工儿率非常小,家里的年均收入只有 2000—3000 元。在贺州市鹅塘镇明梅村调研时,笔者遇到一个聋哑残疾人,他因种种原因也未办理残疾人,靠给别人出工帮忙度日。

表 6.8　贺州市沙田镇三个土瑶村办第二代残疾证人员情况一览表

村名	金竹	新民	狮东
总人口	1635 人	1484 人	2145 人
办残疾证人口	17 人	17 人	22 人

资料来源:根据沙田镇社会保障所 2014 年 8 月提供名单编制。

(二) 血亲扶助制度

广西少数民族地区自古以来就有对残疾人扶助的习惯,和孤寡老人及孤儿的抚养一样,残疾人在享受一定国家补贴的同时,一般由其亲戚抚养。亲戚主要包括兄弟姐妹、侄子女、外甥子女或堂兄弟等。如仫佬族生活的罗城县石门村田心屯中,有两个双目失明的残疾人,男性,均未婚,他们承包的土地由其亲属耕种。其中一个有姐姐嫁在本村,他的吃穿费用由他的两个外甥负担,四把镇民政部门每月给他35元的生活补助;另外一个则家有三弟兄,现在由他的三弟承担他的生活费用,四把镇政府每月给他110元的补助,由其弟处理。① 笔者在调研中也了解到,残疾人由亲戚抚养的最多,其中最主要的力量是兄弟。如三江林略村欧帮燕说,我们这里残疾人都是兄弟在养。残疾人没有五保补助,因为五保没有那么多指标,所以除了住在老人院的,其他的都靠兄弟养。那坡县达腊村黄永杰说,我家里有一个残疾人,我是他的二哥(族兄),他的父母都死了,他就过来和我住在一起生活,当时他二十三四岁,他有痴呆症,不懂做工,就是帮我看看牛。村里有一个残疾人,脚跛了,但能干活,亲戚都帮他。达腊村苏某民说,村里有一个哑巴,没丈夫,没儿子,由她大哥的儿子养她,侄子把她带到那坡县城去住,但她住不惯,又回来村里,现在和她的哥嫂在一起生活。贺州新民村盘主任说,本村残疾人都是靠亲戚赡养。

(三) 村寨集体扶助制度

除了有血缘关系的亲戚外,本村人这一"共同生活体"及"地域共存体"再次发挥重要作用。笔者在调研中发现,村寨集体对残疾人的扶助也功不可没。如那坡县弄文屯黄绍壮说,我的老(小)儿子就是残疾人,他小时候上山被滚下来的石头砸断了胳膊。我带着儿子去那坡治病的时候,屯里人都帮我打柴火、挑水,我不在的时候帮着喂家里的鸡和猪,我并没有叫他们做,是他们自己来这样做的,这是我们民族的习惯。那坡县德隆乡团结村上劳屯黄光连(男,48岁,壮族)说,去年村里有一个下肢瘫痪的人死了,全村人一起帮忙举办了葬礼把他埋葬了。上劳屯李某(男,30岁,壮族)说,村里有个残疾人,今年29岁,他的腿走不动了,他父亲死了,母亲养活他,主要是邻居和亲戚帮助他,村里人都给他米吃,还给他盖房子。除了村民之间自发的救助之外,村寨对残疾人还有一些优先照顾的待遇,如三江侗族自治县高定村前任村主任吴某(男,侗族)说,村里共有42个残疾人,有的是听力,有的是精神方面的疾病,他们平时不用做什么事,免费参加村里的聚餐,政府发补助、救助物资,都优先安排他们。笔者看到隆安县南圩镇光明村2011年制定的村规民约第2条规定:"维护妇女、儿童和残疾人的合法权益。严禁虐待妇女、儿童、老人和残疾人。不准歧视残疾人。"这是较为少见的在村规民约中对残疾人权益保障予以规定的条款,标志着广西乡规民约的进步及对残疾人扶助习惯的成文

---

① 章立明、俸代瑜主编:《仫佬族——广西罗城县石门村调查》,云南大学出版社2004年版,第165页。

化。正是长期对残疾人不抛弃、不歧视、互帮互助的习惯,使得广西各地形成了对残疾人扶助的良好社会风气,常涌现残疾人受到他人及集体照顾的事迹。

二、救助贫困人口习惯

人们基于能力、机遇、继承、制度等条件的差异,财富积累的速度与数量也会产生一定的不均衡,因而社会贫富分化是必然的。广西少数民族社会尽管物质生活条件较为平均,但仍因种种因素存在着大量的贫困人口。令人欣慰的是,由于广西少数民族长期存在的互助习惯,贫困人口的生活绝大部分都能依赖村落内部得以解决,这是少数民族互助习惯的重要内容。

(一) 对群体内部贫困人口的救助

广西少数民族对群体内部贫困人口的救助古已有之,历代文献均有记载。如明代文献《稗史汇编》记载西南地区的回族"于同郡之贫者月有养,他方来者亦有助。"[1]显然,在群体内部,已形成了对贫困人口成熟的救助体系。在广西的地方志中,记载了多个救助本族贫困者的事例。如嘉庆《广西通志》载博白人李维藩"少丧父,家贫甚……终其身以仁让敦,宗族贫寒者每收恤之。"[2]

笔者在调研时,三江洋溪乡政府的民政干部说,享受低保的户和五保户每个月都有几十块钱和几十斤米,但烧柴火和米都是村里帮的。贺州金竹村一位村民说,村里有人特别困难的时候,村委就开一个会讨论怎么帮助他。贺州狮东村的团支书说,困难户全村人都帮,凑点米、油来帮。同村一位 17 岁的村民说:村里下面有一个人死了老婆,村里人都去帮助他锄地。有七八个人以前和他妻子关系很好,现在家里就剩父子两个了,大家就去帮一下。我妈让我也去帮他,有时我不想去,我妈就骂我懒。由此可见,当地土瑶父母从小就培养孩子帮助困难户的意识,以便一代代传承下去。贺州明梅村邓支书说得更令人感动:对村里的困难户,你没米了,我给你米,你没衣服,我们凑钱给你买衣服。正是由于社会整体对贫困人口的关注,使得少数民族对本族人或本村人出外乞讨、沦为乞丐深恶痛绝,因为这不仅是人格丧失的问题,更重要的是对本宗族、本村寨社会救助体系的公然否定和侮辱。既然已有对贫

---

[1] (明)王圻编:《稗史汇编》,卷 15·地理门·夷方类·西南夷,第 26 页下,台湾新兴书局 1969 年影印版,第 264 页。
[2] (清)谢启昆、胡虔纂:《广西通志》,卷 267·列传十二·郁林州·国朝,广西师范大学历史系、中国历史文献研究室点校,广西人民出版社 1988 年版,第 6667 页。

困人口救助的习惯,就不可能发生本族或本村人乞讨的情况。三江侗族自治县林略村民欧帮燕(音,男,50岁,侗族)说,没有林略人到街上讨饭,整个独洞乡都没有乞丐,除非他有神经病才去做乞丐。如果我们村有乞丐,我们就把他赶出去,不让他在家乡住。

教育互助是群体内救济贫困的一项重要内容。近年来教育经费,尤其是高等教育经费逐年上涨,给许多农村青年求学造成困扰,但依赖广西少数民族民间对贫困者的传统互助体系,许多少数民族人得以顺利完成学业。笔者的许多少数民族学生,就是通过村寨的集体互助完成大学学习的。贺州金竹村邓支书说,金竹一直以来都有互相帮助的概念。一般群众需要什么,靠本地方比较有人力的,借钱、出人力帮他解决。比如小孩读书,没有学费,有些亲戚和村民就想办法帮他解决。融水甲朵村龙财屯屯长韦秀章(52岁),说,我家很困难,由于房子建在半山腰,家里又有老人,我的两个儿子要留在家照顾老人,所以小孩没办法出去打工,家里没有收入,但我的四个孩子都上到了初中,因为村里人会尽量帮助解决困难户的上学问题。一些地方甚至将教育互助的内容规定在村规民约当中,成为具有强制力的成文规范。龙胜泗水乡里排壮寨2006年制定的《寨规民约十二条》第6条规定:"通过家庭重视和全寨支持,从现在起,只要是本寨儿童本人考上高中和大学的,不能因为贫困而辍学。本寨从1996年以后出生的儿童,要全部读完高中。"字字铿锵,感人肺腑,如此人性化的习惯规定,反映出少数在社会救助方面的良好素养。

家族内部的互助是广西少数民族重要的习惯法,其中一个重要内容是扶助寡妇。清代陆次云著《峒溪纤志》记载南方少数民族:人"死,其孀妇则共养之。"[①]即集体扶助死去丈夫的寡妇。据笔者的调查,现在对寡妇的扶助一般由夫家的亲戚提供。贺州狮东村的团支书说,村里寡妇没改嫁之前由亲戚帮助她,主要是丈夫的兄弟帮助她。邻近新民村盘主任说,本村扶助寡妇主要是在劳力上帮她干活。大部分还是自己亲戚帮得多。一些判例还表明,扶助寡妇习惯法还得到了司法机关的肯定与认同。笔者在三江侗族自治县洋溪村调研时了解到一个因互助而发生的名誉侵权案件,虽然该案件因互助引起了家庭纠纷,但从中可以看出侗族群众对困难户的热情帮助传统,案情如下:

原告李某兰(侗)、被告许某琼(侗)是妯娌关系。原告之夫在世时,兄弟两家关系一直很好。1991年3月初原告丈夫张某平病故后,作为

---

① (清)陆次云:《峒溪纤志》,第11页上,载(清)吴震方辑:《说铃》,台湾新兴书局1968年影印版,第478页。

兄长的张某某经常到原告家看望教育侄儿女,帮做些家庭杂事,被告即怀疑原告与其夫有不正当的男女关系,并分别于 1991 年 8 月 15 日、1993 年 4 月、1994 年 6 月发生 3 次在未抓到事实的情况下,责怪原告与其夫有通奸行为,并对原告进行谩骂,侮辱原告的人格,双方为此多次发生争吵,且被告向他人宣扬散布原告如何与其夫发生通奸的言行经兄弟亲属劝解说服教育未果。原告遂于 1995 年 6 月 13 日向本院提请诉讼,要求责令被告停止侵害,消除影响,恢复名誉,公开赔礼道歉。

三江县人民法院经过审理后认为:原、被告是妯娌关系,双方本应和睦相处,相互尊重,搞好团结,被告与其夫张某某作为兄嫂应主动关照原告母子的生产、生活及孩子的教育求学问题,并无不当。被告在没有抓到过硬的事实证据情况下,便对原告多次谩骂,侮辱其人格,且在人群中散布有损原告名誉的言行,是违法的,应当承担民事法律责任。因此判决被告应立即停止侵害原告李某兰名誉人格的言行,并公开向原告赔礼道歉,恢复名誉,消除影响,赔偿原告精神损失 150 元。该案从一个侧面体现出侗族对家族内部贫困人口进行扶助的制度,而法院的判决书也对这一制度进行了充分的认可。

(二) 对外来贫困人口的救助

广西少数民族不仅救助本集团内部的贫困人口,还救助集团外贫困人员。对外部贫困人口救济习惯最具代表性的是对外来乞丐的扶助,他们将救助乞丐的要求明文规定在乡规民约中,作为一种有约束力的行为规范加以制度化、常规化,这在世界范围内都是不多见的现象。在这些乡规民约的条款中,最有意义是确定了救助乞丐的标准、金额和对象。这类规范以桂东北地区为最多,龙胜、灵川、资源等地都有对乞丐救助的乡规民约,而其中又以龙胜为最多。从时间上说,此类条款以清末道光之后至民初较为集中,这主要是当时的社会动荡不安,国家贫弱,政治黑暗腐败,民不聊生,大量平民因政局失控沦为乞丐,因此广西少数民族针对这一时弊,及时作出规定,将社会救助的范围超越本村本寨,扩大到了外来既无血缘又无共同生存基础之人员,这种社会担当是令人敬佩的。从某种意义上说,这些条款是以一个村寨的微薄之力,承担起了整个社会的救助功能,履行着本应由政府践行的社会救济行为。

从内容上看,对乞丐救助的条款虽然产生的年代、地方各有不同,但内容却惊人地相似。对于救助乞丐的范围,主要是老弱病残等生存较为困难的乞丐,而对少壮等乞丐人员,则基本持拒绝态度,主要原因是他们具备独立生存的能力,无救助的必要。至于救助的标准,主要包括两个方面:一是救济钱财,金额标准是施给每个乞丐一文至四文钱左右;二是救济米,每个乞丐一般施给一杯米、一勺米至半斤米,即所谓的"文钱杯米"或"文钱勺米";如果乞丐在红白喜事期间前来乞讨,应当予以救济,但禁止乞丐聚众闹事。以下所列为历年关于乞丐救助的乡规民约:

道光三年(1823年)《广西桂林府龙胜理苗分府官衙团禁约碑》规定:凡寺庙庵堂,不得收留乞丐人居住。经白事,每名准给四文,不问食,闲日每人发米一杯。①

道光五年(1825年)《灵川县公议乡约碑记》:老弱残疾花子听从给米一酒杯,不得沿门俱要。凡遇喜事,每人给钱二文。无疾丐匪不给。②

道光二十九年(1849年)龙胜《龙脊规碑》规定:游手乞食,强付生面之辈,夜间勿使乱入社庙停宿,秽污神圣。或三五成群,必致行蛮。凡遇婚丧之事,多食不厌,酗酒放惫,扰乱乡人,鸣同送官。如有蹒跚瞽目者,即便打发勿责。③

咸丰十年(1860年)资源县《葱坪瑶族团规石碑》规定:乞丐不许强浇压讨,如遇老弱残疾,只许文钱勺米。④

同治三年(1864年)龙胜《盂山规碑》规定:乞丐人等或年幼及年迈残弱者止(只)许文钱勺米,少壮全无。⑤

同治十一年(1872年)《龙胜南团永禁章程》规定:禁强游乞丐,不许安歇社庙宿住,必聚三五成群,会合强讨恶行,曲意议成祸端,如遇红白喜事,吃食不厌,醉酒行恶,派计放惫,夜摸盗窃,鸣案革除往外,老弱残疾方可。⑥

光绪二十三年(1897年)龙胜和平乡大寨村《万古流芳》石碑规定:禁乞食之人,遇有红白诸喜,只有米半斤,不许吵闹,踩入华堂乱偷,众等公罚。⑦

除了系统化的法律规定外,通过入赘方式帮助外来贫困人口也是广西少

---

① 黄钰辑点:《瑶族石刻录》,云南民族出版社1993年版,第62页。
② 桂林市文物管理委员会编:《桂林石刻》(中),1977年编印(内部资料),第255页。
③ 龙胜县志编纂委员会编:《龙胜县志》,汉语大词典出版社1992年版,第521页。
④ 广西壮族自治区资源县志编纂委员会编:《资源县志》,广西人民出版社1998年版,第721页。
⑤ 龙胜县志编纂委员会编:《龙胜县志》,汉语大词典出版社1992年版,第522页。
⑥ 广西壮族自治区编辑组编:《广西少数民族地区碑刻、契约资料集》,广西民族出版社1987年版,第174页。
⑦ 龙胜各族自治县民族局《龙胜红瑶》编委会编:《龙胜红瑶》,广西民族出版社2002年版,第46页。

数民族的普遍做法。这一方式既扶助了外来贫困人员,又解决了本地寡妇劳动力缺乏的问题,可谓解决双困户的理想办法。如上思县十万大山地区南屏乡瑶族关于民族起源的口头传说是:李姓祖先,从前是上思县那立村来的,因贫行乞,在十万大山,遇一寡妇入赘上门,就是李姓的祖先。① 广西龙胜各族自治县太平乡的伶人(苗人的一支),招郎上门仅限于贫苦的男子,"上门"到年纪较大的寡妇女家里去。② 广西民间对贫困人口的倾力救助,来自于他们淳朴善良的本性对弱势群体天然的同情心,正如民间俗谚所云:"讨吃逗人同情,偷吃惹人恼恨。"③由于对乞丐群体的良好救助,广西历史上是一个乞丐绝迹,贫富分化不明显的省份。嘉靖《南宁府志》载:横州"凶荒无乞丐。"④雍正《灵川县志》载:"治生易足而无积聚,富无十金,贫无乞丐。"⑤嘉庆《永安州志》亦载:"虽无厚积,亦无繁费,故途罕乞人。"⑥《壮族风俗志》也记载:在壮乡是看不到衣衫褴褛的乞丐,因为壮人帮助孤寡伤残的人。如果有潦倒之人叩门求援,主人一般都给些资助。在人们的观念中,救人于危难是积大功大德的好事。所以比较乐于帮助别人克服困难。⑦

调查问卷中对于"村里保障生活困难群众的措施有哪些"的问题,68.05%的人回答"由政府救济",18.34%回答"由全村人分担",6.51%回答"由村里发给救济",5.33%的人回答"设立公共基金,帮助困难户",另外,还有11.24%的人回答"其他"。由此可见,随着现代社会保障制度的建立,广西农村贫困人口逐渐转移至国家承担,但传统对弱势群体的救助习惯在一定程度上具有不可替代性,仍将在一定范围内发挥作用。我们无法抹杀这些救助习惯在少数民族社会发展中所起过的历史作用。在社会发展的任何阶段,都有社会弱势群体存在。在生产力水平较低的社会,贫困人口的生存更是面临巨大的挑战。如果以"优胜劣汰"的竞争法则来衡量的话,似乎这类人口应当属于被自然淘汰的群体。但事实上在像广西少数民族这样的低级社会

---

① 中国科学院民族研究所、广西少数民族社会历史调查组编:《广西上思县十万大山南桂乡瑶族社会历史调查报告》,1963年8月印行(内部参考),第36页。

② 广西壮族自治区编辑组编:《广西苗族社会历史调查》,广西民族出版社1987年版,第94页。

③ 卢嘉兴编:《中国民间文学三套集成:北流县民间谚语集》,广西北流县三套集成办公室1986年编印(内部资料),第7页。

④ (明)郭棐纂修:[嘉靖]《南宁府志》,卷1·风俗,日本藏中国罕见地方志丛刊,书目文献出版社1991年版,第358页。

⑤ (清)郑采宣主修:[雍正]《灵川县志》,卷2·风俗,第21页,载《故宫珍本丛刊》第198册,海南出版社2001年版,第228页。

⑥ (清)李炘重修:[嘉庆]《永安州志》,卷4·风俗,第17页,载《故宫珍本丛刊》第199册,海南出版社2001年版,第352页。

⑦ 梁庭望编:《壮族风俗志》,中央民族学院出版社1987年版,第45页。

形态中,老弱病残等人口在集体的互助下却能安然生存,个中情由不言而喻。

通过对广西少数民族对弱势群体互助习惯的发掘和整理,我们可以看出,这些习惯在某些方面的确具有其无法比拟的重要意义。"习惯之社会生活规范所以发生,乃社会生活当然之现象,实基于尊重先例,藉依据之人性倾向而来者也。是即所以利用先人经验而期社会生活安定之原因,可谓为社会生活之一种要件,一面基于人类之尚古心及模仿心等类之心的原因,一面又发于感应、遗传等类之物的原因。"①在大力建设社会主义新农村及构建农村社会保障机制的今天,这些古老的制度显得尤为重要,我们应当将其作为民族优秀文化遗产的一部分,使其在现代法治建设中焕发新的生命力。

---

① 〔日〕穗积重远:《法理学大纲》,李鹤鸣译,中国政法大学出版社2005年版,第116页。

第七章　广西少数民族灾害互助习惯

第一节　产生原因

一、广西灾害频繁

广西是一个灾害频繁且严重的地区。按照法律上对于"不可抗力"的界定,广西少数民族地区的灾害可以分为两类,一类是自然因素引起的灾害,如洪涝、干旱、风灾、泥石流、地陷、地裂、冰雹、台风等。广西少数民族聚居区均为喀斯特地貌,山体连绵、岭谷相间、河流众多、地形复杂、降水分布差异大,自然环境极其恶劣,灾害频繁发生。民间谚语有"向来所耕三怕田:一怕旱,二怕铲(风灾),三怕北江水来淹"[①]的说法。笔者在龙胜潘内瑶寨调研时,一位妇女说,山区风多,如果出现大风天气,屋顶的瓦很容易被风吹掉,去年一场大风,把一排房子的瓦全部吹掉了。三江县独峒乡牙寨村的村民也说,当地曾发生过4栋木楼被山体滑坡压倒的事件,寨子下面有一间木楼也曾被大水冲走。那坡县马独屯村民说,当地常年闹旱灾,村民的饮水一直非常困难。以前缺水的时候甚至连泥路上牛蹄踏出的脚印里的脏水都会喝。去年旱灾,连喝的水都没有。今年也有一点旱灾,玉米长势不太好,会减产。2008年年初的雪灾,使广西少数民族地区遭受了巨大损失,龙胜、兴安、资源、三江的许多木楼被雪压塌,大量的树被冻死或压断。

第二类是人为、社会因素导致的灾害,如火灾等。广西少数民族的传统民居都是由易燃材料如竹木等建造的,往往有"一家着火,全寨遭殃"的火烧连营效应。清代田雯《弭灾议》曰:"民乃编竹覆茅以居,勾连鳞次,龟廪无异位,故多火,一不戒辄延焚数十百家,不可扑灭,至冬为甚。"[②]民国《三江县志》载:"苗人聚族而居,大村三五百家,小村亦百数十户……村中屋宇稠密,

---

[①] 丁世良\赵放主编:《中国地方志民俗资料汇编·中南卷(下)》,书目文献出版社1991年版,第973页。

[②] (清)张广泗纂修:《贵州通志》,卷43·艺文·议,第9页,乾隆六年(1741年)版。

空巷窄狭,一遇火警,即成巨灰。"①民国刘锡蕃《岭表纪蛮》曰:"其建筑材料,全体皆板壁,甚易着火,一家失慎,合寨随之,绝无施救余地!"②其中以侗族为最。用当地干部的话说,侗族人喜欢聚族而居,哪怕房屋再挤也要住在一起。我们在调研中常常看到一整排几十栋木楼连在一起的情景。笔者在调研时了解到,仅柳州三江侗族自治县近年就发生了许多起伤亡惨重的火灾,如2006年该县共发生村寨火灾20起,其中重特大火灾5起,2007年,有一千多年历史、被评为"柳州市十大最美丽村寨"的独峒乡干冲千户侗寨发生火灾,近200多户木楼毁于一旦,2010年,被誉为"天上宫阙"的独峒乡林略侗寨发生特大火灾,近300多户传统木楼被毁,烧毁296户,受灾人口1320人,死亡5人。2012年良口乡良帽侗寨发生火灾,烧掉22户人家的房子,烧死2人。柳州市市长亲自下来视察灾情。笔者调研时,龙胜泗水乡里排壮寨群众也反映,前一段时间寨子下面有一家失火,好在及时发现,不然全寨子都会烧到。

二、灾害损失惨重

广西少数民族主要从事的传统农耕生产方式对地形气候极为依赖,因此上述灾害对他们的生活是致命打击。一旦发生灾害,群众不但受到生命安全的威胁,其房屋、土地、家禽、家畜等有限的生活、生产资料也会受到严重的破坏,更有甚者,灾难过后瘟疫流行、物价腾贵等后遗症也影响着他们的生活。以苗族为例,其居住环境极易发生火灾。一旦发生,损失惨重。如融水苗族自治县拱洞乡龙培村于2008年3月份发生火灾,全村烧了100多户。龙胜马堤乡芙蓉苗寨也于2010年11月发生了一起特大火灾,烧了9座房子,11户人家2—3个小时就烧没有了。

其他自然灾害的破坏力也很大。笔者在龙胜潘内村调研时了解到,该村所有的土地均为山地,村民只能靠世代在山坡上开垦梯田为生,但由于受地质地貌的影响,梯田经常发生陷落。村民粟某庆(瑶族,男,39岁)说,2010年4月份,他们全家赖以生存的3亩梯田突然有2/3发生地陷坍塌,无法恢复,现在全家5口就剩下1亩地为生,只好租其妻兄弟的地种,如果粮食不够吃只能花钱去买。又如那坡县城厢镇弄文屯地处大石山区,村里最主要粮食作物是种在石头缝里的玉米,即使这样也逃不过自然灾害的侵蚀,前任村长黄

---

① 魏任重修、姜玉笙纂:《三江县志》,卷2·社会·风俗·居处,第14页,民国三十五年(1946年)铅印本,载《中国方志丛书》197号,台湾成文出版社1967年版,第139页。
② 刘锡蕃:《岭表纪蛮》,台湾南天书局1987年版,第49页。

绍壮(壮族,男,60岁)介绍说,这里最主要的灾害是四、五、六月的风灾、旱灾,它们一来,玉米就立即全部倒了,一年的收成全部泡汤。那坡县德隆乡团结村上劳屯临近河边,村民黄某连(壮族,男,48岁)说,村里最怕水灾,几乎每年都有,主要是洪水淹田损害很大,有时候稻子都黄了却被水淹了,造成无法挽回的损失。水灾对当地农民的收入影响达到40%,他家的庄稼已连续几年被水淹了。笔者的学生吴秀清在调研时,与地处融江岸边的融安县大巷村黄村长交谈中了解到,全县平均每10年发生1—3次水灾,主要受灾地区是融江河沿岸。融安人对于1996年的大洪水记忆犹新,当时洪水把大巷村全部淹没,全村只有几户人家的房子没有倒塌,黄村长家是其中之一。村中的鸡、鸭、猪、牛全部被洪水冲走,看着家禽一只只被冲走,群众却无能为力。

三、政府难以实施救助

广西少数民族聚居区环境险恶,许多地方还未修通公路,连接村寨的道路多为盘山石渣路,狭小曲折,一般只能通行摩托车,稍好的也仅能通微型面包车之类的小型汽车,只有极少数的村寨和乡级单位才有通行大型车辆的道路,交通极为不便,再加之通讯、信息不畅,灾害发生后,外界难以进入,政府再好的救援设备也只能望洋兴叹。以火灾为例,大部分少数民族村寨都坐落在山区,交通很不方便,因而消防设施大多不健全,即使发生火灾消防车赶来救援也非常困难。在林略村发生火灾时,村里的消防机因没有汽油无法启用,而县里的消防车沿盘山路最快速度也要两个多小时才能赶到,结果导致了惨重的损失。龙脊金坑的"全景楼"旅馆失火时,由于该旅馆位于金坑景区的最高点,而整个景区为发展旅游业,没有修公路,全部为石板步行道,车辆无法通行,只能靠人工救火,所以该旅馆在一夜之间全部被烧光。在自然环境和人为因素的共同作用下,广西少数民族聚居区灾害呈种类多、爆发频率高、后果严重、外界救援困难的特点。正是在这样的背景下,面对恶劣的自然条件和频繁的社会灾害,这里的少数民族发展出了一整套在灾难中相互救助的习惯,使他们能够共渡难关,在悠久的历史发展中顽强生存下来。正如贺州金竹村邓支书说,当地发生山火都是自己解决,等外面的消防队进来早都烧光了。

第二节 预防灾害互助习惯

民国时期的学者认为,灾异"所影响于一国道德之权威者,实非浅鲜"[1]。在灾难面前人类互助精神的发挥,无疑是对其道德高低的严峻考验。在长期与各类灾害作斗争的过程中,广西少数民族积累了丰富的集体互助防灾抗灾经验,其中最重要的一条就是齐心协力,互相帮助。"十人吐口水石头淋湿,十人帮一人容易度过。"[2]

一、义仓制度

义仓是中国古代民间自发形成的抗灾互助制度。"民间立义社各仓,下以劝闾里之任恤,上以佐国家之储偫,法至善也。"[3]在互助习惯的推动下,广西的义仓建设也颇有成效。尽管广西地瘠民贫,出产不丰,物资匮乏,但群众仍以自己有限的物资踊跃捐赠谷物和粮食建设义仓,以帮助灾害发生时灾民渡过难关。广西群众的这种作法甚至得到了中央政府的认可,认为在如此艰难境况下依然捐赠义仓实属不易,因此特别批准广西以低于其他省份的标准嘉奖捐赠义仓者。据《清实录》记载:乾隆六年(1741年)户部议准广西巡抚杨锡绂议捐输社仓奖励之法,规定:"雍正二年(1724)定例:满十石以上给以花红,三十石以上奖以扁(匾)额,三四百石者奏闻给八品顶戴。粤西地瘠民贫,捐输者少。如未及十石不加奖励,无以示激劝。请捐至五石以上者,即令州、县犒以酒食,其不及五石者,将所捐之数详登收簿,如下年再捐,准一并计算,按数加奖。又粤西省杂粮价值或贵于稻谷,其捐输加奖,请于稻谷一例。"[4]义仓制度是广西少数民族共同互助应对灾害的习惯内容之一。

二、互助抗旱习惯

广西中西部地区大多为大石山区,难以留存和积聚水分,因此旱灾是长期困扰广西的一类自然灾害。为了共同生存,广西少数民族充分发挥集体的力量和智慧,形成了互助兴修水利以抗旱的习惯。少数民族地区的社会历史

---

[1] 蓝公武:《中国道德之权威》,载经世文社编:《民国经世文编(交通·宗教·道德)》,道德卷,第8页下,台湾文海出版社1970年版,第5190页。
[2] 中央民族学院语言所第五研究室编:《壮侗语族谚语》,中央民族学院出版社1987年版,第19页。
[3] (清)王庆云著:《石渠余纪》,卷4·纪·社仓·义仓,北京古籍出版社1985年版,第178页。
[4] 《大清高宗纯(乾隆)皇帝实录(四)》,卷152,台湾华联出版社1964年版,第2258页。

调查资料记载了诸多实际案例,证明了互助抗旱习惯的存在。如据乾隆《富川县志》卷一载,明、清时期,瑶、汉人民为了抵御自然灾害的袭击,团结协作建设"五田"。所谓"五田"即指西岭山一带顺着溪流地域,开渠灌田,称之"冲田";在丘陵地区的夹谷凹槽处筑塘蓄水开辟良田,称为"塘田";在高岸地区,筑坝架设竹筒水车,提水灌田,称为"车田";在石山区,引用井水灌田,称为"井田";在河流上筑坝,引水灌田,称之"坝田"。福利乡螺峰村公所所辖的黄竹山(沈姓瑶族)至今仍保存清光绪年间关于瑶、汉农田用水的协议文书。其内容是黄竹山沈姓瑶民与留家湾、大坡洞杨姓(汉族)共同修筑大莲塘蓄水灌田的有关条文规定。① 《兴安县志》载:"从唐、宋至民国,在水利建设上,都有国家投资,官、民捐献和群众自筹等形式进行水利工程的兴建和维修。② 新中国成立前,武鸣县邓广乡清江与双桥两个村的壮族农民群众自动组合起来,共同修筑水利,为共同防御灾害而进行集体劳动。③ 荔浦县清福乡纳兑瑶族和新田汉族共用一个水源,用一个大坝车水,相处很好,天旱水少两方谦让,和睦共处。④ 这些都是各民族联合起来互助抗旱的历史见证。

广西少数民族互助抗旱习惯还发展出了成文的习惯法规定,这些规定包括两方面的内容:第一,平时无灾时须共同出资、出工修建水利设施以防旱灾。第二,发生旱灾时要互相帮助,共用水源以度过旱灾。这些习惯散见于各地的民间修坝章程中,规定有明确的互助修建义务和奖惩措施,已完全具备习惯法的特质。广西大新县万承区的《万承土州修筑汕老水利碑》记载了当地七个村寨的壮族群众共同捐资、出工,齐心协力修建水坝防旱抗灾的规章制度:

> 田塍太卑,多则滥溢,少则陋(漏)涉(泄),以致水流不均,耕稼不时。兹奉本州官颁发来臬司阜生戢匪条约,于是爰集父老子弟,邀合那包、弄堪、蒲俫、江弄、墰冷、格楮、那劝诸处里人等,酌定章程,计榖出财,计名出力,将钱支赔田片,用力疏开,肩石担泥修筑,庶水流不滞,灌溉时常,虽处始维艰,久享其利,以副上司教民之至意焉。⑤

---

① 富川瑶族自治县志编纂委员会编:《富川瑶族自治县志》,广西人民出版社1993年版,第505页。
② 兴安县地方志编纂委员会编:《兴安县志》,广西人民出版社2002年版,第289页。
③ 广西壮族自治区编辑组编:《广西壮族社会历史调查》(第6册),广西民族出版社1985年版,第2—3页。
④ 广西壮族自治区编辑组编:《广西瑶族社会历史调查》(第4册),广西民族出版社1986年版,第246页。
⑤ 广西民族研究所编:《广西少数民族地区石刻碑文集》,广西人民出版社1982年版,第103—104页。

广西荔浦县立于乾隆四十年(1775年)的《筑坝议约碑文》也是典型的例证,所不同的是,这一章程的规定则较为严厉,虽然一开始强调的是乡党互助互帮共抗旱灾的精神,但其后的具体内容和条款中却明确规定共同出资、出工修建水坝乃村民不可免除之重要义务,如若不履行出资、出工义务,将受到集体严厉的惩罚。不仅如此,章程还规定设立专人进行监督和考核,以确保村民完成共同协助修建抗旱水利设施的义务:

> 窃关乡田同井支助,曾昭亲睦之风。井地同沟,势将必有均平之力。我全雷一坝,上自廖潭,下至古架,计数约有二千外工,该粮则占二千余石。人虽异其村,农田则共同水利。天时之旱潦不常,人事之筑防预备,或川必赛而得人,或沟必修而水通。倘无约束之条,当几终有规避之患。今将田分计自力后派定出工,占多工者不厌繁,占少工者则力宜从简。一团稽立坝头,责其便于催督。每次修复,众集坝首,合以考核。如有抗众故违,罚所不贷;即或应期复异议,亦从之自愿。□□以往各村乃心遵约趋事,合齐出力如议赴功。庶井里村古道之遗,而农田获□□之□□□□今将众议条约开列如左:
>
> ……
>
> 二、当筑坝之期,坝长先一日鸣锣,使各村悉知。次早,各人不得复务已事,则早饮食,听锣一鸣,随赴坝所,锣二鸣须齐集,锣三鸣即听下水运石。否则每人罚钱一百文,存作众人理坝修沟茶水之需。不遵众议者,任由众人定罪。有□外除修城、凿池、冠婚、丧、祭数件,实系不得已之事,非规避者等不在议约内。此系众人公议,各人分内之事,非关一己之私,各宜踊跃遵守,可众姓一年胼手胝足之劳,不无少补者也。①

这些古老的乡约也被吸纳入现代的村规民约中。笔者发现,龙胜县泗水乡潘内村村规民约(2006年9月2日通过)第5条规定:"全体村民有依法承担集体公益事业投工、集资的义务。确因特殊情况无法投工的,可以资代劳。凡故意刁难,拒不投工、集资的,加倍处理。"同乡里茶瑶村的村规民约也有相同的规定。这些条款,与前面所列举的清代制定的共同修坝抗旱条例内容何其相似。正所谓互助精神,古今同也。因此,这些乡规民约与其说是广西少数民族适应现代社会的产物,不如说是对古老民族习惯的继承。正是这种防患于未然的严格规定,使少数民族互助习惯在抵御灾害中发挥了较强的历史作用。新中国成立后,广西少数民族的抗旱互助习惯仍在发挥作用。1952

---

① 荔浦县地方志编纂委员会编:《荔浦县志》,三联书店1996年版,第933页。

年,全州县东山瑶民修水库开渠道,安和汉族兄弟前往协助。1958年灌江修建引水工程,非受益区的东山瑶民出动大批劳力给予支援。东山壶瓶坳隧洞长1206米,施工途中,遇断塌方停工,达10年之久,1986年咸水汉族青年王少华,自愿承包艰巨任务,奋战年余,终将隧洞全程贯通。① 都安瑶族自治县1970年八达村苗族与吉隆村壮族人民共同治理龙马大塘,开出一条长达1600多米的排洪沟,凿通一条190多米长的排涝隧洞,根除了水患,为纪念苗壮人民共同打隧洞,将隧洞命名为"团结隧洞"。加文乡壮族人口少,水塘不多,干旱时节要到8里外挑水,瑶族兄弟便主动请壮族同胞饮用他们开挖的塘水,出现共饮一塘水,同烧一山柴的风气。②

笔者在那坡县调查时了解到,近年来,政府为解决抗旱,大力修筑蓄水池,但由于财力有限,政府只提供水泥,村民自己出劳动力。由于有互助习惯的铺垫,因此村民在互相协助下,很快都修起了蓄水池,饮水已不再是难题,也不再受旱灾困扰。如德隆乡团结村上劳屯修蓄水池,每家每户都出劳动力,若出去打工没有劳动力的家庭,可以根据自己的实际情况出钱,而对于那些既无后代又无劳动能力的老人和残疾人,则都不需要他们参与劳动。那坡县龙合乡果桃村马独屯黄文权(男,40岁,壮族,小学教师)说,村里修蓄水池,每人都要出工、出钱。修一个蓄水池要8—9万元,政府给水泥,但打沙、人工都是村民集体出。除了互助修建蓄水池抗旱外,对于无力修建蓄水池的困难家庭,村民也互提供帮助,保证其饮水。如马独屯村民黄世学说,为了抗旱,村里家家户户都修了蓄水池,但我家还没有,因为我没有钱,请不起工匠,只好和邻居合用一个水池。邻居是教师(黄文权),人很好,让我和他合用一个水池。修蓄水池也要请人帮工,比如我前一天去请,说你明天来帮我1天半天工,帮工者第二天早上8点来,帮到12点,我只要准备好鸡、肉、酒就可以。正是由于这些互助习惯,使得那坡县虽然位于广西四大特旱城市之一的百色市,但在抗旱救灾统计表上的两项数据却"名列前茅"。

三、互助防火习惯

为了有效地消除火灾隐患,广西少数民族还自发形成了互助监督预防火灾的制度。群众自愿担任一定的防火公益职务或自发成立相应的组织,义务巡查村寨,消除火灾隐患,帮助大家做好防火工作。这方面以火灾频繁的侗

---

① 全州县志编纂委员会室编:《全州县志》,广西人民出版社1998年版,第853页。
② 都安瑶族自治县志编纂委员会编:《都安瑶族自治县志》,广西人民出版社1993年版,第139页。

族最为发达,他们的喊寨制度、互助监督防火制度等,至今仍在侗族村寨中发挥着重要的防灾功能。因此通过这一领域,使我们理解到,少数民族的互助不仅表现为一种物质上、精神上的相互帮助与支援,还表现为相互之间对不利行为的监督与纠正,这种互助使广西少数民族的互助习惯达到了一种其他社会规范难以企及的高度。

(一) 喊寨制度

喊寨制度,本书曾在第六章赡养孤寡老人节中论述过,它不仅是一项救助孤寡老人的制度,也是一项重要的防火习惯法。这一制度在三江地区最为普遍和有效。如三江独峒村的喊寨员由民主推选产生,55岁,男性,懂操作消防机。每天早上、晚上各喊一次:小心防火,一般一个人作2—3年。牙寨村每天早晚都有喊寨员喊寨,也是民主推选的,工资也是县政府给的,年终还要进行绩效考核。林略村村主任韦良敏说,村里以前有喊寨,边走边喊,文革期间遭到破坏。和平乡每50户以上就要设一个喊寨员,一般是生产队的队长,每天早晚巡察,全乡共有18个喊寨员。宝赠村的喊寨员则是由各家各户轮流值班喊一天,没有工资,是每户的义务,也是村民自觉自愿的。项目组在龙胜的宝赠村、三江的独峒村晚上住宿时,都听到有喊寨员在喊寨。他们一边敲着锣一边用侗语大声喊小心火烛,很警醒居民。由于侗族喊寨制度的巨大效果,现在这项习惯已经被三江县政府确定为县里的强制性制度,进行规范管理。政府要求每50户以上的村必须设立一名喊寨员,其工资由县财政拨付,每月450元。虽然现在喊寨员的工资由县财政拨付,但这一制度是寨子里自古以来就有的,自然屯每个屯都有。喊寨制度是广西少数民族长期以来发展出的优良的消防传统,也是民间防火互助习惯上升为国家法的典型。

(二) 互助监督防火习惯

在调研中笔者还发现,许多村寨设有互助监督防火制度和组织。如三江独峒乡的牙寨村就有义务消防队,由村里的年轻人自愿组成,他们的职责是保护消防机、消防水池,都是自愿做的,没有补贴。义务消防队每晚在村里走一圈,看谁家门没有关好,提醒一下,注意消防。地灵侗寨的义务消防队已经形成了正式的书面制度,被挂在村里公共集会的鼓楼坪旁边,让大家都看得到。义务消防队的职责主要是做好防火宣传、进行防火检查、保护消防器械、担任消防警戒、参与火灾扑救等。(见图 7.1)令人欣喜的是,地灵侗寨还设有晚呼队,其职责与义务消防队类似,但主要是做好防火巡查、防火提醒、防火整改等。(见图 7.2)笔者在实践中了解到,三江县独峒乡高定村一直以来坚持互相监督防火的老规矩,近百年来从未发生过重大火灾。这些互助监督防火制度对于有效地减少火灾,保护群众人身财产安全具有重要的民间法意义。

图 7.1　地灵侗寨的义务消防队制度

图 7.2　地灵侗寨的晚呼队职责

近年来,这种互助监督防火的习惯还跨越民族、省份,发展成为省际联动防火体系。如湖南省城步县汀坪乡与广西龙胜乡镇共同订立了"森林防火公约",联防森林火灾,按年度轮流值班护林。五团镇与广西毗邻乡镇成立湘桂护林防火联防队等组织,经常性开展活动。新宁县麻林瑶族乡也与广西地区建立了边界护林联防区,以边界乡为成员,每年轮流值班开展联防活动。湖南省江永县高泽源林场与广西恭城、灌阳的林区签订了联防联治、护林防火公约,同修一条防火县,共建一个瞭望台,20 年来,交界的森林没有发生一起大的森林火灾。

第三节 救灾互助习惯

尽管少数民族群众多方预防,但受科学技术水平和自然条件的限制,许多灾害的发生难以避免。一旦灾难发生,人们之间的相互救援就显得非常重要,而广西少数民族素有一方有难、八方支援的传统。在频繁应对灾害的过程中,广西少数民族自发地形成了快速反应应对灾难的互助体系。这一体系要求一旦发生灾害,人们必须以最快的速度实施互助行为,以将灾害的损失控制在最小范围内。明代周琦《议地方利病》曰:"广西地方,百姓为少,瑶僮为多,僮村相连,一呼百应。"[①]可见少数民族的巨大集结能力。为此,他们把这一要求总结成成文条例,规定在乡规民约中。广西少数民族的救灾互助习惯,不仅针对自然灾害,也针对各种社会事件。

一、自然灾害救助习惯

(一)救助灾民生命

自然灾害救助习惯首先是在灾害发生时对群众生命财产的救助。"看人摔倒要去拉,见人落水要去帮"[②],以水灾为例,广西中东部地区常发生水灾,但各族群众却能在水灾中积极互助,挽救灾民生命财产。民国《柳江县志》记载了该邑普通人士冯鉴在水灾中救人的感人事迹:"嘉庆二十一年(1816年),淫雨成灾,河水暴涨,城不没者三版,城外居民房屋、人畜尽行湮没,沿河呼救声惨不忍闻。鉴慷慨捐资,雇艇三十余只,拦河救济,设火炬于城堞,以便灾民搬迁,又施粥饭赈济,全活者无算,水退后随给资遣之。"[③] 1954年春末,龙胜泗水乡潘内村一位瑶族妇女去泗水街,涉水过河时被突然暴发的山洪冲下急滩,生命垂危,泗水人看见,冒着生命危险,从激流中把她救了出来,瑶族人民非常感动。[④] 1963年,隆林各族自治县德峨乡杨宗德副县长(苗族)的房子破了,雨季到处漏雨,那地村的彝族群众知道后,有40多人自动去把房子抢修盖好。[⑤] 在少数民族居住的山区,泥石流、滑坡也是常

---

① (明)戴耀主修、苏濬编纂、杨芳刊行:《广西通志》,卷39·艺文志四,第13页,载吴相湘主编:《中国史学丛书·明代方志选》(六),台湾学生书局1965年影印版,第807页。
② 中央民族学院语言所第五研究室编:《壮侗语族谚语》,中央民族学院出版社1987年版,第74页。
③ 柳江县政府编:《柳江县志》,刘汉忠、罗方贵点校,广西人民出版社1998年版,第231页。
④ 龙胜县志编纂委员会编:《龙胜县志》,汉语大词典出版社1992年版,第118页。
⑤ 隆林各族自治县地方志编纂委员会编:《隆林各族自治县志》,广西人民出版社2002年版,第892页。

见的自然灾害。一般发生此类灾害时,往往村寨会集体救援,义务帮助挖泥,解救受灾者的生命及财产。潘内一位村民说,我这房子是1998年建的,刚建起来时,突然从上面坡上掉泥巴下来,滑坡把房子全部埋住了,我当时只有一手抓一个孩子跑出去,后来是村里人帮我挖了三天三夜把泥巴挖出去。村民粟某庆也说,他家塌陷下去的那块梯田如果要恢复的话,全村的人都会来帮忙把田重新填补砌起来。笔者在贺州市沙田镇金竹瑶族村调研时,村干部指着一栋建在山坡脚的二层村民住宅说,由于该房子挨着山边修建,去年山体滑坡将整栋楼埋住,全体村民立刻义务帮助挖泥,奋战几昼夜后,最终使房屋恢复了原状。

自然灾害尤其是旱灾、水灾、风灾等往往会酿成大的饥荒,但广西少数民族群众即使在饥荒中也能互帮互助,相依为命。如侗族琵琶歌《挖芒歌》中就唱道:"有的家中无吃穿空肚上山挖葛藤,许多人饿得肚痛眼花昏死在山难回程;有人看见大声呼喊乡邻来相救,大家同病相怜你背我扶结伴送转回家门。"①特别令人感动的是,在饥荒中,粮食价格高涨,导致灾民生活更加困苦,广西历代都有这样的仁人志士出现,一旦发生饥荒,一是自愿捐助粮食救济灾民生存,二是自己出款平准粮食价格,以救济灾民。嘉庆《广西通志》就有许多这方面的记载:廖标,"岁又苦饥,标力请于官,捐米煮粥以振邻邑。避兵者多投止其家,归则给以斗米,或解衣以赠。有庞氏女,以掠至岑溪,标为赎之,令与己女同寝处,旋归其父母。"②博白人李甲先,"辛丑秋,邑大饥,乃取家财,择里中少壮人授一金,使告籴于邻境。老稚不能行,作糜振之。不匝旬,皆裹粮归。"③民国《钟山县志》也记载了多则这样的事例:潘积让,"万历十三年(1585年),岁大荒,捐禾十三万把赈饥。其部兵及人民赖活者甚众。"④钟良孔,"咸丰末年,岁大荒,地方多饥民,蹙然与东林村友人合借银一千元办米赈济,全活者众,事后友人违约,良孔变产清偿,卒无怨言。"⑤潘斯

---

① 湖南省少数民族古籍办公室主编:《琵琶歌选》,杨锡光、杨锡整理译注,中国少数民族古籍侗族古籍之三,岳麓书社1993年版,第73页。
② (清)谢启昆、胡虔纂:《广西通志》,卷265·列传十·梧州·国朝,广西师范大学历史系、中国历史文献研究室点校,广西人民出版社1988年版,第6624页。注引自《金志》。
③ (清)谢启昆、胡虔纂:《广西通志》,卷267·列传十二·郁林州·国朝,广西师范大学历史系、中国历史文献研究室点校,广西人民出版社1988年版,第6667页。
④ 卢世标、潘宝疆等编:《钟山县志》,第七编上·列传,1987年据广西通志馆民国抄本印,第114页。
⑤ 潘宝疆修、卢钞标纂:《钟山县志》,卷14·列传,民国22年(1933年)铅印本,台湾学生书局1968年版,第217页。

睿,"民三米腾贵,人心恐慌,复首捐百金并募巨款,赴梧购米数万斤平粜。"①钟奇璋,"民三米歉价腾贵,倡捐平粜,使饥易得食,贫者尤德之。"②虞建业,"民国十四年(1925年),地方歉收,米腾贵,又储米数千给其族中贫而无告者……至周济贫乏尤不吝。"③骆为琼,"遇岁歉恒出谷平粜周济贫乏。"④这些事例,看似只是个别人的偶然行为,然而在不同的时间、地点产生完全相同的行为,已经是一种相互之间有联系的必然行为了。这些行为之间的联系恰恰证明广西少数民族救灾互助习惯的存在。

(二)抢修防灾设施及分配救灾物资的互助

自然灾害救助制度还包括对防灾设施的互助整修及救援物资的互助。新中国成立前,兴安县水利工程采用规约养护,共同维修。大堰遇洪水冲坏时,即打锣召集田主集合,派工派料,进行抢修。1987年,兴安县金石乡山洪暴发,河水猛涨,岩口自然村遭受严重的损失,汉瑶两族人民团结抗灾,共同集资5000元,投工500个,加上县人民政府扶助的1000元,迅速恢复了洪水冲毁的工程。⑤ 上世纪末湖南省城步县长安营乡发生大水灾,当城步县委县领导带着救灾物资去慰问村民时,当地村民都慷慨建议领导先慰问广西相邻的县乡村民后,再慰问本县的村民,这种先人后己的高尚风格得到了广西群众的赞扬。⑥ 正如侗族谚语所说:"共住一条江,有事大家帮"。⑦

调查问卷中专门有一部分是关于广西少数民族在遭受火灾、水灾、旱灾、冰灾、泥石流等灾害时,如何救灾,主要依靠那种方式救灾的问题。从统计数据看,对于问题"发生自然灾害时,你们主要以以何种方式救灾?",选择"自救互助相结合"的有42.66%,选择"以邻里互助为主"的有30.18%,这两项总计有62.84%,而选择"以自救为主"的仅占21.89%,"等待政府救助"所占的比例是最低,只有20.71%。(见图7.3)可见在遭受灾害时,广西少数民族互助习惯对灾害救助发挥着重要的作用,起主导力量,政府救助在广西少数民族灾害的救助中占的比重不大。这也说明政府灾害救助体系在今后的改

---

① 潘宝疆修,卢钞标纂:《钟山县志》,卷13·人物 乡贤,民国22年(1933年)铅印本,台湾学生书局1968年版,第148页。
② 潘宝疆修,卢钞标纂:《钟山县志》,卷14·列传,民国22年(1933年)铅印本,台湾学生书局1968年版,第206页。
③ 同上注书,第202页。
④ 同上注书,第209页。
⑤ 兴安县地方志编纂委员会编:《兴安县志》,广西人民出版社2002年版,第301、614页。
⑥ 广西桂林市恭城瑶族自治县龙虎乡民宗局:《和睦相处,共同发展,谱写民族团结进步新篇章》,2011年11月16日在湘粤桂三省六市民族团结进步联谊会上的交流材料。
⑦ 中央民族学院语言所第五研究室编:《壮侗语族谚语》,中央民族学院出版社1987年版,第76页。

革发展中应注重将少数民族互助习惯引入政府灾害救助体系,充分发挥少数民族自发灾害救助互助响应迅速、方式灵活、覆盖全面的优势。

图 7.3 关于"发生自然灾害时,你们主要以何种方式救灾"
问题回答的数据分析示意图

二、救火互助习惯

在救助火灾方面,广西少数民族的互助习惯体现得尤为明显。在村寨中,无论那一户人家发生火灾,全寨和临近村寨的人都负有无偿救火的义务,男女老幼都必须打水齐心协力、共同扑灭大火,并帮助失火者抢救物品。广西世居的瑶、侗、苗、彝、壮都有相同的救火互助习惯,其中以木结构建筑较为集中的桂北山区如龙胜、三江、融水一带最为发达。

(一) 瑶族

瑶族的救火互助习惯以龙胜一带较为典型。龙胜红瑶不管发生寨火或者山火,人们不分贫富亲疏都参加灭火和抢搬东西,发生山火只要闻到火警,不计个人得失,奔赴赶场尽力扑灭。[①] 课题组在对桂林龙胜各族自治县泗水乡潘内村、和平乡大寨村实地调研中笔者了解到,对于火灾的救助当地少数民族居民一致的做法是,若寨中某户人家发生火灾,同寨其他村民无论与受灾户是否为亲属朋友,均要停下手中的工作,立即前往扑灭火灾。如潘内村民居住非常分散,几个屯分布在一条狭长的山谷中,平时各屯之间联系就靠一条崎岖蜿蜒狭窄的石板山路,从山脚沿山路一直走到山顶,约需四个小时。2009 年 8 月,该村平寨周毅昌家的木楼因电线短路发生火灾,邻近几个山头上的村民得到消息后,无论远近都在第一时间从崎岖的山路上跑来奔赴现场

---

① 龙胜各族自治县民族局《龙胜红瑶》编委会编:《龙胜红瑶》,广西民族出版社 2002 年版,第 126 页。

救火,连最远的杨梅、洞头寨的都来了。村民说:"四面八方的人都来救火,不然整个寨子就完了。"2010 年,位于龙胜和平乡金坑大寨景区最高处的一幢私人旅店失火,尽管该店经营者并非本地人,但居住在山脚和山腰的瑶族村民看到后,都奋不顾身地提着水向山上赶,帮助扑灭大火,从而避免了更大损失的发生。

贺州地区的土瑶在这方面最重要的制度是集体扑救山火习惯。该地区山深林密,一些土瑶还保持着烧荒开地的习俗,往往导致山火的发生。为了保护山林,该地区因此形成了集体救山火的强制性规范。这些规范包括:(1)凡发生山火,全村只要是劳动力的都必须去参加扑救。(2)参加扑救的人员须带砍刀以便开火路灭火。(3)临近村庄接到通知的也有救火的义务。狮东村大冷水一位 17 岁的村民说:如果烧山时不小心烧着了别人的山,全村人都拿着砍刀上山去扑救,有力气的都要去灭火。我记得以前小时候发生山火,有人从山上下来告诉大家或打手机通知,大家就拿砍刀去救火。前年外面发生一起火灾,当时有个村民去开新地,砍了竹子种作物,把竹子集中在中间烧,因为风大,火就烧上去了,当时村里在家的人都去救火。大冷水的凤玉兰夫妇说:发生山火,全村只要是劳动力都要去扑救。救火要拿起砍刀去,不管白天黑夜,不管是谁烧的。可以叫其他村的过来一起扑救,其他村叫我们也是一样,大家齐心协力,在山火周围砍出防火带,如果是晚上要拿手电筒。同村邓桂华也说,发生山火全村凡是劳动力的都要去,邻村发生火灾通知到我们也要去,不去不行的。邻近新民村的盘主任说,发生山火,都是集体出动去扑火,男女老少能去的都去。大家要带刀去开火路,砍树。只要看到山火的都要去,不用通知,远的看不见的要通知。如果是外村发生山火而人手不够、火势无法控制的,也要通知我们去救火。金竹村邓支书说,这里年年发生山火,凡是在家的人全部都去救火,从来不用打电话通知,上山人多很快就能扑灭山火。金竹村的一位村民说,山上发生山火,有人打电话回来通知,大家就去集体灭火,有人在家就要去。

瑶族的这种救火互助习惯近年来还跨越了民族、省份边界。1983 年荔浦县新坪街张福生家遭火灾,全街居民、干部职工均往救火,事后还捐钱赠物助他重建家园。① 2010 年 2 月 15 日,湖南省江永瑶族自治县粗石江镇竹蒿堤发生了森林大火,火势猛烈,并迅速蔓延开来,失火面积达 3000 多亩,火势难以控制,情况危急,眼见森林被大火快速无情地吞噬,与之毗邻的广西恭城瑶族自治县龙虎乡群众闻讯后,100 多位村民马上自发组织起来,加入救火

---

① 荔浦县地方志编纂委员会编:《荔浦县志》,三联书店 1996 年版,第 803 页。

队伍中。在两省瑶族群众的共同努力下,经过两天两夜的奋战,终于扑灭了这场森林大火,将火灾损失降低到了最低程度。两地群众真诚团结,协作互助,共同做好森林防火工作,22 年来两地群众共同参加的扑火合作达 40 多次。①

(二) 侗族

侗族城乡发生寨火,农村发生山火,人们不分贫富亲疏都参加扑火。1939 年、1940 年,龙胜侗族居住的平等、思陇、三寨先后发生大火,本寨及附近成年男女闻警参加救火或搬东西。新中国成立后至 60 年代初期,救灾观念仍浓。近几年救灾热情更强。② 龙胜地灵侗寨发生寨火、山火村民尽力抢救。1940 年地灵大屯,1972 年、1973 年大雄普头村王岑屯发生寨火,本村男女都参加抢救。③ 在调研中,三江高定村村支书吴刚(音,男,48 岁,侗族)说,村里发生火灾,全寨都要去救。村民吴富荣说,在整个广西,只有我们村有 100 年历史了,我们村对消防方面做得很好,一旦发生火灾,全村马上到,立刻可以扑灭。独峒乡林略村主任韦良敏(音,男,45 岁,侗族)说,2009 年村里的大火是用电问题引起的,虽然是半夜起的,但全寨、其他寨村民都赶来救。以前每年都发生火灾,都是小火灾,群众齐心协力都可以扑灭。林略村民欧帮燕说,2009 年大火的时候,邻居都来互相帮忙灭火,一部分人在上面用水淋火,一部分人拿出自家棉被盖在火上扑火,旁边有几户人家的屋子虽没烧着,但是大家用木栓砸烂了,以避免火势进一步蔓延。这说明,在侗族的救火互助中,群众不仅不顾个人的生命安危去扑火救火,还要付出财产的牺牲和代价,有时甚至损失巨大,这完全符合民法中的无因管理和紧急避险原理。独峒村支书介绍,村小学有面锣,平时是不准敲的,但只要发生火灾,立刻敲响铜锣,所有听到锣声的群众都会从四面八方赶来救火。锣声就是命令,就是救火互助习惯法律约束力的象征。笔者在地灵侗寨的《防火公约》上看到这样一条规定:"发生火警时任何村民必须服从命令,听从指挥,对不参加救火,只顾个人利益抢救自己物资的罚款 100 元。"(见图 7.4)这便是对古老救火习惯的一种总结和提炼。

---

① 广西桂林市恭城瑶族自治县龙虎乡民宗局:《和睦相处,共同发展,谱写民族团结进步新篇章》,2011 年 11 月 16 日在湘粤桂三省六市民族团结进步联谊会上的交流材料。
② 龙胜县志编纂委员会编:《龙胜县志》,汉语大词典出版社 1992 年版,第 106 页。
③ 《龙胜地灵侗寨史记》编委:《龙胜地灵侗寨史记》,2007 年 3 月编写(内部参考),第 245—246 页。

图 7.4 地灵防火公约中关于救火的规定

(三) 苗族

广西融水苗族的习惯作法是,凡失火时,只要被发现,全寨的人或邻近村寨的人都来参加救火。火熄后,凡参加救火者都到失火的主人家里吃一餐,没有什么其他的报酬。① 调研中,三江洋溪乡玉民村苗族村民杨玉兄说,这里发生火灾,只要是成年人都要主动去扑火,小孩子因为考虑安全不准去。融水苗族自治县拱洞乡龙培村苗族村民杨凤说,2008 年村里发生 2 次火灾,我家也被烧了,当时村里人、外村的人都赶来灭火。近年来,一些新时期制订的乡规民约仍然延续了这一内容,笔者在龙培村看到该村《村寨和森林防火公约》中规定"对不参加扑救火灾,只顾个人利益抢救自己物资的或哄抢他人物质为己所有的,除罚款 100—500 元,并将其抢救的物资归还原主或全村所有。"(见图 7.5)这条规定与地灵侗寨的规定颇为相似,可见各民族之间的救灾互助习惯是相通的。特别值得一提的是,光绪七年(1881 年)所立的三江县同乐乡苗族条规第 2 条规定:"天时干旱,火灾亟宜提防,其有偶然失火,亦系不测之灾,无心之咎,只准合村商量嘱其谢赎,不许借此苛罚失火之家。"② 根据这一条规规定,如果发生火灾,大家应当尽力帮助救火,但不得打击报复失火之家,毕竟其主观上只是过失,不是故意。救火仅限于义务,不得在此之上延伸出任何权利要求,这一条规再次见证了广西少数民族互助习惯的博大胸襟,使得互助救火成为一种纯粹意义上的社会义务。

---

① 广西壮族自治区编辑组编:《广西苗族社会历史调查》,广西民族出版社 1987 年版,第 151 页。
② 魏任重修、姜玉笙纂:《三江县志》(二),卷 10,第 3 页下,民国三十五年(1946 年)铅印本,载《中国方志丛书》第 197 号,台湾成文出版社 1975 年版,第 752 页。

图7.5 龙培村防火公约中关于救火的规定

(四) 其他民族

壮族也讲求救火互助。调研中,那坡县德隆乡团结村上劳屯李某(男,30岁,壮族)说,这里关于预防火灾,每年都要讲两次,一次是正月初一,另一次是九月初九日。到那两天大家都到庙堂大院里去集中,有个队干部给大家讲预防火灾的知识,并告诉大家,发生火灾,大家要一起去救援。上劳屯村民黄某连(男,48岁,壮族)说,以前我们都是木头房子,很容易失火,有人家失火的时候大家都打水去救火。另一村民农生玉(男,壮族,50岁)也说,我家以前在上边起砖瓦房,因电线短路发生火灾,我当时在广东打工,全村人都挑水来救火。

在一些民族杂居程度较高的地区,救火互助更是表现为各民族之间的无私帮助与支援。如隆林各族自治县的彝族、仡佬族、苗族在日常生产生活中,都有舍己相救、互相帮助的美德。民国35年(1946年)松树林上寨失火,烧了彝族房子,苗族老大娘杨亚美奋不顾身为彝族群众抢救财产而身受重伤,皮肤被烧焦,耳朵也被烧聋。① 凌云县伶站瑶族乡伶兴村弄林屯壮、瑶同住,在生产、生活上壮、瑶同胞之间热情相助,一家有困难,全村来帮忙。瑶族同胞一遇火灾,壮族主动帮助救火,抢救粮食和物品、家具,帮助瑶胞搞生产自救,建房子。② 调研中,那坡县城厢镇达腊村梁×菱(女,33岁,彝族,小学教师)说,以前村里发生过一次火灾,大家都尽自己的能力去救火。我们去帮忙都是自愿的,没有"有什么报酬才去帮"的想法,从小就见老人就是这么做的。她的话道出了救灾互助习惯的真谛。

---

① 隆林各族自治县地方志编纂委员会编:《隆林各族自治县志》,广西人民出版社2002年版,第892页。
② 凌云县志编纂委员会编:《凌云县志》,广西人民出版社2007年版,第218页。

三、抗匪、抗盗互助习惯

广西历史上不仅自然灾害频繁,战争、社会动乱等灾难也常有发生,匪患一直是困扰乡村社会的安全问题之一。为了尽可能减少损失,广西少数民族形成了一旦爆发社会动乱即团结一致对抗外敌的互助习惯。这一习惯要求村民之间、村寨之间必须互相救援,如果袖手旁观、坐视不救,则要受到习惯法的严惩。苏轼《劝亲睦策》曾曰:"有寇而战,则同心并力,而缓急不离。"① 广西少数民族长期以来正是奉行这样的准则而维护自身安全的。

(一) 侗族款规

侗族同仇敌忾、合作抵御外敌的做法是广西各民族首屈一指的,这得益于其在侗款中关于共同抗匪的严格规定。清陆次云著《峒溪纤志》载:"各峒歃血誓约,缓急相救,名曰门款。"②民国《三江县志》也记载:"每遇重大事变,即以鸡毛火碳置信封中,为传发之紧急信号(条款谓之飞弹)闻者不避风雨,星夜奔赴指定地,如期而集者常逾万人,莫敢或后,此种组织,尤以侗族之历史为悠久。"③这些规定构成了侗族社会对抗社会动乱,保护本民族利益的中坚力量。在各地的侗款中,共同抗匪的条款比比皆是。光绪三十年(1904年)三江地区集议(覃君旧稿)的《浔溶两江集议条例》就有两条相关规定:"一议外匪宜合众御也。凡我浔溶两河六甲三峒三江合成大款,自此以后,须要同声相应,同气相求,相友相助,互相扶持,设有外匪逼境,见有飞牌传到,不拘昼夜,刻即起团堵御,如有孰团不遵者,即齐大款,公罚银一百大元。""一议大款宜互助也,既清内患,犹防外奸,或以口角酿成巨祸,或以小节挑成大纷,平地起风波,钉锤油火,勾生食熟,藉端滋事,此等之人,近日甚多,无论彼此,通心戮力,庶足以制敌人,违者公罚银二百大元。"④这两条条款语气强硬,措辞严厉,奖惩分明,是侗族抗匪习惯法的典型代表。民国八年(1919年)正月所立的《扎屯条款·橙寨款碑文》序言阐述了本屯同仇敌忾抗击敌人的利害:"凡同屯之人,俱属同胞骨肉相亲,互相救援,切勿杜门裹足,蹊跷不前,髋髀坐毙,以致火焰昆岗,玉石俱焚。务期同胞等密防严守,庶几捍患

---

① (明)冯琦编纂:《经济类编》(十七),卷82·人伦类·宗族,第5页上,台湾成文出版社1968年版,第9221页。
② (清)陆次云著:《峒溪纤志》,第13页,载(清)吴震方辑:《说铃》,洪浩培据台湾大学图书馆藏清嘉庆四年(1799年)原刻本影印,不分卷,台湾新兴书局1968年版,第479页。
③ 魏任重修、姜玉笙纂:《三江县志》,卷2,第23页下—24上,民国三十五年(1946年)铅印本,载《中国方志丛书》第197号,台湾成文出版社1975年版,第158—159页。
④ 魏任重修、姜玉笙纂:《三江县志》(二),卷10,第4—5页,民国三十五年(1946年)铅印本,载《中国方志丛书》第197号,台湾成文出版社1975年版,第755页。

有准,桑梓无虞云。"其后的具体条款规定了对于因抗匪而牺牲的村民本屯的集体抚恤义务及相邻村寨的相互救援义务:"一议与匪对敌,被匪殛者,筹资十千,每户纸一捆,一赏烧埋之费。一议我屯连唐帽,乃唇齿相关,倘有匪至唐帽者,我屯集丁救援,和衷抵御,勿致齿亡唇寒。"①

由于严密的组织和严格的约束力,侗款在抗击匪乱中作用非常突出,尤其是在清末的社会动乱中,起了非常重要的作用,以至于朝廷官吏都惊叹不已,给予其高度的评价。民国《三江县志》详细记载了清末自咸丰至光绪年间历次侗款抗击匪乱的情形,充分肯定了其保家卫国的巨大历史作用:

> 当太平天国革命军兴,清咸丰六年丙辰(1856年),贵州开泰永从苗首戴老寅、龙老盘乘机倡乱,窜入县境,浔溶丹阳三区,遍遭蹂躏,独平江全区侗人团结一致与之抗,大小数十百战,虽有伤亡,全境卒赖以安。嗣则黔之清江苗乱,历咸丰六、七、八、十一年、同治元二八年间,不时扰犯,皆能予以堵击,尤以咸丰十一年辛酉(1861年)挫苗匪二万余众,于科马界(即林溪过高步要道)一役为最著。当是时浔江河里一带之团亦崛起,迫黄金亮等之侵扰,而有三峒六甲联组就合局之扩大款,同治二年壬子(1862年)进而成林溪武洛猛江与河里五百等村之联合大款,其序文有"幸得三江之款众,约我五百之村乡合为大团之语",于是而有联团赴溶会剿之举焉。光绪三十年(1903年)再进而有浔溶两江之集议,联合浔溶两河暨三峒六甲三江(林溪、武洛、猛江)为超前之大款,其条款更较前完备,而遵守者殆普遍于全县矣。光绪三十一二年(1904年至1905年)间,李名标黄飞凤等之扰乱,均能起款协助防军挫之于良口,及民国十年(1921年)梁华堂有枪千余众,侵及猛江,亦为猛江团所击败,此皆荦荦大者,而皆以侗团为最出力、团结亦最固②。

> 同治二年(1862年)壬子,苗匪作乱,林溪河、武洛江、猛江、约同五百和里合为大款……幸得三江之款众,约我五百之村乡,合为大团,共商义举,如是称戈比干,不许外寇入境,同心协力,更防内匪效尤,务一呼百应,声息相通,邻唱里随,守望相助,始终如一,风雨亦然,则匪类不难以阻御,而良民可保以无虞矣。③

---

① 湖南少数民族古籍办公室主编:《侗款》,杨锡光、杨锡、吴治德整理译释,岳麓书社1988年版,第245—246页。
② 魏任重修、姜玉笙纂:《三江县志》,卷2,第23—24页,民国三十五年(1946年)铅印本,载《中国方志丛书》第197号,台湾成文出版社1975年版,第158—159页。
③ 魏任重修、姜玉笙纂:《三江县志》(二),卷5,第33页下,民国三十五年(1946年)铅印本,载《中国方志丛书》第197号,台湾成文出版社1975年版,第582页。

据民国《三江县志》的记载,在匪乱结束后,由于侗款的突出抗击表现,清政府官员曾召集几名侗族首领意欲嘉奖他们,但遭到拒绝。这是很容易理解的,因为对于侗族人民来说,同仇敌忾抵御敌人保卫家园是其共同的习惯法义务,无须官方奖励。

笔者2009年在三江侗族自治县民族文化博物馆考察时,见到了侗族群众用于在发生匪乱时求救的木刻信号——火急木牌。该木牌由一块正方形的木板制成,长宽约半米,下面有手柄,以便传送信号的人握持。木牌上共放了三排实物,分别代表不同的含义,最下面一排是并列三块长形尖石,意思是"有敌人来袭击我",第二排则是三根红色的干辣椒,意思是"十万火急",最上面一排是三根野鸡羽毛,意思是"你要像鸟一样飞快地赶来救我"。一旦某个侗族村寨发生敌情,该村寨会立刻派人向周围的侗族村寨依次传送此木牌,传送的人即使三更半夜、刮风下雨也要把信送到,因此博物馆很形象地将一件雨天披的蓑衣挂在木牌的下方,以示送信人风雨兼程。木牌传送到的村寨,只要看一眼木牌立刻明白任务,无需多余的语言解释。各村寨会立即集合自己村寨的群众,带着武器火速前往发送木牌的村寨进行救援,速度之快,丝毫不逊色于现代的电子通讯设备。(见图7.6、7.7)这是侗族抗匪防盗互助习惯法的历史见证。

图7.6　侗族群众发生战乱时请求救援的火急木牌

图 7.7　火急木牌细部

（二）苗族埋岩古规

广西融水苗族著名的埋岩理词中也对共同协助抗盗、抗匪有明确的规定，凡发生匪乱袭击时不及时来救助的村寨，需要全村集体赔罪："若有哪个村，若有哪个寨，喊不应，调不来，不爱护三十三埋岩规，不赞同四十四埋岩法，罚它与侗同罪，惩它与客同罪。讲到远的，说到近的，今大势所迫，坏人逼近，以后坏人从哪里来，强盗从哪里进，吹角为号，鸣枪来相报，各地各防守，各村各集结，招即来，喊必到，备水又备粮，扛矛又背枪，寅时喊，卯时到，别装耳朵聋，别装眼睛瞎，别勾引坏人，内外勾结。如果有哪个地方，吹号角不响应，鸣枪不接应，不阻路口，不拦山路，放坏人过关口，让盗贼过坳口，就用三十三埋岩去处罚，以四十四埋岩去惩治，拿他与强盗同罪，拿他与强盗惩罚。又讲到户各家，说到家家户户，如地方受侵扰叫不来，村寨呼喊不答应，装耳聋，装眼瞎，拿他当贼匪论，拿他当强盗论，地方来处罚，村寨来惩治，要他爸杀牛做菜，要他妈泡米煮饭，向村寨赔礼，向地方认错。"[①]从该理词中我们可以看出，从各个村寨直至村民个人，都有非常明确的互助抗盗义务。如果不履行各自范围内的互助义务，将受到不同的惩罚。对于村寨来说，其互助义

---

① 乔朝新、李文彬、贺明辉搜集整理：《融水苗族埋岩古规》，广西民族出版社1994年版，第89—95页。

务是一旦强盗来袭击,必须自备粮食和武器,以最快的速度集结,并实施互助防守、拦盗和抗盗。如果没有响应互助警报或未协助拦截、抗击强盗,则与强盗罪共同论处。对于村民个人来讲,如果发生盗袭而装聋作哑,不协助抗盗,则要杀牛请全寨吃一顿,并赔礼道歉以谢罪。除此之外,融水地区还出现了省际共同协助抗敌的埋岩法规。笔者在调研时,据融水苗族自治县博物馆馆长石磊介绍,大年乡那里的埋岩规定:贵州、广西、湖南三省需共同抵御外敌,相互帮助。

苗族互助抗敌义务并不仅仅停留在法律规定上,其在实践中也发挥了巨大作用。最典型的例证是1944年,国民党93、71两军残部数万人流窜入贝江流域,到四荣的荣地征粮时,交不出粮食者被抄家和砸烂锅头。苗族群众忍无可忍,围攻并殴打了作恶多端的国民党官兵,恼羞成怒的国军立即组织了两千多人要来"铲平荣地",荣地群众向周围苗族的村寨群众求援,苗族人民在苗族头人贾建忠领导下,组织六七千人到金兰做埋岩,声援侗族人民。在埋岩会上,苗族头人说:"现在是国家无王,家庭无父,前门有虎,后门有狼。我们要联合起来,保卫地方。要脚站一地,面朝一方,日寇来侵略,我们要阻击,国军来侵扰,我们要反抗。"会后组织万人暴动队伍支援侗寨。敌人看到各族反抗队伍一呼百应,来势凶猛,只好逃出贝江流域。① 这一事件显现了苗族埋岩互助习惯法的巨大力量,被传为历史佳话。曾有文人作广西《风俗诗》,其中有"几回侦缉事先觉,木刻传村有别谋"的句子,说的正是这种苗族互助协作抵御外敌的习惯。

(三) 瑶族石牌律

瑶族著名的石牌律也有共同支援抵御外敌的规定。如明代荔浦知县昌文峰所做《风俗》中描述当地瑶族:"所幸勇敢,同心御贼。丧乱之民,独全故宅。"②龙胜各族自治县和平乡黄落瑶立于光绪四年(1878年)的《乡党禁约碑》规定:"禁有[突]然之事,鸣金立即一呼百诺,通喊齐至,不得违延。[如有]违延逆抗躲藏[退缩],公议断决。"③根据这一条款,一旦发生灾难,每个人都有义务去救灾,从而增强了共同抵御灾害的能力。当然,在瑶族习惯法中抗匪最得力的规定还是来自于闻名于世的金秀大瑶山石牌律中,许多石牌律都将共同抗匪作为重要的内容规定其中。如金秀瑶族自治县的《三十六

---

① 乔朝新、李文彬、贺明辉搜集整理:《融水苗族埋岩古规》,广西民族出版社1994年版,第243页。
② 荔浦县地方志编纂委员会编:《荔浦县志》,三联书店1996年版,第922页。
③ 黄钰点辑:《瑶族石刻录》,云南民族出版社1993年版,第113页。

瑶七十二村大石牌》序言曰："因大石牌合瑶公议,凡我瑶山遇有匪兵,或者经过瑶村,务须通报近村,以防不测。再者,遇兵匪攻劫邻村,不帮不报者,即以半通匪论,会同石牌公罚。"①民国十三年(1924年)订立的金秀六段村《六段、仙家漕、老矮河三处石牌》第3条规定："凡有匪徒抢劫,不拘那(哪)时,一闻音信,筒角一声,踊跃济(齐)集救护,下力剿出(除)贼匪。倘有那时知而不到者,一经查出,公同议罚。"②这些规定与苗族埋岩词非常相似,即不履行协助抗匪义务的村寨,以半通匪论罪。也就是说,不共同抗匪的人,和偷盗、抢劫一样是不可饶恕的罪过。有些瑶族的律法还保护本族人不受外族之欺侮。如果发生这种情况,则视为对全族的挑战,全族均有义务为其复仇。如上林县正万乡瑶族没有族长,但有公认的自然领袖。由这位领袖纠合本族的人聚会,宣布订全族共同遵守的公约,公约的内容大概是:凡是本族因无辜被外族欺侮或殴打,本族人有共同替他出力的义务。通过公约时,要杀鸡饮血酒,表示共同遵守,并各自签上名字,然后成效。③ 这一规定显然是氏族血亲复仇的残留,即个人之间的仇怨,会扩大演变至两个氏族之间的仇怨。但是在匪患严重的广西,各少数民族为了保护本族人民的利益而产生上述法规,具有重要的防护意义。

（四）仫佬族禁约

广西仫佬族主要聚居在罗城县,是人口较少的民族之一。但和其他民族一样,仫佬族的民间禁约也有互助抗匪的规定。民国《罗城县志》记载了多份当地群众制定的民间禁约,其中有许多都有协助抗匪的内容。如《武阳区乡村禁约》第1条规定："议夜闻贼匪抢掳被劫之村,即吹角为号,邻村即向响角处救援,就近分守要隘,三五一屯……若被贼伤者众医好。如拒贼毙命者,在众抚恤银八十六元,其银在款首等公派支给,决不食言。倘各村坐视不救,使贼逸出所守隘口,与暗中勾引坐地分肥者,事后查出,一同禀官究办,决不姑宽。"上述关于在抗匪中死伤者的集体抚恤义务,与侗款中的规定类似。该禁约第10条再次强调："议全款之人皆属兄弟,务须患难相顾。"④罗城县前清团防章程(共8条)第4条规定："各团烟户如遇有劫案发生,当由邻舍

---

① 广西壮族自治区编辑组:《广西瑶族社会历史调查》(第1册),广西民族出版社1984年版,第45页。
② 广西壮族自治区编辑组编:《广西瑶族社会历史历史调查》(第1册),广西民族出版社1984年版,第46页。
③ 广西壮族自治区编辑组:《广西瑶族社会历史调查》(第5册),广西民族出版社1986年版,第45页。
④ 江碧秋修、潘实箓纂:《罗城县志》,第3·政治,第115—117页,载《中国方志丛书》第211号,台湾成文出版社1975年版,第131—133页。

及各牌长甲长鸣角喊报较近团局处,并应由团局鸣角集救。各村户一闻角声,各该牌长、甲长或团总等俱应立行集众赴援,及一面分头把隘以防匪徒窜逸。"这一禁约很清楚地规定了一旦发生盗劫案件时施助的程序和流程:牌甲—团局—村户。第6条规定:"各团如遇匪警,概须此团与彼团互相救援,不分界限,其阵亡之团练与壮丁概由地方集款埋葬及抚恤家族,被伤者亦由公款酌给医药费。"①这里也同样规定了对死伤者的共同救助抚恤义务。

(五) 不同民族之间的相互救援

广西不同民族在社会动乱和灾难中的相互救助也非常普遍。清金武祥著《漓江杂记》记载了兴坪地区瑶民对土民在发生战乱其间无私的援助:"兴坪墟前有支河,上通瑶峒,土人云,瑶人力田勤俭,亦甚安静,咸丰间避乱其地者,皆供饭留宿,与土人颇亲睦云。"②在多民族聚居的隆林各族自治县和龙胜各族自治县,历史上发生过多次这样的案例。1916年,隆林发生悲惨的"苗彝械斗",在械斗时,各族互相保护,共渡难关。隆林县副县长王文清的姑母(彝族)被一个苗族老大娘冒着生命危险收藏在哑口的一个崖洞里,免受杀害;又王副县长妈妈和另一个妹妹在逃难中迷路被另一个苗族老大娘保护他们,杨宗德副县长的妈妈(苗族)当时也冒着生命的危险,救了一个名叫"亚农"的彝族姑娘。详细经过是:陶保的一支队伍追赶那地村的一个彝族姑娘阿侬到卜糯屯,苗族杨宗德的母亲当时将阿侬拉到自己的屋里,用一床垫睡的草席将她卷起来,竖放在堂屋的墙边才避过搜杀,追兵过后,又给阿侬换上苗族的衣裙在家避难,直到械斗结束,姑娘才回到那地老家。还有当时小德峨的苗彝两族在械斗期间仍一直和睦相处,互相保护,一起逃上山,又一起回村,没有参加械斗。③

各民族聚居的龙胜在这方面有良好的传统。长期以来,龙胜的壮、瑶、汉各族人民和睦相处,懋迁有无,他们风雨同舟、患难与共,结成了兄弟情谊。如光绪初年匪首孔亚福带领一千多匪徒骚扰瑶族居住的潘内三村,瑶族群众当即聚众迎敌,并爬上高山,吹响海螺求救。四面八方的汉、壮、苗、瑶各族群众闻讯后,立即奋起救援。在瑶族、壮族群众的齐心协力奋战之下,匪徒不

---

① 江碧秋修、潘实箓纂:《罗城县志》,第5·军事,第217—218页,载《中国方志丛书》第211号,台湾成文出版社1975年版,第218页。
② (清)金武祥:《漓江杂记》,载劳亦安编:《古今游记丛钞》(四),卷36,台湾中华书局1961年版,第29页。
③ 广西壮族自治区编辑组:《广西苗族社会历史调查》,广西民族出版社1987年版,第67页。隆林各族自治县地方志编纂委员会编:《隆林各族自治县志》,广西人民出版社2002年版,第892页。

支,留下多具尸体仓皇遁去。民国十一年(1922年),散帮流匪余明镜、张龙标等带领七十余名匪徒抢劫壮族同胞居住的寨六屯,附近的汉、壮、瑶族群众接到寨六屯发来的鸡毛火炭信后,立即聚众千余人前来救援。他们同仇敌忾,打死散匪数人,将匪徒赶出境外,除了房屋被匪徒烧毁外,寨六屯群众的生命均安然无恙。民国十二年(1923年),广西军阀混战,一支战败队伍流散为匪,到处抢劫,其中有二百余人要洗劫壮族居住的龙脊十三寨。汉、瑶各族人民闻讯后,立即组织了两千多人在路上阻拦,并派人再去警告:匪徒胆敢硬闯龙脊,定将严惩不贷。匪徒慑于当地群众的声势,只好乖乖离去。民国十五年(1926年),红瑶潘仁政带领三百余人,要通过龙脊去洗劫别村,当地汉、瑶、壮各族群众团结起来共同阻拦,他们只得绕道而过。①

四、疾病互助习惯

广西少数民族地区缺医少药,一旦瘟疫流行或身患重病,难以得到适当的救治。但即使如此,他们仍发展出了在发生瘟疫或有人患病时积极实施救助的疾病互助习惯。如明代万历《宾州志》载:舒谧"少孤,有至情,能悟医术秘传,活人最多,绝不责报,丝毫急即,风雨昏夜无远近,徒步赴之,过丐者病殭道左,虽秽甚不可近,必为投剂活之。"②这一记载令人联系想起在获得诺贝尔和平奖、在印度致力于救助贫弱者的德兰修女,同样的行为,同样的博大胸襟。民国《钟山县志》就有多条文献记载:乡贤潘之莲"尤精医科,光绪壬寅(1902年)夏疫症流行,多制送丸药,治活者众。"③耆寿钟成"尤谙小儿科,遇有贫无力者,不取酬,享年八十四岁。"④董绍纲"家少有药,善好施。……精究歧黄术,每临症必审慎周详,全活者众一介不取。"⑤"光绪二十八年(1902年)瘟疫流行,死者甚多,乡贤卢秀芹传方施药,得救者不少。"⑥最重要的是,卢秀芹"尤热心慈善公益,尝醵金在羊头建回生所,方便旅客养

---

① 广西壮族自治区编辑组编:《广西瑶族社会历史调查》(第4册),广西民族出版社1986年版,第72页。
② (明)郭棐纂修:[万历]《宾州志》,卷9·人物,日本藏中国罕见地方志丛刊,书目文献出版社1991年版,第84页。
③ 潘宝疆修、卢钞标纂:《钟山县志》,卷13·人物·乡贤,民国22年(1933年)铅印本,台湾学生书局1968年版,第147页。
④ 同上注书,第187—188页。
⑤ 潘宝疆修、卢钞标纂:《钟山县志》,卷14·列传,民国22年(1933年)铅印本,台湾学生书局1968年版,第207页。
⑥ 钟山县志编纂委员会编:《钟山县志》,广西人民出版社1995年版,第11页大事记。

病。……光绪壬寅(1902年)岁大疫,传方施药,全活者众"①。为此,有同乡人特意为之撰写《建回生所序》(前人),以称颂他的这一慷慨义举。②

进入现代社会后,广西少数民族依然保留了这一优良传统。各地义务救助病患的事例层出不穷。这里面有专业的乡村医生,也有普通的群众。隆林县蛇场乡新民村汉族乡村医生许弟华,自1968年以来,20多年如一日,为当地苗胞行医送药,对生活有困难的病人,常常免费为他们看病。他自筹资金买药品在家里开诊所,看病只收药品零售价,从不另收手续费。1985年苗寨凉水井屯发生严重伤寒病,许弟华得知后,立即连夜赶往病区,挨家挨户给病人打针吃药,使病情得到了控制。③ 在龙胜各族自治县海拔一千米的福平包山下之和平乡旧屋村就流传着一段佳话。该村瑶汉聚居,江柳一组汉民李良仁,专事阉猪、行医,1970年以来,为本村阉猪、牛700余头,不收分文;为村民治病,全免费。瑶家人对他亦关心备至。1970年李外出行医,其父病故,村里干部群众自动捐钱献米,代他安葬。1987年,山洪暴发,李良仁责任田遭毁,瑶族群众连续数日,为其修复,并费150个工日。群众说:"船靠水,水靠船,瑶汉互不离开。"④ 2000年秋,西林县爱那佐乡弄合村附近发生一起交通事故,弄合村民委员会主任陆韦光得知后,立即赶到现场,只见一辆小汽车翻到公路下的深沟中,开车的司机正扑在水中,满脸尽是泥沙,不及时抢救就会死亡。陆韦光立即把伤者抬出水面,用自己的嘴对着伤者的嘴、鼻,不断进行深吸,将伤者口鼻内的泥沙吸出,终救活了这位司机。⑤ 笔者在贺州狮东村调研时,了解到一个刚刚发生的真实案例。该村白虎片有个十六七岁的男孩,在烧山捡柴火时,山上石头滚落下来,击中该男孩头部,导致下肢瘫痪,医治花了20万。出事后,村民和所有的亲戚能借的借,能捐的捐,凑够了钱,男孩才能到医院救治。白虎片的村民捐得最多,其他村的也捐了钱。一位村民说,我是他舅,给了100元外,还借了钱给他家。在村民的语言中,"给"就意味着"无偿捐助"。

正是广西民间这种救死扶伤的优良传统,使得近年来广西在全国道德标兵评选活动中优秀人物不断涌现。2012年12月,广西阳朔县12岁壮族小姑

---

① 潘宝疆修、卢钞标纂:《钟山县志》,卷13·人物·乡贤,民国22年(1933年)铅印本,台湾学生书局1968年版,第148—149页。
② 潘宝疆修、卢钞标纂:《钟山县志》,卷15·艺文,民国22年(1933年)铅印本,台湾学生书局1968年版,第228—229页。
③ 隆林各族自治县地方志编纂委员会编:《隆林各族自治县志》,广西人民出版社2002年版,第853页。
④ 龙胜县志编纂委员会编:《龙胜县志》,汉语大词典出版社1992年版,第120页。
⑤ 西林县地方志编纂委员会编:《西林县志》,广西人民出版社2006年版,第1112页。

娘何玥临死前自愿捐赠器官救活了三条生命,被评为"感动中国2012"十大人物。2013年1月12日,中央电视台"寻找最美乡村医生"大型公益活动正式揭晓,广西南宁市横县六景镇大浪村乡村医生李前峰获得"最美乡村医生"称号,广西河池市大化瑶族自治县板升乡弄丛村卫生所蒙超英被推选为"特别关注乡村医生"。① 这些事例都不是偶然的,事实上,在广西少数民族居住的崇山峻岭中,活跃着无数个"李前峰"和"蒙超英"。

第四节 灾后重建互助习惯

灾后的救济和重建工作是社会保障制度的一部分,与灾害发生时的互助一样重要。广西少数民族受地理交通的阻隔,在长期无法得到中央政府救济的情况下,发展出了民间互助互济的灾后救济与重建习惯,从而帮助受灾群众渡过难关。正如民间谚语所说:"人多无困难,一个人忙半天"②"篝火能把严寒驱散,团结能把困难赶跑"③。灾后的重建互助主要包括两个方面:一是互助生活、生产物资,如粮食、棉被、衣物、锅碗和现金等,保证灾民的现实生存;二是互助建房,帮助房屋在灾害中被毁的人家重新建造新房,使其尽快恢复正常生活,这包括互助建房材料及义务出工建房。

一、瑶族

瑶族在灾后重建互助习惯方面以龙胜的红瑶及贺州的土瑶为最。龙胜红瑶的家族族规规定:因天灾人祸造成生活困难的人家,大家对其生产生活要尽力帮助。因此红瑶在火灾事后,远亲近邻都送粮食,衣被、锅碗等衣食用具,以解决温饱。同时送来木头、木皮为受灾户搭棚暂住。对生产有困难之户尽力帮助。④ 笔者在调研中也了解到,灾难发生后,同寨村民均会自愿无偿给予受灾户一定的物质援助,以帮助受灾家庭灾后度日。在援助物品的数量上,根据各家庭经济情况及亲戚关系的远近而定,无确定数额,主要的救援物资有:谷子、米、衣物、棉被、毛巾、水桶等生活用品以及一定数量的金钱等。一些村民还会腾出自己多余的房间,供受灾者全家居住。更重要的是,待受

---

① 《广西两人获得"最美乡村医生""特别关注乡村医生"荣誉》,中新网,广西新闻 http://www.gx.chinanews.com/2013/1601_0112/68600.html,最后访问时间2013年1月12日。
② 中央民族学院语言所第五研究室编:《壮侗语族谚语》,中央民族学院出版社,1987年版,第60页。
③ 鄂嫩吉雅泰、陈铁红编:《中国少数民族谚语选辑》,广西人民出版社1981年版,第235页。
④ 龙胜各族自治县民族局《龙胜红瑶》编委会编:《龙胜红瑶》,广西民族出版社,2002年版,第40、126页。

灾家庭完成了一定的经济积累,有条件进行重建时,同寨的人也会免费帮助其重建房屋。如上文提到的2009年8月龙胜潘内村平寨周昌毅家失火,救火结束后,村民又帮他重新修房子,家家户户都出稻米,送衣服。每家2块木板,一袋稻谷,约50—60斤米,多的有70斤,同时每家都出钱,最多100元,一般都是50—60元,连小学生每人都捐了2元钱。此外每家还送7、8个碗。如村民粟长纬不但去帮助扑了火,还送了6袋谷子,约600斤,50元钱,4块建房的木料板子。村民粟×旺也帮了100元钱,给了几块木板。村民粟某庆帮了200元钱,40斤米,一袋谷子,40斤酒。2010年龙脊金坑景区的全景楼旅馆失火后,虽然老板不是本地人,但村里仍有10—20户人家帮了他米和钱,都是自愿的。如村民余某才就说,我和全景楼老板很熟,我不仅帮他救火,还帮了他米和钱。

贺州土瑶对失火户的救助习惯仍完整地保留下来。这些救助主要包括两项内容:其一是积极组织村民捐钱捐物,物包括米、油、衣服、被子、锅灶等,其中米是必须给的,数量不限,以保证失火户能保证基本的生活。根据当地群众异口同声的说法,给付物资是必须要履行的习惯义务,这是不能免除的。其二是帮助失火户搭建一个简易的棚子,作为其在新房建起之前的过度性住所。狮东村的凤支书说,本地火烧掉房子的,村里就发动大家捐助生活物资给失火户,一般是给米、斤把油,给几件衣裳,能给多就多给,没有就少给,但每户都必须给,因为这是规定(即习惯法)。村里发生过好几次火灾,本村大部分村民都是给米、给油,别村的就给钱,1块、2块这样,本村给钱的比较少,但没听说有人不给,大家都给的。除了捐助生活物资外,村里还组织村民无偿帮受灾户搭建一个简易的住所,使他有暂时的栖身之所。遭受其他灾害也是一样的。狮东村小村组的团支书也说,村里有受灾户都是大家凑钱、凑油、凑米来帮助。石岔小组有一户2013年被火烧掉了,村里开了个会,整个狮东村凑了米、盐、钱给他,别村也凑物资给他,小村这片有的人凑10元、20元,有的凑2元、5元,总数共有几百元钱,米、盐都不计算在内。此外,本村的邻居还帮他搭建了一个棚,让他们一家人暂时有个安身之所。大冷水的凤玉兰夫妇说:关于救灾,村里有统一规定,每户都要出,随你心意,1块、2块、5毛都可以,还要出点人力帮受灾户搬东西、搭棚,帮他把简易棚房盖起来。同村的邓桂华说,受灾户房子失火,没有粮食,大多数人都给一些,以便解决受灾户暂时的温饱问题,只有极少数不给。钱看自己各人,想给多少就给多少,实在太困难就有一个共同的约定(习惯法标准),至少要给20、30块。失火户一般大家都要帮他搭一个棚以暂居。新民村盘主任也说,对于失火户,有米给米,有锅给锅,还有给被子、衣服的,但每个人都要帮米,数量随自己的心意,钱多少也是随意,没有硬性规定,除了物资救助外,还要帮他搭个临时棚子。槽碓村副主任说,谁家的房子倒了,全村人都帮他清理,主要是帮工,清理好现场以便重建,大家柴米油盐各凑一点,帮助他过好那几天。明梅村邓支书也说,村里发生了火灾、泥石流,村民捐款、捐物都是非常积极的。一旦发生灾害,我们就召集群众,有力的出力,有物的出物,有钱的出钱,如果村民自己认为没钱的情况下,就出点米和衣服,随户主的意思,不限制。例如,村子外面有户人家失火,没地方住,我们就召集该片范围内的农户,出树皮的出树皮,出木板的木板,捐米的捐米,一起出工帮他建了房。金竹村邓支书说,我们这里救灾互助做得很好。如房子后面有塌方,都是大家去帮忙,与红白喜事的道理是一样的。房屋失火,大家团结去救,金竹的土瑶年年都发生火灾,但大家都凑凉席,帮受灾户解决好生活。金竹村一位村民说,如果村民的房子烧了,一是借钱给受灾户,捐点米,有钱就帮,能帮多少帮多少;二是集体搭棚,全村都去帮。如果没地方住就安排受灾户到其他村民家里去住。

二、侗族

侗款对灾后互助也有明确的规定。侗族琵琶歌《村约》说:"那村那寨遭到灾难人受苦,大家送粮送钱去援助救护。互助互帮人无灾难个个都称赞,村寨有德天也会降福。"①龙胜地灵侗寨发生寨火灾后,村民给重灾户腾房居住,送粮给衣被、送炊具、木料、借牛帮工以恢复生产生活。② 1939年、1940年,龙胜侗族居住的平等、思陇、三寨先后发生大火后,近亲挚友纷纷给重灾户腾房暂居,送粮食、衣被、锅碗、木头、木皮等,甚至借牛给其耕田。建国后,60年代初期,互借情况尚多。近几年来互借情况与以往大致相同。③ 笔者在调研时,刚刚失火的三江侗族自治县林略村主任韦良敏说,现在村里火灾后的重建已全部完成。重建领导小组由退伍军人、寨老组成,账目由他们管理。全村共有7个姓,每个姓都选一个会说话、爱好公益事业的人,如老党员、退休干部等,征求大家的意见。60岁以上的做寨老,寨老协调村委的工作,碰到事情研究怎么解决。我们侗族的救助习惯是,灾后第一天搭棚、送米、送粮、送锅头、送碗,有多送多,我们登记后平均分配。这说明侗族的灾后互助习惯早已形成了常规性、固定化的模式,灾害发生后,可以迅速启动救灾机制,形成一条龙服务,使群众尽快恢复生产和生活。除了村集体的救助机制

---

① 杨锡光、杨锡整理译著:《琵琶歌选》,岳麓书社1993年版,第28页。
② 《龙胜地灵侗寨史记》编委:《龙胜地灵侗寨史记》,2007年3月编写(内部参考),第245—246页。
③ 龙胜县志编纂委员会编:《龙胜县志》,汉语大词典出版社1992年版,第106页。

外,村民相互之间的救助也非常重要。林略村民杨友登(音,男,50岁,侗族)说,我老弟的房子在火灾中被烧了,我给了他米,他盖新房子的米、酒都是我出的,他修新房子,我帮他出了16天工。村民欧帮燕说,去年村里发生火灾,我出了600斤谷子、1000元钱,还出工帮建房。他们建房请的工匠没地方吃饭,就到我家里来吃。当时每家要出至少5斤谷子,房没烧的人家都要给房被烧的人家谷子。因为我们都是亲戚兄弟,要互相帮助。三江高定村钱任支书吴刚说,如果村里有人有灾难,都是亲戚朋友帮。火灾后主要是帮米,钱很少见。

三、苗族

《融水苗族自治县志》记载:"济困扶危,互帮互助是苗族又一社会习尚。某寨遇上火灾或水灾等重大灾难,临近村寨自动捐资献物,助其重建家园。"①笔者在调研时了解到这一记载是完全符合社会实际情况的。三江洋溪村苗族村民杨玉兄(小学教师)说,前几年上面寨子发生火灾,烧了十多户人家的房子,大家都拿钱、拿米给他,出钱多少看个人,有爱心的就多给点。融水拱洞乡龙培村村民杨伟由说,他家的房子在2008年的火灾中烧毁,火灾过后最近的亲戚就直接给钱(无偿,不需偿还),从1000—5000元不等。其他的人都会主动借钱。龙培村村民杨某定说,在那次火灾中我家的三层木楼着火烧毁,当时我在鹿寨打工,我的2个孩子在拱洞乡和县中读书,只有我母亲在家,她只拿着自己的被子逃出来,家里的东西都烧光了,什么都没有了,我目前只有一床席子、被子和两双鞋子。我堂哥就把他的房子让给我住,从火灾后一直住到现在,都住了3年了。火灾过后,许多亲戚朋友送了很多米,有的送4斤,有的送5斤,有的送10斤,有的送衣服,不过很少送钱,主要送吃穿,因为大家都很困难。龙培村村民杨凤说,我家房子被烧后,没有被烧的人就给一些米给我们吃,一般每人给1—2斤,还有穿过的衣服。

除上述民族外,壮族群众之间的灾后互助也很普遍,那坡县德隆乡团结村上劳屯黄某连说,除了失火救火外,我们还要帮受灾户米、帮钱、帮衣服,家里有什么就帮什么,可以帮什么就帮什么。上劳屯村民农生玉也说,我家失火救火后,村民还拿了米、衣服、被子给我的小孩,每个人出了5—10斤米。那坡县达腊村黄永杰(男,64岁,彝族)说,上面那家是我的堂弟,他的房子被

---

① 广西融水苗族自治县志编纂委员会编:《融水苗族自治县志》,三联书店1998年版,第677页。

烧了,我们拿米、菜去帮他,每家一般拿30—40斤,不过10把斤也有,20斤也有,菜、油、盐都拿了,不止一家人,亲戚个个拿,一家拿一点,不是亲戚的就去看一下,不拿菜、钱。我们去帮他把新房子建起来。

四、各民族之间的灾后互助

一些地区的灾后互助不仅限于本民族内部,还扩及不同民族之间。根据地方志记载,多民族聚居区域均有在灾后重建时相互援助的习惯,援助的方式有出钱、出生活物品、出建筑材料、出人力恢复生产等,均不计报酬。如民国十年(1921年),富川县枫木冲张友保一家人全到五里以外的山地生产,家里失火,一座八间的房子全被烧得精光,吃的穿的住的用的一切都没有,连一条牛一个猪仔也被烧死,一家人除了身上穿的两件破烂衣裳外,赤手空拳。这事情当被附近十至二十里路的瑶汉族人民知道后,南卡、北卡和枫木冲涝溪源的瑶族人民以及三毛冲和涝溪源的汉族人民,三五成群地自带米、菜、刀、畚箕来到了枫木冲,有的人还带来衣、筷、碗、鼎锅送给张友保。他们到了以后,有的上山砍杉树,有的挖屋基,有的做门架做窗户,有的挑泥挖沙,有的一连帮三四天工,有的男人不在家妇女也出来帮工一二天。结果在十天时间内建好一座崭新的房子,一共五间,能住十一人。张友保自己没花一个钱。① 新中国成立以后,这种风气更盛,而且互助超越了民族界限。1952年6月,全州县咸水遭受水灾,东山瑶民牵牛背犁下山步行百余里,前往灾区帮助恢复生产,汉族灾民十分感激。② 1954年上林县正万乡(原洋造乡)瑶族班树亮的房屋被火烧掉,壮族人民捐助了玉米375斤以及一部分人民币,解决了他的困难。③ 广西乐业县人民从古到今都把帮助别人看作是分内的事。每当某家失火、烧去财物后,周围村屯的人们都自动帮助。如1979年同乐公社小马落屯的王茂芳家受火灾,房屋家产化为灰烬。原来其父为木匠,常义务帮助贫困人家做木工,人们很受感动。这次他家受火灾,周围几十户人家自动献料献工,来帮他家建新房,献粮食等生活用品,使其生活有保障。每个村屯的人家受灾,生活难以维持,到各寨"化粮食",人们不管认识与否,都自动拿出一些粮食相送。谁家发生了不幸的事或有什么危难,大家都自动帮助料

---

① 中国科学院民族研究所、广西少数民族社会历史调查组编:《广西富川县红旗人民公社(富阳区)瑶族社会历史调查》,1963年3月印行(内部参考),第9页。
② 全州县志编纂委员会室编:《全州县志》,广西人民出版社1998年版,第853页。
③ 广西壮族自治区编辑组编:《广西瑶族社会历史调查》(第5册),广西民族出版社1986年版,第19页。

理或解决。① 在第四章论述的广西民间建房互助习惯,对于火灾等社会灾难的灾后救助具有极大的意义。二者之间是相辅相成,相互关联的。它们的关系如图7.8所示:

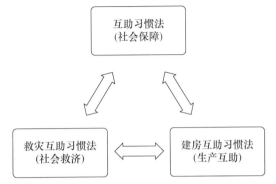

图7.8 建房互助习惯法与灾后互助习惯之间的关系示意图

在调查问卷中,对于问题"请问你们的互助救灾方式有哪些?"(多选),选择"出人力"占79.29%,选择"给生活物品"占53.25%,选择"出钱"占42.66%,选择"其他"占5.33%(见图7.9)。该组数据首先反映了广西少数民族自发灾害互助形式的多样性,既有金钱、物质上的援助又有人力上的援助。而出人力是大部分生活都很困难的少数民族最能所能力的帮助。其次反映了因经济水平限制,该地区保留着比较淳朴的互助方式,主要以人力互助为主。从该组数据我们可以得出在促进政府救助体制与少数民族互助习惯的结合中,政府部门应更多地担当经济救助的角色。

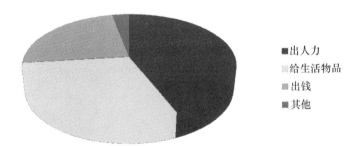

图7.9 关于"请问你们互助救灾的方式主要有哪些?"问题回答的数据分析示意图

综上所述,广西少数民族的互助习惯制度,是他们运用集体的智慧和力量,战胜自然灾害和社会灾难的结晶。其内容丰富,体系健全,约束力极强,

---

① 乐业县志编纂委员会编:《乐业县志》,广西人民出版社2002年版,第618页。

这一制度很好地维护了各少数民族正常的生产生活秩序,促进了当地经济发展。从现实的角度看,广西少数民族互助制度不仅承担了大部分社会救济义务,还为国家社会保障机制在这些地区的推行提供了良好的基础和可利用的思想文化资源,其蕴含的巨大价值得我们思考、研究和利用。因此,加强对西部少数民族传统互助习惯的关注,将少数民族固有的、优秀的法治资源,运用到民族地区农村社会保障机制的建构当中具有十分重要的意义。

第八章　广西少数民族互助习惯的历史作用及现代变迁

第一节　在红军长征中的历史作用

广西少数民族的互助习惯不仅在其自身的社会发展中发挥了重要的作用，还在特定的历史时期起了十分关键的作用。这种作用最重要的体现之一就是1934年10月—12月，红军长征经过桂北地区的灌阳、全州、兴安、资源、灵川、龙胜、三江地区时，得到了这一地区少数民族的全面帮助。长征路过之处，群众争着给红军让房子、烧水、送饭、挑担、带路、救护伤病员等，为红军顺利过境从而夺取全国胜利创造了至关重要的条件。

一、为红军带路顺利过境

桂北地区崇山峻岭，岗岭交错，红军到达这一地区时，面临各方强敌的进攻，如果不能迅速找到正确的路线转移撤退，很可能被敌人消灭。令人庆幸的是，红军路过之处，群众争先带路指路，使红军能以最短的时间、最快的速度离开危机四伏的桂北山区，成功向湖南、贵州转移。

1934年11月中国工农红军经过全州县时，群众把红军当做自家人，为其带路、磨米、掩护。蕉江华荣岭瑶民盘桂贤，为红军带路10多天，才悄悄回家。① 1934年12月1日，中央红军到达桂北资源县，路过中峰上峒唐家时，农民唐家银、唐家珍两兄弟给红军带路，经兴安、龙胜去湖南，直到贵州，才转回来，沿途还主动帮红军挑炮弹。② 1934年农历十月二十七日（12月3日），红军的先遣部队到达广西三江侗族自治县的八江一带，与当地侗族人民建立了深厚的友情。三十日早上红军出发时，寨里派吴林金带路去林溪，群众都到寨头欢送。③ 1934年12月6日，红军三军团在兴安中洞留下一个师向大

---

① 全州县志编纂委员会室编：《全州县志》，广西人民出版社1998年版，第654页。
② 广西壮族自治区资源县志编纂委员会编：《资源县志》，广西人民出版社1998年版，第233页。
③ 广西壮族自治区编辑组编：《广西侗族社会历史调查》，广西民族出版社1987年版，第41页。

溶江、灵川方向警戒,主力分三路向龙胜县前进。其中一路经竹林界、才喜界到达矮岭,得到瑶族农民盘桂荣的帮助,通过喊话,使守在才喜界的民团放下武器,拆除寨墙,让红军一枪未发通过了才喜界险隘。① 红军经过龙胜马堤乡牛头村时,历时七天,牛头的一些苗族老人如苏益有等积极为红军筹粮、备菜,当向导带路,护理受伤红军,掩埋牺牲的红军尸体。没有谁乱动红军的东西,使红军能顺利过境。② 12月13日,红军一支收容部队在龙胜潘寨被敌军袭击打散,其中有30余人翻过鸡心界到达下路溪屯,敌军尾追不放,情况危急。瑶族群众沈再德兄弟不顾一切带领这支红军进入深山,安排红军躲藏在一个大岩洞里,躲过敌军搜捕。晚上悄悄送饭给红军充饥,红军吃饱肚子连夜追赶大队伍。③ 红军经过龙胜平等侗族地区时,许多侗族群众纷纷自动为红军带路、挑担。④ 1934年12月,红军离开地灵侗寨那天,有上寨吴年恩(后改名公培青)、枫木寨粟显峰等二人给红军带路经过宝赠、西腰寨,并到了湖南麻龙。⑤

二、为红军提供给养

红军在撤退转移的过程中,给养供应十分困难,但桂北少数民族却纷纷慷慨解囊,将自己本已十分匮乏的粮食和物资提供给红军,使红军得以渡过难关继续前进。1931年1月2日至5日,红七军在全州休整三天,发动全州商会捐助,筹得经费数千元,解决部队的寒衣问题。当时,全州城里有个肖美华,原是李明瑞在桂军时的老部下,红七军通过他和商会会长陈子才协商,由商会出面发动商人捐助。由于红七军在全州不但没有扰民,还维持了地方治安,城内百姓安居乐业,市场繁荣,一时各大商号纷纷认捐。一些小商号如程仪生开个小药铺,也捐了些金银首饰,红军调查清楚后又退还给他。⑥

1934年11月底,红一方面军三十四师进入灌阳水车,得到群众拥护支持,群众主动帮红军磨米、带路、架设浮桥。临时医院设在夏云村文保和家,沿途收容伤病员。⑦ 1934年11月底,红军占领兴安县界首后,在红军的关心

---

① 兴安县地方志编纂委员会编:《兴安县志》,广西人民出版社2002年版,第234页。
② 广西壮族自治区编辑组编:《广西苗族社会历史调查》,广西民族出版社1987年版,第204页。
③ 龙胜县志编纂委员会编:《龙胜县志》,汉语大词典出版社1992年版,第423页。
④ 广西壮族自治区编辑组编:《广西侗族社会历史调查》,广西民族出版社1987年版,第154页。
⑤ 《龙胜地灵侗寨史记》编委:《龙胜地灵侗寨史记》,2007年3月印,第91页。
⑥ 桂林市政协文史资料委员会编:《桂北文史集粹》(内部资料),桂林文史资料第五十一辑,2006年12月印,第64页。
⑦ 灌阳县志编委办公室编:《灌阳县志》,新华出版社1995年版,第525页。

和影响下,界首人民积极行动起来,为红军带路、架桥、磨米、煮饭、烧开水等。① 陆定一的《老山界》中也谈到部队在翻越兴安县老山界时,遇到当地的一个瑶族妇女"拿出仅有的一点米来,放在房中间木头架成的一个灰堆——瑶民的灶上,煮粥吃。她对我们道歉,说是没有米,也没有大锅,否则愿意煮些给部队充饥。我们给她钱,她不要。"② 1934 年 12 月 1 日,中央红军到达桂北资源县枫木等地,村上妇女胡一妹看见红军煮饭的米里还有很多糠,她便邀来蒋九妹、康大妹一起帮红军舂米、簸米。红军吃着干净的白米饭,非常感激。③ 1934 年农历十月二十七日(12 月 3 日),红军的先遣部队到达三江侗族自治县八江,覃维章、覃富明等老人家说,红军吃得很苦,我们听说他们跋山涉水、带粮不多,现在要买些粮,我们全寨群众就自动捐了一千多斤大米送给他们。④ 红军到达地灵侗寨时,伍福美回忆:"他们进屋时,我开始感到有些害怕,但他们却很客气地问我:'老乡,有什么东西吃吗?'我指火炉边楼板底下挂着的红薯,红军便对我说:'能不能煮些给我们吃?'于是我亲自拿些红薯煮给战士们吃。"⑤

三、救治红军伤病员

红军沿途一直在和敌军作战,伤亡惨重,常有重伤员被留下,可喜的是,许多伤病员都得到了当地群众的悉心救治和照顾,保存了珍贵的有生力量。今天读这些历史文献,往往会被广西少数民族对红军伤病员的无私帮助与支援感动得热泪盈眶。

红军经过全州县时,高屋场瑶民盘玉堂,将 15 名红军伤员藏于山后。他每日外出乞讨,供应军食,经十余日后,始将伤员送走;白沙村老和尚,掩护落伍红军伍业文,虽受拷打罚款,仍不暴露情况。⑥ 中央红军到达资源县时,大部队经过中峰后,有五个掉队的红军伤员,其中一个伤势较重的躺在大庄田桥头的大树下,铁匠粟传亮路过桥头,见这个伤员是个红军,脚肿得很大,不能行走,就把他背回粟家院子一个荒园里隐藏起来,他问明伤员的名字叫周富贵(真名为朱振中),便去请了草药医生来为他敷药包扎,后来为了方便护

---

① 兴安县地方志编纂委员会编:《兴安县志》,广西人民出版社 2002 年版,第 233 页。
② 同上注书,第 714 页。
③ 广西壮族自治区资源县志编纂委员会编:《资源县志》,广西人民出版社 1998 年版,第 233 页。
④ 广西壮族自治区编辑组编:《广西侗族社会历史调查》,广西民族出版社 1987 年版,第 41 页。
⑤ 《龙胜地灵侗寨史记》编委:《龙胜地灵侗寨史记》,2007 年 3 月版,第 90 页。
⑥ 全州县志编纂委员会室编:《全州县志》,广西人民出版社 1998 年版,第 654 页。

理,粟传亮又把他接到自己家里,每天给他打水洗脸、送茶、倒水、洗衣服,服侍得很周到。粟传亮的妈妈听说南瓜瓤可以消肿止痛,就把家里的南瓜瓤掏出来给周富贵敷上,自家的用完了又到别家去讨;她听说茶叶可以治伤,便天天用浓茶给周富贵洗伤口。在全家人的精心护理下,两个月后,周富贵的伤慢慢地好了。粟传亮一家待周富贵如亲人,周富贵叫粟传亮为三爷。第二年秋天,周富贵和那四名掉队的红军战士商定要回江西找部队,粟传亮凑了四块光洋给周富贵做路费。离别那天,铁匠一家准备了丰盛的酒菜为他们饯行。周富贵回到江西瑞金,后来又参加了新四军,恢复原名朱振中。新中国成立后朱振中在北京工作,曾多次专程来资源看望粟传亮老人。[1] 资源县两水葱坪农民李登义,在红军大部队过境后,见有两个红军伤员躺在路旁走不动了,他悄悄地把伤员背回家,精心为他们治伤。伤治好后,红军战士要转回江西,临走时,再致道谢,送给李登义一支步枪,一个挎包,一块红布,一根拐棍。红军走后,他将这些东西作为珍品一直保存着。[2]

红军的先遣部队到达三江侗族自治县八江时,临走时委托群众护理留下的七名重伤员。红军走后,八江群众像对待自己的儿女一样,日夜看护着七名伤员,请医生来医治,就这样,七名伤员慢慢地好起来。可恨国民党县总局侯世峰派大批人马来八江缴枪,把七名伤员拉走,后来都不幸牺牲了。[3] 红军通过龙胜地区最广最密集,因此龙胜地区少数民族群众对红军的营救也最多最积极,涌现出了多个感人的事例。1934年12月9日,国民党从桐木界以轻、重机枪向龙胜万人界、牛头界扫射红军,一个红军战士在牛头寨被一颗子弹穿过右胸部,血流不止。苗族群众苏福旺立即在隐蔽处搭一草棚,背红军伤员去躲藏并予以治疗,天天送药送饭去,一连护理8天。但由于伤势过重,这伤员后来还是牺牲了。红军路过里市村,红军战士李可义、陈明立、易桂生等5人坐在村边休息,大坪屯的苗族李华英大娘有事来到里市,见5个红军战士受伤走不动,就将他们接到家服药治伤。红军战士伤痊愈后,考虑到大队已走两个多月,恐找不到,便决定留在当地。李人娘便留一个给自己做义子,其余4人便安排到生活较好的4户安家。布弄苗族杨盛才把一位腿部受伤的红军背到家中疗养,村长雷运钦听到风声就要到他家搜捕,他又急忙背这为红军到深山去躲避,天天送饭送药,直至腿伤痊愈,方送红军上路找队

---

[1] 广西壮族自治区资源县志编纂委员会编:《资源县志》,广西人民出版社1998年版,第233—234页。
[2] 同上注书,第234页。
[3] 广西壮族自治区编辑组编:《广西侗族社会历史调查》,广西民族出版社1987年版,第41页。

伍。红军小战士钟志福战斗受伤，还坚持尾随队伍，往浦上方向走和爬，终于昏倒在浦上寨背路旁。冬天躺在露天冻了一夜，已是气息奄奄。浦上黄友财老人清早上山打柴看见后，便背他到一个岩洞去躲藏，此后天天送药和茶饭给小红军。小红军从黄老人口中得知，此地搜捕落伍的伤病员甚紧，怕连累黄老人，就悄悄地趁夜里爬走。白天在树林躲，黑夜爬行，爬了两夜，到洋湾尾背一个岩洞中躺着。洋湾苗族杨廷旺上山看牛，发现小红军衣衫已破，遍体伤痕，就背他到苞谷地的茅棚里，每天送药送饭。治好伤，换了苗民衣服，带回家中，说是从外地接来了儿子，取名杨永贵。过了10多年，才又叫原名钟志福。① 1934年12月9日，红军到达龙胜伟江乡洋湾村潘寨屯红军桥，13日进行场激烈的战斗，伤亡30多人，其中牺牲15人，牺牲的红军被当地群众掩埋在桥头附近，现在还有一座红军墓，受伤的红军被群众转移到偏僻的山洞、草棚治伤，伤愈后，有的追赶红军队伍，有的返回原籍，有6位红军在龙胜安家落户。② 红军经过龙胜平等侗族地区时，有些伤病战士因一时走不了，留在侗乡，如江西籍战士邹善和(汉族，30岁)留在平等寨。群众把这些战士病员收藏起来，躲过伪军的搜查，暗中拿汤送药，细心看护，百般照顾，拿汤、送药、做饭吃、送衣服等。覃连芳来搜查红军时，群众又把他藏起来。邹病愈后即在平等住下，卖工度日，后来在平等侗家上门(入赘)。③

桂北地区少数民族群众对红军的自发救助，是其长期的互助习惯在关键时刻的迸发。在建设现代化中国的今天，如能妥善运用这一传统，让它在各项建设事业中发挥作用，将会产生巨大的力量。

第二节 在土地改革时期的历史作用

解放初期，约在1951年—1953年期间，广西各地开展起了轰轰烈烈的土地改革运动，在这场运动中，一直作为贫雇农生存的少数民族，公平地分得了土地、牲畜、房屋、粮食、现金等财产。一些因历史原因被迫在不适合人类居住的高寒山区生活的群众，也搬迁到气候、环境较为适宜的地区生活，并分得了新的生产生活资料。在这一过程中，广西少数民族长期存在的互助习惯也发挥了巨大的作用。在分配土改果实时，他们不仅不争不抢，反而互让互

---

① 龙胜县志编纂委员会编:《龙胜县志》,汉语大词典出版社1992年版,第422—423页。
② 桂林市政协文史资料委员会编:《桂北文史集萃》(内部资料),桂林文史资料第五十一辑,2006年12月印,第160页。
③ 广西壮族自治区编辑组编:《广西侗族社会历史调查》,广西民族出版社1987年版,第154—155、246页。

助,使得土改得以顺利进行;在分得土改果实后,他们在生产上、技术上互助互帮,使得土改之后的生产不仅得以迅速恢复,还提高了生产力。

一、互让土改果实

(一) 桂东北地区

桂东北地区土改互助做得较好的是龙胜县、三江县和恭城县等,主要表现为寨与寨、村与村、屯与屯之间放弃以往的仇怨,主动把土改中分到的田、现金、粮食送给对方,使土改不再仅是一场针对土地的改革,而是变成了各民族实现大融合、大团结的运动。1951 年,龙胜各族自治县成立,在实行土改的时候,为搞好民族团结,白水村的汉族与瑶族将所得的六百万元(旧币)果实,主动地分送 200 万元给妙平乡的瑶族,表示互助,出现了民族团结、互助互让的新气象。① 土地改革期间,龙胜北区小江汉人农民,将没收来的地主的水田和房子优先分给玉河溪的苗族。宝赠侗族农民,上山迎接铜罗、大算等地的瑶族雇农来落户,把没收来的地主的好房好田分给他们。马堤苏家村汉族农民,安排了塔寨、大平界、鸟冲、大段、桐木界、冲头等屯的十多户苗、瑶贫雇农民来落户,将没收地主的房子和田地分给他们,与汉族贫苦农民和睦相处,互学互助。故"苏家"易名"民合"。② 三江侗族自治县也土改互助也展现出良好的势头。独峒乡独峒屯与牙寨在土改分配土地中,独峒送田给牙寨时,吹起了芦笙,牙寨也吹芦笙来接并进行芦笙比赛,两个村寨充满了团结的气氛。又如和里乡和里寨(侗族)的农民跳起秧歌,送了二百多屯田和耕牛给归斗屯的苗族。程阳乡在分配土改果实时,岩寨群众主动让田给平寨群众,并吹芦笙进寨,平寨群众很受感动,也吹芦笙出来迎接。③ 恭城县三江乡瑶族人民在减租退押运动后,各族系间的良好关系进一步得到发展;凤岩村主动分出了三百万旧币的胜利果实给石口大村(包括石口、车头苋、牛尾寨等村);安冲村拨出 3000 株松木给石口村。合作化后,牛尾寨缺油茶,石口村主动拨出三十亩油茶田支援牛尾寨;板栗源的杉木因一时没有卖出去,无钱买米,大栗田立即借给他们 500 元。④

---

① 广西壮族自治区编辑组编:《广西侗族社会历史调查》,广西民族出版社 1987 年版,第 160 页。
② 龙胜县志编纂委员会编:《龙胜县志》,汉语大词典出版社 1992 年版,第 118 页。
③ 广西壮族自治区编辑组编:《广西侗族社会历史调查》,广西民族出版社 1987 年版,第 92、173 页。
④ 广西壮族自治区编辑组编:《广西瑶族社会历史调查》(第 4 册),广西民族出版社 1986 年版,第 285 页。

(二) 桂西北地区

桂西北的百色、河池地区也出现了在土改中,各民族群众互助借粮、互让劳动果实的感人场面。南丹县里湖乡里纪屯瑶族群众在 1952 和 1953 年,缺粮户除政府借贷救济外,互相借贷也解决了很多户,如牛栏关乡互助组内的积极分子蒙老花借出 160 斤玉米,带动九户借出,共 1920 斤玉米,解决了缺粮户的困难。① 与桂东北主要是村寨之间的互助不同,桂西北的土改互助更体现为不同民族之间的互利互惠。百色县洞好乡瑶族 1951 年有 40 多户瑶族迁居平地,许多壮族人民欢迎,他们主动捐物帮助瑶胞安家,如六合的黄意光(壮族)主动献出藏了多年的十几根梁材为瑶胞李秀高盖房子。② 1952 年,西林县那兵乡土改时,瑶族中当时没有划出地主富农,没有田分,壮族就自动的分田分山送牛送胜利果实给瑶族。在讨论分山的会上,壮族代表说:"我们订公约保管山林,这次送给瑶族东西很少,只是表示我们的心意。"瑶族代表在会上致谢说,"壮族人民对我们很关心,像亲兄弟一样。"第二天,壮族派代表用十几匹马驮着 2600 斤稻谷,并牵了二头牛,还组织了秧歌队,敲锣打鼓的送给瑶族。瑶族由于事先知道,就连夜打扫卫生,天未亮即准备好马草、茶水,到五里以外去迎接。③ 凌云县在 1952 年—1953 年 6 月的土地改革运动中,壮、汉族分田地给瑶族,请瑶族同胞下山居住,伶站乡九民村沙坳坝就是土改时划出那利一片 50 多亩田给陶化瑶族村耕种的。现在的那利屯是土改后才从山上搬下居住的瑶族居民点。全县各乡镇凡有瑶族(背陇瑶)的村屯都在土改时分得水田和平地。背陇瑶土改前没有田,土改时分得田,多数瑶胞无耕田工具和技术,壮、汉族主动借给农具,并热情指导耕种、传授管理技术。居住在土山的蓝靛瑶,土改时分得平地水田后,使他们从刀耕火种转到发展经济作物和科学种田上来。④

二、生产技术互助

广西许多少数民族在新中国成立前没有土地,在土改中分得土地后,都还停留在刀耕火种的原始生产技术水平,土改中分得土地后,亟需先进的生产技术,否则土改的目的就会落空。但可喜的是,许多少数民族打破民族界

---

① 广西壮族自治区编辑组编:《广西瑶族社会历史调查》(第 9 册),广西民族出版社 1987 年版,第 104 页。
② 广西壮族自治区编辑组编:《广西瑶族社会历史调查》(第 5 册),广西民族出版社 1986 年版,第 178 页。
③ 同上注书,第 239 页。
④ 凌云县志编纂委员会编:《凌云县志》,广西人民出版社 2007 年版,第 218 页。

限,互相提供劳务、提高生产技术。如新中国成立后,潘内出现了两次全部人马开赴泗水,帮助泗水汉族突击春耕的动人场面。① 在土改和农业互助组、合作化运动中,乐业县民族杂居的村寨(如逻沙圩、马槽屯、拉谷屯、岩料屯等)都改变了过去壮、汉族或瑶、汉族互相歧视的习惯,团结互助,壮族教汉族织布、做挂面等(如百乐村),汉族也教壮族做红烛、磨豆腐等(如逻沙圩等)。各民族群众还集体建水利工程和修路。② 上林县正万乡在1952年土改的时候,壮族人民把好田、好地分给瑶族。由于瑶族人民一向是住在高山,不懂耕水田的技术,壮族人民组织了自己的子弟30多人(1952年)带着自己的农具、耕牛到瑶族田里传授技术,从使用耕牛、犁田、耙田一直到插秧收割一整套的农耕技术,毫无保留地传授给瑶族人民。他们食在家,工作在瑶族人民的田里,这种互助的精神,确实令人起敬。而瑶族在壮族人民的传授下,两年内全部掌握了耕作水田的技术。由于瑶族一向是住在山上,土改分到的土地,没有种子,壮族人民就主动地将自己余下的种子毫无代价地送给瑶族人民,估计当时每户最少是80斤,有的多至百斤,大概献给瑶族人民有千余斤种子。③ 巴马瑶族自治县甘长乡解放初,瑶族人民没有掌握水田的耕作技术,壮族社长黄汉青便亲自向瑶族人民传授犁田、耙田、播种和插秧的技术。秋收时,许多壮族人民向瑶族传授割禾的方法,使之消除不会割禾的顾虑,充分体现互助合作的精神。1952年,甘长乡有130人移往东兰县阶告乡和赐福乡居住。迁来的瑶族人民,很受当地壮族人民的欢迎,壮民为他们修建房屋,教给他们种植水稻的生产技术,瑶族人民住下来后,也向壮族人民传授养羊、养猪和种植玉米的经验,加强了民族间的团结。④

第三节 在农业互助合作化时期的历史作用

1951年12月15日,中共中央下达《关于农业生产互助合作的决议(草案)》(后于1953年3月修改公布),因此,土地改革之后不久,自1951年—1954年期间,广西各地各地开始推行互助组生产方式,即农民根据自愿原则,自由组合形成临时或常年互助组,在互助组内部,生产工具、牲畜实行共

---

① 广西壮族自治区编辑组编:《广西瑶族社会历史调查》(第4册),广西民族出版社1986年版,第209页。
② 乐业县志编纂委员会编:《乐业县志》,广西人民出版社2002年版,第604页。
③ 广西壮族自治区编辑组编:《广西瑶族社会历史调查》(第5册),广西民族出版社1986年版,第19页。
④ 同上注书,第139—140页。

同使用,并共同耕种各小组成员的土地。广西少数民族本土固有的生产互助习惯为农业生产互助组的建设提供了良好的制度基础,从某种意义上说,它不过是把农民以前自发状态的生产互助习惯进行政策化、行政化、社会化而已。因此,广西各地的互助组如雨后春笋一般成立,并将原来个体之间互助行为的效益发挥到了最大值。

一、为互助组的成立奠定了良好基础

广西各地政府在建立农业生产互助组的过程中,充分利用了少数民族传统"打背工""换工""帮工""讨工"等的生产互助习惯,并体现在相关政策文件中,这应当视为国家法对民间习惯的采集和吸收。其中最典型的是1954年中共隆林县委员会发布的《关于积极的稳步的开展互助合作运动的决定》(以下简称《决定》),其中就提到:"根据山区生产特点,生产比较困难,自然灾害较多,为了解决人力、物力困难,群众有自然形成的用工互助集体劳动习惯。"因此《决定》确定建立农业生产互助组的基本原则是"贯彻互助合作政策,依靠贫农,巩固贫农、中农联盟,并注意不断的贯彻民族政策,从民族团结有利生产出发,加强并巩固农村互助合作基础。"为此,在组织建设互助组的过程中,农村干部一定要从实际出发,结合群众的传统,不可主观冒进:"在干部队伍中必须注意两个问题:(1)把互助合作神秘化、畏首畏尾,固守重点,不积极领导的错误思想。(2)不从实际情况出发急躁冒进,产生强迫命令包办代替作风,也是错误的。"根据上述原则,《决定》规定:"重点建立办好生产合作社,大量发展常年的、季节的、临时性的互助组。……(2)常年互助组要求发展732个至822个。工作基础较好地区(群众觉悟较高,骨干较多)要求组织面(以户数比例包括常年的、季节的、临时的互助组和农业社)达到30%到35%。工作基础较差及边沿地区的苗、瑶、倮族聚居乡,组织面达到20%到25%。必须从实际出发,不可主观。"[1]

在政策对传统互助习惯的认可下,广西许多民族地区的互助组都是在原来"打背工"等的基础上建立起来的。如1952年起,龙胜县政府结合境内各族农民素有"打背工"习俗,贯彻"组织起来,发展生产"指示,在全县开展组织季节性和常年性农业互助组。[2] 资源县政府认为,土改后一家一户为单位进行生产的小农经济,抗灾能力薄弱,容易出现贫富两极分化。为防止两极

---

[1] 隆林各族自治县地方志编纂委员会编:《隆林各族自治县志》,广西人民出版社2002年版,第948—950页。
[2] 龙胜县志编纂委员会编:《龙胜县志》,汉语大词典出版社1992年版,第131页。

分化,增强抗灾能力,发展农业机械,推广科学种田,促进农业的更大发展,县委根据号召广大农民组织起来,走共同富裕的道路。1952年春,延东区寨美村的石玉仕互助组和中峰区井头村的王庆松互助组率先成立。入组农民在自愿互利原则的基础上,以打背工(以工换工)的形式进行集体生产劳动,解决一些缺乏劳力或耕牛、农具的农户的困难。① 金秀大瑶山一向有着"打背工"的互助习惯。所以大瑶山土改一结束即全力投入领导生产,开始组织临时互助组,常年互助组、联合互助组。参加农户有6606户。互助合作的发展,基本是健康的,速度也是较快的。② 那坡县彝族居住的达腊屯于1954年春天开始,组织季节互助组代替帮工的习惯。当时参加的农民也不少,这年冬天又组织常年互助组,除个别富裕户有顾虑外,其他农民都参加了。③ 由于传统互助习惯奠定的良好基础,广西各地农业互助组的组建工作得以顺利进行,1954—1955年,各地均建立了数量众多、占人口比例较大的各类互助组。见表8.1:

表8.1 1951—1955年广西各地农业生产互助组成立发展情况一览表

地点	互助组成立与发展情况		资料来源
	时间	成立与发展	
全州	1951	蒋在球、罗述珍、蒋绍全、马祖明、唐北元等互助组最早建立,分别在城关、龙水、凤凰、秦家塘等区发挥了示范作用	全州县志编纂委员会室编:《全州县志》,广西人民出版社1998年版,第147—148页
	1952	发展到9200个	
	1953	因大旱,县境山林水利纠纷多,下降到4302个	
	1954	达高峰期,有11739个,组员人数占农业人口的78.4%,其中有常年互助组2696个,占农业人口的18.8%	
	1955	初级农业生产合作社大量发展,互助组织降为3617个	

---

① 广西壮族自治区资源县志编纂委员会编:《资源县志》,广西人民出版社1998年版,第253页。
② 广西壮族自治区编辑组编:《广西瑶族社会历史调查》(第1册),广西民族出版社1984年版,第24页。
③ 中国科学院民族研究所、广西少数民族社会历史调查组编:《睦边县那坡人民公社龙隆平生产大队保保(彝)族社会历史调查报告》,1964年7月编印(内部资料),第5页。

(续表)

地点	互助组成立与发展情况		资料来源
	时间	成立与发展	
兴安	1951	湘漓区花桥村唐世鸿首先组织起全县第一个农业生产互助组。随后,全县各地农民行动起来组织起互助组 500 多个	兴安县地方志编纂委员会编:《兴安县志》,广西人民出版社 2002 年版,第 251—252 页
	1954	全县开展以互助合作为中心的农业增产运动。到 10 月止,互助组已发展到 6174 个,入组农户 42095 户,占总农户 98.41%。其中常年互助组有 1392 个,9744 户,占入组总农户 23.15%	
资源	1952	春,延东区寨美村的石玉仕互助组和中峰区井头村的王庆松互助组率先成立。该年冬,全县共成立 714 个互助组	广西壮族自治区资源县志编纂委员会编:《资源县志》,广西人民出版社 1998 年版,第 253 页
	1953	全县常年互助组增至 116 个,入组农户 794 户,占总农户的 4.27%,临时互助组增至 789 个,入组农户 3799 户,占总农户的 20.87%	
龙胜	1952	共组织起互助组 1083 个,其中常年互助组 28 个	龙胜县志编纂委员会编:《龙胜县志》,汉语大词典出版社 1992 年版,第 131 页
	1953	全县 70% 的农户,加入了各种形式的互助组	
三江	1952	全县组织 2 个常年互助组,入组农户 17 户,临时互助组 5 个,29 户	广西壮族自治区编辑组编:《广西侗族社会历史调查》,广西民族出版社 1987 年版,第 95—96 页
	1953	常年互助组 160 个,临时互助组 243 个,入组农户达 2192 户。直至年底,计全县共发展 503 个互助组,其中程阳乡下半年仅有 2 个互助组	
	1954	互助组 2753 个,其中程阳乡共建成 34 个,参加的农户有 147 户	
	1955	全县共建立了互助组 1753 个,其中常年互助组 923 个,临时互助组 829 个,入组农户 10369 户,占全县总农户的 29%,其中程阳乡上半年发展到 47 个,参加农户有 312 户,占总农户的 40% 以上	
融水寨怀乡	1954	组织 5 个互助组,参加农户有 21 户(全是贫农)	广西壮族自治区编辑组编:《广西侗族社会历史调查》,广西民族出版社 1987 年版,第 206 页

(续表)

地点	互助组成立与发展情况		资料来源
	时间	成立与发展	
贺县新华乡	1952	第一次组织了互助组(季节性)	广西壮族自治区编辑组:《广西瑶族社会历史调查》第三册,广西民族出版社1985年版,第170页
	1953	组成了16个常年互助组	
	1954—1955	共有各种形式的互助组20个(其中季节性16个,常年组1个,联营组3个)参加农户约占总农户的80%以上	
都安	1952	高兴19个乡,就有3500多户的农民自动组织起937个互助组(一般都是临时性的)来进行生产,占总农户数的45.66%。	广西壮族自治区编辑组:《广西瑶族社会历史调查》第五册,广西民族出版社1986年版,第328—360页;广西壮族自治区编辑组:《广西瑶族社会历史调查》第六册,广西民族出版社1985年版,第120—121页
	1953	七百弄地区组织起来的互助组,常年的就有3个;高兴乡壮族发展到43个组,参加的农户有244户,占全乡总农户的69%。	
	1954	高兴乡27个乡已组织起来的常年互助组有138个,季节性的有910个;下坳乡常年互助组78个,506户,季节性互助组360个,1987户;临时和打工换背的小组125个,520户。七百弄地区常年互助组已有273个,参加的农户有1,107户,占全总农户的37.1%;季节性互助组共有245个,参加的农户有1274户;三只羊乡据不完全统计已有260个变工组;常年互助组一个,参加农户有8户;临时互助组有98个,参加的农户有585户,占总农户的25%;到1954年12月全区有常年互助组213个,1310户,参加的农户占总农户69%强。	
平果县良美乡瑶族		全乡组织常年互助组28个,临时季节互助组15个,常年互助组有联组的5个小组,联合为2个小组,共28户,全乡311户已有291户参加了互助组,组织面积达94%	广西壮族自治区编辑组:《广西瑶族社会历史调查》第九册,广西民族出版社1987年版,第123—124页。
上林	1952	高贤乡壮族以青年团员韦善甫为首的互助诞生了,开始只有4户,仅占全乡总户数579户的0.03%	广西壮族自治区编辑组:《广西瑶族社会历史调查》第六册,广西民族出版社1985年版,第94页。广西壮族自治区编辑组:《广西瑶族社会历史调查》第五册,广西民族出版社1986年版,第36—37页
	1953	正万乡瑶族共有17个组,一般都是5、6户	
	1954	正万乡瑶族共建立互助组52个(常年性13个,季节性39个)共225户参加,占全乡总农户的74.2%,共1071人(男512人;女559人)占全乡人口81%	

(续表)

地点	互助组成立与发展情况		资料来源
	时间	成立与发展	
田林	1953	全县组织有临时、季节性互助组64个,常年互助组22个共595户,占全县总农户3%。	田林县地方志编纂委员会编:《田林县志》,广西人民出版社1996年版,第240页;广西壮族自治区编辑组:《广西瑶族社会历史调查》第五册,广西民族出版社1986年版,第89—90、116页
	1954	渭标乡开始组织互助组,每个屯都搞,但是除了4个是长年互助组以外,其余都是临时性质的;那拉乡瑶族共组织临时互助组13个,常年互助组3个,参加互助组的共有119户。	
西林	1954	全县(原隆林县南6区)已建立有各种互助组1964个,入组农户占总农业户数41.5%。后来,又经过并组,合并成常年互助组702个5055户,临时互助组163个1077户。	西林县地方志编纂委员会编:《西林县志》,广西人民出版社2006年版。第570—571页
上思	1954	秋以前参加互助组的农户已达到全县农户63%。	广西壮族自治区编辑组:《广西壮族社会历史调查》第三册,广西民族出版社1985年版,第14页
百色	1953	两邕乡壮族开始组织互助组,洞好乡百苗村38户人口中,试办常年互助组1个。	广西壮族自治区编辑组:《广西壮族社会历史调查》第二册,广西民族出版社1985年版,第254页;广西壮族自治区编辑组:《广西瑶族社会历史调查》第五册,广西民族出版社1986年版,第207页
	1954	两邕乡有18个互助组,组织面占80%以上;洞好乡分别在各个屯建立19个互助组,参加的农户占全乡人口70%以上。	

二、实现了互助的组织化与民主化管理

广西少数民族传统的互助习惯是自发自愿的行为,缺乏统一的组织和规范的管理,而五十年代初的互助组则加强了组织化与管理民主化,因此,互助组不仅克服了以往互助习惯的一些弊端,将其优势发挥至最大,还具备了一些个体互助行为所没有的优势。

(一) 互助的组织化

经过统一的组织和协调,原来一盘散沙式的互助帮工与换工,逐渐过渡到有组织、有纪律的互助组,这使得互助的性质产生了很大的变化,互助的内容和层次也得到了很大的提升。互助的组织化主要体现以下几个

方面:

(1)互助组有统一的规章制度。如东兰县的互助组与传统的帮工、换工形式大致相同。土地所有权及收获仍归私人所有。区别在于互助组是有组织、有领导的相对稳定的劳动互助组织,规模小的5到6户,大的10到20户。① 这种互助统一的规章制度还超越生产互助,延伸到了组员私人事务如婚丧互助上。成立互助组后,以往的婚丧互助仍然保持,但实行有组织有制度的互助。如50年代初期,龙胜搞生产及办酒席仍分别帮工。1953年土改后即出现互助组,建立农业生产互助组,生产合作社,背工停止。办酒席由近亲主管安排,生产队出劳力协助料理。②

(2)互助组有统一的生产计划。如荔浦清福乡瑶族人民于1952年冬至1953年成立了互助组。最初组织的是季节性互助组,以换工的形式互相帮助,进行什么生产也由自己决定,没有统一的规划,但却解决了农忙时劳动力不足的困难。以后,又由季节性互助组发展为常年互助组,于是有了统一的领导和计划,每天的工作都有一定的安排。③ 全州县的互助组一般由几户或十几户农民按自愿、互利、等价交换原则组成;组内共同劳动,相互换工,解决缺乏劳动力、耕畜或农具的困难;收入及农业税各户自理。其经营管理方式为,常年互助组有简单的种植计划和副业计划,有解决互利的报酬办法。④ 都安瑶族自治县七百弄地区互助组在粮食增产后,组员信心百倍,生产情绪更高。他们订了生产计划,进一步地改进耕作技术,由原来的施一次肥、培一次土,变为施两次肥、培两次土。⑤

(3)互助组有统一的劳动纪律。在互助组内部,实行按统一的时间劳动的制度,可以充分利用农时,提高劳动效率。如1953年春天,环江县城管乡成立了以五户贫农为一组的互助生产小组,互助组成立之后,五户共十人一起去翻田,一下就翻完了,村民欧未然看见,心里很想干,但他以为是过去祖先就已习惯了的换工组,于是说:"以前你们做活路叫我们,现在为什么不叫了?"当时互助组长蒙克宣说:"我们是组织互助组,你们也可邀约自愿地组一组生产。"于是欧未然就邀了9户人,成立了第二互助组,其中有3户中农、6户贫农。不几天又成立了第三个互助组,4户中农,6户贫农。发展前

---

① 东兰县志编纂委员会编:《东兰县志》,广西人民出版社1994年版,第263页。
② 龙胜县志编纂委员会编:《龙胜县志》,汉语大词典出版社1992年版,第106页。
③ 广西壮族自治区编辑组:《广西瑶族社会历史调查》(第4册),广西民族出版社1986年版,第262页。
④ 全州县志编纂委员会室编:《全州县志》,广西人民出版社1998年版,第147—148页。
⑤ 广西壮族自治区编辑组:《广西瑶族社会历史调查》(第5册),广西民族出版社1986年版,第360页。

后仅20多天的时间。互助组的成立,立即显示出与单干不同的优越性,首先表现在生产上的组织性,克服了个体农户生产的拖拉现象。例如,互助组吹哨子出工,集体做,收工也吹哨,而且逢节日也做。因而在生产时间上增多了。①

(4) 有统一的产品分配制度。1953年夏,田林县开展以互助合作为中心的生产运动,按照自愿互利原则,组织生产互助,进行人工换人工、人工换畜工的劳动协作,收获产品归各户所有。②

(二) 统一安排土地、劳动力和生产资料

在传统的互助模式下,土地、劳动力与生产资料都归各户所有,但在互助组模式下,在所有权不变的情况下,各户将土地(包括水田和旱地)、劳动力(包括全劳力和半劳力)、牲畜(包括牛、马)、生产工具(包括锄头、犁、耙、镰刀、勾刀、斧头等)拿出来,由组里统计并实行统一安排、分配和使用,这样大大提高了劳动效率,也提高了生产资料的效能。

龙胜平等乡的罗兴锦互助组,是侗族地区最先组织起来的一个组。土改后,农民的生产力虽得到进一步的提高,但平等乡侗族广大农民都是非富裕户,他们在生产上和生活上还存在一定困难。在这个基础上,罗兴锦互助组于1952年5月5日正式成立了。结果有6户27人参加了互助组(其中5户贫农,1户中农),劳动力7人,半劳动力6人,有田145屯(六屯折一亩),旱地8亩,耕牛4头,主要农具有锄头26把,旧式步犁2架,耙5架。由于组织起来,劳动力统一使用,农事尚能赶上季节,耕作也比较周到。③ 大瑶山双合乡十二步、观音山两屯瑶族互助组织调查:十二步屯有14户81人,劳动力28个,半劳动力9个。现有互助组1个,9户56人,劳动力20个,半劳动人9个,组织起来的户数占全屯户数的64%。观音山屯有11户70人,劳动力31个,半劳动力1个。现有互助组2个,10户、64人,劳动力29个,半劳动力1个,单干只1户,组织起来户数占全屯数的99%。十二屯、观音山两个屯的3个互助组,是在过去互助习惯的基础上,于1951年自发组织起来的。开始时只限于临时换工,于1952年才在换工基础上组织了比较固定的常年互助组,后来在生产过程中,他们发现了如下问题无法解决:(1) 由于山区土地分散,面积宽,耕作技术极度落后,天气变化无常,多靠天吃饭,如扯草时必须天晴,

---

① 广西壮族自治区编辑组编:《广西壮族社会历史调查》(第2册),广西民族出版社1985年版,第297—300页。
② 田林县地方志编纂委员会编:《田林县志》,广西人民出版社1996年版,第240页。
③ 广西壮族自治区编辑组编:《广西侗族社会历史调查》,广西民族出版社1987年版,第161—162页。

每次排工意见多。(2) 原有大小劳动力换工,帮工者往往积极性不够高,不能满足群众日益增长的增产要求。(3) 两区自然灾害多,互助组不能全部克服,使受灾户收入减少,严重者出现全家挨饿情况。因此他们自动实行了组员土地归组(该屯一头耕牛都没有),集体劳动,按劳取酬的互助合作组织形式。① 现将田林县那拉乡瑶族常年和临时互助组的户数、劳动力、生产资料情况列表如下:

临时互助组 13 个:
参加户数 96 户 共 515 人(其中男 250 人,女 265 人)
主要劳动力 224 个(其中男 127 个,女 97 个)
半劳动力 94 个(其中男 32 个,女 62 个)。
有水田 2010 斤种(折合 402 亩)
有旱田 1196 斤种(折合 23.92 亩)
有水牛 129 头(其中大牛 78 头,小牛 51 头)
有黄牛 55 头(其中大牛 26 头,小牛 29 头)
有马 103 匹(其中大马 72 匹,小马 31 匹)
共有生产工具 792 件(其中犁 104 件、耙 80 件、锄 267 件、镰刀 98 件、勾刀 126 件、斧头 108 件、其他 9 件)

常年互助组 3 个:
参加户数 23 户 共 102 人(其中男 45 人,女 57 人)
主要劳动力 43 个(其中男 23 个,女 20 个)
半劳动力 23 个(其中男 7 个,女 16 个)。
有水田 533 斤种(折合 106.6 亩)
有旱田 274 斤种(折合 54.8 亩)
有水牛 14 头(其中大牛 7 头,小牛 7 头)
有黄牛 19 头(其中大牛 12 头,小牛 7 头)
有马 10 匹(其中大马 9 匹,小马 1 匹)
共有生产工具 162 件(其中犁 62 件、耙 14 件、锄 61 件、镰刀 18 件、勾刀 21 件、斧头 22 件)

(以上根据 1954 年 5 月 14 统计材料)②

---

① 广西壮族自治区编辑组编:《广西瑶族社会历史调查》(第 9 册),广西民族出版社 1987 年版,第 21—22 页。
② 广西壮族自治区编辑组编:《广西瑶族社会历史调查》(第 5 册),广西民族出版社 1986 年版,第 89—90 页。

成立互助组后,对于水等重要的生产资源也实行统一的分配和管理。如龙胜潘内以前经常发生用水纠纷,1953年组织互助组以后,各地公推正直公道的人看水,调剂用水,后改各处分沟分片专人看管水利。如潘内屯共有水田29亩,便分为3个管理区,分别由看水经验丰富的老弄负责。①

(三) 互助管理的民主化

互助组的劳动分配实行计工分制度。这种制度在当时可以起到公平作用,避免了因劳动力强弱不均带来的弊端。如平果县良美乡瑶族常年互助组基本上达到互利,都有评工记分,民主生活,民主管理。平果县二区乐瑶山区直至1953年10月间才搞起互助组来,光陇匠乡全乡就有45个组,其中有2个评工记分。② 1953年,都安瑶族自治县三只羊乡6户贫农的互助组扩大到15户,成为常年互助组,实行了合理评记工分、劳动力统一安排的制度。都安瑶族自治县七百弄地区在1953年3月间,同村的三户单干农民要求参加互助组就发展到7户。但对如何搞好互利还未注意到,组员生产情绪不够高,帮自己的就积极,帮别人的则消极怠工。七百弄区委会看到这个问题,就根据组员的要求进行评功记分,组员很满意,生产劲头也大了起来。组员蒙朝标说:"这样评功记分,今年生产才有保证"。蒙姆提说:"这样做我们干活劲头大。"生产积极性空前高涨。③ 环江县城管乡互助组内采取评工计分工方法,先评底分,如果帮别人不努力,则减工分,出晏工则扣分,一天分三段时间,即上、中、下午。评分是基于过去换工的习惯发展起来的。计算工分,劳动最好的12分,最少的5、6分,妇女一般7、8分,由互助组成员当晚评定。如果到年终不够工分的则别人代他做了,就要补钱。当时计算1个工分四两米,10个工分四十两米,即两斤半米。一个牛犁一早上等于10个工分,黄牛犁一早上则抵8个工分。犁与耙是自己的,别人借用也不记工分。④ 百色县洞好乡互助组分配原则是:在组员共同的劳动中,视劳动力的强弱、出工的迟早和工作量的多寡来评定工分,要是谁受到他人帮助过多,而赔不完工,则按

---

① 广西壮族自治区编辑组编:《广西瑶族社会历史调查》(第4册),广西民族出版社1986年版,第186页。

② 广西壮族自治区编辑组编:《广西瑶族社会历史调查》(第9册),广西民族出版社1987年版,第123—124、143页。

③ 广西壮族自治区编辑组编:《广西瑶族社会历史调查》(第5册),广西民族出版社1986年版,第284、360页。

④ 广西壮族自治区编辑组编:《广西壮族社会历史调查》(第2册),广西民族出版社1985年版,第297—300页。

超工部分以 10 个工分为一日,每日付给谷子 10 斤,到秋收后付清,不容拖欠。①

在实行了科学化、民主化的管理后,互助组与以往的互助模式相比,展示出极大的优势,对此,农民群众自己也进行了比较。如西林那劳乡维新区 1954 年 6 月底土地改革结束后,各屯开始组织互助组。在酝酿成立互助组的会上,人们回忆了过去打背工的情况,指出了这种换工有很多毛病,如在下雨的时候各顾各,赔工不及时会闹意见,谁家有病就耽误生产,生产工具和耕牛不足也得不到解决等等。而组织互助组后,这些问题就可以解决了。因此,人们踊跃报名参加互助组,报名的户数占总农户的 80% 以上。组织了互助组后,比起单干和以前的打背工来有很大的优越性:① 互助组每次出工都有工票发,到年终结算时,做很多的可得补工或补谷,而单家独户自己干,解决不了劳动力和农具不足的困难,换工也是吃亏的多,有些出工少,不合理也不互利,发挥不了生产积极性。② 互助组使生产能赶上季节,比单干快七八天。③ 互助组适宜于农忙突击,能趁雨水后犁田、耙田、抢插,不误农时。④ 能解决耕牛、农具、劳动力不足的困难,有利于生产的发展。②

三、进一步发挥了互助的经济效益与社会效益

（一）极大地解决了土改后的劳动力不足问题

土地改革之后,许多无地或少地的农民都分得了土地,土地数量和面积较以前有了较大的增长,而单户耕作的方式使得劳动力不足的问题立刻凸显出来,仅靠以往的互助模式已难以解决问题。因此成立互助组,相互支援,恰好可以解决这一矛盾。所以说成立互助组不仅是当时的政策要求,也是当时获得土地的农民的需要。如田东县平略乡瑶族 1954 年开始成立了互助组,在一定程度上发挥了劳动潜力,解决了劳动力不足的困难。土改以后,每人都有了土地,都要耕种自己的田。但一人种田,要种 30 天,前面种的虽然赶上季节,但后面继续种的,就赶不上季节。为了赶上季节,大家都有互助的要求。1954 年,定罗屯成立了互助组,除了一户单干以外,全体都参加。③ 很早以来,上思县思阳乡壮族的贫苦农民之间存在良好的互助习惯,他们亲帮亲,

---

① 广西壮族自治区编辑组编:《广西瑶族社会历史调查》(第 5 册),广西民族出版社 1986 年版,第 207 页。
② 广西壮族自治区编辑组编:《广西壮族社会历史调查》(第 2 册),广西民族出版社 1985 年版,第 202—204 页。
③ 广西壮族自治区编辑组编:《广西瑶族社会历史调查》(第 6 册),广西民族出版社 1987 年版,第 99—108 页。

邻帮邻，不计什么报酬。现在这种传统习惯得到了进一步发展。如在春收春种的"三抢"（即抢收、抢插、抢种）季节中，全乡男女一齐出动，生产进度日日上升，很快赶上了季节。有一个生产队有6户人家，过去每天平均插秧4亩，而后来提高到平均每天插秧7亩。① 都安瑶族自治县七百弄地区的农民在新中国成立后对组织起来解决生产上的困难已感到很必要，有的就由过去的换工搭配逐步发展为互助组。弄合乡弄石村的七户贫雇农民（雇农3户贫农4户）共有畲地11.6亩，山地55.1亩，土地很分散，生产很困难。1951年农历三月间，收玉米很紧张之时，以蒙卜浓为首的四户农民就首先自然结合成为一个互助组。但起初还是为了应付农忙，对如何搞好生产，如何贯彻互利政策，均没有注意到。由于劳动力强弱不等而互有意见，不久就垮下去。1952年旧历十二月间翻土准备春耕，蒙卜浓又串联原来的那四户重新组织起来，解决生产上的困难。春耕春种及时，开始显示了互助组的优越性。②

这其中，以那坡县下华乡规六村最为典型。该村的互助组克服了以往单户一对一互助的弊端，实现了多对一、集体对个体的互助模式，解决了生产困难。土改后，部分农民分得了土地，而没有分得土地或土地很少的农民就开荒。但是由于一家一户单干，同时瑶民耕种的土地离村很远，有的走到十多二十里外的地方去耕种，生产工具又落后，发展生产是有困难的。如李梅盛（壮族，贫农）原有土地3亩，土改又分得了土地，一家三口人全是劳动力，但是每年还是缺粮；邓元开（贫农）一家四口人，全是劳动力，有土地三亩一分，没有耕牛犁，每下种都用锄头翻土，用脚来踩种子，每年只能收粮15担（每担50斤），又如邓法天（瑶族，贫农）土改时虽然分得了八斤种子地，加上原有的土地收入仍不够吃。因此把农民组织起来，是很有必要的。如邓法天就说："土地虽然分得了，但是不组织起来互相帮助，想富裕是有困难的。"所以他在1954年起就开始组织了互助组。规或屯（瑶族）是1954年十二月起组织了季节性互助组，全屯34户（有两户不参加）分成了三个组，两个组各10户，一个组12户。季节性互助组组织后解决了一些生产上的困难，瑶族认为很好，达到一个新的水平，男男女女的一起出工，情绪很高。他们说："现在的互助组比新中国成立前的帮工好很多，不分彼此你我，一起去做，新中国成立前的帮工，户对户还要有人选择，不好的就不与你帮工，现在不论这点了。"规或

---

① 广西壮族自治区编辑组编：《广西壮族社会历史调查》（第3册），广西民族出版社1985年版，第44页。
② 广西壮族自治区编辑组编：《广西瑶族社会历史调查》（第5册），广西民族出版社1986年版，第360页。

屯到 1955 年 2 月又转为常年互助组。①

(二) 实现了粮食增产增收

由于实行了有组织、有计划的生产,因此互助组的优势立刻得以发挥,其中第一个显著的成果就是粮食增产。从历史文献记载可以看出,从桂东北的全州、兴安、龙胜、三江到桂中的环江、都安、武鸣,从桂西北的百色、田林、西林到桂南的上思一带,各地在实行互助组后,都实现了粮食的增产增收。

1. 桂东北地区

龙胜平等乡罗兴锦互助组于 1952 年 5 月 5 日正式成立当年秋收获得了增产,总产量由建组前由 1951 年 14500 斤,上升至 1952 年的 18720 斤,增产 29%,平均亩产 750 斤,被评为全县特等模范互助组,获奖旗一面,新式步犁、耙、喷雾器各一架。1953 年,该互助组发展至 8 户,粮食生产继续增长至 26791 斤,比上年增产 20.8%,比当年全乡平均增产 13.8% 高 7%。罗兴锦互助组连年获得增产,1953 年被评为广西模范互助组。在这样增产多打粮的影响下,推动了全乡互助组的普遍建立,季节性互助组发展到 57 个,秋后即转变为常年互助组。② 三江县互助合作开始于 1952 年春,当时主要从克服生产困难、提高单位面积产量入手。常年互助组一个是牙林乡梁代坤互助组,另一个是古宜区光辉乡杨家茂互助组。这些互助组组织起来以后,集体生产,互通有无,发挥了劳动生产的积极性,也贯彻互利政策,得到了很大的增产。如梁代坤互助组仅七户,1953 年即获得了增产四成六的好成绩。③ 三江县林溪区程阳乡吴斌荣互助组增产更加突出,他家有田九屯,入组前年产谷仅 300 多斤,入组后当年产量增至 500 多斤,增产 200 多斤;第二年又更上一层楼,产量达 1200 多斤,从每年缺粮十个月减少至三四个月,生活有了改善。程阳乡在互助组正常开展起来的同时,各项生产均有起色。据 1954 年春统计,半个月时间内程阳乡共造林 30850 株,积肥 78650 担(每担平均 60 斤),抗旱春耕的水田有 982 屯,占全乡水田面积 48。9%,另外还增种早熟包谷 310 亩,其他农作物也有增加,共种了 452 亩。④ 全州县东山区上塘村丁 1953 年 3 月组织了四个第一批互助组。其中两个组搞得比较好,为了树立榜样,这两个组各种了一亩多的田作为示范,奉贵凤组的那亩,亩产 1034 斤,

---

① 广西壮族自治区编辑组编:《广西瑶族社会历史调查》(第 6 册),广西民族出版社 1987 年版,第 83 页。
② 广西壮族自治区编辑组编:《广西侗族社会历史调查》,广西民族出版社 1987 年版,第 161—162 页。
③ 同上注书,第 95—96 页。
④ 同上注书,第 161—162 页。

奉德岱组的亩产1134斤。开始群众尚有怀疑,后经过上级来调查属实,两个组的组长被评上了劳模,并得到了奖品。奉贵凤得到大小牛各一头,并得到了不少的奖品。同时互助组的产量也普遍地比单干户高,平均亩产380斤,平均每人可收入500多斤。这些事实教育了群众,看到了互助组的好处。① 1954 年,兴安全县粮食总产 6525 万公斤,比 1949 年增长 34.21%。②

2. 桂中地区

环江县城管乡由于精耕细作,互助组在1953年增产30%—40%。蒙克宣有一块田五分八,以前收不了50斤谷子,互助组时收了百多斤谷子,多了一倍这是最突出的;另一块分得地主欧尚波的田,一亩五分,单干时得60把(一把七、八斤不等)多一点,第二年互助组时得120多把。据蒙克宣谈:以前跟别人换工,搞得随便,互助组时耘了三次田,并且细心地做,当时心想要做好,不缺粮吃,二犁三耙耘三次,下了近百担木叶肥。贫农葛如芳,家中四人,两个劳动力,有四亩田在对河,是烂拌湴田,且又无力照顾。1952 年单干时,亩产 150 斤谷,共产 600 余斤,参加互助组后,中稻一亩有四五百斤。因为按季节,下肥足(一亩三十多担牛粪),过去不耙,而且少下粪。互助组耙了,因此丰收。他1953 年就卖了一千斤余粮,这是非常突出的例子。中农曾刀修,家中四人,共有八亩四分田,在对河的有三亩二田,单干时耕作太远,照顾不到,种粳谷一亩得三四十把,互助组种得了60 把,几乎增产一倍,一年中多收了六七百斤谷子。贫农欧后裔,家有五口人,共收 3500 斤谷,1953 年增加了800 斤谷的收入。贫农蒙克宣,家中四人,有四、五亩田,单干时收入1500 斤,互助组时收入1900 斤。其中有一块田一亩五分,单干时 70 把,互助组时收了120 把。10 户人的一个互助组在1953 年有六户卖余粮,四户够吃。总共这一互助组卖余粮 2100 斤。在互助组头一年,地脉屯就增产了 10180 斤粮食,这就为互助合作在全乡树立了一面旗帜。③ 见表8.2、8.3:

---

① 广西壮族自治区编辑组编:《广西瑶族社会历史调查》(第 4 册),广西民族出版社 1986 年版,第 360 页。
② 兴安县地方志编纂委员会编:《兴安县志》,广西人民出版社 2002 年版,第 251—252 页。
③ 广西壮族自治区编辑组编:《广西壮族社会历史调查》(第 2 册),广西民族出版社 1985 年版,第 297—300 页。

表8.2 环江县城管乡地脉村第一互助组粮食产量一览表

姓名 年次 收入	成份	耕地（亩）	1952年（斤）	1953年（斤）	1954年（斤）	备注
蒙克宣	贫农	4	1,500	1,900	2,300（够吃）	1954年已够吃
曾海函	贫农	4	1,000	1,800（够吃）	1,900	1953年已够吃
蒙克彪	贫农	4.5	800	1,100	1,500	1955年2,100斤够吃
曾希尧	贫农	5	1,200	1,500	1,600	六口人不够吃
曾忠谋	贫农	6	1,200	1,800（够吃）	2,000	1953年已够吃

资料来源：广西壮族自治区编辑组：《广西壮族社会历史调查》第二册，广西民族出版社1985年版，第300页。

表8.3 新中国成立后城管乡地脉村粮食产量增长一览表

成份	户数	1952年粮食产量（斤）	1953年		1954年	
			产粮（斤）	卖余粮（斤）	产粮（斤）	卖余粮（斤）
贫农	19	33,404	40,084		49,117	1,000
中农	7	13,758	17,258	2,100	20,521	1,400
合计	26	47,162	57,342	2,100	69,638	2,400

资料来源：广西壮族自治区编辑组：《广西壮族社会历史调查》第二册，广西民族出版社1985年版，第300页。

1952年秋天，都安瑶族自治县三只羊乡龙英屯覃文光、袁绍光、袁金贵、袁卜补、覃玉兴、廖天开六户贫雇农组成了第一个互助组。成立的第一年获得了丰收，平均亩产300斤，比单干时增产200斤，金贵分得1300斤，比单干时增加收入1000斤，其他五户都增产了。① 三只羊乡由于互助合作组织起来，使生产年年得到增长，如上年乡建领山韦祖华互助组，1952年组织，当时属于临时性，但也得到了增产。组长韦祖华1951年只收入粮食1200斤，1958年就收入1500斤，增产25%，其他土产也同样增产。互助组8户成员，全部解决了夏荒困难。由于组织起来的优越性，1953年全组共收粮食4500斤，1954年收入72250斤，增产了60%。② 都安瑶族自治县高兴乡壮族土改前，农民为了解决季节性的生产困难，已有临时性的换工搭配习惯，但这都是临时性的结合。定福乡的黄侣合互助组，在土改中就组织起来（即1952年

---

① 广西壮族自治区编辑组编：《广西瑶族社会历史调查》（第5册），广西民族出版社1986年版，第284页。
② 广西壮族自治区编辑组编：《广西瑶族社会历史调查》（第9册），广西民族出版社1987年版，第40页。

10月间),共有7户农民。起初是季节性的互助组,1953年2月份便成为固定的常年互助组。在他们的影响下,同片的韦月英、黄有元也分别组织了两个常年互助组,他们组织起来第一年就得到了增产,他们的信心更大。1953年,黄侣合互助组水道平均每亩收500斤,最高的收到660斤,韦月英组最高的亩产达到830斤,红薯也增了产,每亩平均收1500斤。① 都安瑶族自治县下坳乡由于互助合作,群众生产情绪高涨,开展积肥、追肥,与自然灾害和虫灾、猴灾作斗争,使当年玉米增产7%。② 都安瑶族自治县七百弄地区互助组1952年开始得到增产,仅玉米一项就收入8480斤,平均每户一千多斤,每人314斤,大部分开始自足了。1953年收入更大,只玉米就收10486斤,比1952年增产两千多斤。这一年就有五户开始做新房子,三户杀猪过年,由新中国成立前的七户共有两床烂棉被,一床烂蚊帐,1953年就添买棉被12床,蚊帐两床;1954年又增产,全组就由新中国成立前的全部缺粮变成了全部自足有余。③

　　武鸣县邓广乡壮族1952年11月,四合村陆振基互助组首先建立。1953年,从广、马香等村的互助组也先后组织起来,其中以陆爱锦、陆凤香两个组搞得较好,其他还有十多个临时互助组。据统计,当时参加互助组的农户已占全乡总农户70%以上。建组之初,有些人不愿参加,他们害怕麻烦,怕辛苦,不得自由,于是徘徊观望。一些富裕农民更加抵触,他们自以为田地好、牛只好、劳动力多,入组吃亏,自己干自己的。马香村有个富裕农民危锦祺,他家有七亩田,八亩地,四个劳动力,一头耕牛,父亲危德邦是老农,有一套生产经验,生产技术比别人强,建立互助组时,危锦祺说:"我家中劳动力多,田地又多又好,有耕牛又有生产经验,我单干一定比互助组强。"他暗中和互助组竞赛。结果如何?事实胜于雄辩,互助组稻谷平均亩收320斤,而他才收300斤,互助组比单干优越。武鸣县清江乡壮族互助组建立后就显示出它的优越性。如陆锦兴(雇农)过去常因劳动力不足而减产,参加互助组后就得到了增产。山南村由于建立了互助组,使得平均亩产从150斤提高到200多斤。这就使农民生活得到了初步改善。1954年春,韦瑞开互助组大力施肥,争取丰收,结果平均每亩产量比单干户多50多斤。④ 武鸣县双桥乡壮族过

---

① 广西壮族自治区编辑组编:《广西壮族社会历史调查》(第6册),广西民族出版社1985年版,第120—121页。
② 广西壮族自治区编辑组编:《广西瑶族社会历史调查》(第5册),广西民族出版社1986年版,第328页。
③ 同上注书,第360页。
④ 广西壮族自治区编辑组编:《广西壮族社会历史调查》(第6册),广西民族出版社1985年版,第18—19、58页。

去也有过变工、换工习惯,这也为后来的互助合作创造了有利条件。到 1953 年,过去许多临时互助组也成了常年互助组,许多个体农民也三三两两地参加到互助组中或另建新组。是年双桥小乡共发展了 31 个互助组,常年互助组也由 12 个增至 58 个,参加户数达总户数的 85.5%,平陆小乡到 1953 年也共有 98 个互助组。互助组给农业带来了丰收,如平陆小乡黄锦光互助组在未组织以前平均每亩产 359 斤,组织起来以后每亩产 425 斤,该组组员黄庚武入组前每年收 50 箩谷(每箩 60 斤),入组后每年收 54 箩。①

上林县高贤乡壮族 1952 年 7 月间,以青年团员韦善甫为首的互助组诞生了,1954 年由于这个互助组增产显著,在农民群众中起了典范作用,显示了"组织起来"的优越性,吸引了广大群众。② 上林县正万乡瑶族在本乡成立较早,搞得好的互助组是内猪屯韦玉结领导的一个常年互助组。当时韦玉结互助组共有 10 户(瑶族 6 户,壮族 4 户),25 个劳动力。他们组织起来后,就充分显示出互助组的优越性。在犁、耙田方面实行了三犁四耙;并且每亩施肥 10 担,进行深耕细作多施肥料,就保证了亩亩增产,一般一亩产量增加 20 斤。③

3. 桂西地区

百色县两琶乡壮族于 1953 年初开始组织互助组,由于互助组可以解决耕牛、农具和劳动力不足的困难,所以当年获得了增产。④ 百色县洞好乡 1953 年在百苗村互助组因为组内力量集中,排工合理,并且基本上解决了生产工具与劳动力不足的困难,所以当年收入获得增产。以该村韦中兴家来说,常年收入 70 把谷左右,而这一年收入达 150 把之多,何承俸有 30 斤谷种的水田,一家四人,两老人近七十岁了。有一女不会犁耙田,一子愚昧哑嘴,仅知食不知做,每年收入都不够吃,这年参加互助组后,收入 800 多斤粮食,非但足够全家口粮,而且尚有余粮三百多斤,这充分体现了互助组比单干户优越。1954 年,因为互助组在各屯普遍成立,各方面的力量更加集中,所以当年大为增产,1953 年,全乡粮食总产量为 70 多万斤,而 1954 年就达 94 万斤。⑤ 互助合作运动在各地开始轰轰烈烈地实施,并取得了一定的成效。西

---

① 广西壮族自治区编辑组编:《广西壮族社会历史调查》(第 3 册),广西民族出版社 1985 年版,第 145—146 页。
② 广西壮族自治区编辑组编:《广西壮族社会历史调查》(第 6 册),广西民族出版社 1985 年版,第 94 页。
③ 广西壮族自治区编辑组编:《广西瑶族社会历史调查》(第 5 册),广西民族出版社 1986 年版,第 36—37 页。
④ 广西壮族自治区编辑组编:《广西壮族社会历史调查》(第 2 册),广西民族出版社 1985 年版,第 254 页。
⑤ 广西壮族自治区编辑组编:《广西瑶族社会历史调查》(第 5 册),广西民族出版社 1986 年版,第 207 页。

林县 1954 年,全县粮食比土改前的 1953 年增产 32.2%。① 田林县那拉乡瑶族这些互助组中,以乡党支书黄金香在潭寒屯领导的一个比较好。其他的组由于抢时间插秧、给玉米除草不及等原因,而陆续瓦解。据了解,当 1954 年春种时,就开生荒 4,662 斤种(合 932.4 亩),开熟荒 556 斤种(合 111.2 亩),据 1955 年 2 月的整理材料,1954 年那拉乡水旱田的估产产量比常年产量有了很大的增加,具体数字是:

水田　823.2 亩　亩产 380 斤　总产 312,816 斤

旱田　261.2 亩　亩产 220 斤　总产 57,464 斤

从当时农业税收入增长了 41% 就可以看出,1954 年那拉乡在跨上合作化道路的第一年,就获得了丰收。②

4. 桂南地区

上思县经过了 1955 年夏收分配以后,互助组又得到了进一步提高。兹将增减产情况统计于下:(见表 8.4)

表 8.4　上思县 1955 年上半年农业增减产数一览表

区别	社数	社增产数								社减产数								
		小计	二成下	二成	三成	四成	五成	六成	七成	八成	小计	一成	二成	三成	四成	五成	六成	七成	八成	九成
一区	13	3	1		1	1					10	1	1	3	3		1	1		
二区	9	4			1	2		1			5				1		1		2	1
三区	9	2				2					7	2		2	1		1	1		
四区	16	6	2	3	1						10	3	5				2			
五区	7	3		3							4		1	2	1					
六区	6	4		3							2			1						
合计	60	22	3	9	4	5		1			38	6	7	8	6		3	4	2	1

(七区未计在内)

广西壮族自治区编辑组:《广西壮族社会历史调查》(第三册),广西民族出版社 1985 年版,第 14 页。

---

① 西林县地方志编纂委员会编:《西林县志》,广西人民出版社 2006 年版,第 570—571 页。
② 广西壮族自治区编辑组:《广西瑶族社会历史调查》(第 5 册),广西民族出版社 1986 年版,第 89—90 页。

(三) 提高了农业技术水平

粮食的增产增收主要是成立互助组后生产技术的进步带来的。生产技术的进步主要表现在以下几个方面：(1) 加强精耕细作，如增加犁耙次数，提高单位面积亩产量；(2) 增强施肥，改善土质；(3) 采用密植，缩小株距，提高产量。这使得长期实行刀耕火种式粗放耕种的少数民族，生产技术得到很大的提高。

武鸣县邓广乡壮族陆振基互助组原有 2 户人家(后来发展到 5 户)，有田 4.5 亩，畬 21.5 亩，开荒地 6.67 亩。1952 年成立时就挑塘泥 1,900 多担放到畬地作基肥，并于当年冬季耕好曝晒，使土质松散，种子用桐油搅拌防虫害，下种时每亩施足人畜粪及草木灰混合肥十三担，生麸十斤，玉米株距 1.5 尺左右，每坑留二苗，1953 年得到大丰收，比 1952 年增产两倍以上。以玉米收获量计，1952 年收 1,900 斤，1953 年同样的土地面积却收到 4,300 斤。人们欢天喜地地说："我活了几十年还没见过有这样好的玉米啊！像这样的生产哪里还怕没有吃的呢？"在进行技术改革方面，互助组也比单干强得多了。陆振基组仅有田 4.5 亩，除了 7 分因缺水用作芋头田外，其余 3.8 亩(均六等田)都种水稻，采取 7:6 的密植方法，每蔸留五苗。当时组外冷嘲热讽，说什么："这样插以后用鸡脚来耘田吧！"又说："可能你们肚子小些，我们干几十年，插的每蔸十多二十苗，株距 1 尺 2 还没得吃呢！"秧苗插下后因施肥过多，十五六天秧苗不但不发青，反而变黄了，这时又有人说"你们采用解放一号良种不适合本地土质，看你们怎么办。"组员集体讨论，排干田水曝晒，然后再施以石灰和草木灰，使禾苗很快发青，并且不上两个月就长到四尺多高。眼看丰收在望，保守思想又说禾杆长得太高一定倒伏，丰收始终有问题。组员们始终信心百倍，在没有骨粉的情况下，利用米糠和鸡屎代替磷肥，使禾苗旺盛生长。结果，最高亩产 660 斤，一般亩产 460 斤，比单干户亩产 140 斤高了几倍。活生生的事实教育了单干的农户，连富裕农民陆和基(以为自己田多牛大，暗中与互助组比赛的顽固分子)也服输了。1954 年下半年他要求参加互助组时说："过去我与互助组比赛，由于你们人多力量大，能抗旱，收入多，我服了。"[①]

环江县城管乡单干时一亩田下十担多一点的肥，有时三四担都不定，视家中的牛粪多少而定。(养浪猪的习惯在本村普遍，多无猪粪)互助组不但放牛粪，还找木叶做绿肥，那一块田黄了就先去找木叶肥来沤肥，互助组一亩

---

① 广西壮族自治区编辑组编：《广西壮族社会历史调查》(第 6 册)，广西民族出版社 1985 年版，第 18—19 页。

田放三十担肥,比单干时多三倍。由于这样的缘故,1953年互助组的田黑黑的,肥得很。同时,城管乡在耕作技术上有了很大的改变,这是增产的保证。地脉屯互助组一成立就采取了三犁三耙,以前单干一犁两耙,三耙的很少,犁的也马虎,有时单干搞不过来随便犁一下就插下了。互助组人多犁得深,由犁三寸多深加深到四寸多深,有时犁到五寸深。互助组人多薅田匀、周到,人少则可能有漏的,田薅不到的地方。收割互助组也快,如果单干一家有五六亩田则许久割不完,谷子割不完淋了雨会发芽。地脉互助组的曾希尧说:"互助组比单干快,一早上可以几条牛同时犁,单干耕地耕不完,耙泥耙不碎,互助组几只牛来回耙,泥碎能保持水分,稻根伸得深,谷子长得好些。"①

(四) 增强了抗灾保障能力

由于互助组内部统一安排劳动力和生产资料,使群众的力量集中,抗御自然灾害的能力大大增强,在灾害来临时,不仅没有出现以往的饥荒,反而实现了粮食增产。如1953年,全州县互助组初步发挥集体的优越性,该年全县大旱66天,经互助抢救后,全县粮食反而比上年增产0.32%,抗拒自然灾害的成效显著。② 环江县城管乡防止自然灾害也以互助组为好,在1953年抗旱时,第一互助组十个人,一夜间就抢救了两三亩田,单干户则只能看着田干着急。③ 龙胜罗兴锦互助组建立的第二年(1953年)春天,插秧时节遭受特大水灾,组内有百多屯田受水灾侵袭,其中三十多屯田几乎被洪水冲成沙滩,全组六户人,灾情严重,插秧季节又紧,在这样的情况下如果是旧日单干户,是无法克服水灾所带来的困难的,田地丢荒将无法避免。但组织起来以后的互助组,统一调配劳动力,按照轻重缓急安排抢救,经过几天奋力,使受灾的水田仍然插下了秧赶上了季节,保证了当年粮食生产。由于水灾严重,全乡共有近1000屯水田受灾,广大群众人心惶惶,罗兴锦互助除了抢救本组受害的田亩外,还动员一些劳动力为组外群众救灾,最后战胜了灾害。④

就对个体的帮助而言,互助组的保障能力也大大增强,对于生病、受伤或人口多、劳动力弱的组内成员,互助组都积极实施救助,保障他们的粮食生产,增加他们的收入,使他们顺利渡过难关。龙胜吴斌荣互助组的8户人家,

---

① 广西壮族自治区编辑组编:《广西壮族社会历史调查》(第2册),广西民族出版社1985年版,第297—300页。
② 全州县志编纂委员会室编:《全州县志》,广西人民出版社1998年版,第147—148页。
③ 广西壮族自治区编辑组编:《广西壮族社会历史调查》(第2册),广西民族出版社1985年版,第297—300页。
④ 广西壮族自治区编辑组编:《广西侗族社会历史调查》,广西民族出版社1987年版,第161—162页。

过去一般均缺半年粮,纷纷外出打工度日。组织起来后,除了搞好农业生产外,还派出3条木船去搞运输副业,调动一部分劳动力上山放枕木,每月总共收入现款400多元,农副生产一齐上,增加了各农户的收入,组员们都说:"过去难度荒月,今年不知不觉就渡过了"。互助组能够帮助各家解决困难,改善生活,实例不少,其中吴林根一户,他是一家主要劳动力,一次入山砍伐林木,不慎被斧头砍伤,3个月不能出工,在互助组里大家都帮助他,田能够按时插下,病时出工虽然少,但年终结算,收入仍然没有减少,他激动地说:"如果没有互助组的帮助,今年我家的田就要丢荒,全家要讨饭吃。"①上林县正万乡瑶族群众对互助组的优越性体会也更加深刻。如潘日光说:"我病了,如果不加入互助组,田地就要荒了,现在入了组,田地就不荒了,收入有保障了。"又如潘绍民家中有二亩多田地,只有他一个人,而且年纪已老,过去因为劳动力少,所以田地经常荒芜,加入互助组后,组内就帮他解决了。他感动地说:"组织起来,连山角落中的地都不会丢荒了。"②环江县城管乡地脉互助组的曾希尧,他家吃饭人多,可是小孩子多,干活的人却少,成立互助组后,把他的田弄得很好。贫农互助组组长欧后裔说:"互助组比单干好,能抢上季节;如果单干家里有人病了,不能出工,请亲戚、隔壁邻舍来帮助,则要招待,有了互助组就好了,不能出工,也不误生产。"许多农民的田是烂湿田的,收成不好,搞互助则增产了。③

第四节 人民公社至"文化大革命"时期的历史作用

1956年前后,广西各地农村实行人民公社制度,由公社、大队、小队代替了原来的乡、村、屯等,土地也划归集体所有,但少数民族传统的互助习惯并没有因行政制度的改变而消失,更未因文化大革命而中断。相反,在这一时期,传统的个体之间的互助行为超越了民族、地域的界限,出现了大量村与村之间、队与队之间、社与社之间的对口生产互助,使互助的效益得到更大范围的发挥。而且,这种互助精神还被成文化,成为一些人民公社的规章制度。如武鸣县邓广乡群众在1956年订立的《爱社公约》第辛条规定:"团结友爱,

---

① 广西壮族自治区编辑组编:《广西侗族社会历史调查》,广西民族出版社1987年版,第161—162页。
② 广西壮族自治区编辑组编:《广西瑶族社会历史调查》(第5册),广西民族出版社1986年版,第36—37页。
③ 广西壮族自治区编辑组编:《广西壮族社会历史调查》(第2册),广西民族出版社1985年版,第297—300页。

做到社员与社员之间,队与社之间团结合作,互相帮助,互相支援。"①

一、实现村、队、社之间的生产互助

由于这一时期取消了土地私有制,农民不再拥有土地,因此传统以家庭生产单位为基础形成的生产互助习惯似乎无用武之地。据《东兰县志》记载:"解放初期,农村帮工仍然存在。1958年人民公社化后,土地集体所有,社员参加集体生产劳动,农村帮工限于开垦棉地、建屋、婚嫁丧葬……解放后1958年至1979年,集体生产劳动不再换工。"②但事实上,生产互助习惯在土地所有权体制的变更下并没有发生实质性的转变,只不过互助的范围和形式不再限于个体之间的互助,而是扩大为村、队、社员集体到其他的村、队、社进行抢插和抢收,互助的时间还是集中在春耕和秋收两个阶段。

恭城县三江乡瑶族人民1956年抢插期间,各村互助的事实更是不乏其例:如车头范当时插秧不足,于是石口、牛尾寨等村,不仅大力支援该村秧苗,而且出动了大批的劳动力前往支援抢插工作,突击三天,全部完成了任务。车头范的群众感动地说:"如果大家不来帮助我们,那搞到六月六都插不起(过去插田最迟是六月初六)"。大小栗田也曾互相支援抢插。③ 富川县富阳区,瑶族人民打破了地区和民族界限,进行协作。如1958年抗旱抢插中,洋新大队汉族村庄军田山稻田较多,而劳动力又不足,无法抢上季节。瑶族村庄柳家源第四生产队,在完成本队的抢插任务后,即星夜赶到军田山,帮助汉族人民插秧。在该队的协助下,一天之内即完成抢插任务。秋收时,柳家源又出动了三个生产队,60多人,帮助军田山收割,突击一天,完成秋收任务。涝溪大队各个生产队之间,也不断出现协作的事例。④

1958年4月马山县友谊人民公社曾组织三批劳动力支援平原地区的永州、五塘、林圩等生产,出动的劳动力共达六千多人,而他们抢收玉米的时候平原地区也前来支援。在互相支援中不仅完成了生产任务,而重要的还在于各族互相学习,增进民族团结。如四月十二日兴隆乡正在抗旱抢插中,突然从百多里以外的加善乡古雅片(友谊公社)来了二十八名社员支援,他们都是星夜翻山越岭来的。他们的支援意义还不仅在于单纯抗旱抢插,更在于使

---

① 广西壮族自治区编辑组编:《广西壮族社会历史调查》(第6册),广西民族出版社1985年版,第23页。
② 东兰县志编纂委员会编:《东兰县志》,广西人民出版社1994年版,第262—263页。
③ 广西壮族自治区编辑组编:《广西瑶族社会历史调查》(第4册),广西民族出版社1986年版,第285页。
④ 广西壮族自治区编辑组编:《广西瑶族社会历史调查》(第3册),广西民族出版社1985年版,第121页。

山区与平原,瑶、壮、汉之间更亲密。在支援生产中不但增进彼此互相了解,而且也学到了生产技术,完成生产任务。任务完成后,临走前,兴隆乡的社员说:"山区同志真是雪中送炭,帮助我提早完成抢插任务"。而古雅来的勇士们也说:"犀水、耙田、抗旱直播,平地的同志把我们教会了。"人民公社大家庭,壮瑶人民亲加亲,千年歧视今日解,齐心合力同上升。① 1958 年都安瑶族自治县七百弄地区生产季节大忙中,各乡、社、生产队都打破界限,开展了大协作。弄仲乡牛峒社(壮族、汉族)因劳动力缺少,到六月份还有二糙玉米和红薯未种上,卡下社的瑶胞便抽出 95 个劳动力去帮助他们两天两夜,将 21 亩晚糙玉米、红薯全部抢种完毕,赶上了季节。② 那坡县自农业合作社建立后,就有社与社之间,队与队之间,或屯与屯之间的互助协作,直到人民公社建立,社、队的劳动力都由领导统一调配,在今年达腊社抢种红薯,倮倮族农民种植技术不高,同时缺人又缺种,香街社就调动了一个青年突击队共 25 名,连人带种支援达腊;下种玉米,达腊屯的倮倮族也支援汉族小队。又在今年隆平大队为了支援别个大队兴修水利,调动了 22 个劳动力,社员毫无意见。10 月 22 日公社宣布隆平大队要调劳动力 255 名支援田东炼铁,社员纷纷抢着报名。隆平大队因支援工业炼铁,留在家的劳动力很少,抢收稻谷实有困难,仲强、富农两大队又调动了 295 个劳动力来支援。③

而且,土地的公有化和集体的互助并不排除社员之间的个体互助。广西民间相沿已久的互助习惯并没有因此消失,许多地方的各族群众依然保留了这一优秀的传统。这一时期,个体农民之间的互助事例也层出不穷。如凌乐县览金乡瑶族 1958 年春耕犁田时,百坎屯的壮族韦开宏缺少犁藤,就想去金保屯瑶族那里买。但由于过去民族之间不团结,他怕去那里没有饭吃没地方睡,于是就在家里做了两个很大的粽粑,一个准备当晚饭吃,一个准备第二天当早饭吃,并自带一张毯子去。去到金保屯贫农盘大(蓝靛瑶)家中,盘大很热情地接待他。当时刚过春节,盘家还有些酒肉,即拿出来招待韦,两人在吃酒中谈得很投机,晚上即住在盘家,第二天盘大又招待他吃早饭并送给犁藤。韦很感激,就把两个当正餐的大粽粑送给盘。1958 年,中稻插秧时,览沙社的蓝靛瑶缺秧,石钟社(壮族)就送给览沙社 500 斤种的秧苗,石钟社的壮族

---

① 广西壮族自治区编辑组编:《广西壮族社会历史调查》(第 6 册),广西民族出版社 1985 年版,第 99 页。
② 广西壮族自治区编辑组编:《广西瑶族社会历史调查》(第 5 册),广西民族出版社 1986 年版,第 375 页。
③ 中国科学院民族研究所,广西少数民族社会历史调查组编:《睦边县那坡人民公社龙隆平生产大队倮倮(彝)族社会历史调查报告》,1964 年 7 月编印(内部资料),第 5—6 页。

因劳动力少,插秧赶不上季节,览金乡五个瑶族屯每屯抽出 5 个劳动力,带着饭牵着牛去帮助石钟社插秧,但还是赶不上,结果览金瑶族乡动员了大部分劳动力去帮助石钟社插秧,苦战了一天一夜,抢插了 50 亩,完成了任务。又如同年推广密植时,金保屯瑶族不会插密植,石钟社壮族社员看见瑶族社员插得不合规格,便马上挽起裤脚下田教瑶族社员。①

二、实现村、队、社之间的技术互助

在这一时期,村、队、社之间除了生产上的集体互助外,还实现了技术上的援助,包括养殖及优良稻种的支援等等。1958 年春,三江良口区和里社(侗)来大竹参观,大竹社知道和里社不懂制肥技术,就耐心向他们传授,直到学会,并且送了十斤细菌肥料给和里作种子。当和里社知道大竹缺鱼苗时,就捞了 18000 尾鱼苗,冒着雨送过去。类似这种互通有无的协作,共同前进的事例,还有不少。1958 年春,程阳第一次大面积种植早稻。为了争取丰收,在春插时,程阳侗族人民虚心向邻近的光辉社老大哥学习种植头苗的经验,组织了 30 多人去学习,在社员个人之间,也通过朋友关系学习了更多的生产知识。当程阳插头苗缺秧时,大竹、光辉的汉族就主动的送来秧苗,大竹送 60 包,光辉送了近百包。在去大竹要秧时,程阳社派了近 200 人,都要在那里住一夜,但大竹社只有 300 多户人,要住宿 200 人是有很大困难的,但是大竹社汉族想尽了一切办法,把自己的被窝让出来,这就深深地感动了程阳群众。后来,程阳侗族兄弟为了加强民族团结,把自己选出来的最好的糯谷高产良种 13000 斤,用十只船浩浩荡荡的送给大竹社,并赠给他们一面红旗,上面写着"民族良种,友谊开花"②。

在这一时期,农业技术上最大的援助就是水利技术的相互学习与提高。这包括打井、修渠、修水库等。例如,1958 年都安瑶族自治县七百弄地区牛峒社要修建了一个水库,缺少几千斤石灰,卡下社便支援牛峒社 3500 斤石灰,解决了材料困难。在家务上壮族妇女还教瑶族姑娘做鞋子。③ 隆林县内各族人民在生活上团结和睦,在生产上互学互助。1966 年,居住在常乡乡么基村干坝生产队的 14 户苗胞在青石板上凿石打井造储水池。附近的竹林、

---

① 广西壮族自治区编辑组编:《广西瑶族社会历史调查》(第 5 册),广西民族出版社 1986 年版,第 222—223 页。

② 广西壮族自治区编辑组编:《广西侗族社会历史调查》,广西民族出版社 1987 年版,第 121—122 页。

③ 广西壮族自治区编辑组编:《广西瑶族社会历史调查》(第 5 册),广西民族出版社 1986 年版,第 375 页。

下冲、杉树脚生产队的苗、彝、仡佬族同胞,看到干坝队劳力不足,就赶来支援。第二年(1967年冬),下冲(又名仡佬冲)生产队的仡佬族同胞,也学习干坝的造池经验打井储水,附近8个队的苗、彝族同胞积极支援,3个月就打成了5口井。隆林县长发乡新华村仁上屯居住着7户彝族、5户苗族、4户壮族、5户仡佬族、2户汉族、共23户人家。各族群众在郭卜寿、黄顺昌等几任老队长的带领下,勤劳和睦、共建家园。从1969年开始,队长郭卜寿率领村民经过四年的努力,在寨后的石崖上凿通一条800多米长的水渠,解决了人畜饮水问题,扩大了灌溉面积。他们还主动把水让给海子、甘坝、丫口等邻村的群众灌溉农田。①"文化大革命"期间,各族人民坚持平等、团结互助。1974年夏末,黄洛队瑶族生产进度慢,眼看插稻秧就要错过季节了,金江、江边、八滩等队的壮族共出动200多人,牵牛带农具去支援;金竹对壮族兴建石金水利工程,瑶、汉族也组织人力去支援;在伟江兴建"红三四"水利工程时,苗、瑶、汉等族人民数百人,并肩劈山填沟几年,筑成80公里长水渠;在南山修建水库工程时,瑶、侗、苗、汉等族人民几百人团结一致,连续修路建水库数年,建筑成一条长30多里的通往水库的公路,水库效益虽少,却谱写了新型民族关系的新篇章。②

第五节 改革开放以来互助习惯的作用

改革开放以来,尤其是实行联产承包责任制后,村民间的互助又重新出现并繁荣起来。正如《乐业县志》所说:"广西各地人民在改革开放之后,依然把互相帮助,共同渡过生活上的难关作为一项美德发扬。"③但是,新时期的村民互助,呈现出三个新的特点:(1)更多地体现在生产上的共同富裕;(2)更多地体现出不同民族之间的团结互助;(3)互助的内容和范围也有了很大的拓展,除了传统的农耕互助外,还出现了特色种养业、特色经济、水电建设中的互助。

一、互助习惯在土地联产承包责任制中的作用

改革开放在农村最大的一项成就,就是实行了土地联产承包责任制。它改变了过去土地集体所有、村民集体劳动的僵化做法,使土地用益权重新回

---

① 隆林各族自治县地方志编纂委员会编:《隆林各族自治县志》,广西人民出版社2002年版,第852—853页。
② 龙胜县志编纂委员会编:《龙胜县志》,汉语大词典出版社1992年版,第118—119页。
③ 乐业县志编纂委员会编:《乐业县志》,广西人民出版社2002年版,第618—619页。

到农民手中,又开始了以一家一户为单位的耕种制度,因此原有的"打背工""换工"等生产互助习惯再次在农户之间盛行起来。一些地区还把发挥传统互助习惯的内容写到了法规文件和村规民约中,如1981年9月11日中共隆林县委员会、隆林各族自治县人民政府发布《隆林各族自治县包干到户生产责任制实施办法》,在第三章"生产干部职责和社员义务"第11条"社员的义务"中就规定"发扬团结互助精神"。龙胜泗水乡周家村(当时称为泗水公社周家大队)于1983年订立的村规民约第二部分"加强社会秩序管理"中规定:"不利于团结的话不讲,不利于团结的事不做。齐心协力搞好生产。"①《东兰县志》描述了"帮工"等固有互助习惯的发展历程:"农村实行联产承包责任制后,固有的互助习惯逐渐恢复并在农业生产中发挥了更大的作用……1980年后,农村包工包产到户,亲戚邻里帮工的风气,重新形成。""1980年以后,实行生产责任制,农村换工相当普遍。"②龙胜农村实行家庭联产承包责任制后,各地又兴背工、帮工。1987年细门村孟山红瑶青年主动帮同寨劳动力少的余明山、王维雄二户插秧,使赶上季节。③

实行联产承包责任制后,许多群众自己富了,不忘别人,积极帮助落后贫穷的家庭脱贫致富。例如,1981年,天峨县八腊公社八腊大队角里沟生产队实行包产到户包干上缴的责任制,大多数社员欢天喜地,但困难户黄老德却在犯愁。他体弱多病,老伴早逝,家里有三个小孩子,吃饭穿衣都苦难。他想不开,打算跳河自尽。社员何翠英得知后,主动帮助他。黄老德分得七亩多责任地,翠英家虽只有两个劳动力,但仍早出晚归帮助黄老德耕地、耙田、播种、插秧,还拿自家肥料给其施肥。在任翠英帮助下,黄老德包产第一年就得3900多斤粮,比往年增加两倍多。平时黄老德缺什么,翠英叫孩子送去;黄老德的房子破漏不能住,翠英与丈夫协助其另其新屋;黄的孩子衣服破烂,翠英拿钱帮买;还帮助黄老德养鸡养猪。经过翠英一家的帮助,黄老德父子4人,至今不仅住上新房,而且吃穿有余。④ 荔浦县东镇乡思贡村将军屯的何翠凤1989年成为万元户后,无偿支援同村困难户丘某某两担谷和现金400元,指导其发展家庭副业,只一年使丘家还清了800元欠债。同时还借出1400多元支援其他困难户发展生产,不取分文利息。⑤ 西林县城北街王晓

---

① 龙胜各族自治县民族局《龙胜红瑶》编委会编:《龙胜红瑶》,广西民族出版社2002年版,第49页。
② 东兰县志编纂委员会编:《东兰县志》,广西人民出版社1994年版,第262—263页。
③ 龙胜县志编纂委员会编:《龙胜县志》,汉语大词典出版社1992年版,第106页。
④ 天峨县志编纂委员会编:《天峨县志》,广西人民出版社1994年版,第477页。
⑤ 荔浦县地方志编纂委员会编:《荔浦县志》,三联书店1996年版,第873页。

学,看到本街一贫困户夫妇都是低智能的人,有田地不会耕种,生产无计划,人家都普遍富裕起来了,可他们的温饱还未解决。1996 年以后,王晓学就对他们进行扶帮,年年亲自帮他们安排农活,从种植品种到种植技术和如何管理,进行言传身教,经过几年的帮助和带动,使这一户生活逐渐得到改善,脱掉穷帽,2000 年还盖起了 1 栋二层楼房。①

各民族之间的互助也开始活跃起来。现在,许多民族已不再有历史上的相互歧视,而是互相帮助、共同富裕、共同发展。以多民族聚居的隆林各族自治县最为典型:隆林县蛇场乡是一个有壮、汉、苗、仡佬等多民族聚居的偏僻乡,不同民族之间相互尊重、互不歧视、互帮互助形成风气。窑上生产队有苗汉两个民族聚居,全队一家有事众人帮,每逢收庄稼、建新房、办红白喜事,苗汉群众出物出力,相互帮忙照顾。汉族群众有手扶拖拉机的,在农忙季节帮助苗族群众运肥、耕田、农忙时节,苗族群众也抽出人帮助汉族群众插秧等。1993 年,全队 37 户就有 25 户种植烤烟百亩,收入 2 万元,户均 800 元,人民群众的生活水平有了提高。② 田林县伟金瑶族屯瑶族群众因路远,往返困难,一天只能做半天工,插秧赶不上季节,大队党支书农建杰组织了八高、八供四个屯的壮族青年自带犁耙耕牛,无偿替瑶族群众耙田插秧,赶上了季节,保证了丰收。种两季稻,在夏收夏种时,人力赶不上,瑶族群众亦主动下山来无偿协助收割、插秧,壮、瑶两族人民就这样团结互助。③ 在这一时期,少数民族群众还把救济性借贷习惯从生活领域扩展到了生产领域,从私人之间扩展到了村屯之间,从简单的钱粮扩展到了经济作物和林木等。如 1976 年至 1981 年,荔浦县杜莫乡三保大队马鹿生产队,每年青黄不接时,都将十多吨储备粮借给附近缺粮的汉、壮族农民度荒而不取息。④

除了耕作上的互助外,各民族还在生产技术及推广优良作物品种上互助,尤其是推广杂交水稻品种的互助,非常普遍。如龙胜瓢里乡上塘拉坝村民组,聚居瑶、侗、苗、壮、汉五个民族,共 43 户,210 人。1985 年,由壮族青年梁秀成带头试种杂优水稻,获亩产 920 斤。1987 年全组推广,种杂优水稻 170 亩,占水田总面积 90%,粮食总产 173850 斤,平均亩产 920 斤。⑤ 1985 年,兴安县漠川乡保和村牛凹山自然村办学难,漠川保和小学教师刘德文

---

① 西林县地方志编纂委员会编:《西林县志》,广西人民出版社 2006 年版,第 1112 页。
② 隆林各族自治县地方志编纂委员会编:《隆林各族自治县志》,广西人民出版社 2002 年版,第 852 页。
③ 田林县地方志编纂委员会编:《田林县志》,广西人民出版社 1996 年版,第 183 页。
④ 荔浦县地方志编纂委员会编:《荔浦县志》,三联书店 1996 年版,第 874 页。
⑤ 龙胜县志编纂委员会编:《龙胜县志》,汉语大词典出版社 1992 年版,第 119 页。

(汉族)在牛凹山办夜校。平时刘老师主动叫瑶民多种松杉、果木(梨子、白果、蜜柑、葡萄等),并教给科学知识,帮助瑶民脱贫致富。还动员瑶民开梯田种水稻,推广优质杂交水稻夺高产,改变了瑶民的食物结构圈。为此,瑶民称他为"瑶民的财神爷"。刘老师受到瑶民的赞扬和爱戴。瑶民见刘老师住宿困难,为他建住房。① 西林县普合苗族乡下渭徕寨是个壮、汉、苗族杂居的居民点,全寨共有 30 户人,其中 20 户苗族群众,由于不习惯种植水稻,也不会打砖瓦,生活都较贫困,住房也较破烂。1988 年以后,寨上的壮族和汉族群众开始带领苗族群众种植水稻,推广水稻良种,教会苗族群众打砖瓦,发展多种经营等。5 年后,20 户苗族逐渐富裕起来,家家都盖起了大瓦房。② 省际各民族之间的推广优良作物品种互助也非常频繁。如 1986 年至 1987 年,湖南省城步县蓬洞乡、高梅乡,广西资源县河口瑶族乡、兴安县金石乡等地,因水稻杂优种子紧缺,龙胜江底乡及时供应 6500 斤。同年,江底乡化肥、农药不足,蓬洞、高梅、河口、金石、九屋等边界乡闻讯,即设法接济,使双方生产问题及时获得解决。③ 广西龙胜的芙蓉村主动将优良的水稻种赠送给湖南城步县五团镇的金龙村,使金龙村喜获丰收。④

二、互助习惯在发展特色产业中的作用

(一) 发展特色产业中的技术、资金互助

在 20 世纪 80 年代,一部分农民依靠政策的优势走特色产业道路,结果变成了"先富起来"的人。令人欣喜的是,这一部分先富裕起来的农民并没有忘记其他群众,而是继续发挥广西少数民族特有的互助精神,慷慨地将自己的资金、技术无偿地支援给其他农户,尤其是扶助困难户,使大家实现了共同富裕,真正实现了改革开放所确定的让一部分先富起来的人带动其他人发展的政策目标。

龙胜岭背侗族一农民 1980 年去宛田学制麸曲之后,自办麸曲厂,成了"万元户"。他把制麸曲技术传授予金江壮族农民和瑶族农民,使他们都成为"万元户",还将此技术授予本村的 8 户农民,此 8 户从事制麸曲副业,年收入多的达四千元,少亦有千元。⑤ 宁明县峙浪乡长桥村念渠屯黄宗宪 1981

---

① 兴安县地方志编纂委员会编:《兴安县志》,广西人民出版社 2002 年版,第 614 页。
② 西林县地方志编纂委员会编:《西林县志》,广西人民出版社 2006 年版,第 1110 页。
③ 龙胜县志编纂委员会编:《龙胜县志》,汉语大词典出版社 1992 年版,第 120 页。
④ 湖南永州市江永县民族宗教事务局:《加强民族团结工作力度,促进边界地区经济发展》,2011 年 11 月 16 日在湘粤桂三省六市民族团结进步联谊会上的交流材料,第 4 页。
⑤ 龙胜县志编纂委员会编:《龙胜县志》,汉语大词典出版社 1992 年版,第 119 页。

年种了 3 分地砂仁,收入十分可观。1984 年发展到 5 亩,当年结果 3.5 亩,收砂仁果 330 斤,全部卖给供销社,收入 11540 元。1985 年元旦他被邀请参加"两户一体"表彰会后,回本屯发动大家种砂仁。这个屯共有 84 户,1985 年有 64 户种上砂仁 110 亩。黄宗宪为了带动别人种砂仁,用工余时间向村里人传授种植技术,免费给困难户提供砂仁苗 7200 多株。① 荔浦县修仁镇大榕树牛皮垌廖敏学,大力发展种养业,1988 年收入超万元。自己富了不忘困难户,近年来向她借钱 100—1000 元的有 24 户,多的达 3000 元,她前后共扶持 50 多户发展生产走共同富裕的道路。② 西林县自 20 世纪 80 年代后,帮助后进,发展经济,走共同富裕之路,成为时代新时尚。居住河谷的壮族常分出部分水田给苗族、瑶族耕种,苗族、瑶族常把自己的黄牛、山羊送给壮族、汉族,发展养殖。八达镇坡皿村豆腐屯苗族妇女王生朱,用科技指导生产,发展种养,先后种上了杉木、油茶、油桐、八角、柑果等 300 多亩,还发展养牛、养猪、养鸡等,1999 年,家庭人均有粮 500 多公斤,人均纯收入 4000 多元。王生朱致富的同时,不忘集体,常把自己的种养经验和技术传授给邻居,在她的带动下,豆腐屯的群众都逐步富裕以来。2000 年,全屯人均有粮 440 多公斤,人均纯收入 1000 多元。③ 隆林县猪场乡猪场村公所村长罗文新,不顾个人得失,及时调解民族纠纷,热心帮助群众发展生产,改善生活。苗胞罗扛济和杨才济无钱买牲畜,罗文新就分别把自家的一只母羊和一匹母马送给他们喂养。罗文新把自家的二分责任田让给地少的罗法奶耕种;把家里的薄膜、油毡纸、晒席等给其他烟户盖烤房。到 1987 年底,全村 80% 的农户生活有了改善。④

(二) 发展林木业中的多民族互助

广西自古以来就是林业大省,改革开放以来,大力发展林木业也成为少数民族群众发家致富的渠道之一。而在这一领域,传统的互助习惯依然发挥了极大的作用,他们在林木品种、种植技术、购置资金、劳动力、土地上相互支援,互通有无,使得林木业获得了长足的发展。如荔浦县蒲芦瑶族乡甲板村,居住着汉、壮、瑶族农民,他们和睦共处,70 年代后,他们相互支援,共同发展生产。1984 年统计,全村种下柑橙、八角、白果、毛竹和板栗等经济作物,仅

---

① 宁明县志编纂委员会编:《宁明县志》,中央民族学院出版社 1988 年版,第 700 页。
② 荔浦县地方志编纂委员会编:《荔浦县志》,三联书店 1996 年版,第 873 页。
③ 西林县地方志编纂委员会编:《西林县志》,广西人民出版社 2006 年版,第 1110、1112 页。
④ 隆林各族自治县地方志编纂委员会编:《隆林各族自治县志》,广西人民出版社 2002 年版,第 853 页。

柑橙就种了14910株,人均13株,成为瑶乡团结互助致富的典型村。① 隆林县自改革开放以来,县内相当部分农民大力植树造林致富。壮族农民、全县造林大户黄恩达,从1986年起,带领全家4个劳动力上山造林。到1988年,连片种植杉木树1007亩。南要屯的黄卜应,想致富但无门路,黄恩达将自己已挂果的21.4亩桐林全部划给黄卜应自管自收。者隘乡岩楼村的苗胞,想种杉树而苦于没有宜林荒山开发,而同村的壮胞却有宜林荒山,但缺乏劳动力。经协商后,实行壮苗联合造林,壮出荒山,苗出劳力,所得收入按比例分成,在两族群众的努力下,完成了林粮间种300多亩。② 田林县利周瑶族乡凡昌村有19个瑶寨,两个壮族屯,在发展山区民族经济过程中进度不平衡,那敢、长陇两个壮族屯较慢。为了使壮、瑶两民族的经济同步发展,村党支部、村公所提出三条建议:(1)号召已经脱贫致富的瑶族个人从资金上扶持壮族进行种养;(2)瑶族租用壮族山地种粮,三年后还林给壮族;(3)瑶族出让老经济林给壮族护理,全部收入归壮族所有。这几条建议,群众非常拥护。在瑶族同志的帮助下,那敢、长陇两个壮族屯的林业发展很快,到1990年,平均每户有经济林、用材林2公顷。③

(三) 发展特色种养业中的跨省互助

这一时期,还出现了跨省互助发展种养业的情况,大多发生在湖南省与广西交界处的恭城瑶族自治县及龙胜各族自治县一带。居住在两省交界处的各民族群众,互相学习,互相帮助,加强合作,从而获得了种养业技术与品种上的双赢,实现了跨省共同富裕。

从县与县之间的交流来看,广西恭城瑶族自治县把先进的种植甘蔗技术交流交给江永县,江永县把防治稻瘿蚊的先进经验传授给恭城县。恭城县把栽培水柿、碰柑的技术传给江永县,江永县把栽培夏橙的科学传给恭城县。江永县发展20多亩以香柚为主的水果基地,从果苗供应到栽培技术,恭城的科技部门都给了无私的支援。多年来,恭城县每年以优惠的价格提供的优质柚苗不少于5万株,有40多名技术员活跃在江永名优特产品开发区传授栽培、高空嫁接等技术。江永县组织有关部门的技术人员及果农代表,到恭城县的龙虎、平安等乡镇去参观学习,都得到热情接待和毫无保留的传授技术

---

① 荔浦县地方志编纂委员会编:《荔浦县志》,三联书店1996年版,第874页。
② 隆林各族自治县地方志编纂委员会编:《隆林各族自治县志》,广西人民出版社2002年版,第853页。
③ 田林县地方志编纂委员会编:《田林县志》,广西人民出版社1996年版,第185—186页。

要点。① 从具体的乡镇一级交流来看,恭城县龙虎乡与湖南省江永县粗石江镇相毗邻,龙虎乡从 90 年代培育沙田柚、夏橙水果种植,经过 20 多年的发展,有了比较成熟的管理技术和经验,当粗石江镇前来联系时,龙虎乡毫不犹豫地肩负起输出柚苗和技术的重任。截止 2010 年末,全乡提供柚苗给江永县农户 20 万株以上,是江永县柚苗引进主要渠道之一。水果种植需要科学管护才能丰产,龙虎乡种果示范户和水果专家纷纷应邀到江永县为当地果农指导栽培技术,传授经验。仅 2010 年,龙虎乡到江永县进行水果技术指导的人员达 500 多次。如龙虎村原党支部书记何盛全,从 2006 年春开始,他就跨省搞扶贫,为江永县粗石江镇仙姑塘村的一位果农无偿提供果苗 100 株,种植了沙田柚 2 亩多地,并每年援助资金和物资 100 多元,经常送一些沙田柚栽培技术资料或到现场实地指导,在他的扶持下,该村民去年产果近 3 万斤,产值达 2 万多元。龙虎乡在粗石江镇境内有 1000 多亩插花田地,分别种有果树杉木,因距离龙虎乡较远,粗石江镇群众便热心义务当起了管护员,使这些果木从未失窃过。② 除了技术与品种的支援外,双方还在发展特色产业的其他方面互相提供便利条件。如恭城县三江乡、平安乡的林区,每年砍伐林木,都要借道江永县才能运回,江永县源口自然保护局在集材、永远、码头、治安等方面都为他们提供方便。恭城县嘉会乡狮子村有一批松木采伐,要经过江永县粗石江镇小古漯村运输。在修路问题上,当地乡村提供方便,在治安方面、确保采伐、运输的安全。湖南省城步苗族自治县境内的南山牧场与广西龙胜县蕨芝坪村相依,南山牧场把养奶牛技术无私传授给蕨芝坪村民,帮助他们脱贫致富。③

三、互助习惯在农村水电建设中的作用

新时期农村一项重要的内容,就是大力发展水电工程。广西各族群众在这方面也展开了积极的合作互助,配合农村水利电力建设。例如,田林县伟金瑶族屯有 1.2 公顷水田在 10 公里外的八供壮族屯前,共一条水利。1982 年,瑶族李金胜、邓光明、李建雄 3 户承包了这片田,年初与八供村约定修理水渠,因路远来迟,壮族群众已修好,他们感到难过,主动要向壮族群众还工,

---

① 湖南永州市江永县民族宗教事务局:《加强民族团结工作力度,促进边界地区经济发展》,2011 年 11 月 16 日在湘粤桂三省六市民族团结进步联谊会上的交流材料,第 7 页。
② 广西桂林市恭城瑶族自治县龙虎乡民宗局:《和睦相处,共同发展,谱写民族团结进步新篇章》,2011 年 11 月 16 日在湘粤桂三省六市民族团结进步联谊会上的交流材料,第 1—4 页。
③ 湖南永州市江永县民族宗教事务局:《加强民族团结工作力度,促进边界地区经济发展》,2011 年 11 月 16 日在湘粤桂三省六市民族团结进步联谊会上的交流材料,第 4 页。

但壮族群众不要还工;瑶族群众认为没有参加修渠,就要求壮族群众先引水灌田,壮族群众坚决让瑶族群众先用水。① 荔浦县三河乡新安村的4个自然村,住有瑶、汉族300余户,1987年县财政局拨款6000元,扶助瑶族架设高压电线,瑶胞不忘汉族兄弟,与汉人携手自筹资金1.8万元建成线路,解决了用电问题。② 1991年国务院正式批准隆林各族自治县为全国第二批200个农村初级电气化建设县。全县各族人民抓住机遇,为了筹集资金,千方百计,卖余粮、卖家禽、牲畜、卖林木等,至1994年6月底群众集资达564.83万元。不管是壮乡苗寨,还是彝村仡佬冲,不分男女老少,有力出力,有钱出钱,积极配合水电建设。③ 笔者在调研中也了解到,那坡县城厢镇达腊村在架设电网的时候,村村户户都主动跑去帮忙,强壮的男丁帮施工队拉电网,妇女们则去给施工队送水、送饭,以保证村里尽快通电。

四、互助习惯在解决社会纠纷中的作用

改革开放之后,由于土地、山林都划归个人承包经营,因此关于土地、山林、水利的纠纷开始逐渐增多,并成为农村地区的一大社会隐患。但是广西少数民族特有的互助习惯使他们能够在处理这些纠纷的过程中做到互谅互让,互利互惠,从而使纠纷得到妥善解决。这极大地稳定了社会秩序,减少了联产承包责任制带来的一些负面效应。如资源县梅溪大队与湖南省新宁县茶山大队发生16起纠纷,全部由双方大队协商解决。原来双方争议的12亩山林,经协商划给了梅溪大队。梅溪大队党支部经研究后认为,山林在对方境内,由茶山管理较为方便,就主动让给了茶山大队。而茶山大队则考虑梅溪缺少石山,每次过境开山取石还要收费,便将一处石山让给梅溪大队开采,双方互谅互让,终于使问题得到圆满解决。④ 龙胜江底乡与外省县山水交邻,森林犬牙交错。37年来,双方互谅互让,和睦协商,妥善解决。1986年,江底乡韦子村有一处插花山林,在城步县高梅乡高桥村山场境内,因界限发生争执,经双方派代表真诚协商,达成"大范围不变,小林点照留"的决议,不仅未引发纠纷,且加强其和睦团结。1986年江底乡龙塘村与湖南蓬洞乡安乐、二里村自发发动两方群众捐工献料,集资1600元,于两省交界地温塘坪

---

① 田林县地方志编纂委员会编:《田林县志》,广西人民出版社1996年版,第183页。
② 荔浦县地方志编纂委员会编:《荔浦县志》,三联书店1996年版,第874页。
③ 隆林各族自治县地方志编纂委员会编:《隆林各族自治县志》,广西人民出版社2002年版,第853页。
④ 广西壮族自治区地方志编纂委员会编:《广西通志司法行政志》,广西人民出版社2002年版,第304页。

架起一座钢筋水泥桥,并誉名为"湖桂桥"①广西成功运用民间互助习惯成功处理土地山林水利纠纷的经验,还被国务院树立为当时典范在全国范围内加以推广。以下是1980年国务院发布的情况报告:

**国务院批转广西壮族自治区关于处理
土地山林水利纠纷的情况报告**

各省、市、自治区人民政府(革命委员会),国务院各部委、各直属机构:

  广西壮族自治区人民政府近几年在处理边界地区纠纷方面,取得了显著成绩,总结了成功经验。县将他们《关于我区处理土地、山林、水利纠纷的情况报告》转发给你们一阅。

  当前,有不少省、自治区的一些地方,因山林、草原、水利、矿产等权属的争议,不断在双方接壤地区发生纠纷,甚至引起大规模的械斗,使这些地区人民的生命财产遭受不应有的损失,既影响安定团结,又妨碍生产建设事业的发展。希望有关省、区参照广西壮族自治区的做法,抓紧处理边界纠纷,使矛盾尽快得到解决,以利四化建设的顺利进行。

一九八零年五月二十三日②

第六节　传统互助习惯的现代变迁

一、经济基础变迁——商品经济的冲击

  互助习惯是建立的共同贫困基础上的,即在大家都无钱雇工的情况下,相互之间通过劳动力的信用交换,来解决生产生活上劳力、资金的不足。但是,随着社会的进步发展,互助习惯受到了越来越多的冲击,其中最大的挑战就是商品经济观念的渗透及贫富差距的拉大。在商品社会中,任何事物包括劳力、信用等都可以拿到市场上交换并形成价值和交换价值。在这种情况下,劳力直接用钱支付比以往的劳力与劳力交换显得更经济实惠。因此,随着商品经济在少数民族农村社会的输入,以往无偿、义务帮工的观念逐渐被有偿、付报酬的观念所代替,而一些先富起来的人采用雇工的形式又刺激了人们相互攀比和对财富的欲望。所以,以往的力力交换模式正在被力钱交换模式一步步替代。

---

①　龙胜县志编纂委员会编:《龙胜县志》,汉语大词典出版社1992年版,第120页。
②　广西壮族自治区地方志编纂委员会编:《广西通志·司法行政志》,广西人民出版社2002年版,第319页。

互助习惯受冲击最大的部分是生产互助习惯和建房互助习惯,因为这两部分与经济利益的相关最为密切,而且也是最讲求对等交换的,这无意间和商品经济的锱铢必较、等价交换原则存在一定程度的契合,因此很容易被商品交换所取代和侵蚀。实际上,这种侵蚀是一个渐进的趋势,早在民国时期就开始了。例如,贺县新华乡瑶族曾存在过换工、集体开荒、打会等三种劳动互助的形式,但到了民国20年(1931年)以后,只保存着换工和集体开荒两种了,而且集体开荒也不再是全村进行,而是几户人进行。盖房子请人也要有工资,否则,别人是不来的。到了新中国成立前几年,最后只剩一种换工的习惯。上述几种形式的换工为什么会发生了变化呢?关于打会的问题据枧冲的瑶族老人黄俊和称:"他们打算找钱,有钱才肯来,无钱就不来。"说到集体开荒的变化时他说:"在从前随你力大力小也算一股,没有人讲话的,后来不行了,大家怕吃亏。"①

进入商品经济高度发达的现代社会后,出现了无偿帮工逐步减少、出钱雇工逐步增大的趋势。而且雇工的价格正在逐年上涨,现在最低劳动力价格是50元/天,最高达120元/天(2011年调查)。如笔者在调研时,三江侗族自治县林略村民欧帮燕(音,男,50岁,侗族)说,我们这里有雇工,50元/天。起房子也要自己花钱雇人干活。融水龙培村村民李年进(37岁,男,苗族)说,我们全家共6口人,夫妻俩,还有我父亲,3个小孩,家里有1亩田,自己还开一个小店,共2个劳动力,其中一个小孩4岁,还有两个在读中学。我们夫妻俩种大田要请工,有时请亲戚朋友帮忙,有时请(雇)工,请(雇)工一般是50元以上/天,忙的时候要请(雇)3—4个工,请(雇)3—4天,还是请雇工的时候多。那坡县德隆乡团结村上劳屯村民农生玉(男,壮族,50岁)也说,我家的农活主要靠我们夫妻俩做,春耕、秋收时亲戚朋友也互相帮忙。但如果没有人帮忙,也可以雇工,价钱是50元/天。我家没有牛,有时要雇牛,一天50元,即使只做一个上午也要给钱。上劳屯另一个村民说,现在忙不过来就必须出钱雇工,最少也要60元一天,多的要80元一天。

这种趋势愈演愈烈,许多地方出现了建房全部请雇工的情况,传统的建房互助习惯似乎已难觅踪迹。如在调研中,那坡县弄文屯黄绍壮(男,60岁,壮族,前任村长)说,本村有一户人家正在建房,但全部是雇工,每人每天15元,有木匠、泥水匠,还有男人、女人,没有请村里人帮忙,工匠也说不清楚为什么没有请人帮忙。弄文屯黄韶琼(男,壮族,71岁)说,我家里正在建房子,

---

① 广西壮族自治区编辑组编:《广西瑶族社会历史调查》(第3册),广西民族出版社1985年版,第170页。

整个房子都包给别人做,雇工 70 元/天,包饭吃。此外,随着人口流动的增加,许多外来到本地经营旅游业的人员,在建房时,由于不属于传统的互助圈子,因此必须采用纯雇工的形式,这也在一定程度上影响了人们互助的观念。如金坑大寨潘某明说,如果是外地人来本地建旅馆,就没有帮工,只能雇工,请我们本地人去干活就要雇工。价钱逐年上涨,前年是 50 元一天,去年是 60 元一天,今年也是 60 元,伙食费另算,给 20 元伙食费,自己去吃饭。我儿子现在正在建房子,请人包工 60 元一天。更可怕的是,在传统的互助体系下,最具人情味的婚丧互助习惯也受到冲击,出现了花钱雇工的情况。如黄韶琼(男,壮族,71 岁)说,丧事以前借工不给钱,现在要给 50 元/天。那坡县达腊村苏某民(男,56 岁,彝族)说,现在婚礼都是包给酒店搞,雇三轮车拉客人出去,很少再请人帮工了。浓浓的人情味已完全变味变质。

  经济基础的变化必然带来上层建筑和意识形态的变化。商品经济给农村社会带来的不仅是生活方式的变化,更重要的是人们的交往模式及思维能力的转变。钱力交换模式以其直接、高效的特点,逐渐侵蚀着传统自然经济中淳朴无私的天性。互助习惯在丧失了其赖以建立的经济基础后,逐渐开始退居幕后。而作为一种正面的、良性的制度,它的消失必然会带来一系列的社会负面效应。最典型的如传统帮工体制崩溃后,农村出现的耕地抛荒现象。龙胜金坑一位 50 岁左右的村民说,现在打背工很难搞,因为大家都抢季节。我没有钱雇工,只好把田放荒,现在金坑最大的问题就是土地放荒。三江侗族自治县高定一位村民说,我家里大人带小孩一共 10 口人,家里田荒着,请人做要几百元钱。最重要的是,尽管现在农村居民人均收入水平有所提高,但财富分配非常不均衡,在商品经济大潮的冲击下,对于一些仍处于贫困线以下的农民,花钱雇工成为其沉重的负担。原来富有田园色彩的"打背工",也已经完全蜕变成赤裸裸的劳务与金钱交换。如笔者在三江独峒乡的朋友王某兵说,她的母亲种了几亩茶园,采茶叶需要找帮手,在无钱雇人的情况下,她采取了一种变通的办法——对半分成。即找来几个妇女一起采茶,将当天采茶叶后获得的报酬一起对半分。如一斤茶叶卖 8 元钱,当天四人共采茶 10 斤卖给茶叶厂商获 80 元,则四人平均分每人 20 元。而以往解决资金短缺的救济性借贷互助习惯也已被功利色彩浓厚的现代金融观念侵蚀。潘内一名妇女也说,她家里很困难,但现在村里没有人愿意借债给她,因为他们知道她还不起。

二、主体资源缺失——农村劳动力的流失

  互助习惯建立的第二个基础是足够多的劳动力,即互助的双方有数量相

同、能力均衡的劳动力。但这一基础近几年也遭到很大的冲击,最主要的原因就是农村大量劳动力向城市的流动而造成的农村劳力荒。在大批精壮年人口进城务工形成浪潮之后,互助习惯丧失了主体资源。以笔者的学生逯艺婷 2012 年初在全州县永岁乡梅潭村的调查为例,该村民委员会下辖 8 个自然屯,共 726 户,总人数 4948 人,其中进城务工 2688 人,占人口总数 54.32%。表 8.5 为永岁乡梅潭村委各个自然屯进城务工人员概况。而笔者的另一学生兰承鸿 2011 年在罗城仫佬族自治县宝坛乡所做的调查问卷中,对于家庭主要生活来源的问题,高达 54.69% 的人选择了"外出打工的收入",占一半还多,而传统的"家里的农业收入"所占比例明显下降,只有 32.30%,退居次要地位。对于留守儿童的主要生活来源这一问题,表 8.6 的数据清楚地表明,父母进城打工回寄收入已占据绝大部分比重,高达 67.61%,而传统的农业收入则降低到 26.76%,比重严重下滑,也就是说,大多数农村劳动力背井离乡进城务工导致农业生产已不再是主要的生活来源,这使得传统互助习惯的生存环境正在逐渐消失。

表 8.5 全州县梅潭村委空巢老人和进城务工人员分布表

序号	自然屯	总人数	进城务工人数	占总人口比重(%)
1	第三甲	350	193	55.14
2	大桥头	482	270	56.01
3	梅潭村	112	54	48.21
4	大塘尾	436	245	56.19
5	铁路陂	417	213	51.08
6	上改洲	435	237	54.48
7	下改洲	2210	1188	53.76
8	万福堂	506	288	56.92

资料来源:笔者指导学生逯艺婷(学号:0800910211)2012 年毕业论文实践调研在梅潭村委获取数据。

表 8.6 罗城仫佬族自治县宝坛乡关于"留守的儿童主要生活来源"问题的数据统计

留守儿童主要经济来源	人数	所占比重(%)
农业收入	13	26.76
父母打工回寄	50	67.61
亲戚资助	2	2.82
其他	6	2.82

资料来源:笔者指导学生兰承鸿(学号:0700910225)2011 年在宝坛乡实施毕业论文实践调研获取数据。

在实际从事农业人口严重萎缩的情况下,原来的互助习惯已难以维系,对等帮工及劳力交换根本无法进行。如广西罗城县石门村仫佬族进入90年代中后期以来,互助合作性质的帮工就发生了变化,由于外出打工人员增加、屯中的劳动力减少,有的家庭外出务工,不再种田,有的家庭所种作物不需帮工,加之市场经济观念(看重劳动报酬)的日益深入,导致过去无偿的"帮工"形式难以维持。为保障重大农事的快速、按时完成,人们只好改用像外出打工付给工资一样付给帮工人员一定的金钱来解决,最初是12元一天,去年发展到15元一天,今年15元一天也难请了,据说已升到18元——20元一天。除支付工钱外,还供给中、晚两餐——这又在一定程度上增加了农民的负担,影响了他们生产粮食的积极性。①笔者在调研时,高定村村民吴富荣(音,男,62岁,初小,)说,我家有8口人,劳动力有3个,孩子全部去广东打工了,我家里的田很少,2亩地全部请别人种,一亩地给400元钱,今年光耙田请人就花400元。耙田请一个人,犁耙请本村人,亲戚之间关系比较好的才来帮忙,别人不帮。那坡县德隆乡团结村上劳屯一村民说,我家3口人,儿子去广东打工了,我们夫妇两个种地,以前大家都是互相帮工,现在人少了,很多人都出去打工了,忙不过来就必须出钱雇工。那坡县达腊村苏某民(男,56岁,彝族)说,以前村里没有人出去打工的时候,大家互相之间帮工很好,今天你家作了我家作,现在不同了,雇工要80元一天。

三、思想意识变化——互助习惯自身的弊端

尽管互助习惯是一种良性的民间秩序,或者说是一种"公序良俗",但其也存在一定的弊端。所以商品交换观念能在短期内迅速占领农村市场,也是有一定原因的。这就是互助习惯建立的第三个基础——思想道德基础。互助习惯是建立在乡土社会人伦道德基础上的,其义务履行的强制力来自人与人之间的情感联系和亲缘纽带。因此,其"人情债重过经济债"的特点,使少数民族群众背负着沉重的心理和精神负担,这种负担的偿还甚至比物质债务更加困难。少数民族民间的很多俗谚就反映了这种状况。如"人情胜过债,破锅也得卖"②"人情到,卖锅灶"③"人情重过债,裤衩也得卖"④"起间屋,吃

---

① 章立明、俸代瑜主编:《仫佬族——广西罗城县石门村调查》,云南大学出版社2004年版,第98页。
② 宁明县志编纂委员会编:《宁明县志》,中央民族学院出版社1988年版,第574页。
③ 广西隆林各族自治县文化局、民委编:《中国民间文学三套集成:隆林民间谚语集》,广西隆林各族自治县文化局、民委1988年编印,第95页。
④ 广西田阳县民间文学集成编委会编:《中国民间文学三套集成:田阳县谚语集》,1989年编印,第20页。

三年粥"①"入山不怕伤人虎,只怕人情两面多"②"前世欠人债,死后拖人犁"③等等。而商品经济观念支配下的雇工则省却了道德和心理上的负担。一手交钱一手交货的交易方式简单直接,无需背负人情拷问,因而受到日益富裕的少数民族群众的青睐,是不足为怪的。

互助习惯的非理性及不规范性,也是导致其逐渐萎缩的一个重要原因。如笔者在调研时,遇到那坡达腊村苏某村民正在新建一座三层的楼房,他没有按照传统的建房互助习惯请帮工,而是全部雇佣工匠做工。他详细跟我们谈了对互助帮工的看法:帮工有好的方面也有不好的方面,比如,我以前请人来帮忙,如果来10个人,他们的小孩也会跟着来,光吃饭就要5、6个人做,他们走了后第二天光洗碗就要洗一天,很烦人。现在雇工有钱就来,没有钱就不来,省去了麻烦。而且现在观念转变后,即使你现在叫人去帮忙他们也不来。三江高定村民吴琴高(音,男,侗族)说,自己正在建一个化粪池,都是自己做,没有请人来帮忙,请人要花钱,至少一天60元,包三餐,亲戚都在忙工,没有请他们。家里有3个孩子,两个男孩,一个女儿,家里只有我和我爱人两个劳动力,种2、3亩地,我们两个不够。耙田、收谷子的时候要请人,因为这里没有水,有水才能耙田,没有水耙不了田,而耙田需要牛,自己没有牛的要雇人家的牛,100元/天,要耙10天。我们在村子里属于比较困难的,没有人帮忙。

通过对互助习惯在历史发展中的作用回顾,我们可以看出,这一习惯之所以在较长的历史时期内发挥作用、历久弥新的原因在于,互助习惯乃是一种"善意"的民间制度,它起源于人类与生俱来的善良本质,因此在人类存续期间,它作为维护人类社会最基本的道德底线的品质之一而固执地存在,并且随着人类文明的进步,这一制度的作用会愈来愈大。因为越是文明的社会,就越是善意的社会,也就越需要善意的制度。所以尽管少数民族在文明进程中,许多传统的东西都被作为陈规陋习或糟粕而无情地被历史淘汰,但互助习惯却始终伴随着广西少数民族社会的发展和进步。即使在今天商品经济大潮和观念横扫一切角落的时候,互助习惯仍然是有生命力的。虽然其所面临的危机是必须正视的,但这种危机并非无可挽回,实际上,有两个办法可以解决这些危机,使少数民族互助习惯依然矗立于人类文明之巅:(1)改

---

① 卢嘉兴编:《中国民间文学三套集成:北流县民间谚语集》,广西北流县三套集成办公室1986年编印,第17页。

② 同上注书,第35页。

③ 广西隆林各族自治县文化局、民委编:《中国民间文学三套集成:隆林民间谚语集》,广西隆林各族自治县文化局、民委1988年编印,第33页。

良互助习惯中本身非理性和不规范的因素,使之变革为现代化规范化的理性制度;(2) 修正商品经济中不合理的内容,使其在迅速提高人民物质生活水平的同时,仍然可以保留精神层面的优良传统。我们还要看到的是,经济可以发展,收入水平可以提高,但人类向善的本性却会持之以恒。因此,无论人类社会发展到何种阶段,以善意为基础建立的制度都将长久存在。

第九章　广西少数民族互助习惯与社会保障机制的内在联系

第一节　目标上的一致性

"在考察社会保障及其法律制度的作用之前,首先必须理解社会保障的基本目标:它是社会福利供给的一部分,通过支付补贴的形式,向那些被确定为贫困或者面临贫困威胁的人提供帮助。"①我国著名学者郑功成教授在《社会保障学》一书中明确阐述了社会保障制度的总体目标和分目标:社会保障的总目标是通过保障和改善国民生活、增进国民福利来实现整个社会的和谐发展。而分目标则包括:(1)帮助国民摆脱生存危机;(2)满足国民的生活保障需求;(3)实现整个社会的和谐发展。② 与上述目标相比较,虽然广西少数民族互助习惯实施的地理范围或保障对象较小,仅在于保障某一民族、某一区域甚或某个家族的生存与和谐,但从人类发展的总体性目标来说,二者是完全一致的,都在于保障人类共同的生存权、发展权和和谐权,即二者的保障目标是完全一致的。

一、帮助群众摆脱生存危机

实际上,社会保障制度并非现代西方社会的产物,中国古代很早就有较为系统的社会保障机制。中国传统政治文化的最高典范"仁政""王政"中,就包涵了救助穷民、保障所有人有同等生存权益的内容。所谓的"仁政""王政",就是鳏寡孤独、老弱病残这些社会上最不幸的人能得到很好的照顾并获得幸福体面的生活。这才是理想的社会,而且这一标准对古今中外所有的社会都适用:"天下有穷民焉。老而无妻曰鳏,老而无夫曰寡,老而无子曰独,幼而无父曰孤。文王发政施仁,必先斯四者,此外聋瞽废疾痴騃痿躄之民,待食于人不能自养。天地之大,犹有所憾,非惟中国为然也。通古今达内外一

---

① 〔英〕罗伯特·伊斯特:《社会保障法》,周长征等译,中国劳动社会保障出版社2003年版,第1—2页。
② 郑功成主编:《社会保障学》,中央广播电视大学出版社2004年版,第11页。

而已矣。是王政之始也,圣功之终也,古帝王之所繇,为天地立心,为生民立命者也。"①所以帮助群众摆脱生存危机是社会保障制度的第一目标,也是最基础的目标。广西少数民族互助习惯虽然是处于零散状态的不成文法,也没有明确的形式和方式阐明其目标,但其体系设定及实践模式都在践行着这一目标。换句话说,互助习惯的目标也是"不成文"的,是一种"行为法",即以自己的行为实施着互助习惯,但这并不妨碍它实践着与国家保障机制相同的目标——使社会所有成员都能获得良好的生活保障。在这方面最典型的体现就是扶助弱势群体习惯与救灾互助习惯。上述内容使广西少数民族的社会成员都能在遭遇困境时摆脱生存危机。这和"王政"所希望达到的目标是不谋而合的。

二、满足国民的生活保障需求

我国古代的社会保障制度称为"保息之法"和"荒政",这些制度的最大目标是使国民在任何时候,包括饥荒灾歉年份仍然保持稳定的生活,满足国民的生活保障需求。"古者以保息养万民。岁有不登则聚之以荒政,国家频赐天下租税,鳏寡孤独者有养,其保息斯民者至矣。一方告饥百出其道以拯救之,荒政于是乎详焉。所以有备无患而民不失其所也。"②晋文公曾曰:"吾民之有丧资者,寡人亲使郎中视事,有罪者,赦之,贫穷不足者,与之。"③广西少数民族互助习惯的最大目标也在于此,即令其管辖范围内的所有社会成员在多灾多难的自然和社会环境中,依靠集体的力量顺利生存下去,因此二者在这一目标上是完全契合的。正如民国时期学者对乡村互助制度应发挥作用的论述:"近世生活程度日高,谋生极为不易,产业组织之缺陷,在自由竞争之过烈而经济组织之弊害,在营利主义之过深结果所致使,人类利己之欲望充分膨胀,优胜劣败之机因而勃发,生民受其屠毒乃无宁息之时期,匡救之力,惟有秉互助之精神,认竞争之必要,对于同一生活同一目的之人,相与固结团体,互谋福利,协力通作,共济艰难,乃能适应时需战胜环境。否则,人则合群以谋我,我孤立以应之,以一敌一,犹虞不胜,况以一敌百,以一敌千乎?其不失败而为社会所牺牲者,仅矣,此合作之所以必要也。合作之宗旨在利

---

① 《皇朝经世文编五集》,卷30·襍事·善堂,载沈云龙主编:《近代中国史料丛刊三编第二十八辑》273册,台湾文海出版社1987年版,第955—956页。
② (清)乾隆二十九年(1764年)钦定:《钦定大清会典》,卷19·户部·蠲恤,第1页上,载《四库全书荟要》(乾隆御览本,史部,第三十三册),吉林人民出版社2009年版,第162页。
③ (明)冯琦编纂:《经济类编》(三),卷13·政治类七·赏罚二十四则,第6页上,台湾成文出版社1968年版,第1429页。

用人类好群之特性,使各个人为其所处之社会尽力,同时并图被社会之福利。"①这一段论述,将互助制度与谋求社会福利紧密联系起来,使互助制度成为满足国民生活保障需求的重要思想资源,这与社会保障机制的目标再次吻合。

三、实现整个社会的和谐发展

和谐社会是目前我国社会建设的总体目标,一个和谐的社会,必然是保障制度发达的社会。苏轼《劝亲睦策》曾为我们描述了和谐社会的图景:"夫民相与亲睦者,王道之始也。昔三代之制,划为井田,使其比闾族党,各相亲爱,有急相赒,有喜相庆,死丧相恤,疾病相养,是故其民安居,无事则往来欢欣而狱讼不生。"②也就是说,所谓和谐社会并不是没有困难、危机和灾难的社会,而是一旦发生困难、危机和灾难,人们之间会相互帮助,共同面对和解决,这才是和谐社会的真谛。而广西少数民族互助习惯恰巧是这种社会场景的典范。他们通过互助在国家法照耀不到的角落里形成了其乐融融的友好社区。

因此,少数民族互助习惯与社会保障制度在目标上是高度一致的,这为在构建广西农村社会保障机制中运用少数民族互助习惯奠定了深厚的基础。

第二节 内容上的重合性

广西少数民族互助习惯无论与中国古代的社会保障制度还是现代的社会保障制度,在内容上都具有极大的重合性。

一、与古代社会保障制度内容的重合

关于中国古代社会保障制度的内容,历代文献有非常详细的记载。管仲《入国篇》记载的"九惠之政"就是中国早期社会保障制度的基本框架。该篇详细记述了国家和政府对九个领域的社会弱势群体实施蠲免和优惠待遇的政策,救济对象包括:老——七十以上老人,幼——家中有三个以上小孩者、孤——孤儿,养疾——残疾人,独——鳏寡者,问疾——患疾病者,穷——极度贫困者,困——受灾者,绝——无子嗣者。救济的方式是,对于"老"免除

---

① 《信用合作社组织法(上)》,民国年间(不详)石印本,第1—2页。
② (明)冯琦编纂:《经济类编》(十七),卷82·人伦类·宗族,台湾北成文出版社1968年版,第9221页。

税收和徭役;并给予一定的物资赏赐;对于"幼",则免除家庭的税收和徭役;对于"孤",免除愿意收养者家庭的税收和徭役;对于"养疾",由政府收而养之;对于"独",政府为媒介使其相互结合;对于"问疾",政府关注其病情;对于"穷",要求乡党要向政府汇报等等。① 从上述"九惠之政"的内容来看,广西少数民族互助习惯除了无专门性机构和组织外,保障对象和保障内容都具有很大程度的重合性。首先,从救济对象上看,"九惠之政"所列举的九种救需救助者,几乎完全落在广西少数民族互助习惯的范围内。广西少数民族有非常发达的对孤寡老人、孤儿、残疾人、贫困者、受灾者、患病者的救助习惯。其次,从救济的内容来说,某些方面完全重合。如"九惠之政"中允许鳏寡相互结合以解决生活困难的制度,广西少数民族也有类似的习惯,如民国学者辛树帜著《瑶山调查》中描写了一位嫁到花篮瑶已三十余年的寡妪与一鳏夫同居的实例:"最奇者即弟等初到时,曾见一老叟,以为此妪之夫,故请其同餐,据称彼别有居在下。弟等以为此亦两子折居,一养父,一养母者,遂不深怪。讵翌晨忽见此两老同自一室出,即向房人问讯,始知此叟为一鳏人,而妪已寡居多年——花篮之俗,鳏寡者合意后可以同居,唯生子不得育云。"②融水苗族的埋岩制度也有类似的规定,即允许鳏寡者再婚共同扶持生活。因此,就内容来说,广西少数民族互助习惯与中国传统的社会保障制度具有较大的交集。(见表9.1)

表9.1 广西少数民族互助习惯与"九惠之政"在内容上的重合情况一览表

九惠之政	广西少数民族互助习惯
老老	扶助孤寡老人习惯
慈幼	
恤孤	扶助孤儿习惯
养疾	扶助残疾人习惯
合独	扶助孤寡老人习惯
问疾	疾病互助习惯
通穷	扶助贫困人口习惯
振困	救灾互助习惯
接绝	扶助孤寡老人习惯

就单项制度来说,广西少数民族互助习惯也与中国古代社会保障制度的

---

① (明)冯琦编纂:《经济类编》(三),卷11·政治类·仁政,台湾成文出版社1968年版,第1217—1220页。
② 辛树帜:《瑶山调查》(一),载《国立中山大学语言历史学研究所周刊》第42期,第15页。

内容极其相近。如关于灾害的救助制度,中国古代有"荒政",即在发生水旱洪涝等自然灾害时,为防止百姓和民间爆发饥荒,政府采取各项措施积极实施救助。根据《清会典》的规定,"荒政"的救助内容主要包括两项:(1) 当灾害发生时,发放资金为居民修整毁坏房屋;(2) 根据受灾民众的情况分别给予不同等级的粮食救济。① 从第七章的论述中我们看出,广西少数民族救灾互助习惯尽管不是政府实施的救助,但在救助内容方面却和国家救助惊人地相似,比如发生火灾和自然灾害后,相互救济钱、粮并互助修建房屋等。也就是说,由于内容上的重合性,民间互助习惯发挥了和国家社会保障制度的相同功能。尽管广西少数民族无法享受国家的保障制度,却可惜在自发性的相互救助中平安渡过各种灾难。

二、与现代社会保障制度内容的重合

早在 1993 年 11 月,《中共中央关于建立社会主义市场经济体制若干问题的决定》就明确指出:"社会保障体系包括社会保险、社会救济、社会福利、优抚安置和社会互助、个人储蓄积累保障。"并特别指出要"提倡社会互助。"《广西壮族自治区农村社会保障制度暂行办法》第 2 条规定:"我区农村社会保障制度的内容包括社会救济、社会保险、优抚安置、社会福利服务、社会互助、合作医疗保障。"按照这一法规精神,广西农村社会保障机制主要包括以下六个方面的内容:

(1) 社会救济:许多著作将这一内容称为"社会救助",实际上二者是有一定区别的,笔者认为既然后面有专门的"社会互助",这里称"社会救济"较为恰当。社会救济是指国家通过国民收入的再分配对因自然灾害或其他经济、社会原因而无法维持最低生活水平的社会成员给予救助,以保障其最低生活水平的制度。近几年广西普遍发放的农村最低生活保障金(简称"低保")即属社会救济。笔者在调研中了解到许多村民依靠低保生活。如贺州狮东村民政助理说,我哥哥 74 岁了,大嫂又瘫痪,政府给他们家发了救济和低保。对于这些村民来说,低保对他们的生活帮助很大。

(2) 社会保险:是指通过立法采取强制手段对收入再分配,形成消费基金,用于对劳动者在遇到生、老、病、伤、残、失业、死等风险时,暂时或永远丧失劳动能力而给予的物质帮助或资金帮助,包括养老保险、失业保险、医疗保

---

① (清)乾隆二十九年钦定:《钦定大清会典》,卷 19·户部·蠲恤,第 5—7 页,载《四库全书荟要》(乾隆御览本,史部,第三十三册),吉林人民出版社 2009 年版,第 164—165 页。

险、工伤保险、生育保险。① 近几年在农村大力推行的农村养老保险就是其中之一。

（3）优抚安置:覆盖军人及其家属,通过拥军优属、军人及军属优待、军用两地人才培训、专业军人安置等一系列优待项目提供保障。②

（4）社会福利服务:我国的社会福利服务既包括由国家和社会举办的以全体社会成员为对象的公益性事业,如教育、科学、文化、体育、卫生、环境保护等事业,也包括由国家和社会举办的以某一特定群体为对象的专门性福利事业,如为残疾人开办的各种福利企业、为无依无靠的老年人开办的养老院、为孤儿开办的孤儿院等。此外,还包括国家发放的各种福利性补贴。③ 即主要包括公共福利、专项福利和区域性福利。

（5）社会互助:社会互助是我国新增加的社会保障内容,是与西方国家社会保障制度相比较为独特的内容。一般认为,社会互助包括群众团体组织的互助互济,民间团体组织的慈善救助,群众自发的互助等。④ 广西少数民族习惯就属这一类。

（6）合作医疗保障。比如近几年在广西农村开展得如火如荼的新型农村合作医疗保险,村民医疗费用可以获得不同程度的报销。新农合作为一种新型的农村社会保障制度,确实为少数民族群众带来了福音。在实行这项制度之前,广大的农民群众没有任何疾病保障,一旦生病,全部靠自己承担所有的医疗费,这和城市居民相比,具有极大的不公平性。在调研中,许多少数民族群众都回忆了自己在参加新农合之前承担全部医疗费用的惨状。如那坡县德隆乡团结村上劳屯李某说,我以前1995年动过阑尾炎手术,全部是自己承担;上劳屯黄某连也说,2006年我爱人从广东回来,因为肿瘤在靖西县开刀,花了4000多元钱,一分钱报销都没有,因为当时没有新农合;那坡县城厢镇达腊村黄永杰说,1985年新农合之前我去住过院,做工在山上全身浮肿,花了700元,在那坡县住院,全部是自己出,卖猪,卖鸡才凑够这个钱。近年来新农合在农村大力推广后,凡参加了的农民看病开始有了保障,许多村民都曾享受过不同程度的医疗费用报销,他们对这一政策表现出较大的满意度。他们大多是因患病而在乡、县或市医院住院享受了报销的人。如三江林略村民石益弟说,我生孩子时花了2000元,在县医院用了1000元,最后报销

---

① 杨良初:《中国社会保障制度分析》,经济科学出版社2003年版,第6页。
② 丛树海主持:《建立健全社会保障管理体系问题研究》,经济科学出版社2004年版,第12页。
③ 赵映诚、王春霞主编:《社会福利与社会救助》,东北财经大学出版社2010年版,第2页。
④ 熊敏鹏主编:《社会保障学》,机械工业出版社2004年版,第4页。

后只花了500元,我挺满意的。三江洋溪乡玉民村沙脚寨杨玉兄说,我父亲脚上生了疮,出了脓,在家里躺了一年多,在我们几个人一再的劝说下,才去县城看病,去了说:"早知道这样我就来了"。此外,还有村民曾对市级医院住院看病,对报销比例也非常满意。如龙胜金坑大寨村余某才说,我去年因心脏瓣膜到桂林住院,花了5万元,报了16700元,我很满意。

以上六项内容中,有学者又将社会救济、社会保险、优抚安置、社会福利服务等划分为正式社会保障制度,而把社会互助划分为非正式社会保障制度,"关于社会保障,在最广泛的意义上,它是指一个社会通过正式的和非正式的制度为其国民提供的安全保障。"① 有的学者将社会互助称为社会保障体系中的软性内容,是主要社会保障项目的补充。② 而根据第三章的阐述,我们可以明显看出,广西少数民族互助习惯在社会保险中的养老问题、社会救济和社会互助等三个方面的内容上与社会保障机制完全重合,图9.1表明,二者在灰色区域的内容是吻合的,包括正式与非正式的制度。这种内容上的重合性,为少数民族互助习惯在构建农村社会保障机制中的运用提供了较强的可行性。

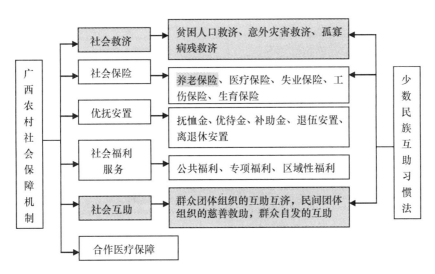

图9.1 少数民族互助习惯与广西农村社会保障机制在内容上重合部分示意图

---

① 李珍主编:《社会保障理论》,中国劳动社会保障出版社2001年版,第7页。
② 熊敏鹏主编:《社会保障学》,机械工业出版社2004年版,第4页。

第三节　实施方式上的相通性

一般来说,社会保障制度的实施方式有两种,一种是前面提到的直接救济与间接救济相结合的方式,还有一种集体和个人相结合的方式。而这两种方式都是广西少数民族互助习惯的实施方式,二者是完全相通的。

一、直接救济与间接救济相结合

直接救济是指国家直接发放资金、物资等予以救助,间接救助指不是直接给予救济和补贴,而是通过减免弱势群体的税收和徭役来保障其生活。后者对于专制时代的贫苦群众来说尤为重要。前文提到的"九惠之政"中,国家就实行间接救助与直接救助相结合的方式实施救济。例如,对于老、幼、孤等三类人,国家实行间接救助为主,直接救助为辅的优惠和政策。对于70岁以上的老人、家中有三个以上小孩者、愿意收养孤儿者,国家则不同程度地减免其税收和徭役,同时给予一定的物资救救济。而对于残疾人、鳏寡、瘟疫、贫困人口等,国家则实行积极的直接救助政策,即给予物质、资金救济等。《清会典》记载的社会保障制度——"保息之政"也采取直接救济与间接救济相结合的方式:"凡保息之政有十,一曰赐复,二曰免科,三曰除役,四曰振营,五曰养幼孤;六曰收羁穷;七曰安节孝;八曰恤薄宦;九曰矜罪囚;十曰抚难夷。"①其中的"赐复""免科""除役"就属于间接救济方式,而其他的则属于直接救济方式。广西少数民族互助习惯在对社会弱势群体进行救济时,也完全采取类似的做法。例如对于孤寡老人,一方面乡邻同村给予实际的物质救济——直接救济,另一方面,免除孤寡老人的公共义务及公摊费用,甚至为孤寡老人提供公益性职务——间接救济,二者结合得非常紧密。

二、集体救助与个人救助相结合

保障制度的社会性较强,仅靠政府的力量难以完全达到保障效果,因此古今中外的保障制度都提倡政府与民间相结合,集体与个人力量相结合。前文的"九惠之政"就非常注重"乡党"等民间集体力量对于弱势群体的救助义务,并规定了乡党在社会保障方面的连带责任和奖惩措施。如对于孤儿,如果乡党邻里愿意收养的话,则对收养之家予以减免税收和徭役的奖励,而对

---

① (清)乾隆二十九年(1764年)钦定:《钦定大清会典》,卷19·户部·蠲恤,第1—5页,载纪昀:《四库全书荟要》(乾隆御览本,史部,第三十三册),吉林人民出版社2009年版,第162—164页。

于贫困人口,其乡党有向官府汇报的义务,如果不汇报,要受到惩罚。显然,中国传统的社会保障制度是将民间的救助力量纳入到法规体系当中的。"乡党"也是社会保障法的实施主体。《清会典》中的保息之政也规定了大量民间救济的方式及奖惩措施。如对于贫困人口、孤儿、患病者,在政府救济之余,如果民间有人愿意救济、收养上述人员,则由国家给予嘉奖以鼓励之。①

现代的社会保障制度更加注重政府与民间力量相结合、集体与个人相结合。《广西壮族自治区农村社会保障制度暂行办法》第3条"社会保障的原则"第3款和第4款明确规定了广西实施农村社会保障机制的方式。而广西少数民族互助习惯虽然表现形式较为原始,但其基本都是以"个人与集体结合、物质保障与服务保障相结合、生活救助与生产扶持相结合"的方式实施社会救济和灾难救助。尽管传统意义上的广西农村社会保障缺乏国家的参与,但个人、集体结合所产生的巨大帮扶力量是有目共睹的。例如,笔者在贺州狮东村调研时了解到,村里有1位瘸脚的残疾人,五六十岁了,没有结婚,也没有子女,但他的生活过得很好,一方面,他家里的亲戚都帮他,使他的日常生活无虞,另一方面,由于他是五保户,又是残疾人,按照规定享受多项国家救济和扶助款,政府还给他盖了砖房。在少数民族传统的互助习惯和国家社会保障机制相互作用下,该村民获得了极好的社会救助。由此可见,少数民族互助习惯与广西农村社会保障机制在实施方式上存在较大的互通性,是完全可以相互融合和互动的。

首先,广西少数民族互助习惯本身就是一种民间社会保障体系,它极大地填补了国家与政府保障制度的不足。这一习惯存在本身就充分体现了政府与民间相结合的精神。其次,在广西少数民族社会内部,也一直体现着集体与个人相结合的救助方式。以农村养老为例,而龙胜少数民族独特的养老习惯恰好符合"以家庭保障为主、以社区扶持相结合、以集体为辅助"的实施方式,于国家和地方的规定不谋而合。龙胜各民族长期以来形成了一种独特的"养老田"制度,即当家中的子女各自成家需分割家庭财产时,必须优先预留出一份面积较大、质量较好的土地份额作为父母的"养老田",以共父母养老,其余的财产再由诸子均分。此后父母与谁生活在一起,"养老田"就由其负责耕种。如果"养老田"仍不敷父母的养老费用,多出的部分则由诸子分摊。父母去世后,"养老田"在支付了丧葬费用后,由诸子平分。这充分体现

---

① (清)乾隆二十九年(1764年)钦定:《钦定大清会典》,卷19·户部·蠲恤,第3—4页,载纪昀编:《四库全书荟要》(乾隆御览本,史部,第三十三册),吉林人民出版社2009年版,第163—164页。

了养老为"家庭保障为主"的原则。但对于无子女孤寡老人的养老方式,则又体现出村落社区和集体力量的社会扶助。宗族、村寨、亲戚、邻居、本村人、外村亲戚等都参与到赡养孤寡老人的主体中,形成了对孤寡老人完善的救助体系。而对于孤儿、残疾人、受灾者的救助等,也几乎全部是集体和个人相结合。

第四节 功能上的互补性

关于社会保障机制的功能,学者们众说纷纭,各有侧重。有的学者将社会保障制度的功能划分为经济性功能和社会性功能两个方面。社会保障的经济性功能主要包括满足基本经济需要、扩大市场需求、保护生产、调节投资和融资等,社会功能主要包括社会补偿作用、社会稳定作用和工会公平作用。① 有的学者认为,社会保障的主要功能是维护社会稳定、保障基本生活、促进经济发展、维持社会公平、提高生活质量。② 有的学者认为,社会保障的功能是劳动力再生产的重要保证、是国家调控国民经济运行的重要手段、是保证社会稳定的"减震器"和"安全网"。③ 有的学者认为,社会保障的功能包括稳定功能、保障功能、调节功能、保护劳动力再生产功能等。④ 郑功成认为,社会保障具有稳定功能、调节功能、促进发展功能、互助功能及其他功能。⑤ 综合上述学说,我们可以看出,有三项功能是获得普遍认可的,即稳定社会的功能、保障社会再生产的功能、实现社会公平的功能。应当说,这三项功能是社会保障机制的核心价值诉求。而广西少数民族互助习惯在促进社会再生产、稳定社会秩序、实现社会公平方面也有着无可比拟的优势。

一、稳定社会秩序

社会保障与社会秩序息息相关。如果社会弱势群体的生活不能得到很好的保障,必然会导致社会矛盾激化,造成较大的安全隐患。中国古代的统治者很早就意识到良好的社会保障是"治国之本""固国之基"。如战国时期的晏子就曾有过论述:"景公游于寿宫,见年长负薪而有饥色,公悲之,喟然叹曰:'令吏养之。'晏子曰:'臣闻之,乐贤而哀不肖,守国之本也,今君爱老而

---

① 陈信勇:《社会保障法原理》,浙江大学出版社2003年版,第25页。
② 熊敏鹏主编:《社会保障学》,机械工业出版社2004年版,第4页。
③ 杨良初:《中国社会保障制度分析》,经济科学出版社2003年版,第13—18页。
④ 章晓懿主编:《社会保障:制度比较》,上海交通大学出版社2004年版,第9页。
⑤ 郑功成主编:《社会保障学》,中央广播电视大学出版社2004年版,第12—17页。

恩无不逮,治国之本也。'公笑有喜色。晏子曰:'圣王见贤以乐贤,见不肖以哀不肖,今请求老弱之不养,鳏寡之不室者,论而供秩焉。'景公曰:'诺。'于是老弱有养,鳏寡有室。"①而广西少数民族互助习惯却在中原政治文化之外履行着稳定社会秩序的功能。汉代刘向《修文篇》曰:"古者必有命民,命民能敬民怜孤,取舍好让。居事力者,命于其君命,然后得乘饰,舆骈马。未得命者,不得乘,乘者皆有罚。故其民虽有余财侈物,而无仁义功德,则无所用其余财侈物。故其民皆兴仁义而贱财利,贱财利则不争,不争则强不凌弱,众不暴寡,是唐虞所以兴象刑而民莫敢犯法,而乱斯止矣。"②而广西少数民族因其互助习惯,完全达到了上古时代"命民"的高度。他们互相之间"敬民怜孤,取舍好让",使广西在历史上形成了良好的社会秩序,在民国时期广西甚至被评为全国"模范省份"。以龙胜为例,其境内壮、瑶、苗、侗各民族间历来在生产技术、文化方面有互助互学传统,因此各民族之间,从未发生聚众械斗的事情,史无记载,民间亦无传说③,较好地稳定了社会秩序。

二、保障社会再生产

社会保障制度对于社会再生产也具有重要的保障功能。社会再生产包括物质资料再生产与人口再生产两个方面。

首先,在物质资料的再生产中,生产和交换是非常关键的环节。据民国《同正县志》记载:"西部山麓诸村远隔市廛,每合数村共宰一猪,将分得肉和糯米粉生贮坛中……村人恒制备时需。"④在生活相对贫困的条件下,少数民族群众通过互助实现了简单的商品交换,满足了共同生存和发展的需要,使得社会再生产能够顺利进行。而广西少数民族互助习惯中的"生产互助习惯"也极好地实施了保障社会再生产的功能。它使广西少数民族在资金、劳动力相对短缺的情况下,完成了各项农业生产,保证了粮食和其他物质资料的供应。即使在史无前例的"文化大革命"期间,全国各地的生产几乎陷于停滞,但广西各族人民仍然依靠团结互助,保证了生产,也保证了群众的基本生活。

其次,人口再生产,对社会弱势群体的救济可以更好地促进人口数量与

---

① (明)冯琦编纂:《经济类编》(十七),卷82·人伦类·老,台湾成文出版社1968年版,第9272页。
② (明)冯琦编纂:《经济类编》(三),卷11·政治类·禁令,台湾成文出版社1968年版,第1245—1246页。
③ 龙胜县志编纂委员会编:《龙胜县志》,汉语大词典出版社1992年版,第117页。
④ 《同正县志》,生活民俗,十卷,民国二十二年(1933年)铅印本,载丁世良、赵放主编:《中国地方志民俗资料汇编·中南卷(下)》,书目文献出版社1991年版,第915页。

素质的发展。中国古代的政治家很早就意识到了这一问题。春秋时期的著名思想家管仲就曾做过论述:"桓公之平陵,见家人有年老而自养者,公问其故,对曰:吾有子九人,家贫无以妻之,吾使傭而未返也。桓公取外御者五人妻之,管仲入谏曰:公之施惠不亦小矣。公曰:何也?对曰:公待所见而施惠焉,则齐国之有妻者少矣。公曰:若何?管仲曰:令国丈夫二十而室,女子十五而嫁。"①可见社会保障还包括促进人口的再生产。除数量外,社会保障制度还可以提高人口素质。中国古代有专门用于保障民众教育经费的"学田"制度。据《乾隆会典·户部·田赋》规定:"凡学田专供修学及瞻给贫士,其田与赋即在州县田赋之中,惟佃耕收租以待学政檄发。""广西学田百三十四顷七亩,租银千七十三两,粮三十二石各有奇。"②上述文献中提到的"学田"即是用于救济贫困者接受教育的社会保障制度,以提高人口素质。广西少数民族互助习惯对鳏寡者、孤儿、残疾人、受灾者、贫困者、患疾者的救助,极大地保障了人口的繁殖,使其人口在历经战乱和自然灾害后仍能保持相对的稳定。更重要的是,正如前面章节所论述的,广西少数民族的宗族、村寨、血缘集团中都设有"学田",以保证本群体范围内的子弟和贫困人家接受教育,这在一定程度也为提高人口的素质作出了贡献,使得广西少数民族几千年生生不息,薪火相传。所以,广西少数民族互助习惯在人口再生产方面发挥着不可替代的作用。

三、实现社会公平

社会公平是指各种利益关系都能得到均衡,各种矛盾都能得到妥善处理。而社会保障方面的公平则是指各种弱势群体都能得到生活保障,使其和其他公民一样享有正常的生存权和发展权。中国传统的社会保障制度一直致力于实现这一功能。以明代为例,"洪武八年正月,命中书省行天下郡县,访穷民无告者,月给衣粮,无所依者,给之屋舍。景泰七年,光禄寺丞王钟奏:东安门外夹道中,日有无告穷民,扶老携幼跪拜呼唤乞钱,一城之内,四关之中,无处无之,今将寒冱,必有冻饿而死者,乞敕户部等衙门勘审,人给布衣一身,粟米一斗,审其原籍有亲戚者,待明年春暖沿途给与口粮递送还家,其无

---

① (明)冯琦编纂:《经济类编》(三),卷11·政治类·仁政·小惠五则,第3页上,台湾成文出版社1968年版,第1221页。
② (清)乾隆二十九年(1764年)钦定:《钦定大清会典》,卷10,载(清)纪昀编:《四库全书荟要》(乾隆御览本,史部,第三十三册),吉林人民出版社2009年版,第123—124页。

亲戚者,在京以没官房给之,仍行天下有司,遇有穷民一体矜恤,命户部议行之。"①而广西少数民族互助习惯也一直在帝国的边缘实施着同样的功能。许多文献都记载了广西少数民族互助习惯所带来的减小社会贫富分化,平均社会财富,实现社会公平的功能。根据《史记·货殖列传》的记载,"江淮以南,无冻饿之人,亦无千金之家。"②《史记·楚世家》记载南方地区"甚得江汉间民和"③,由此可见,社会保障机制虽然具有较强的功能,但由于在少数民族地区覆盖率低、机构不健全等因素,因此其功能在西部民族地区会受到一定程度的削弱甚至消失,但少数民族互助习惯作为一种社会内部自生的体系保障,至少可以在以上三方面弥补社会保障机制的缺陷。

综上所述,少数民族互助习惯在目标、内容、实施方式、功能上具有极大的共性。它们之间的内在联系为二者的相互吸收与融合提供了较大的可能性与必要性。少数民族习惯作为一种民间法治资源,其与国家法的冲突是不言而喻的。但是,这种冲突多集中在强制性较强的公法领域,例如刑法、诉讼法等。实际上,在某些领域,少数民族习惯法与国家法的吻合度是非常高的,基本不存在冲突或冲突很小,可以直接加以吸收和利用。少数民族互助习惯就是最典型的代表。换句话说,这是少数民族习惯与国家法冲突最小的领域。事实上,互助习惯是国家社会保障机制渗入边缘少数民族社会之前的民间社会保障机制,完全在履行着社会保障机制的功能,二者之间磨合的阻力可以压缩在最小的限度内。它们之间不是国家社会保障机制取代互助习惯的关系,而是顺利接轨和融合的关系。

---

① (明)徐学聚编:《国朝典汇》(三),卷99·户部13·救荒·附恤孤贫,第1—3页,载吴相湘主编:《中国史学丛书》,台湾学生书局1965年影印版,第1286—1287页。
② (汉)司马迁撰:《史记》,卷129·货殖列传第六十九,中华书局1982年版,第十册,传[四],第3270页。
③ (汉)司马迁撰:《史记》,卷40·楚世家第十,中华书局1982年版,第五册,世家[一],第1692页。

第十章　广西农村社会保障机制存在的问题

第一节　立法不完善

完善的法律制度是建立农村社会保障机制的基础。广西有关农村社会保障制度的立法自20世纪90年代开始，目前已陆续出台了一些地方性法规。1997年广西自治区区人民政府通过的《广西壮族自治区农村社会保障制度暂行办法》是一部里程碑式的重要法律文件，它开启了广西有关农村社会保障的地方立法，是指导广西农村社会保障工作的纲领性文件和总则性文件。该文件系统规定了广西农村社会保障的原则、内容，并依次按照社会救济、社会保险、优抚安置、社会福利服务、社会互助、合作医疗保障等六个方面规定了广西农村社会保障的主要制度，初步建立了广西农村社会保障机制的整体框架。此后，广西自治区区政府又陆续出台了一系列有关农村社会保障机制的法律文件，主要集中在社会救济和社会保险方面。在社会救济方面，2003年，自治区劳动保障厅、建设厅联合下发了《关于建立建筑行业农民工工资保障金制度的通知》，2006年自治区民政厅、财政厅联合出台《关于实施农村特困群众最低生活保障制度试点工作的意见》，2010年出台《广西壮族自治区农村居民最低生活保障办法》，2011年出台《农村五保供养工作条例》。在社会保险方面，1992下发《关于开展农村社会养老保险工作的通知》，2010年自治区人力资源和社会保障厅、财政厅关于《广西壮族自治区新型农村社会养老保险试点的指导意见》等。

统观上述立法，可以看到几个明显的缺陷：(1) 缺乏完整的立法体系，即整个广西农村社会保障法律体系尚未建立起来，仅有一些粗浅的临时性、个别性、指导性的文件。(2) 立法层次较低。目前，尚无一部立法以《条例》或《规定》的形式出现，几乎全部是《暂行办法》《指导意见》《意见》和《通知》等，这说明目前有关这方面的立法尚处于摸索、试验阶段。(3) 内容残缺不全。目前的立法几乎都集中在社会救济和社会保险两大块，广西农村社会保障机制的其余方面尚缺少立法。如优抚安置方面，2011年才出台《军人抚恤优待条例》等。(4) 对民间固有的互助习惯吸收不足。从前面的总结中我们可以看出，广西少数民族留存有非常丰富的互助习惯，这些习惯是底层社会非常宝贵的社会保障资源,现行立法一定要注意吸收这些资源,才能使立法更适合于民情与族情。

社会保障制度是政府的重要职责。要履行好社会保障职责,政府必须制定完善、全面的立法,而不是仅对局部的、个别的情况进行救济。中国古代的政治家早就注意到这一问题,他们认为,政府进行社会保障,不是对某个人、某个地区的小恩小惠,而是"达则兼济天下"的普适性立法。春秋时期,"景差相郑,郑人有冬涉水者,出而胫寒,后景差遇之,下陪乘而载之,覆以上衽,晋叔向闻之曰:景子为人国相,岂不固哉!吾闻良吏居之三月而沟渠修,十月而津梁成,六畜且不濡,况于人乎?"①因此,政府的社会保障立法,必须保证其有足够大的覆盖面,能够惠及所有的民众,这样才能保证政权的长治久安。如果社会保障立法内容过窄、效力过低,则其实施效果不仅不能达到救济弱势的目的,甚至可能引发因保障不公而导致的社会矛盾。同时,民间救助力量虽然不容忽视,但作为一个有组织的社会,政府必须承担社会保障的最主要责任。因此,出台系统明确的社会保障立法是非常重要的政府职能。儒家的一则故事就说明了这一道理:"子路为蒲令,备水灾,与民春修沟渎。为人烦苦,故予人一箪食一壶浆,孔子闻之,使子贡复之。子路忿然不悦,往见夫子曰:由也以暴雨将至,恐有水灾,故与人修沟渎以备之,而民多匮于食,故人一箪食一壶浆。而夫子使赐止之何也?夫子止由之行仁也,夫子以仁教而禁其行仁也。由也不受。子曰:尔以民为饥,何不告于君,发仓廪以给食之,而以尔私馈之,是汝不明君之惠,见汝之德义也。速已,则可矣。否则尔之受罪不久矣。子路心服而退也。"②因此,不仅仅是作为西部及老少边穷地区的广西如此,整个国家的社会保障制度都必须先建立起完整的立法体系,从中央到地方都必须明确这一方面的立法思路,出台适合国情、区情的社会保障立法。

第二节　执法不合理

在社会保障的执法方面,存在三个严重的问题:(1)保障标准不统一;(2)符合社会保障条件的未获得相应的救济和补助;(3)即使获得救济,也由于种种原因国家下发的社会保障资金未能及时到位或未到位。这三个问

---

① (明)冯琦编纂:《经济类编》(三),卷11·政治类·仁政·小惠五则,第3页,台湾成文出版社1968年版,第1222页。

② (明)冯琦编纂:《经济类编》(三),卷11·政治类·仁政·小惠五则,第3页,台湾成文出版社1968年版,第1221—1222页。

题严重侵蚀着农村社会保障机制的建立与贯彻,也严重影响着广西少数民族群众对农村社会保障机制的信心。

一、执法标准不统一

社会保障机制只有执行统一的标准,才能公正合理地救济群众的困难。但目前广西农村社会保障存在诸多标准不统一的情况,养老补助、新农合都存在标准不统一的问题。

(一) 养老补助标准不统一

在执行社会保障标准方面,调研中存在问题最严重的莫过于农村老人的救济金问题。(1) 各地区关于老人获得低保或救济金的年龄标准不统一,从而导致救济金发放严重不均衡,引发群众的不满与怨气。(2) 在符合本地的救济年龄标准的老人中,也存在有些老人得到补贴,有些没有得到补贴的情况,导致社会救济不公正。笔者在调研中,发现每个村寨群众关于多大年龄以上的老人应该获得救济的问题没有统一的口径,60 岁、70 岁、80 岁甚至 100 岁的都有,几乎没有完全相同的标准,而且群众根本不知道制定标准的原因和依据。更糟糕的是,即使符合年龄标准的老人,有些也没有得到救济金,群众都很迷惑。试列举案例如下:

潘内村粟某相(瑶族,男,55 岁,)说,我爸今年 80 岁,主要是我和我哥两人养我爸,我们出去打工不在家的时候,就是我父亲自己照顾自己,村里很少有补贴。听说其他地方 80 岁以上的老人有补贴,村里 90% 的 80 岁以上的老人也有补贴,但我父亲却没有补贴,我们也没有打听别人的补贴是多少。补贴由村委管。我父亲生病,他自己去泗水乡卫生所看,由于没有办医疗保险,费用全部自己承担。旧房改造补贴是 18000 元,村里有些人得到了,有些人没得到,不知道是什么原因。他还说,农村社会保障制度执行得不好,有偏向,上面宣传的没有得到贯彻。金坑大寨村潘某明(男,50 岁,瑶族)说,本村有个 98 岁老人,从未有补贴,据说本地只有 100 岁才给钱。大寨村潘××(男,50 岁,瑶族)说,我爸爸 84 岁了,什么都没有。我大哥 60 岁了,没有小孩,他抱养了一个孩子,现在孩子出去打工了,他有高血脂,走路慢慢的,没有人养他,也没有低保,我家两代人都是复员军人,但什么照顾都没有。三江县林略村民石益弟(女,28 岁,侗族)说,我婆婆 70 岁了,没有什么补贴,主要靠我和我丈夫养活。林略村民杨友登(音,男,50 岁,侗族)说,我妈 76 岁了,和我住在一起,我养活她。我们家没有人得救济。我的儿子去南宁广西民族师范学院读书,是到三江县银行贷款去读书。一个学期要 6000 元,没毕业就不要利息,毕了业就要还贷款,是生源地贷款。三江洋溪乡玉民村沙脚寨杨玉兄(男,32岁,苗族,教师)说,90岁以上的老人才有政府补助,我身边的两个老妇人,一个78岁,是我的母亲,还有一个80多岁,是同族的,都没有补助,那边有一个100岁的老人,政府给补助。融水龙培村村民杨凤(苗族,22岁,女)在村头开一家民族衣物店,她说村里老人60岁以上都有低保,但有些得了有些不得,不知道是什么原因。低保一年600元,年轻人代他们去领,我旁边的两个老太婆她们俩自己也不知道得了没有,得多少,都是别人帮他们领。那坡县德隆乡团结村上劳屯农玉生(壮族,50岁,男)说:我妈妈今年74岁了,政府有补贴,一个月120元钱。生活较困难的家中有老人的话,70岁以上的申报到乡里,乡里就给补助。那坡县龙合乡果桃村马独屯黄××(壮族,59岁,男)说,村里的老人由他们自己解决,孤寡老人都去果灵养老院。马独屯黄文权(壮族,40岁,男,大专,小学教师)说,我爸爸今年70岁了,没有任何补贴,听说其他地方都有,巴马是75岁,有的地方60岁就有了,但我们这里还没有。那坡县达腊村梁××(彝族,38岁,女)说,村里80岁以上的老人有补贴。达腊村梁蓉菱(彝族,33岁,女,小学教师)说,我家老人60多岁,没有补贴,好像听说80岁以上的老人才有补贴。表10.1为笔者在调研中所了解的各村寨各族老人获得救济的情况,非常混乱和不统一。

表10.1 笔者调研的各村寨老人获得救济情况一览表

地点		被调查人	家中老人年龄	是否有补贴	补贴金额	备注
龙胜各族自治县	潘内村	潘某贵	64(本人)	有	不详	村长说年满60岁的双女户和独生子女户有补贴。
		粟某旺	68(母)	无	无	主要靠本人及大哥养活。
		粟某相	80(父)	无	无	兄弟俩轮流负担,听说村里90%的80以上老人都有补贴,但没有去问。
		粟某坤	60(本人)	无	无	有4级伤残证。
	金坑大寨	潘某明8	无	无	无	本村有个98岁老人,从未有补贴,听说只有100岁才给钱。
		潘××	84(父),60(兄)	无	无	父子均为复员军人。
		余某才	70(母)	无	无	医疗保险免费。

(续表)

地点		被调查人	家中老人年龄	是否有补贴	补贴金额	备注
三江侗族自治县	玉民村	杨某兄	78（母），80多（同族）	无	无	同村有一位100多岁的老人有补助。
	高定村	吴某荣	62（本人）	无	无	村长说90岁以上的老人有补贴，100元/月。
	林略村	石某弟	70（婆婆）	无	无	村长说90岁以上的老人有补贴，100元/月，60岁以上的人才能申请低保。
融水苗族自治县	龙培村	杨某登	76（母）	无	无	家庭有低保。
		杨某定	70多岁，近80（母）	无	无	2011年开始搞养老金，但还没有给。
那坡县（全县97%参加）	弄文屯	黄某壮	60（本人）	无	无	要80岁以上才有补贴。
	团结村	黄某连	无	同村85以上老人有	100元/月	85以上至90岁老人有补贴，村里去年死了一个98岁的老人，100元/月。
		李某玲	82（祖母）	无	无	双女户，但其祖母仍需交医疗保险费15元/年。
		李某	不详（父）	有	40元/月	其父在其7、8岁左右从马上摔下，头脑摔坏。
		农某生	74（母）	有	120元/月	双女户。
	马独屯	黄某权	77（父）	无	无	独生子女户，听说其他地方都有，巴马是75岁，有的地方60岁就有了。
	达腊村	梁××	已去世	无	无	听说80岁以上老人有补贴。
		梁某菱	60多岁	无	无	听说80岁以上老人有补贴。
		黄某	无	无	无	听说村里最老的老人86岁，100—300元/月，具体不太清楚。
		黄某杰	64（本人）	无	无	抚养痴呆的弟弟。

（二）新农合标准不统一

农民参加积极性最高的新农合标准也不统一。首先，缴费标准不统一。以三江县同乐苗族乡和贵港市樟木乡黄龙村相比较，笔者在三江县同乐苗族乡政府公告栏看到，广西2013年新农合人均筹资标准为340元/人/年。其中，中央财政补助标准为188元/人/年，自治区各级财政补助标准为92元/人/年，农民个人缴费标准为60元/人/年。但笔者在贵港市樟木乡黄龙村委公告栏看到，新型农村合作医疗的筹资组成是：(1) 农民每人50元。(2) 中央、区、市、乡财政补助共200元。二者在政府补贴和农民缴费标准方面存在一定的差异。其次，报销比例不统一，各地差异较大。如同乐乡住院补偿比例为：

（1）乡镇卫生院：

① 县外自治区内乡镇卫生院85%；

② 县内乡镇卫生院90%；

（2）县级定点医疗机构：

① 县外自治区内县级及二级定点医疗机构60%；

② 县内县级定点医疗机构80%；

（3）三级定点医疗机构、自治区范围以及新农合定点医疗机构50%。

而黄龙村的报销标准却为（见图10.2）：

表10.2　贵港市樟木乡黄龙村2014年新农合住院补偿

医院级别	起付钱(元)	报销比例(%)	封顶钱(元)
乡镇卫生院			
区级医疗卫生保健机构		黄龙村籍参合农民在区中医院、黄龙村籍参合农民在区第二人民住院按70%比例补偿	
区级以上(或区外)医院			
在区内线、乡定点医疗机构住院分娩，顺产一例助200元，在区外医疗卫生保健机构住院分娩，顺产的不予补偿。实施"母婴捆绑"补偿政策，错过筹资期，在统筹年度当年出生的新生儿可随参合母亲享受住院补偿，享受时间人出生起至当年12月31日止，下年度必须以家庭长远身份参加农合，方可继续享受新农合各项补偿。报销提供的材料加出生医学证明书。			

资料来源：贵港市樟木乡黄龙村委，2014年7月采集。

二、执法不严格

国家和地方政府制定的社会保障立法得不到切实的贯彻执行,是目前阻碍农村社会保障机制建立的一个重要问题。笔者在调研中了解到,许多救济虽然中央或自治区政府已经下发,但到达基层后,往往执行走样或执行不到位。

(一) 关于新农合

就各种社会保障制度的普及程度来说,在笔者调查的地区中,普及最广的就是近年来大力推行的"新型农村合作医疗"(以下简称新农合)。大部分村寨的普及率都高达95%以上,贺州土瑶等都达到100%。但是,新农合的普及率虽然很高,仍存在着一些问题,有些问题还非常突出,这些问题仍然影响着少数民族群众享受完善的医疗保障。也就是说,目前新农合在某种程度上存在在只抓普及率而质量跟不上的情况。在调研中,笔者了解到,许多村民虽然参加了新农合,但对新农合存在一定的不满,并提出了自己的意见和建议。意见主要集中在以下几个方面:

(1) 费用逐年上涨,群众不满情绪增加。笔者在2011年在广西各地调研时,当时的新农合缴费标准大多为10元、20元、30元,最高的也不过30元,但到2013再调研时,各地新农合的缴费标准明显提高,多为50元、60元、70元。贺州市狮东村的凤支书说,本村的新农合普及率曾达到90%,但这几年参合率却有所下降。原因何在,我们在村民那里得到了答案。大冷水的凤玉兰夫妇说:我们全部都参加了新农合,1年1个人交70元,最一开始是30元/人/年,后来变成50、70元,以后过了今年可能要涨到80元、100元。明梅村的邓支书说:新农合开始缴费很少,只要10—15元/年,但逐年上涨。贺州新民村盘主任说,新农合今年70元/人,逐年增加,觉得有点贵,一年一年加10元,村民有点意见,虽然报销率也年年提高,但最好费用能固定下来,年年都增加,山里土瑶的经济都贫困,交纳起来有些困难。金竹村邓支书说,新农合缴费逐年增加,一年加10元,第一年交10元,前两年一年交40—50元,本人出几块钱就可以,今年每个人一年要交70元,但群众都表示理解,也没有办法,毕竟这是国家规定。

(2) 村级、乡镇级卫生所药费较贵。许多村民虽然参加了新农合,但没有大病,平时只是因一些感冒发烧之类的小病去村卫生所买药,而这一部分医药费用是自己负担的,没有报销。由于村民买药的渠道单一,造成了一定程度上村卫生所对药品价格的垄断,出现在村里买药比外面还贵的情况。村民金坑大寨村潘文明(男,50岁,瑶族)说,我参加了农村医疗保险,只有住院才报销。不住院就不报销,门诊只报销 20 元,今年不看病,20 元就存在那里。去年全村人都参加了新农合,头一年没有多少人报,平时有病就自己到村卫生所掏钱买药。村卫生所有 1 个人,天天开门,我们去打针、买药,费用有时比外面还贵,他说多少就多少。有了医保以后,医院、药店立刻随之提价,提价后不能报销的那部分钱对农民来说仍是沉重的负担。一些村民反映,乡镇级的医保定点医院服务反而没有外面的私人小诊所好。如贺州明梅村的村民意见就是,镇级卫生院医生常常忙不过来,病人排着长队,而且报销手续太繁琐。群众还反映小孩发烧打点滴,镇里的卫生院打好几次才痊愈,而街上的私人诊所一针就治好了,私人诊所的疗效比公立医院好、快。

(3) 报销比例和报销起点有待提高。尽管目前的报销比例较大,但整体上看,医药费对农民还是沉重的负担。主要原因在于,报销比例与就医疗水平成反比。由于在农村合作医疗中,医保的报销比率随着医院等级的提高而降低,比如在县医院就医的报销比率就比在乡镇卫生院就医的报销比率低,但是,就医费用却是随着医院等级的提升而涨高的。因此,农民实际可报销的数额还是很少的。更重要的是,乡镇医院往往没有能力医治重大疾病,这导致一旦少数民族群众患上重大疾病,能从医保中获得的补助是微乎其微的。因此群众大多只交钱,并没有真正享受到新农合带给他们的利益。如乡医院报销的比例最高,但乡医院的医疗水平较低,仅能治疗一些轻微疾病,尽管报销比例高,但其本身的医疗费用也较低。农民患大病、重病还是要到县、市等医疗条件较好、医疗水平较高的医院去医治,而这些层级的医院医疗费用都很高,报销的比例又相对低,因此对农民来说,仍然存在看病贵和难的问题。如潘内村粟某旺说,希望以后国家能实现农民免费看病,而且有些药品价格太贵,能够多报销一点。潘内村粟某庆(瑶族,男,39 岁)说,我们每年交农村合作医疗保险费,也发了医疗保险证书,但是还没有报销过。我每年收入为 1000 多元,但我每年花 200—300 元的医疗费,包括治疗高血压,低血压,打头晕针,但是乡里不给我报销,据说因为打针太少不报,只有住院等才报销。我到县医院去看病,150 元以上才报销。那坡县龙合乡果桃村马独屯黄某学(壮族,40 岁,男)说我全家都参加了新农合,有人去那坡县院按 60% 销。我从 15 岁起就得了肾结石,但我连 40% 都承担不起。那坡县德隆乡团结村上劳屯黄某连(壮族,48 岁,男)说,我们全家都参加了新农合。2008 年我爱人因吐血去靖西住院,花了 3000 元钱,有一次报销,一次没有报销,一共报销了 200 多元钱。上劳屯李某玲(壮族,20 岁,女,在右江民族医学院读书,两女户)说我妹妹因为是去南宁看病,所以报销比例很少,近万元的医疗费大概报了 1000 元左右。上劳屯农某生(壮族,50 岁,男),我参加了新农合,第一批就开始了,还没有报销。我得了肾结石,今天早上刚从县里拿到转院证明,县里没有碎石机,我只能去百色治疗,但百色只报销60%,我还没有去问,预计要花13000,现在家里有10000元,不够就借。贺州新民村盘主任说,新农合如果再提高一点报销率最好,我们希望是100%。

(4) 报销制度执行不合理。许多村民反映,真正的大病、重病反而报销不了,报销制度的执行存在一定的不合理。如金坑大寨村潘××(男,50岁,瑶族)说,我妻子心脏有问题,1992年开始患病,2007年去广东做手术,花了14万,但没有任何报销,一年前我们去报销,说晚了,现在我们每月一次去桂林南溪山医院去检查、取药,每次花700元,我去和平乡要求报销,都不给报,我气得把所有单据都烧了。融水龙培村村民杨某定(苗族,41岁,男)说,我家搞(交)新农合3、4年了。我2010年5月在广东韶关人民医院查出了肾病综合征,因为面部浮肿,上下肢浮肿,被送进去治疗,在韶关住了7天院,后来转来柳州住院,一共花了30000元,完全是我自己口袋掏的。新农合虽然报销了10000多元,但是本乡的医院治不了这个病,只能在柳州治,柳州的医院报销的比例就少。我现在向农业银行贷款2000—3000元治病。现在自己在家吃药养病,平均每天光医药费就100多元,还不算生活费。医生说我的病要2—3年才能治好。我老婆感冒打针也要用钱。这一年什么活都不能干,就是天天在家养病。我的要求就是有钱治病,我的孩子能有钱去读书,治好病我就能打工,搞(挣)到钱去让孩子读书。龙培村村民杨凤说,参加了新农合保险,我公婆帮我办的,不清楚是多少钱,我生了病就在村里护士那里打针,手脚干活被割破都到村里医治,钱都是自己出。2007年我被自家的狗咬了,去拱洞乡治疗,听说有保险医疗,但却没有去报销,400元全部由自己出。有一位和我婆婆一样大的妇女,被猫咬了,也没有报销,听说只有很重很重的病住院保险才报销。大冷水的凤玉兰夫妇说:打针也可以报销,打一针1.5元,打2针3元,但报销一次就把一年的指标用光了,再要报销就要等下次交了才行,而且新农合指标互相不能用,各人只能用各人的。

此外,政策的模糊性也导致农村社会保障资金难以落实。例如,自治区党委政府十分关心边境地区发展,注重解决边境地区群众生产生活条件,于2010年7月出台了《关于进一步改善广西边境群众生产生活条件加快边境地区发展的意见》(桂发[2010]24号),《意见》中"加大政策扶持力度"明确规定:"距陆地边境线0—20公里范围内的乡(镇)农村居民参加新型农村合作医疗的,其个人缴费部分由财政给予全额补助"。但《意见》却未明确由哪一级财政给予补助,这给边境地区新农合的财政补贴带来了一定的困难。以那坡县为例,截至2011年2月28日止,该县处于边境线0—20公里范围内的平孟镇、百南乡、百省乡、百都乡、百合乡、德隆乡六个乡(镇)参合农民达22991户,96706人,应由财政全额补助290.12万元。但由于那坡县是国家级贫困县,县财政无法承担0—20公里范围内参合对象个人缴费的全额补助。为此,县卫生局、县财政局已向上级有关部门汇报此情况以寻求解决0—20公里范围内农民个人的参合补助资金,但目前为止未得到上级的答复。

在调研中,我们还发现,广西农村存在着一种边缘人,即他们曾经是国有厂矿的职工,因此户口和社会保障关系都属于企业,但由于体制改革,他们原来依附的厂矿都倒闭解体,他们无法再从原来的企业获得社会保障,而他们又不符合新农合的参加主体,因而处于"三不管"的社会保障真空地带。如三江侗族自治县高定村民吴富荣说,我虽然参加了村里的农村合作医疗,每年30元,但因为我是从融安泗顶铅锌矿退休的工人,户口属于融安。80年代单位要交资金去做职工医疗,但单位经常不交,没给我本子,企业倒闭后,单位就不存在了,我看病找单位好麻烦。我年前得了肠梗阻,去三江县人民医院看病,花了1500元,全部是自己出的。我的小孩接种疫苗自己也要交钱。还有一些村民自费参加了社会保险,但往往受到刁难和推托,保险效果不是很理想。如龙胜金坑大寨村余某才(男,36岁,瑶族)说,我自费买了人寿保险,一年交790元,有人推销我就保了,但他们不报销,保了几年都没有赔偿,说达不到标准,我患的心脏瓣膜不赔。同时村民还提到一个特殊的问题,由于路途遥远,村民在乡、县或市医院住院的时候,家属要去看护,医院一个床铺住一个晚上要50、60元,病人和家属两人就要收两个铺位的钱,一晚上要花100元,打地铺也不方便。为了节约一点钱,许多家属只能站一个晚上或坐一个晚上。其实看护床位只要收10元就够了,希望政府能搞一点这方面的服务。表10.3为笔者所调研地区新农合的报销及执行情况。

表10.3 笔者所调研地区新农合具体报销及执行情况一览表

地点	被调查人		是否报销	满意程度
龙胜各族自治县	潘内村	潘某贵	否	生了病就自己采草药,从来不去医院。
		粟某纬	否	生了病就自己采草药,从来不去医院,只去医疗服务点买点药。
		粟某旺	弟弟肺吸水在县医院住院,花了3000元,报销800—1000元,约40%。	希望能免费看病,希望药品价格降低,亲属陪护铺位费降低。

(续表)

地点		被调查人	是否报销	满意程度
龙胜各族自治县	潘内村	粟某秀	否	全部是自己出医疗费。
		粟某相	否	因父亲80岁了未去办理,全部是自己出医疗费。
		粟某庆	否	打针太少,不给报销,要150元以上才给报销。
	金坑大寨	潘某明	否	只有住院才报销。
		潘××	否	晚了,过了时间。
		余某才	因心脏瓣膜到桂林住院,花了5万元,报了16700元。	很满意
三江侗族自治县	玉民村	杨某昌	否	外出打工未办理。
		杨某兄	父亲脚上生疮到县医院治疗报销了60%—80%。	很满意
	高定村	不详	目前没有去看病。	
		吴某荣	2010年因肠梗阻在县医院住院花1500元,无法报销。	
		杨某刚	2010年因饮酒过度在乡医院打吊针花500元,报销75%即300元。	比较满意
		吴某	尚未报销	对政策满意
		吴某高	不关心	
	林略村	石某弟	在县医院生小孩花1000元,报销50%即500元。	挺满意的
		欧某燕	尚未报销,平时小病自己买点药。	
		杨某登		认为不需要
融水苗族自治县	龙培村	杨某定	患有严重肾病综合征,共花3000元,报销1万多元。	不够,现在向银行贷款治病。
		杨某	2007年被狗咬到乡里治疗,没有报销,400元全部自己出,另一位妇女被猫咬,也没有报销。	
那坡县	弄文屯	黄某壮	否,没有大病,小病自己买药。	
	团结村	黄某连	我爱人因吐血2008年到靖西县城住院2次,共花3000元钱,一次报销,一次没报销,共报销200多元。	
		李某玲	我妹妹因贫血到南宁检查好几次,共花9000多元钱,报销1000元左右。	

(续表)

地点	被调查人	是否报销	满意程度
那坡县	团结村 李某	1995年动过阑尾炎手术,全部自己承担,现在病又重犯了,县医院报销60%,乡医院报销80%。	
	团结村 农某生	因肾结石即将到百色治疗,听说能报60%,预计花13000元。	
	马独屯 黄××	岳母在那坡县医院去世报销了80%。	
	马独屯 黄某权	听说村里有人到县医院住院按45%报销,自己没有报过。	
	马独屯 黄某学	听说村里有人到县医院住院按60%报销,自己长期患有肾结石,但自己负担不起余下的40%自己没有报过,所以没去治疗和报销。	
	达腊村 梁××	去年家中老人在县医院病逝,报销了80%。	
	达腊村 梁某菱	家人基本都是小病,因此很少看病,也未报销过。	
	达腊村 黄某	没去过医院,因此未报销过。	
	达腊村 黄某杰	参加前住过院,全部自己出,现在没有住院报销过。	
	达腊村 苏某民	现在没有报销过。	
贺州沙田镇	狮东村大冷水 邓某华	过年的时候掉下一块结石,在镇医院住了10天,共花费5000.82元,自己出486.6元,报了91%。	挺满意
	狮东村大冷水 邓某华之父	2013年在贺州八步区医院(三甲医院)住了10天,花5000元,自己出2000元,报60%。	挺满意
	狮东村大冷水 邓某华之母	2008年在贺州八步区广济医院住院,花1万多,报35%。	挺满意
	新民村 村民	小孩发烧感冒都报销,门诊报600元,最高有村民在乡医院住院报了80%,有村民在桂林一八一医院住院,花了10万元,报了7万,报了70%。	很满意
	金竹村 村民	40、50元本人出几块钱就可以,市级医院报销60%,镇医院报销90%。	很满意

(续表)

地点	被调查人		是否报销	满意程度
贺州鹅塘镇	明某村	村民	有10人享受过重大疾病报销。	很满意
	槽某村	村民	基本上都享受过报销。	满意

（二）关于农村养老保险

社会保险中的养老保险，是近年来广西农村普及的重点。从调研的情况看，大部分地区的养老保险正在稳步推进，推广工作做得较好，普及率高，群众的参保积极性和缴费主动性都很高。如2014年7月笔者在三江侗族自治县同乐苗族乡调研时，了解到该乡2013年度新型农村和城镇居民社会养老保险工作目标任务的进度（见表10.4）：

表10.4 三江县同乐苗族乡新型农村和城镇居民社会养老保险工作目标任务进度表

填表日期：2013.12.2　　　　年度：2013　　　　　　　　　　　　单位：人

村名	参保总人数	本年应缴费参保任务数	累计完成数	完成任务率	排名情况
寨大村	358	304	382	126%	1
地保村	552	469	585	125%	2
八吉村	878	746	865	116%	3
高培村	757	643	728	113%	4
归东村	925	786	858	109%	5
高洋村	892	758	827	109%	6
七团村	855	727	778	107%	7
归夯村	580	493	523	106%	8
归美村	1007	856	904	105.6%	9
岑甲村	1334	1134	1133	99.9%	10
高邕村	1280	1088	1082	99.4%	11
桂书村	613	521	484	92.9%	12
良冲村	1258	1069	982	91.9%	13
净代村	839	713	644	90.3%	14
高武村	650	553	474	85.7%	15
同乐村	1856	1578	1317	83.5%	16
孟寨村	1043	887	673	75.9%	17
归亚村	635	540	392	72.5%	18
高旁村	728	619	402	64.9%	19
合计	16351	13898	14067	101%	

资料来源：三江侗族自治县同乐苗族乡政府。

从上表可以看出,同乐苗族乡共有 19 个村,其中 2013 年度应缴费参保任务累计完成率超过 100% 的有 9 个村,占 47.4%,而有 14 个村在 90% 以上,占 73.7%,全乡平均任务完成率为 101%,完成得状况是比较好的。但在其他一些地区,情况则不尽如人意。如笔者所了解到的 2014 年度贺州市平桂管理区沙田镇城乡居民社会养老保险进度(见表 10.5):

表 10.5 贺州市平桂管理区沙田镇城乡居民社会养老保险进度表

(到 2014 年 8 月 11 日止)

村名	应缴费人数	其中		已缴费人数	已缴费金额(元)	参保缴费率
		续保	新参保			
狮东	608	793		803	67450	132.7%
桂山	329	375		310	36950	94.22%
田厂	1257	943	314	1180	137950	93.87%
芳林	1561	1115	446	1400	173250	89.69%
金竹	472	639		420	46550	88.98%
龙屏	1223	1026	197	1000	119900	81.77%
红星	982	789	193	800	89600	81.47%
民田	1230	952	278	1000	110350	81.30%
桥头	1759	1419	340	1400	168850	79.59%
道东	1079	876	203	850	94650	78.78%
道西	1369	1005	364	1050	126000	76.70%
狮南	262	309		200	21250	76.36%
逸石	1014	885	129	770	83800	75.94%
龙中	624	624		450	51450	72.12%
道石	2020	1183	837	1450	173550	71.78%
大盘	1186	956	230	850	102650	71.67%
宝马	1179	948	231	830	89700	70.40%
狮中	2189	1282	907	1540	180600	70.35%
中回	447	421	26	310	38450	69.35%
沙田	2026	1105	921	1360	149200	67.13%
松木	960	765	195	610	66500	63.54%
马峰	1622	902	720	1000	132600	61.65%
马东	1634	961	673	1000	108500	61.20%
龙井	644	469	175	370	43050	57.45%
新民	431	606		230	25400	53.36%
全镇合计	28107	21348	6759	21155	2440500	75.27%

资料来源:贺州市平桂管理区沙田镇乡政府。

从上表可以看出,贺州市平桂管理区沙田镇共有 25 个村,但截至 2014 年 8 月 11 日,全镇 2014 年度参保缴费率超过 100% 的只有 1 个村,仅占 4%,超过 90% 的仅有 3 个村,占 12%,完成最低的村仅有 53.36%,全镇平均完成率为 75.27%,完成情况不够理想。当然,这已比以前的情况好多了。贺州槽碓村副主任说,本村农村养老保险参保率达到百分之一百几,主要是因为有些妇女人嫁过来了,户口还没过来,但可以在我们村参加养老保险导致的。村民都愿意交养老保险费,原来有一两户不交,后来有人到了 60 岁领了养老金,大家看到实效后就都参加了。

(1) 保险费用太高。对于许多少数民族群众来说,他们的生活水平都还挣扎在贫困线上,难以承受目前的投保费用。三江侗族自治县高定一个村民说,农村养老保险也有,但没有钱去交,我不太清楚,好像交到 60—80 岁,交到死为止。贺州狮东村的民政助理对我说,虽然老人家有养老保险,但养老金一个月只有 75 元,因此养老主要还是靠子女。贺州新民村盘主任说,村里第一年养老保险普及率是 110% 多,后来就降低了,主要是交的时间太长了,干部收不起来费用,因为很多人承担不起,就收不齐了,山上土瑶经济都困难,现在本村养老保险普及率是 50% 多。从 18—60 岁,年年交 100 元,有低保的交 50 元,这个标准还是太高了,全家一年就要出 1000 元,相当于一年里下田的肥料。村里有 100 来人享受了养老保险,大家都嫌享受太少了,一个月 75 元,也只是领回自己的本钱,60 岁就死的就不还本钱。我们认为应该从 50 岁开始交比较合理。30 岁、50 岁的人比较容易收。

(2) 缴费周期太长。农村养老保险从 16 岁要开始交,每年交 100 元,而且要交这么久,许多人心理上接受不了,群众认为如果改成 40 岁以上交,大家比较容易接受。融水苗族自治县拱洞乡龙培村小学教师(女,44 岁,汉族)说,农村养老保险从 60 岁开始领取,如果我们年轻人交,以后领取,不知道以后什么时候领取,所以大家的积极性不高。养老保险一人一年 100 元,家里 10 口人,就要交 1000 元,而只有一个老人,不划算。由于缴费期限太长,一些村民短期内感受不到其效益,因此对养老保险持观望态度。如狮东村大冷水的凤玉兰夫妇说:养老保险 1 年 1 个人要交 100 元,虽然我家和我父母户口本分开,只有我们夫妻 2 个人,但父母亲那份也是我们出。他们还没有开始享受,要再过 2 年,现在还没有产生效益。由于没有享受过,所以不知道这个制度好不好。明梅村的邓支书说,本村养老保险参保率 98%。养老保险缴费标准是每人 100 元/年,低保人口每人 50 元/年,群众有顾虑,担心收不回来。

(3) 农民保险意识不强。高定村前村主任吴忠说,90 岁以上的老人政府每月补助 100 元,有几户自己买了商业保险,交了 47000 元,60 岁以后每个月就可领 1000 元/月。我们村里的老人普遍认为自己不出去,也不办身份证,没有第二代身份证就不能办农村养老保险。有时一家有 3 兄弟,个个都出去了,剩下的就把父母的户口都消除了,也没有办法办理养老保险。贺州狮东村的团支书说,该村小村片的养老保险参合率在 85% 以上,有个别人不交,村里开会已经讲过,他们不交村里也没过问。

基于上述原因,目前广西少数民族地区仍以家庭养老模式为主,社会保障机制未发挥应有的作用。由此可见,目前的农村社会保障体制仍然存在很多缺陷,亟待完善和健全。只有设计出真正符合少数民族农村社会实际的制度,才能为广大群众心悦诚服地接受并使他们获得社会福利和保障。

(三) 关于农村最低生活保障及五保

在广西农村,社会救济中的低保发放情况相对比较好,如贺州狮东村一位村民说我家享受低保,因为我妈 54 岁,但患有喉咙、肝痛等疾病,需要吃药。但也存在一些问题:

(1) 未全面落实,覆盖率低。一些符合低保条件的少数民族群众由于种种原因,无法享受低保待遇。以贺州市平桂管理区的 6 个土瑶村寨为例,土瑶群众大多生活在贫困线以下,很多都是靠政府补贴才能维持一年的生计。因此低保补贴对群众来说可谓至关重要,但在制度的执行中仍存在一些问题。首先是数量逐年递减,2012 年 6 个土瑶村寨群众享受低保补助的有 982 户,其中明梅 199 户,大明 181 户,槽碓 167 户,金竹 148 户,新民 167 户,狮东 120 户。而这一数据在 2014 年各村都有所收缩,金竹降到了 145 户,新民则降到了 108 户(沙田镇社会保障所提供),降幅分别为 2% 和 35%。狮东村的团支书说,低保主要是救济缺乏劳动力的家庭,村里享受低保的户数比较少。在小村片,原来有 22 户,1 个月发 70—80 元,但现在只有 8 户。五保有 4 户,100 多元一个月,根本不够用,只能在精神上帮助他们一点。新民村盘主任说,本村有 113 户享受低保(与镇里的数字有出入),1 个人每个月 85 元,对我们这样的贫困村作用蛮大,85 元基本上能够填饱肚子。去年村里有 189 户享受低保,今年取消了 76 户,被砍掉了,政府说每年都要有人脱贫的,每年都要取消这么多。其次还有许多群众未落实低保发放。从沙田镇的 3 个土瑶村寨看,至 2014 年,3 个村享受低保的户数占总户数的比例均在 41% 以下,不到一半,享受低保的人口比例也没有超过 50% 的。从 2012 年的数据看,6 个村未享受低保补助的共有 861 户,其中明梅 50 户,大明 151 户,槽碓 68 户,金竹 222 户,新民 102 户,狮东村 268 户。据了解,未享受低保的土瑶群众人均年收入(纯收入)很多都少于1200元/年。新民村盘主任说,低保有好的影响,也有不好的影响,个别人就不去做工了。更不合理的是,有些人一开始比较贫困,后来变富了,还在享受低保。我们交材料时把全村都申报上去,但上面只批了这么多,材料看得不是很细,有些困难的没得,有些好过的却得到了。金竹村邓支书说,低保享受户数每年不固定,2013年村里65%的家庭享受低保,2014年这一比例降到了50%。(见表10.6)

表10.6 贺州市平桂管理区沙田镇三个土瑶村2014年享受低保情况一览表

村名	金竹	新民	狮东
总户数	370户	269户	388户
享受低保户数	145户	108户	136户
占总户数比例	39.2%	40.1%	35.1%
总人口	1635人	1484人	2145人
享受低保人口	711人	527人	602人
占总人口比例	43.5%	35.5%	28.1%
享受五保人数	5人	2人	8人
占总人口比例	0.3%	0.1%	0.4%

资料来源:贺州市平桂管理区沙田镇乡政府社会保障所。

融水苗族自治县拱洞乡龙培村村民杨某定是一个典型的例证。在天灾人祸的夹攻下,他的情况非常糟糕,用他自己的话说:"我想我是这世界最困难的人了。"他患有严重肾病,新农合只能报销很少一部分,而低保又未能申请到。村里没有任何补助,我要求给低保,但他们不愿意,说我没打报告。我走不动路,走不到村部去,他们又不来采访探望我。因为我一直没交报告,所以没有低保。低保一年700元,对我还是有帮助的,好过养一头猪。我有两个儿子,大儿子16岁,在融水县中上高一,小儿子在拱洞乡中上初中。大儿子用钱多一点,一个学期要用2000—3000元,主要是生活费,小儿子用得少一点,两个人一年要用10,000多元。大儿子成绩一般,小儿子厉害,成绩排前一、二名左右。我不想给大儿子读书,但他自己想读,如果我的大儿子考上大学,我有病,恐怕没有办法支付他们。我们全家都用钱,只靠老婆种田,养几头猪来支撑。我的房子又在火灾中烧毁,我打算建3层楼房,80平方米。建好新房需要12万,政府又要求必须建砖瓦房,我现在已经投入了7万元,政府补助了危房改造款15,000元,其他的钱都是我以前打工、卖杉木的钱。计划留一些钱给孩子,现在没有钱了,等打工挣了钱再建房子。我妈今年70多岁,快80多岁,村里今年才开始搞养老金,每人每月50元,但现在还没有发下来。在我国农村地区长期发挥作用的五保补助制度,也存在覆盖率低等情况。2011笔者在龙胜县泗水乡潘内村见到该村的五保对象发放表,发现全村有192个残疾人,但享受五保待遇的只有12人,仅占6.25%,5个90岁以上的老人中,无人享受五保待遇。从总数上看,享受五保待遇的人只占全村残疾人及老年人口的4.58%。(见表10.7)

表10.7 龙胜县泗水乡潘内村五保对象一览表

获得五保人员	总数	残疾人	90岁以上	89—80岁	79—70岁	69—60岁
	24	12	0	3	2	4
各类人员总数	524	192	5(其中1人100岁)	44	110	173
所占比例	4.58%	6.25%	0	6.82%	1.82%	2.31%

资料来源:潘内村村民自治委员会2011年4月提供。

(2)未向少数民族倾斜。在贺州土瑶地区调查时,有村民提出,民政办分配低保名额没有向土瑶倾斜,如外面的汉族村子有20户享受低保,山区里的土瑶村寨也是20户享受低保,平均主义严重,未考虑少数民族比大部分汉族村寨都较为穷困的实际情况。他们呼吁低保名额应当适当给土瑶多分配一些。金竹村干部认为,土瑶应该100%都享受。由于低保政策未向少数民族做倾斜,而少数民族需要低保的人数又很多,一些村寨不得已实行轮流享受的制度,以求公平。如林略村前主任说,村里的经济困难户每两年调整一次,因为已经给了你两年的低保,就要给别人了,不能再给你了。如村里有一户火灾受灾户,父亲被火烧死了,母亲改嫁了,孩子就成了孤儿,我们就把他的名字报上去以获得低保。

(3)低保和五保标准偏低,长期没有调整。由于政府救济水平低,农村最低生活保障金和五保救助金无法满足正常的生活需要。根据2010年的《广西壮族自治区实施〈农村五保供养工作条例办法〉》,农村五保供养补贴补助标准为:集中供养的五保每人每月补助220.00元,分散供养的五保每人每月补助115.00元。而农村居民最低生活保障标准为:获得补助的家庭月人均补助50元。上述补助标准相对于目前日益上涨的物价水平来说,仍是很低的。例如最低生活保障金每个月只有60元钱左右,老年人要到70—80岁以上才可享受保障,这些是远远不够的。贺州槽碓村有5个五保户,主要享受国家的补贴,每个200元,在现在的物价水平下维持基本的温饱都困难。早在上世纪90年代时,当时的文献总结玉林市社会保障事业存在的问题第一点就是:行政事业费增长与社会保障事业发展的需要不相适应,抚恤救济费增长不多,优抚救济对象的定恤、定补、定救标准偏低,跟不上物价上涨。因此,优抚救济对象的实际生活水平比一般群众生活水平低。由于扶贫资金缺乏,所以扶贫工作效果不显著,扶持面不广,脱贫率不高。农村五保户供养尚未全面落实,有的生活无人照顾。① 这一论述可谓切中要害,因为目前广西的农村社会保障事业仍然存在着这一问题。

从笔者调研的数据看,目前广西农村发放的低保标准偏低,与目前的物价水平和国民经济发展水平严重脱节,未能跟随经济的发展及时作出调整,也无法满足弱势群体的需求,只能起到一些象征性的补偿和安慰作用,每个月50—60元的低保费用根本不能给他们的生活带来实质性的帮助。如贺州市土瑶区享受低保的人每月补助55元,五保户110元/月加30斤大米,都是分散供养。龙胜潘内村主任说,潘内是县级贫困村,本村有5个孤儿,主要跟爷爷奶奶生活,我的外孙女属于孤儿,现在跟我生活。现在孤儿有民政补贴,一个月60元,发给监护户,属于低保。五保户也是一个月60元,大米30斤,村里没有什么特殊照顾。双女户年满60岁以上的老人可享受由民政部门发放的1年600元的补助,今年提高到700元,夫妻两个都满60岁的同时享受,独生子女也是这样。三江林略村主任韦良敏说,60岁以上的人才能领低保。90岁以上的人民政给100元/月。三江洋溪乡政府管民政的干部吴伍也证实了这一说法,85岁以上的老人都有政府补助,100元/月。那坡县城厢镇弄文屯黄绍壮(壮族,60岁,男,前任村长,现在儿子任村长),我60岁没有任何补贴,要80岁才有补贴。老年人都排队才能给,有救济粮,写个证明就去了,一年到头政府都不到这里过问一下。那坡县德隆乡团结村上劳屯黄某连(壮族,48岁,男),85岁以上—90岁以上有补助金,最老的98岁,去年死了,1个月100元,独生子女60岁才有养老。笔者在贵港市黄练镇了解到的情况也是如此,从该村的民政工作情况看,村里2013年共有22个五保户,全年第一季度共向他们发放救济金0.99万元,也就是每个五保户450元钱,即每个月仅150元钱。不过令人欣慰的是大米的供应较为充足,每户平均供应大米909斤。(见表10.8)

表10.8　贵港市黄龙村2013年民政工作情况

内容	五保户供养情况			低保户发放情况		抚恤金发放情况	
	人数	全制（万元）	大米（万斤）	人数	现金（万元）	人数	现金（万元）
第一季度	22	0.99	6			2	4.7
第二季度	22	0.99	6	246	模糊		
第三季度	21	0.99		246			

资料来源:贵港市黄龙村村委会。

---

① 《中国国情丛书——百县市经济社会调查》编辑委员会、玉林市情调查组编:《中国国情丛书——百县市经济社会调查·玉林卷》,中国大百科全书出版社1993年版,第354页。

如此低的补助对社会弱势群体来说,可谓杯水车薪,很难保障他们的基本生活。金坑大寨村余某才(男,36岁,瑶族)说,我家有五口人,我母亲70岁了,平时没什么补贴,但医疗保险不用交钱,还有两个孩子。家里有一半人享受低保,是谁我没有问,一季度450元钱,帮助不大。小孩上不起学,国家一个学期才给助学补贴200元,根本不够,要2000元才够,小孩上学都没有人帮,都是自己承担。大寨村潘××的妻子患有心脏方面的疾病,他说,政府给我妻子低保,我也不知道是多少,打到一个本子上,年终去领,约有700—800元,根本不够用,我们去桂林治病一趟要花500元,都是靠亲戚自己救济。三江林略村村干部介绍,我们村共有8个孤儿,有的父母双亡,有的父亡母亲改嫁,他们的低保是50元/月,他们大都跟成年兄弟、爷爷奶奶生活。我们村有10多个残疾人,有双腿残疾的,有趴在地上走不动的,但低保才50元/月。林略村民杨友登说,听说五保户一个月可能是60元,合一天2元。

(四) 关于灾害救助

自然灾害发生时,是农村社会保障机制最应该发挥其功能的时候,但令人失望的是,在许多自然灾害中,群众期盼的政府救助往往落空。如笔者了解到,在2008年年初袭击整个桂北地区的特大雪灾中,尽管全国人民对这一地区倾注了巨大的救济热情,但由于种种因素,许多受灾群众并未领到国家的救济款。兴安县华江瑶族乡高寨村的村民向我们反映,他们虽然受灾严重,大片竹林倒毙,但却没有得到政府救助的资金,最后每家只领到上面发的几根蜡烛,还没有村民之间传统的互助救灾习惯起的作用大。潘内村粟某坤(瑶族,男,60岁)说,雪灾时每家发了一床被子,就再也没有得到什么。潘内村粟某庆(瑶族,男,39岁)说,去年4月份,我家3亩地有2/3全部沉陷下去,但政府没有发任何补贴。我们去乡政府报告,乡政府说这是地质灾害,没有补助。第一次发生在7、8年前,第二次发生在去年。地陷烂完了,恢复不了了。寨子也没给新地,村长说这也没有办法,也没有荒地可以开了,能开的地方也没有水。

(五) 关于残疾补助

在农村地区,最应该获得政府社会保障救助的是老弱病残等弱势群体,但从实际调研的情况看,救济情况并不理想。许多完全符合救济条件的却没有得到任何救助。如潘内村粟某坤(瑶族,男,60岁)说,我骨质增生,左胳膊有残疾,有残疾证,是2009年发的4级肢体残疾证,但是没有给我任何补助,村里面什么补助也没有。潘内村粟某秀(瑶族,女,43岁)说,我老公一只眼睛失明,上面发了二级伤残证书,听说有残疾证书就有补助,我们的证书都发了两年了,但没有政府补贴。我们也不知道有没有补贴,也没去问。我们去医院看眼睛,医药费全部由我们自己出。我老公眼睛不方便,两个孩子全部在广东小榄打工,我一个人也做不了活路,家里种10石田,不太够吃。别人家都领了搬迁费、旧房改造等补贴,我们家都没有。我老公的弟弟有精神病,也由我们负担。他弟弟得了五保户的证明,政府一个月给30元钱、30斤米,但经常一年四季才给2袋米,我没去问,有时去乡里要,他们说今年没有,明年才有。融水拱洞乡龙培村杨伟由说,村里有残联,每月政府补助残疾人50元。三江洋溪乡政府的民政干部说,残疾人上面有什么扶助,乡里就给什么扶助。我们洋溪乡有400—500个残疾人,残疾程度各不相同,有视力不好的盲人,最多的是肢体,日常生活由家里人照顾,政府的救助很少,只能解决生活,其他都很困难。那坡县弄文屯黄绍壮说,我们村有残疾人,我的老儿子就是,有低保,一个月50—60元钱,一天2元哪里够,只能自己想办法。笔者在第九章提到的贺州狮东村白虎片被山石砸成下肢瘫痪的男孩在申请了残疾证后,每月只能得到100元的救济,大部分还是靠村民的捐助才能到医院医治。

第三节 监管不到位

农村社会保障机制保障的对象是农村的最弱势群体,如果监管不到位,资金很容易被挪用、挤占、贪污。但目前由于农村社会保障机制尚未建立起来,因此监管方面存在很多漏洞。监管不到位导致的问题主要有两个:(1) 社会保障资金不能得到有效使用;(2) 社会保障信息不准确,阻碍其发展。

那坡县新农合工作的监管在这方面提供了典型的例证。据该县新农合办公室的工作人员反映,由于新农合监管机制尚未建立,存在的诸多隐患,使新农合基金得不到有效监管。该县乡镇合管办只有一名审核员,除了负责日常的审核工作以外还要负责相关的新农合业务工作,尤其是有分院的乡镇,一名审核员既要负责乡镇所在地卫生院的审核工作又要负责分院的审核工作,还要负责辖区内村卫生室的报账材料审核,工作量极大,各项工作不能做细做好,监管工作存在许多漏洞,定点医疗机构违规行为不能及时发现,新农合监管工作仍然出现被动局面。同时,缺乏有效监管,也导致无法全面准确地收集新农合信息。该县从2007年新农合试点工作启动以来,由于各乡镇没有专职人员处理筹资后续工作,每年能按时将参合登记表及参合发票等相关筹资原始材料上报的仅有少数乡镇,致使参合人数与缴纳基金不能完全吻合。新农合参合率实行的是责任制,很多乡镇为了赶进度完成任务,采取干部或集体垫资的方式进行筹资,而后又不能及时向农民补缴。另外,个别乡镇的工作队在收缴农民参合费时,只收费和开收款发票,没有做好参合人员参合登记,导致进入专户基金与参合登记表的参合人数不相符。另一方面是参合人基本信息不准确。由于受村干部综合素质的限制,参合信息出现姓名、性别、年龄、身份证号码、地址等方面的错误,需核对的信息量很大,上述种种弊端,是导致该县新农合信息平台建设进度缓慢的最主要因素。

由于监管不力,各项社会保障资金的发放情况也很不理想,从调研的情况看,一些地区不同程度地存在着救济金应发未发或发放数额不足、发放不及时等情况。更为严重的是,农村社会保障监管机制不力还引发了大量犯罪。近年来,社保资金成为农村基层组织人员职务经济犯罪的"重灾区"。主要原因有在于,社保资金发放手续不规范,不透明,相关部门对各项补助资金的发放是否严格依照有关政策,是否规范没有及时进行深入地了解,没有真正掌握资金运行情况和检察督促落实情况。大量社保补偿款、补助款的核发、管理与监控均存在着漏洞。款项发放事前没有宣传,事后没有追踪分配,管理随意,监管缺失。由于外部监督的缺失,管理这些专项资金、集体资金的权力都集中在农村基层干部手中,很容易成为他们职务经济犯罪的目标。在加之宣传不力,有时甚至连村干部都不太清楚这笔款项的用途,一般的村民就更无从了解或知悉这些款项了。许多村民都是在村干部案发后才知道自己有补助款。许多村干部还采取多种方式层层克扣、截留属于农民的社保资金。

以笔者的学生肖媛调研的崇左市为例,该市与越南接壤,属于典型的老少边穷地区,根据国家政策,村民们可获得多项社保补助。但由于申领补助需经过村委会申报,有的村干部就贪污收受"手续费",虽然有些补偿款是直接打入村民的存折中,但有的村干部仍会收取"现金折扣"来作为领取条件,导致崇左地区农村基层组织人员的职务经济犯罪呈高发和上升态势。例2010年5月,崇左大新县宝圩乡板价村有10名村民到当地人民检察院反映,在危旧房改造中,他们为了得到补贴都给了村干部辛苦费,可等了很久,自家的危房改造补贴款也没得发放完毕。他们怀疑被村干部截留。通过检察机关的调查,该村部分村民都付给了村干部500到1000元不等的辛苦费。后经查证,该村原村主任农某伙同一名乡政府驻村工作人员及其他3名村干部,共受贿12.4万余元。2012年查办的崇左天等县福新乡福新村村委甘某一行四人受贿案也是典型。他们利用协助政府发放危房补助款的职务之便,共同向本村村民收取"辛苦费"共计11.7075万元人民币。崇左地区2010年至2012年共有17起农村基层组织人员职务经济犯罪案件发生在危房改造补助款及扶贫资金领域。其中,涉及危房改造补助款 13 件 33 人,占立案数的 44.8%;扶贫资金 4 件 6 人,占立案总数的 13.8%。(见表 10.9)这些犯罪,不仅严重影响了农村社会保障制度的贯彻落实,而且动摇了广大少数民族群众对政府工作的信任与信心,对农村社会发展和村民自治产生了极大的危害。笔者在调研时,龙胜金坑大寨村的潘××也反映,许多村民的社会保障补助和村委关系好就给,关系一般就很难领到。

表 10.9　2010—2012 年崇左地区村基层组织人员职务经济犯罪案件侵财对象

序号	侵财对象	案件数(件)	所占比例
1	危房改造补助款	13	44.8%
2	农村基础设施补助款	1	3.4%
3	扶贫资金	4	13.8%
4	农民工创业就业基金	1	3.4%
5	森林生态效益补偿金	1	3.4%
6	农民最低生活补助款	2	6.9%
7	其他	7	24.1%
8	合计	29	

资料来源:2010—2012 年崇左市人民检察院反贪局数据统计,笔者学生肖媛于 2013 年初调研采集。

第四节　法制宣传力度不够

目前广西各项社会保障制度的普及率较低。由于政府宣传不到位,广西农村社会保障机制在少数民族地区的普及程度相对较低。笔者在调查过程中发现,政府的社会保障宣传工作不是很到位,群众对于农村社会保障制度的认识基本上处于"保盲"状态。原因在于:(1) 广西属于经济相对落后的省区,地区之间发展不平衡,人口流动性大,这给政府展开社会保障宣传和实施工作带来了一定难度;(2) 由于一些贫困地区的农民收入水平低,他们无能力支付农村合作医疗和农村养老保险的费用;(3) 政府在社会保障方面的财政支出不够,导致某些贫困地区不能公平地享受政府的保障措施。笔者的学生逯艺婷 2012 年 3 月在全州县农村所做的调查问卷数据证实了这一问题,数据显示被访的 192 位村民中,有 100 位村民表示对农村社保制度不了解,占被调查人数的 52.08%。还有 41.62% 人表示基本了解,只有 4.17% 的人表示了解。对于"您认为我县社保部门关于社保宣传工作情况如何"的问题,认为政府部门需要加强力度的占 92.71%;而认为政府宣传力度已经很强,形式也很丰富的仅占7.29%。在192名被调查者中,只有7人表示了解国家对于农村社会保障制度出台的法律法规,其余的185人均回答不了解,占总调查人数的96.35%。对于是否了解政府推出了农村新社保的问题,回答"了解"的只占5.20%,回答"基本了解"的有46.88%,但回答"不了解"的占47.11%。对于是否积极地参与了农村社会保障制度这一问题,回答"积极参加"的只有23.96%,回答"正常参加"的有73.96%,可见出于自身意愿参加的不多。

由于法制宣传不到位,许多村民对社会保障制度的内容根本不了解,因此缺乏参与热情,往往表现出冷漠的态度。如在调研中,虽然目前农村新农合的普及率是各项农村社会保障制度中最高的,但仍有一部分农民则直接表示不关心或不参加新农合医疗保险。如三江高定村民吴刚(音,男,48岁,侗族)说,我不太关心农村合作医疗保险。三江林略村民杨友登(音,男,50岁,侗族)说,我没有生病,我没有办合作医疗,那是老人办的,我不用药就不需要办,我们家可以办,可以不办,我们家现在有2个人办,3个人没有办。老人办了一个,大儿子去读书办了,其他人都没办。三江洋溪乡玉民村沙脚寨杨家昌(男,19岁,苗族)说,我去外面打工了,所以没有参加医疗保险。村民不参加新农合有多方面的原因,许多村干部曾对笔者进行了分析。主要原因在于村民对新农合缺乏了解,认为参加新农合没有意义。潘内村主任陈进维(瑶族,男,48岁,党员)说,现在农村合作医疗都是自愿参加,不交就没有保险。我们是挨门逐户到村里去收保险费。我亲自到家里去宣传,因为农户素质低,没文化,只能宣传到户。以前交10元都收不上来,因为他们不了解这个钱是干什么用的。结果有人去县医院看病报了一半,就自己去交了。以前是上面压下来的任务,参合率要完成90%。但我们第一年只完成了80%,现在已完成了98%,达到了上面的要求,但这98%里面有很多是财政代交的,如一些低保户、五保户、军烈属、结扎户、双女户、独生子女户、孤儿等都由财政帮交。林略村主任韦良敏(男,45岁,侗族)说,村里的合作医疗完成了80%,村民应该都负担得起。但有些群众不交,因为有人很难办,比如有些人年纪太老了,不想参加,真的病了也不住院。有的出去打工,住学校不回家的,可以在外面办。三江侗族自治县高定村前任村主任吴忠(男,侗族)说,我们村80%的人参加了合作医疗保险,有许多人不在家,办不了,现在买药在50元钱以内的不用钱,超过了50元就要自己承担,一般用药用到50元以上的都要住院,住院的报80%。但许多人不用吃药,所以认为医疗保险没有意义。

同时,以目前推行较为缓慢的农村养老保险来说,这本是一项很好的惠农政策,但由于政府宣传力度不够,导致农民对该制度存在一定的顾虑。一些群众坦言,他们不愿意参加"养老保险"的原因在于,参加人数多,上缴的费用就会多,但是家中只有一个老人,返回的保金远远少于全家人的投入,长远利益与眼前利益发生了矛盾。三江洋溪乡玉民村沙脚寨杨玉兄说,本地养老主要靠子女,政府起的作用不大。相反,如果让农民真正感受到制度的益处,他们会很自觉地参与进来。在贺州槽碓村挂职第一书记的镇干部说,目前的社会保险机制还是比较完善,但关键是怎么把政策落地,如何让农户受益的问题。例如新农合村民的参保率、积极性都很高,收费也很顺畅,因为村民都认可这种制度,也就很乐意参与进来。

实际上,广西农村的社会保障起步并不晚,只是由于政府的宣传力度不够,没有深入渗透、普及到最基层的群众当中,再加之广西少数民族群众普遍文化水平低下,思想观念落后,受教育程度不高,理解能力差,这给社会保障制度的普及造成了很大的障碍。在笔者的实践调查的过程中,能和笔者用普通话交流的人都集中在40岁以下出外打过工的男性,老人、妇女大多存在语言上的障碍,养老保险、最低生活保障等相对专业的条文对于他们来说形同天书。例如,笔者的学生林培旺在广西隆安县南圩镇光明村调查时发现,村中设有宣传栏,而且宣传栏里也张贴了与计划生育相关的政府奖励扶助政策等,但很多村民却对相关的政策并不是很了解。经笔者询问才知道,村民平时都不大去看那些东西,主要原因是大段大段的法规条文都是书面规范用语,晦涩难懂,枯燥乏味,无法引起人们观看的兴趣。再加之农村少数民族群众大多受教育程度低,文化水平不高,难以理解一些法规的条文。比如有的计划生育奖励扶助政策中有"直到亡故为止"的表述,好多村民竟然不明白"亡故"是什么意思。大部分村民了解政策主要途径还是从村干部那里"听说",这样一来,村里的宣传栏和宣传资料几乎成了形象工程,农村社会保障宣传也没有落到实处。光明村好多农民并不会讲普通话,他们的语言属于南壮方言,虽然普通话与南壮方言都能用汉字写出来,但普通话与南壮方言的口头用语习惯并不相同,如普通话里的"猪肉、牛肉、青菜"的语序在南壮方言里是"肉猪、肉牛、菜青",因为南壮方言把强调的重点放前面。所以政府发布的一些文件,当地的老百姓很难理解。三江洋溪乡玉民村沙脚寨小学教师杨玉兄说,我们村文化水平太低,上面发什么文件,讲什么,大家都是去玩,听不懂他在讲什么。潘内村粟某旺(瑶族,男,42岁)也说,政府来宣传,我们都去听,但我记不清,政府文件一般就是贴在人多过路的地方,没有每家每户都给一份材料,所以村民大都不了解国家政策。

第五节　机构不健全

一、管理机构不健全

健全的管理机构是社会保障机制正常运转的前提。中国古代非常重视设立社会保障管理机构以开展这方面的工作。管仲的"九惠之政"中就规定:国家设立专门的机构和官员,对九类社会弱势群体进行管理,例如专门救济老人的"掌老年",救济小孩的"掌幼",救济孤儿的"掌孤士",救济残疾人的"掌养疾",救济鳏寡者的"掌媒",救济疾病瘟疫的"掌病",救济贫困人口的"通穷"等。明代中央长期设立养济院、惠民局等机构进行社会保障工作:"国初令天下置养济院以处孤贫残疾无依者。永乐十年(1412年)四月,江西安仁知县曹润奏请复设惠民药局、养济院,从之。永乐二十二年(1424年),仁宗谕礼部戒约有司谨视养济院施实惠,毋致失所。宣德元年上谕顺天府尹王骥取残疾无依者如养济院,毋令失所。"①这些机构也被朝鲜等国家所仿效。清代则专门设立"育婴堂"收养孤儿。据《乾隆会典·礼部·风教》规定:"凡慈幼之礼,直省各设育婴堂,收养幼孤之无归者。"②现代社会保障机制对管理机构的要求更是严格。《中共中央关于建立社会主义市场经济体制若干问题的决定》明确指出:"建立统一的社会保障管理机构。提高社会保障事业的管理水平,形成社会保险基金筹集、运营的良性循环机制。社会保障行政管理和社会保险基金经营要分开。社会保障管理机构主要是行使行政管理职能。"但从广西目前的情况看,无论是农村社会保障管理机构还是服务机构,都不健全,这极大地阻碍了广西农村社会保障事业的发展。

广西农村社会保障机制目前缺乏健全的机构,这对农村社会保障机制的运行和管理极为不利。从农村社会保障管理机构来说,缺乏专门性的独立机构是最大的问题。目前广西各地尚未建立起专门性的农村社会保障管理机构,相关机构都是挂靠在其他部门,属于附属性或临时性机构。地位、财政上的不独立使其难以实施农村社会保障管理职能。以那坡县的新农合管理为例,新农合管理体制不健全,管理经办机构尚未确定,经办机构人员编制未落实,队伍不稳定是目前开展新农合工作最大的障碍。从2007年该县开展新

---

① (明)徐学聚编:《国朝典汇》(三),卷99·户部13·救荒·附恤孤贫,第1—2页,载吴相湘主编:《中国史学丛书》,台湾学生书局1965年影印本,第1286—1287页。
② (清)《钦定大清会典》,卷32,第14页下,载(清)纪昀编:《四库全书荟要》(乾隆御览本,史部,第三十三册),吉林人民出版社2009年版,第266页。

农合工作以来,县、乡合管办人员直到 2011 年 2 月份才得于部分落实,目前县合管办到位工作人员 7 人、乡合管办到位审核员 9 人(每个乡镇一名审核员)、乡合管办的财务工作还由财政所兼职。新农合办公室的负责人黄副主任向我们坦言:该机构全县总共需要 30 个工作人员,但现在县里只有 7 个人,各乡各一个人,统共 16 人,缺口很大。且各乡的工作人员多由乡卫生主任兼职,没有专职人员,县里的工作人员几乎全部是从卫生系统抽调上来的,会计人员也是从财政局抽调过来的,只有审计人员是专职的。最为严重的是,目前新农合办公室还不是独立正式的机构,挂靠在县卫生局下面,办公场地、设备都属于卫生局,工作人员有种"土八路"的感觉。由于机构不健全,编制不到位,缺乏专业的管理人员,导致管理能力不强,出现诸多问题:(1)筹资相关材料上报不及时。(2)参合信息不准确。(3)《合作医疗证》未及时发放,极大地打击农民参合的积极性。(4)新农合基金安全管理得不到保障,导致个别群众钻政策漏洞不能及时发现,新农合基金被骗套等违规违纪现象仍时有出现。(5)无法实现农村社会保障的网络化管理,也无法对编辑在册的人员进行跟踪记录与系统更新,这给需要帮助的人们及时就医带来了极大的不便。

二、服务机构不健全

从农村社会保障的服务机构来说,广西尚未形成完善的农村社会保障服务体系。基础设施不完善、设备简陋、人员素质差、专门人才欠缺是其主要问题。这些问题严重阻碍着农村群众尤其是广大少数民族群众享受各项社会保障服务和社会福利。其中尤以农村养老机构和农村医疗机构为严重。以农村养老服务机构为例,无论是数量还是质量都堪忧,其内部设施、收养条件、接纳能力等都非常有限,无法承担目前广西农村繁重的养老任务。如笔者在调研中,三江县林略村村主任韦良敏说,村里没有公共财产,没有集体收入,孤寡老人都是由民政上安排,给村里专门建立了五保堂让五保户住,钱都是政府安排的。现在共 12 个五保户住在里面,还有 7 个人安排不下,所以只好优先安排年纪大的,年纪小的以后再安排。现在年纪较小的五保户只好住在自己的房子里,条件不好,政府每人补助 220 元一个月。以农村医疗服务机构来说,根据调查情况看,目前民族地区农村医疗卫生、农民健康仍然面临很多问题,"看病贵、看病难"问题在农村依旧突出,"因病致贫、因病返贫"现象也经常发生,卫生技术人员缺乏,技术水平低下,设备缺乏、落后,医疗卫生环境差,尤其表现在高寒边远山区的民族聚居行政村,问题更加突出。主要集中在以下方面:

(1) 民族乡、民族村医疗机构及设施不完善。民族乡、民族村的卫生基础设施落后、卫生室陈旧简陋、专业技术人员偏少等问题日益突出,广大农民群众缺乏有效健康保障。以贺州市为例,在 2012 年调查的 212 个行政村中,设有卫生室的行政村有 154 个,而一些偏远的少数民族民族聚居村则因条件所限没有设置卫生室;设有"三室一房"(注射室、观察室、处置室、药房)的少数民族行政村仅有 65 个,而且大部分房屋都非常简陋。即使政府近年对乡镇卫生院和村卫生室直接投资,但是大部分村卫生室已名存实亡,村医成了名副其实的个体户,依靠以药养医的收入维持生活。由此可见,村级医疗机构及设施的配备极不完善,少数民族群众"看病难"问题依然突出。

(2) 民族乡、民族村医疗卫生技术人员整体素质不高。2012 年,贺州市 5 个民族乡 88 名卫生技术人员中具有国家执业医师资格的才有 12 人,大专及以上学历 15 人。在这 212 个行政村中,有卫生技术人员 279 人,其中有 216 人取得乡村医生资格证书、18 人取得助理医师资格证、182 人取得中专或相当中专学历。民族聚居村卫生技术人员医疗水平普遍不高,使少数民族群众不能获得较好的医疗健康服务。

其中贺州市土瑶地区的医疗服务问题最为突出。近年来国家卫生事业的发展并没有惠及贺州最贫穷落后的土瑶地区。据笔者 2012 年 5 月的调研,目前,贺州市 6 个土瑶村已建了 5 个卫生室,还有 1 个正在建设中,有 3 个是最近才建的,还未来得及购买医疗设备和招考医疗技术人员。但大部分卫生室都只是个空架子,没有卫生技术人员,如整个沙田镇金竹土瑶村只有 1 个卫生室。唯一的一名医护人员,男性,50 多岁了,但他整天喝酒,不能为村民正常看病,即使看也只能治疗一般的伤风感冒。新民村卫生室刚起建,去年在马窝那里建的,是镇卫生院院长建的,现在还没有完工,也没有医疗人员,原来有个老医生,已经过世了。狮东村有 1 个卫生室,刚建好,70 多平方米,但由于建在在河边,而河还没有架桥,无法通行,所以现在卫生室还没有装修,也未找医师,村民看病要去沙田镇卫生所。土瑶群众如生病,对付一些常见病或感冒发烧之类的小病,一般都是自己找些草药治疗。(见图 10.1、10.2)如果患上急重病,卫生室因技术条件所限也无法治疗。曾经有些群众因无钱医治或治疗不及时而致使病情加重或死亡的现象。贺州市、县(区)卫生部门的调查结果表明,由于缺乏保健知识和特殊的婚姻习俗,致使 85% 以上的土瑶育龄妇女都不同程度地患有妇科病。

其他少数民族地区的卫生状况也不容乐观。村卫生室开放不正常,村医职业化程度低等问题非常突出。如笔者在调研时,龙胜潘内村村民潘某贵(男,瑶族,64 岁)说,村里办了一个医疗点,有一个医生值班,村民主要去医

图 10.1　大门紧闭的金竹村卫生所

图 10.2　村民家中自备的治感冒草药

疗点买点感冒药,也没有什么大病。村里的妇女一般都在家生产,有一个女的生产时胞衣出不来,就死了。其他村民证实了他的话。村民粟某旺(瑶族,男,42岁)说,村民看大病要到乡医院、县医院,村里的医疗点经常没人。我曾去过县医院买药。村民粟某秀(瑶族,女,42岁)也说,村里的医疗点里只有一个人,打电话才来,经常不在。一些村民说,他们生了病就靠自己采草药,发高烧就用灶灰在身上刮。一位64岁的老人潘某贵(男,瑶族,64岁)说,他这么老从来没去过医院,从来不吃药,从来不住医院,活不好死了就算了。那坡县城厢镇弄文屯黄绍壮说,村里没有医疗点,村民买药要去那坡县。笔者在三江侗族自治县高定村调研时,该村情况较好。恰逢有医生值班,于是与医护人员进行了交谈。吴某某(女)是村卫生所的医生兼护士,她说2009年起村卫生所开始运营,在这里看病就可以获得农村合作医疗报销,报80%,先交钱再拿单据到独峒乡去报。村民来看病分季节,春夏和冬季也多一些,不固定。平均每天有10个左右人来看病。村民主要是是来看感冒,严重的病就要上乡镇或县里。村里也有人用草药治病,主要是皮肤病和骨科,以前有人用迷信治病,现在没有了。高定村一个村民也说,村里的卫生所经常有人。但总体来说,民族地区普遍交通不便,而新农合的医疗点很少在偏远村落建立,村医疗服务机构人员薄弱,技术力量跟不上,难以满足当地就医居民,因此许多群众宁愿到山上采草药自己治病。在我们的调研中,看到少数民族群众家中都自备有传统的中草药以治疗普通的病痛。(见图10.3)

图 10.3　三江县林略村侗族群众储备在家中用于清热解毒的草药

第六节　资金严重短缺

社会保障机制依靠大量的资金支持才能运转,因此,它是在国力及社会物质财富积累到一定程度才能充分实现的制度。在我国历史上,凡社会保障较为发达的时期,均是政治较为清明,国力较为强盛的时期,这反映出社会保障机制与国家财力之间的正比关系。如汉文帝《养老诏》规定:"县道八十以上赐米人月一石,肉二十斤,酒五斗,其九十以上又赐帛人二匹,絮三斤,赐物及当禀鬻米者,长吏阅视丞,若尉致不满九十,啬夫令史致二千石,遣都吏循行,不称者督之,刑者及有罪耐以上不用。"①从当时的情况看,对80岁以上的老人补助力度是非常大的,政府需要耗费相当多的物资才能维持这一制度。后世的统治者也秉承了这一制度。如清代《乾隆会典·礼部·风教》规定:"凡优老之礼,百岁老民赐银三十两,建坊里门,题以升平人瑞四字(老妇旌以贞寿之门),逾百岁者加赏银十两内府币。一百有十岁者,倍之,百二十

---

①　(明)冯琦编纂:《经济类编》(十七),卷82·人伦类·老,台湾成文出版社1968年版,第9276页。

岁以上者请旨加赏,不拘成例。"①这种对百岁老人的嘉赏制度也需要大量的财政支出。出于对维护社会稳定、获取民心的需要,一些统治者即使在国家财力紧张的情况下,仍竭力拨出一定的经费实施社会保障,例如明代"洪武元年,上谓中书省曰:中原兵难之后,老稚之孤贫者多有失所,宜遣人赈恤之,省臣以国用不足为对,上曰:'得天下者得民心也,夫老者,民之父母,幼者,民之子弟,恤其老则天下之为子者悦,恤其幼则天下为父母者悦,天下之老幼咸悦矣,其心有不归者寡矣。苟置其困穷而不之恤,民将怃然曰:恶在其为我上也。故周穷乏者,不患无余财,惟患无是心能推是心,何忧不足? 今日之务,此最为先,宜通速行之。'"②

同样的,广西作为老少边穷地区,发展社会保障事业,需要大量的资金投入。由于广西是西部民族地区,在加之各少数民族聚居区均是国家级、区级贫困县,地理环境恶劣,筹资渠道单一,农村需要获得社会保障的人数和户数都非常多,需要的资金缺口非常大,这对本就困难的地方财政来说是难以承受的负担。表10.10为国家民政部公布的2014年8月全国各省区农村最低生活保障支出额度,笔者将31个省、自治区、直辖市进行排名后,可以看出,广西在本月需承担278804.4万元的农村最低生活保障支出,在全国排名第七,如此庞大的社会保障支出,仅靠政府的力量是难以维持的。(见表10.10)

表10.10　2014年8月广西农村最低生活保障支出在全国排名

排名	地区	农村最低生活保障支出(万元)
1	云南省	439133.1
2	贵州省	408558.8
3	四川省	346841.9
4	山东省	312264.4
5	河南省	299014.9
6	湖南省	282447.6
7	广西壮族自治区	278804.4
8	甘肃省	276105.7
9	安徽省	232432.7
10	广东省	228634.9

资料来源:民政部网站2013年10月各省民政统计数据。

---

① (清)《钦定大清会典》,卷32,载(清)纪昀编:《四库全书荟要》(乾隆御览本,史部,第三十三册),吉林人民出版社2009年版,第266页。
② (明)徐学聚编:《国朝典汇》(三),卷99·户部13·救荒·附恤孤贫,载吴相湘主编:《中国史学丛书》,台湾学生书局1965年版,第1286页。

表10.11是2014年8月份广西的各项农村社会保障支出,金额都非常大,这些金额是政府沉重的财政负担:

表10.11　2014年8月广西各项农村社会保障支出情况一览表

序号	各项农村社会保障支出	总额(万元)
1	农村最低生活保障支出	278804.4
2	农村最低生活保障金	273454.2
3	农村最低生活保障对象临时补助	5350.2
4	农村五保支出	56690.1
5	农村五保集体供养支出	5558.5
6	农村五保集中供养生活保障金	5423.5
7	农村五保集中供养生活保障对象临时补助	135.0
8	农村五保分散供养支出	51131.6
9	农村五保分散供养生活保障金	50596.7
10	农村五保分散供养生活保障对象临时补助	534.9

资料来源:民政部网站2014年8月各省民政统计数据。

随着近年来农业人口老龄化、土地石漠化、水旱灾害频繁、通货膨胀等因素的影响,广西农村尤其是少数民族地区需要社会救助的人口有增无减,而所需的社会保障资金也亟待增加,这急需政府发动全社会的力量来筹集足够多的资金,来保障农村人口的基本生活。而筹资渠道单一,是广西农村社会保障事业发展的硬伤。贺州狮东村的民政助理说:这是我们经济落后,村里的社会保障没有经费保障,总是靠上面拨钱。表10.12是根据国家民政部公布的统计数据编制的2012—2014年部分月份广西农村最低生活保障人口、户数、实际支出额度的情况,可以看出,四项指标总体上都呈增长趋势。由此可见,多方位寻找社会保障投资、融资渠道,是建立广西农村社会保障机制的重要物质基础。

表10.12　2012—2014年部分月份广西农村最低生活保障支出情况一览表

月份	农村最低生活保障人数(人)	农村最低生活保障户数(户)	农村最低生活保障支出(万元)
2012.8	3223051	1306575	219491.4
2012.10	3268447	1319209	278553.0
2012.11	3303640	1330467	307341.0
2013.1	3312381	1321856	69534.7
2013.2	3313331	1322191	109660.9
2013.4	3323604	1298173	169283.2

(续表)

月份	农村最低生活保障人数(人)	农村最低生活保障户数(户)	农村最低生活保障支出(万元)
2013.5	3329498	1299061	198355.6
2013.7	3369486	1311471	258002.5
2013.8	3370824	1310798	288166.1
2013.10	3392377	1314810	348286.3
2014.7	3436089	1346144	243142.0
2014.8	3416765	1337783	278804.4

资料来源:民政部网站各省民政统计数据。

区级的社会保障资金压力已然很大,而县级的情况尤其是民族自治县就更为严重。广西各少数民族地区是广西农村社会保障制度重点救助的地区,这些地区所需要的社会救济资金远远超过广西其他地区,占据了社会保障支出很大的比重。但由于各民族自治县财政资金严重短缺,导致社会保障资金覆盖不足,社会保障水平较低。表10.13是根据国家民政部公布的统计数据绘制的2013年10月份广西各少数民族自治县农村低保支出情况一览表,从中可以看出,广西全区的农村最低生活保障支出水平为86.72元,这在全国属于较低的层次。而广西12个少数民族自治县的农村最低生活保障支出水平除龙胜外都未超过90元,而最高龙胜各族自治县也仅为98.01元,最低的恭城瑶族自治县仅有83.58元。与表后所列的其他省区的水平比较,广西各民族县不仅远远低于其他西部地区省份如贵州省、四川省、云南省、青海省的民族自治县,即使是与其他民族自治区如内蒙古的民族县相比也差距较大,这表面广西农村社会保障急需要加大资金的投入力度。

表10.13 2013年10月份广西各少数民族自治县农村低保支出情况一览表

地区	农村最低生活保障人数(人)	农村最低生活保障累计支出(万元)	农村最低生活保障支出水平(元)	农村最低生活保障支出水平排名
广西壮族自治区	3392377	290000.3	86.72	
龙胜各族自治县	19049	1962.7	98.01	1
巴马瑶族自治县	27253	2203.8	89.26	2
融水苗族自治县	52858	4626.0	88.72	3
富川瑶族自治县	12436	993.9	86.74	4
三江侗族自治县	35218	3016.3	85.56	5
大化瑶族自治县	64332	5504.8	85.18	6
金秀瑶族自治县	64332	5504.8	85.18	6

(续表)

地区	农村最低生活保障人数（人）	农村最低生活保障累计支出（万元）	农村最低生活保障支出水平（元）	农村最低生活保障支出水平排名
罗城仫佬族自治县	47251	3962.4	84.18	7
环江毛南族自治县	19105	1589.5	84.09	8
隆林各族自治县	94745	7767.5	84.00	9
都安瑶族自治县	92512	7783.6	83.92	10
恭城瑶族自治县	29400	2417.9	83.58	11
其他省、自治区部分民族自治县2013年10月份农村最低生活保障支出水平				
内蒙古达尔罕茂明安联合旗	4675	1782.9	345.77	
贵州省玉屏侗族自治县	20124	2233.0	110.40	
青海省海西蒙古族藏族自治州	12672	2433.4	188.92	
四川省马边彝族自治县	17794	1867.2	106.67	
云南省禄劝彝族苗族自治县	12672	2433.4	188.92	
重庆市石柱土家族自治县	9936	1818.5	179.86	

资料来源：民政部2013年10月份全国县以上农村低保情况统计数据。

由于资金短缺，许多亟待救助的群众无法得到合理及时的社会保障待遇。即使有，救济标准也非常低。如那坡县德隆乡团结村上劳屯黄某连（壮族，48岁，男）说，村里有个老太太胳膊断了，所幸她有2个儿子和4个女儿可以养活她，政府每个月给老太太最多也就100元。去年有一个下肢瘫痪的人死了，男，50多岁，哥嫂养活他，政府下发残疾补助金，一个月就50元。如果村里发生水灾，我们没办法，受灾最严重的家庭没有帮助，都是自己想办法解决，政府没有补助（因为受灾面积很大）。上劳屯李金玲（壮族，20岁，女，在右江民族医学院读书，两女户）说，水冲了我家河旁的田，就自认倒霉，一般损失不大。我奶奶82岁了，但没有任何补助，现在为止没有得到任何金钱和实物。村里老人都是靠自己子女。上劳屯李某（壮族，30岁，男）说，我父亲从马背上摔下来，头脑乱了，当时是我7、8岁上小学的时候，就退学了。我父亲现在不能做工，政府给低保，全家人每人每月只有40元钱。从村民叙述的政府救济的数额上看,很难达到社会保障的实际效果。阳朔县福利镇龙尾瑶村的邓万发老人说,1956年我当过骑兵,现在我中风了,但是村里没有救济。儿子在广东打工,也没有能耐。但他很高兴地提到,2014年7月1日,桂林市外事办发"七一"党员慰问金,给了我200元钱、20斤大米、1桶油和1床凉被,我很感动,这说明政府看得起我们。我们满60岁的老兵1个月有50元钱,满60岁以上的老党员还可以获得75元/月的养老金。看着老人家徒四壁的窘况,令人非常心酸,而老人对这些少得可怜的救济仍心怀感激的情景,也令我们非常感动。这更说明,农村社会保障资金短缺的问题,确是一个迫切需要解决的问题。

第十一章　广西少数民族互助习惯在农村社会保障机制中的运用途径

第一节　在立法上的吸收

"与社会保障待遇有关的法律来自多个渠道。"①由于农村社会保障涉及社会多层面的问题,尤其是社会底层群众的生活,这决定了与之相关的法律制度也必须是多元化、本土化的,并且需要从社会底层汲取资源,否则仅靠某一单方的社会力量是很难运行的。"乡村就是文化的渊泉,平民就是救世的福星"②,社会保障法律体系必须以国家为主导的前提下,吸收大量民间有益的养分和资源,以形成国家、基层、民间相互作用的多重保障机制。在这方面,中国古代的法律制度与西方法学的做法是值得借鉴的。

据史书记载,唐高宗时,吐蕃遣其大臣仲琮入贡,上问以吐蕃风俗,对曰:"吐蕃地薄气寒,风俗朴鲁,然法令严整,上下一心,议事常自下而起,因人所利而行之,斯所以能持久也。"③可见吸收来自底层的智慧制定法律是十分必要的。只有这样制定出来的法律才能符合民意,得到切实长久的执行。西方法学家历来都非常重视对社会内部自生秩序的研究,他们通过细致地观察、采录、归纳、提炼那些源于底层社会、尚处于散漫状态的原生态习惯、规则,期望能使之理性化并最终为国家法所吸纳和接受。在西方法社会学和法人类学家看来,法的根本价值不在于其概念体系,而在于其实际社会运作。从古希腊的亚里士多德到近现代的历史法学派、自然法学派,直至当代的哈耶克、博登海默等,都对习惯法的重要地位及作用作过系统的研究,他们的理论直接推动了国家法对习惯的吸纳和尊重。近年来,在法律多元主义理论的推动下,关于习惯法的研究更多地深入到其社会功能及其与国家法的关系方面。

---

　① 〔英〕罗伯特·伊斯特:《社会保障法》,周长征等译,中国劳动社会保障出版社2003年版,第21页。
　② 《广西全省村治计划书》,线装手抄本,一册,合刊,第1—2页,桂林图书馆藏:索取号特线F229.973/0018。
　③ (明)冯琦编纂:《经济类编》(三),卷11·政治类·风俗,第38页上,台湾成文出版社1968年版,第1291页。

西方学者们关于社会固有秩序的研究成果对于我们具有重要的借鉴意义,启示我们在推进地方性公共事业的发展中,应充分汲取基于特定历史语境和社会环境而生成的本土法资源。正如美国法学家约翰·麦·赞恩所说:"我们的现在仅有一部分是自己造成的,而绝大部分是从过去传来的。"①

因此,广西农村社会保障机制的建设,必须充分吸收民间丰富的互助习惯。早在民国时期,就有学者指出当时立法最大的弊端就是不能适应中国之国情,不能吸收民间的习惯。"吾统观今日之法律,其不备不适之处,凡有三类:一、纯粹羁马系之法不适于中国者;二、中国习惯未列入法规者;三、各种法规中不相一致者。"②而这一弊端至今仍然存在。要革除这一弊端,就必须打破对习惯法的两个偏见。首先,承认习惯法的独立法律地位及其效力。许多法学家和法律工作者至今不承认习惯法的独立法律地位,也否认其效力,并始终认为习惯法只有被国家法认可才能产生效力。事实上,习惯法不仅产生于国家法之前,其效力也不一定依赖于国家法:"苟有人类有社会,必应其时势而发生一种之法律,虽其法律非今日所谓法律,然就其足以维持当时人类秩序之点论之,固有法律之效力,无不可予以法律之名也。"③因此,习惯法作为一种独立的法律渊源,自身就可以产生效力。其次,要改变"习惯法都是陈规陋习,应全部予以废除的观念"。习惯法产生于民间,有其深刻的历史文化背景,也有优于国家法的灵活性与适应性,不可一概予以否定。"上以为政,下以为俗,而未足为非也。"④只有破除了对习惯法的固有思维模式,才能打破国家法与习惯法之间认为划定的壁垒与障碍,实现二者之间有机的互动与融合。

少数民族互助习惯虽然具有较大的社会价值,但却建立在生产力发展水平极低基础上,带有浓厚的原始、感性色彩,因此,在将其运用于农村社会保障机制的过程中,如何对其进行现代化的科学、规范的改造,引导这一制度完成从低级文明向高级文明的转化,是一个重点与难点。就农村社会保障立法而言,在与少数民族互助习惯的吸收方面,应做到如下几点:(1) 在有关农村社会保障的基本法规中,例如《广西壮族自治区农村社会保障制度》中增加关于适用少数民族互助习惯法的原则性规定,如在总则部分明确规定对于民

---

① 〔美〕约翰·麦·赞恩:《法律的故事》,刘昕、胡凝译,江苏人民出版社1998年版,第16页。
② 张东荪:《道德堕落之原因》,载经世文社编:《民国经世文编(交通·宗教·道德)》,道德卷,第17页下,台湾文海出版社1970年版,第5208页。
③ 李晋:《法律与道德》,载经世文社编:《民国经世文编(交通·宗教·道德)》,道德卷,第21页下,台湾文海出版社1970年版,第5216页。
④ (明)王圻编:《稗史汇编》,卷14,第9页上,台湾新兴书局1969年影印版,第242页。

间长期形成的互助传统,应加以尊重和保护,并认可其为广西农村社会保障机制的一部分。(2) 出台《社会互助法》,在其中"群众自发的互助"这一部分,可列举大量的少数民族互助习惯,以法律的形式认可其有效性,提升其法律地位,从而使从其民间的弥散和游移状态上升成正式的法律条文。(3) 在有关社会救济的立法中,如关于养老、救灾工作,明确规定可以适用民间传统的互助习惯。(4) 赋予一些广西民间曾行之有效的互助组织,如合会、仓会等合法性,允许其以互助救济的目的存在,并规范其运行秩序。(5) 在社会保障纠纷的解决中,允许适用少数民族互助习惯作为处理依据。(6) 对一些行之有效的非常成熟的互助习惯,可以直接将其规定为政府行政法规或命令,转化为国家法。前文提到的"喊寨"扶助孤寡老人及互助防火习惯就被直接转变成地方法规,是一个很好的例证。实际上,许多互助习惯都可以完成这种转化。

广西少数民族的互助习惯在社会保障、抗灾救灾工作中发挥了巨大的作用,其实际效果业已得到证实。对于建立农村社会保障机制来说,上述习惯是必须要借鉴、吸收和提升的内容。互助习惯是少数民族群众在互利的基础上,在生产生活中自发形成,自觉遵守的。如果这些制度被转化成国家法律,将是对既有传统习惯的总结,群众早就在遵循了,无须特别地行政手段要求其执行。只有这样,制定的法律才符合《道德经》中所说的"太上,不知有之"的立法状态,成为写在群众"心中"的法。在笔者看来,少数民族互助习惯是乡土社会社会保障机制中不可或缺的部分,如果农村社会保障机制不能吸收这部分内容,将失去构建的基础;如果农村社会保障立法缺失了这部分内容,将无法称之为健全或完善的法律制度。

第二节 在执法和监管上的加强

从前面几章的论述中我们可以清楚地看出,少数民族互助习惯法是一种非常民主、公开、公正的制度。在生产、生活、建房、救助弱势群体、救灾等的互助中,同一生存共同体的人们均负有互助的义务,而且互助义务的多少与承担的方式,都是根据民主自愿、协商一致的原则确定,没有人可以强加自己的意志迫使别人承担互助义务。这种互助的民主性贯穿在所有的环节中。例如,在互助组织习惯中,无论是南丹的"油锅"还是都安的"密诺"组织,内部的互助事务必须经所有成员民主协商,共同讨论才能进行,并且平等地分配互助义务。在生活互助习惯中,一些村寨通过制定统一的婚丧互助标准使互助行为民主、公开、公正。在建房互助习惯中,尤其是公益性建筑中,人们互助的钱、物、劳力都通过挂榜周知的方式体现民主、公开、公正。在救助弱势群体习惯中,人们通过推举抚养人及遗赠抚养保护孤寡老人及孤儿的财产权益不受侵害。在救灾习惯中,人们通过鸣锣的方式发布救灾命令,并规定任何人在救灾中不得只顾个人利益。这些习惯都清楚地表明,在广西少数民族互助习惯的背后,有一套民主公正的机制在保障其运行。这一机制值得现代法制借鉴以加强对农村社会保障机制的执行与监督。因此,充分发挥广西少数民族互助习惯中民主、公开、公正的因素,是加强社会保障执法与监管的重要举措。为此,农村社会保障机制的实施必须遵循民主、公开、公正的原则。

一、加强社会保障对象的民主监督

广西大部分民族自治县都是国家级贫困县,群众大多生活在贫困线以下,是社会保障的重点对象。也就是说,符合社会保障救济条件的很多,但由于目前政府救济的名额有限,普及率较低,因此民族地区社会保障往往出现"僧多粥少"的局面。很多基层干部都为把名额给谁而发愁,为此,必须要做到两点:

(1) 发挥少数民族互助组织习惯中的民主议事原则,坚持社会保障和救济方面的一事一议制度。对于救济对象,由村民民主推选,避免不公平的现象发生。根据文献记载,广西少数民族自古以来就有自己的民主议事制度,例如寨老、村老、乡老等。据清沈日霖《粤西琐记》记载:广西少数民族"有村老,有里老,有隘老,有月甲,有顿人。"[1] 乾隆《庆远府志》载:"狼人构怨惟请乡老理论。"[2] 一些乡规民约中也有反映,如立于道光二十九年(1849 年)的龙胜县《龙脊规碑》规定:"各村或有小事,即本村老者劝释使(便)可也。"[3] 这些民主议事机构目前仍活跃在广西的乡村地带,如笔者在三江县独峒村调研时,看到该村村规民约最后署名的制订者除独峒村委外,还有两个机构,分别是"独峒村老人协会理事会""独峒村皇叔协会",显然,这两个机构应当是传统的民主议事机构,他们和村委会地位平等,并具有议事和监督的双重功能。笔者在那坡县达腊村调研时,也了解到该村有 7 位"腊摩"组成的议事会,平时村委会讨论大的问题,都必须有他们的参与。在龙胜地灵侗寨,每个

---

[1] (清)沈日霖:《粤西琐记》,载劳亦安编:《古今游记丛钞》(四),卷36,台湾中华书局1961年版,第95页。
[2] (清)李文琰总修:[乾隆]《庆远府志》,卷10·诸蛮·页4,载《故宫珍本丛刊》第196册,海南出版社2001年版,第379页。
[3] 龙胜县志编纂委员会编:《龙胜县志》,汉语大词典出版社1992年版,第521页。

公共议事的鼓楼都同时是村里老人协会的办公场所。这些机构对于监督社会保障机制的执行具有重要的作用。因此,我们应适当认可他们的合法地位,赋予其一定的监督权限,以保障社会保障机制在民族地区的正常运行。例如,笔者在阳朔县龙尾瑶村看到该村村民理事会2004年民政救济款物发放情况的公示,虽然是10多年前的材料,但可以看出该村存在着"村民理事会"这样的民主决策机构,并有权力决定向哪些村民发放救济粮食及救济数量的事宜。这说明,少数民族社会中一直存在着社会保障方面的民主议事组织和原则。(见表11.1)

表11.1 阳朔县龙尾瑶村2004年民政救济款物发放情况公示

村别	姓名	救济项目	数量
××坳片	邓某兴	粮食	50斤
	邓某生	粮食	50斤
××树片	邓某福	粮食	50斤
	邓某富	粮食	50斤
××坳	邓某发	粮食	50斤
××家	赵某甫	粮食	70斤
××里	李某妹	粮食	70斤
大坪片	赵某兵	粮食	50斤
	赵某贞	粮食	50斤
其龙片	邓某兵	粮食	50斤
	曹某生	粮食	50斤
	孙某旺	粮食	70斤
新村	邓某生	粮食	70斤
	×××	粮食	100斤
	×××	粮食	100斤

无独有偶,笔者在贵港市黄龙村也看到该村村民民主决策机构2013年一事一议项目决议结果,共5项,其中有3项是与社会保障有关系的,即由村民集体决定向哪些人发放夏季救济大米,将哪些人上报为2012年下半年的新增低保户,确定哪些人可以向区里申请危房补助金,如此民主决策,群众必然对社会保障制度心服口服,而不会因为僧多粥少引发争议。(见表11.2)这足以说明,少数民族在社会保障方面长期形成的民主议事传统完全可以再监督国家保障机制的实施方面发挥作用。

表 11.2　贵港市黄龙村委会 2013 年一事一议项目决议结果

序号	事项名称(一事一议项目)	决议结果
1	发放 2012 年夏季大米救济	同意向下某某、韦某兰、秦某谷、谢某添、谢某散、谢某辉、谢某壮、谢某梯、王某三、陶氏、甘某丽、李某送、兰某军发放救济大米
2	上报 2012 年下半年新增低保户	同意将：王某、王某锋、林某质、林某康、谢某林、秦某操、秦某本列为新增低保户
3	确定向覃塘区申请危房补助金	同意秦某顾、秦某本、秦某芳、林某升、韦某茂、谢某新享受危房改造补助金

(2) 做到社会保障信息的公开化、透明化。在传统的互助组织习惯中，某个组织成员应否得到救助，都要取得全体成员的同意。在扶助孤寡老人或孤儿时，如果孤寡老人或孤儿有多个亲戚的，则由首领制定或大家推举其中一人为其提供扶养义务。在修建公共建筑时，每个人的捐款额都立碑张榜公布。因此，现代社会保障机制应该充分发挥这些民主的传统，对于应该获得社会救济的人员，村委会应当将其条件公之于众，并召开村民大会，村民根据各个候选人的条件决定谁有资格获得救济。这种情况下，就需要发挥基层民主，对社会保障的基本情况要向村民公开化，使传统的互助与政府的救济共同发挥作用。笔者在三江侗族自治县八江乡调查时，在乡政府的墙上看到一份县扶贫开发办公室《致全县广大农民朋友的一封信》，内容是呼吁群众积极参与新一轮贫困村、贫困户的识别工作，这就是在社会保障方面公开化、透明化的一个具体体现。信中详细说明了识别贫困村、贫困户的标准和比例。只有群众亲自认定的贫困村、贫困户，才是准确的扶助对象，才能保证社会保障制度的顺利实施。

笔者在贺州鹅塘镇槽碓村也看到村务公告栏中贴有多份名单，经了解，这是村里最新民主评议推选出来的贫困户名单，公布出来由群众监督审查。名单中详细开列了每户的户主、家中人口以及导致贫困的原因。从表中的数据来看，最主要的致贫原因是环境恶劣，因为当地多为高山峡谷，道路交通落后，土地资源稀缺，滑坡、塌方、泥石流等自然灾害频繁，缺水也很严重，这是阻碍村民致富的最大障碍。其他的贫困原因还有缺少劳动力、因病、无固定产业、残疾、人老体弱、家中有孤儿等。(见表 11.3)通过公示，可以使群众对救济对象一目了然，也可以切实地监督其是否应获得社会保障资金。这是广西少数民族民间民主传统在现代社会保障制度中的成功运用与延续。

槽碓村贫困户初选名单公示

根据农户自愿申请，我村于 2014 年 7 月 28 日召开村民代表大会

(参会人数)15人,民主评议评选出贫困户233户959人,经村委会和驻村工作队核实汇总,初选贫困户233户959人,现进行公示,如有异议,请从即日起7日内向村委会提出意见。

表11.3 贺州市槽碓村2014年民主评选贫困户与贫困人口公示

贫困原因	户数(户)	人口(人)
环境恶劣	129	550
缺少劳动力	31	121
因病	28	113
无固定产业	17	68
残疾	12	49
其他	10	38
人老体弱	4	10
家中有孤儿	2	10
合计	233	959

资料来源:根据槽碓村委会名单整理统计。

笔者在那坡县城厢镇达腊彝族村调研时,就看到村公所的墙上贴着一份《大病救助公示》,内容是某一女性村民因患重病,所需医疗费用较大,符合新农合的大病救助条件,现镇里依法给予其大病救助款,予以公示。这是很值得赞赏的做法。(见图11.1)只有在社会保障领域继承民间的民主传统,坚持民主监督的原则,社会保障制度才能在民间真正推行开来。

图11.1 那坡县城厢镇达腊彝族村的大病救助公示

二、统一救济标准

少数民族群众之所以心甘情愿地履行互助习惯，就是因为传统互助习惯的公平性。这种公平性体现在三个方面：首先，互助的机会均等。每个人都有义务为亲戚朋友或本寨人提供帮助，同时每个人都有机会获得对等的互助回报，这在婚丧互助、建房互助、生产互助中尤为明显。其次，互助的标准公平。每个人提供互助的标准相对是公平的。虽然存在人们自愿提供高于平均水平的互助，但一般来说每个村寨、每个地区都有约定俗成的互助标准，群众心中都有一杆秤，按照统一的标准去履行，不会由此而来产生心理不平衡或矛盾。例如，少数民族地区除了婚丧互助的标准是统一的以外，甚至连救助乞丐的标准都是统一的；在原始共耕制度中，产品的平均分配是高度公平的，即使用简陋的箩筐来分，也要保证每个人得到均等的分量；在猎获物分配中，连在旁边围观的人也有资格分得一份猎物。最后，违反互助习惯的罚则是统一的。如果某一群体成员拒绝履行互助义务，则其将失去别人为其提供互助的资格，受到集体的孤立。上述三点是少数民族群众乐意为之的制度保障。这一精神内涵值得目前的农村社会保障机制借鉴。

少数民族互助习惯之所以有如此长久的生命力，乃是由于其高度的标准与一致性。长期浸淫在这种高度统一化和标准化氛围中的少数民族群众，难以忍受标准不统一的制度。而目前广西农村社会保障制度执行中的种种标准不统一，就是引发群众不满的主要因素。为此，我们必须改正。例如，对于老年人的救济金或补助金，应有统一的年龄标准。这种标准应该是全区范围内的统一，目前存在的问题就是各个县、各个乡、各个村的标准混乱不一，如果全区范围内施行统一的标准，就不存在老年人救济不均衡的问题。对于农村最低生活保障与五保补助金等社会救济项目，应当统一金额标准。虽然目前这些资金不能满足群众的需要，但统一发放标准至少可以保证其公正性。

三、加强社会保障资金的民主监督

少数民族互助习惯之所以能在较长的时期内得到执行，是因为群众在履行互助义务的同时，还拥有监督他人偿还互助义务及监督公益资金的权利。如前所述，在互助组织中，如果有人不按习惯向其他成员提供帮助，其将被集体开除出组织；在婚丧互助中，一些乡规民约规定，如有人在宗族"红白二事"中躲懒的，将收到公众的惩罚；在生产互助中，如果有人在跟别人换工时干活不尽心的，将无法得到对方的还工；在扶助孤寡老人与孤儿习惯中，孤寡老人和孤儿的财产得到公众的监督保障。在救灾互助习惯中，如果有人只顾个人利益不顾集体利益将要受到公众的惩罚。大量的文献也提供了这方面的实例。隆林县刻于嘉庆四年(1799年)的《西隆州勒石永禁碑》表明,当地很早就建立了杜绝乡老村长贪污行为的制度以保障公共资金的合理使用:"应依照内地设立乡老地保之例,令村民公举诚实可信之人,仍照向日保正所管村庄设立乡老一名,每村设立村长一名,遇有催征粮钱、勾摄公事,即令协同官差催办。平时亦可约束村民,稽查奸宄,以靖地方。应请檄各牧令等递年更换,以免日久弊生。"①"新设乡老村长,俱着百姓公举一款。查选乡老村长,自应择其诚实良民,着令村民老少公举,官为验充给委,一年一换。凡有地方公事,饬令恪遵办理,不得违误,亦不得藉端科敛。并严禁书役人等于验充给委,不得许指勒需索取,违者一并察究。"②这些优良的传统是我们加强农村社会保障执法与监管可资利用的重要资源。

  执法和监管需要多层次的社会支持,政府不是千里眼,无法紧盯着每一分钱的使用、每一个村的保障。这需要充分发挥广西少数民族互助习惯中的民主传统,加强对农村社会保障资金的执行与监管。为此,应充分发挥村民大会的作用。鉴于目前农村社会保障机制正在逐步构建,上级下发的社会保障资金也逐渐增多,笔者建议应在村民大会或村民代表大会中设立专门的社会保障委员会,直接接纳传统的民间议事机构如村老、寨老组织担任,监督社会保障政策的实施情况,监督每笔社保资金的发放。这些村民如认为自己未获得合理的社会保障救济,可以通过向该委员会投诉来解决。按照传统习惯,这些机构的任职均为义务,以保证其廉洁性与公正性。村委会要定期向社会保障委员会及其他组织汇报社保资金的领取和发放情况,并将此作为村民委员会考核内容。

  笔者在调研中也感受到社会保障加强透明度和公开化,更容易取得群众的信任。如三江县同乐乡乡政府在门前的布告栏中公布了申领农村居民最低生活保障的基本程序:个人书面申请提供身份证、户口簿和计生证等复印件和收入证明等材料→村委入户调查→民主小组评议→乡(镇)政府审核→县民政局审批→公布保障对象名单→信用社将低保金发放到对象存折账户。这套程序中的"村委入户调查""民主小组评议"等环节都是充分发挥村民监管的职能,使社会保障制度能真正需要的人。贺州市槽碓村副主任也谈到了增强透明度带来的好处:本村有60%的人享受低保,这些人都是经过民主评

---

① 中国社会科学院近代史研究所、近代史资料编辑部编:《近代史资料》第84号,中国社会科学出版社1993年版,第223页。
② 同上注书,第224页。

议推选出来的,不是乱来的。曾经有没得到低保的村民闹事,很难搞。我刚到村委会的时候,整个村民小组来闹,闹得很厉害,我就下去拿出工作程序给他们看,他们看了比例就知道了,现在群众情绪基本平定。在贵港市黄练镇政务公开栏,笔者看到该镇2014年春节月救灾物资发放情况一览表,主要是棉被和棉衣。各村发放数量都一目了然,以便群众监督,这些做法都是值得肯定的。(见表11.4)

表11.4 黄练镇2014年春节月救灾救济物资发放情况

村名	大米	蚊帐	棉被	棉衣	毛巾被	卫生衣
山谢			25	30		
大黄			21	30		
新朱			20	24		
平寨			20	26		
岭岑			24	26		
大董			20	24		
黄练社区			35	45		
姚岭			20	25		
新何			20	24		
新谭			21	26		
潘陈			22	30		
蔡新			20	26		
居仕			20	25		
张团			22	27		
镇水			20	25		
××			20	37		

资料来源:贵港市覃塘区黄练镇镇政府提供。

社会保障信息的公开,必然换来群众的认可。同样在黄练镇政府,笔者看到了2013年度该镇政府各部门群众满意度评议结果,其中民政办的各项指标均名列前茅,其中"依法履职"得分居第二名(与劳保站、文化站、农服中心并列),"政务公开"排名第一(与建设站并列),"服务质量"排名第一,是唯一一个在此指标上获得满分100分得部门,"转变作风"排名第一,"勤政廉政"排名第一。5项指标中,有4项排名第一,1项排名第二,说明群众对其工作的认可度是非常高的,而其他2个与社会保障有关的部门劳保站、卫生院也排名不俗。由此可见,只有发扬民主传统,公开、公正、透明地执行农村社会保障机制,才能使各项社会保障制度赢得民心。(见表11.5)

表 11.5 2013 年度贵港市黄练镇各部门群众满意度评议结果一览表

评议单位	满意度(%)				
	依法履职	政务公开	服务质量	转变作风	勤政廉政
民政办	96.7	96.7	100	96.7	98.3
劳保站	96.7	91.7	91.7	95.0	95.0
卫生院	93.3	91.7	93.3	93.3	93.3
计生所	98.3	95.0	91.7	92.0	93.3
建设站	91.7	96.7	95.0	95.0	96.7
文化站	96.7	91.7	95.0	91.5	93.3
农服中心	96.7	95.0	93.3	93.3	96.7
企业站	93.3	90.0	91.7	93.3	91.7
林业站	93.3	90.0	91.7	93.3	91.7
中心校	93.3	91.7	91.7	93.3	95.0

资料来源:贵港市覃塘区黄练镇镇政府提供。

第三节　在政策宣传上的互动

一、结合民族习惯进行宣传

在少数民族地区宣传社会保障政策,要注意方式、方法和技巧,最好能采用少数民族喜闻乐见的方式,把民族传统文化与国家政策揉和起来,才能使少数民族乐于接收并理解其内容。在这方面,广西民族贫困地区的一些宣传计划生育的方式值得借鉴,如在广西融水苗族自治县长赖村,该村将计划生育法的条文编成苗族传统山歌的形式,贴在宣传栏中,语言生动有趣,韵脚朗朗上口,群众喜闻乐见,既宣传了计划生育政策的相关内容,又弘扬了民族文化。又如,在龙胜各族自治县潘内村,当地政府把各种计划生育宣传内容制作成四句一首的民歌或顺口溜,印刷在挂历和日历的页面上,免费赠送给群众,群众每天翻看日历时,就顺便学习了计划生育法的相关知识。如其中有一首是:"牡丹八角一样香,生男生女都一样。若是生个独龙女,还能招个上门郎。"在三江县梅林乡,笔者看到三江县司法局的工作人员将法律条文编成当地的侗款形式进行散发,其中宣传《婚姻法》的诗句令人叫绝:"柳树逢春才发芽,桃树逢春才开花。男的要满二十二,女到二十才成家。日头出早不过天,甘蔗砍早不够甜。结婚宜晚不宜早,嫩竹扁担难上肩。"这种采用少数民族传统赋、比、兴手法宣传法律的手段很容易得到群众的接受。因此,农村社会保障方面的政策和知识,政府相关部门也可以仿效,提高宣传效果。

例如,可以将社会保障法规、政策或条款编成适合少数民族文化的顺口溜、山歌、理词等形式,放在村务公开栏中进行宣传,使群众能迅速、及时地了解。在平时的文化生活中,可以寓教于歌、寓教于舞,让群众以更直观的方式了解社会保障的内容。

此外,还要注意吸收少数民族群众中的传统宣讲人来进行法制宣传。例如,笔者在三江县八江乡调研时,该乡司法所工作人员告诉我们,当地有传统的习惯法宣讲人——款师,他可以把现代法制用侗话编排成侗族群众听得懂的款词,在赶集、晚会上用说唱的方式唱出来,群众一听就懂,比干巴巴的法制宣传效果强多了。2011年春节笔者曾在黔桂交界处的贵州省黎平县肇兴侗寨观看过当地群众的春节文艺晚会,其中现场效果最好的节目是一个侗族歌师用传统琵琶伴奏演唱的《劝赌歌》,在歌中他用幽默的侗族语言谴责了赌博的种种恶果,奉劝世人不要染此恶习。演唱过程中,几乎是他唱一句台下就掀起一片欢呼,群众反响非常热烈。2011年8月,笔者在乘坐天峨县到南丹县的班车时,班车上司机没有放映时下流行的枪战大片,而是放映了当地政府拍摄的婚姻法宣传片。该片采用整个桂西北地区流行的桂柳话,全部由当地群众表演,情节幽默风趣,却又巧妙地将近亲不得通婚、须满婚龄才能领取结婚证、婚检等法律制度巧妙地嵌入,车上的乘客看得兴趣盎然,时不时爆发出会心的哄笑,这样的法治宣传不仅印象深刻,群众的接受度也非常高。因此,将传统民族文化进行现代包装,把法律制度与传统艺术形式结合起来,是民族地区法制宣传的一条必由之路。

少数民族互助习惯本身已在群众的头脑中根深蒂固,可以把政策中和传统习惯相通的部分用习惯的内容表述出来,例如对于养老保险的宣传问题,有乡镇干部抱怨,一些村民养老保险的钱很久都交不齐,但是购买一头斗牛要好几千,竟然几天之内就凑齐了,这就是政策宣传的方式不到位,没有走到群众的心中。事实上,农村养老保险是一项对群众非常好的制度,但群众未能领会到它的价值,当然不情愿购买。因此,在宣传这一政策时,应当结合传统的互助习惯,唤起人们内心存在已久的敬老意识和理念,从而产生购买保险为老人保障生活的强烈愿望,使该项制度在少数民族群众中迅速普及开来。

二、充分发挥乡规民约的作用

广西的乡规民约是各民族地区较为发达的。丰富的乡规民约为广西的地方自治奠定了厚实的基础。民间留存的大量碑刻、约法等文献体现出乡规民约在历史上所起的巨大作用。清宣统元年(1909年)宪政编查馆曾奏:"其筹办城乡镇地方自治,则以直隶、广西两省成绩最著。"①这其中,广西乡规民约的自治作用功不可没。在民国以前的乡规民约中,互助都是一个非常重要的内容,分别规定在乡规民约的序言、正文条款及罚则中。因此可以说,互助习惯是促进广西地方自治的一个重要因素。但遗憾的是,近年来许多地方制定的乡规民约都变得公文化、程式化,几乎是照抄政府文件,以往那种鲜活的民族特质越来越少。最重要的是,互助习惯的内容几乎都被忽略了。传统乡规民约中那些"缓急相通、守望相助"的内容现在几乎都看不到了,即使有关于互助的内容也都是一笔带过的原则性规定。如三江侗族自治县洋溪乡政府工作人员吴伍说:"乡规民约各村都有,但主要是制约犯错误的内容,很少有规定社会保障内容的。"那坡县德隆乡团结村上劳屯村民农生玉(男,壮族,50岁)也说,村规民约主要是规范偷盗行为。在调查问卷中,对于问题"请问你们的村规民约中是否有救助孤寡残疾和救灾的规定",选择"有"的只占26.62%,选择"没有"的占30.94%,选择"不清楚"的占42.45%,该问题反映出互助习惯在现代乡规民约中的严重缺失。

正如笔者如前所述,互助习惯是乡村社会保障机制中不可或缺的一个组成部分,如果乡规民约抛弃了这一部分内容,也就意味着抛弃了农村社会保障机制中重要的支柱。同时,随着农村社会保障机制的逐步构建,这一制度也应该成为现代乡规民约的重要内容。因此,笔者认为,应当将农村社会保障机制与少数民族互助习惯作为一个板块的内容写进现代乡规民约中。当这两块内容放在一起时,村民会更容易理解和执行,也更能促进农村社会保障机制在民族地区的推行。此外,乡规民约还应当规定农村社会保障机制的监督及罚则,以保障其执行。从广西少数民族对乡规民约的深厚感情来说,通过乡规民约宣传社会保障制度,是较为有效的一种政策信息传递方式。

第四节 在机构上的互补

如第十章所论述,由于广西的农村社会保障需求量大,需救助的对象较多,而目前从政府的角度来说,无论是社会保障管理机构还是服务机构,都难以满足需要,这就要求政府起用民间固有的资源,在组织机构方面弥补政府力量的不足。在完善社会保障机构方面,如果过分强调政府层面的健全,很容易造成机构臃肿、人员膨胀、人浮于事,增加行政管理成本。但是如果利用民间本土资源,则可以地尽其力、物尽其用、人尽其才,相得益彰。自本世纪

---

① 《大清宣统政纪实录》(一),卷24,台湾华联出版社1964年版,第451页。

初在广西各民族地区兴起的"五保村"制度可谓民间互助力量弥补官方保障机构不足的最好范例。

实际上,早在20世纪80年代,广西就已出现了对五保老人的供养组织机构由政府救济与民间互助救济相结合的尝试与实践。1980年以后,随着农村实行家庭联产承包责任制制,对五保户的供养出现多种形式,有集体统筹供给的,有分责任田由亲属代耕代养的,也有分责任田自耕自养或标包责任田的。为了落实五保户的供养,玉林市从1983年开始,进行签订遗赠供养合同书,明确供养人的义务和继承遗产的权利。对没有财产遗赠的五保户,生活有困难的由国家给予救济。为了保证五保户的生活,玉林市从1989年开始,除按原来的供养办法不变外,生活补助费实行以乡镇为单位进行统筹,采取从群众筹一点,从收上的超生费中拿一点,乡镇企业解决一点,乡财政出一点即"四个一点"的办法解决。据1990年统计,全市共有五保户4959户、5778人,已签订遗赠供养合同的有3008户、3542人,享受国家定期救济的839人;全市30个乡镇已统收生活补助费的有27个乡镇,共统收款275087元。27个乡镇共有五保户3250人,平均每人每月获补助7元。① 资源县在1986年至1990年,全县有"五保户"519户、577人,其供养由原来的政府负担改由以群众负担(按田亩筹谷)为主,政府适当补助的办法,每人每月10元。②

但大面积地实行政府与民间在五保供养机构方面的互补是在本世纪。2001年,广西部分市、县遭到几十年一遇的特大洪涝灾害的袭击,民房倒塌十分严重。在恢复重建中,钦州市在该市黄屋屯建起了第一个五保村,入住12名五保老人,对他们进行集中供养,紧接着北海市、桂平市、钟山县也结合当地实际,先后在五保户较多的大的自然村和村委会所在地建起了这类五保村。至2002年底,全区共建五保村49个,入住五保人员680余人。这类五保村的建设,由村委会无偿划拨土地,县、乡、镇、村各投入一点,群众主动献工献料,社会捐助一点,争取上级支持一点的办法兴建,并冠名五保村,将附近居住且住房破旧、生活困难的五保户集中到五保村供养,并由村委会具体负责五保老人的生活保障,标准一般每人每月稳定在30元以上。在管理方面,由村委会委派一名村干部,或由入住的五保对象中挑选一名年龄相对较轻,素质相对较高者担任负责人,不用国家配专门的管理人员,实行自我管

---

① 《中国国情丛书——百县市经济社会调查》编辑委员会、玉林市情调查组编:《中国国情丛书——百县市经济社会调查·玉林卷》,中国大百科全书出版社1993年版,第345页。
② 广西壮族自治区资源县志编纂委员会编:《资源县志》,广西人民出版社1998年版,第195页。

理,自我服务。① 五保村制度极大地解决了行政保障覆盖率不足的问题,又较好地发挥了基层自治的作用,可谓一举多得的好事。这种制度无需多花费国家的人力、物力、财力,却把民间原来蕴藏丰富的互助力量充分利用起来,既避免了政府机构的过度膨胀,又为农村群众办了实事,是成本最低的解决农村社会保障机制机构不健全的方式,取得了双赢的局面。

笔者在三江侗族自治县独峒乡的林略村就见到了这样一个五保村。该五保村是一栋二层的小楼,为水泥砖瓦结构,在村中一片鳞次栉比的侗家木楼中非常醒目。(见图 11.2)该五保村在政府拨款的基础上,吸收了一部分民间捐助,由村民共同出工出料修建完成。村里约有 20 多个床位,可容纳 20 多位老人,目前共有 7 名老人住在里面,有的是孤寡老人,有的虽有子女却无力照料,便集中到五保村来。楼里的每一个房间门上都写着老人的名字,(见图 11.3)房间约有 20 多平方米,有厨房和独立的卫生间,老人的床、被褥、锅碗、瓢、盆等基本生活用品样样俱全,虽然略显简陋但干净整洁。(见图 11.4)老人们物质上有了保障,精神生活也不寂寞,有的老人是夫妻俩住在一起,有的老人聚在一起聊天、打牌等作为休闲娱乐,村委会专门有一名干部管理五保村,平时陪同老人聊天、打牌等,其乐融融。(见图 11.5)生活在其中的老人都表示很满意。这一制度对于交通不便、资金不足的少数民族山区养老非常适合。

图 11.2 三江县独峒乡林略村的五保村

---

① 广西壮族自治区民政厅:《以兴建五保村为载体开创我区五保供养工作的新局面》,载《农村社会保障新探索——广西贺州市五保村建设理论研讨会论文集》,广西人民出版社 2005 年版,第 11—12 页。

图 11.3　每个房间的门上都写着老人的名字

图 11.4　生活在五保村中的老人

图 11.5　五保村中的老人平时打牌作为休闲娱乐(左二为管理五保村的村干部)

这种五保集中供养的方式是广西解决农村社会保障服务机构不足的重要手段。由于目前广西农村社会保障机构不发达,大多数农村五保供养还是采取分散供养的方式,这无形中增加了社会保障支出。据民政部公布的数据显示,目前在广西农村,分散供养占据了农村五保供养人数、户数和支出的绝大部分,以 2014 年 8 月份为例,农村五保供养的人数是 290222 人,而集中供养的只有 21545 人,仅占 7.42%,但分散供养人数却有 268677 人,占据了总人数的 92.58%,分散供养的成本相对较高,如此高比例的分散供养,势必导致财政负担加重。事实证明果然如此。2013 年 7 月份广西农村五保集中供养本月计划支出仅 641 万元,但分散供养计划支出则需 6287.1 万元,后者是前者的 9.8 倍,如果充分发挥民间互助力量,推广五保村的做法,则既解决了社会保障机构不足的问题,又减少财政上的支出。因此,应当在机制上实行国家救济与民间救济的互动,对互助行为给予奖励,把互助行为纳入到国家保障机制中来。(见表 11.6)

表 11.6 2012—2014 年各月广西农村五保供养数据一览表

月份	农村五保供养人数（人）	农村五保集中供养人数（人）	农村五保集中供养户数（户）	农村五保集中供养本月计划支出（万元）	农村五保分散供养人数（人）	农村五保分散供养户数（户）	农村五保分散供养本月计划支出（万元）
2012.8	310,781	21,133	20,857	458.2	289,648	285,388	4668.8
2012.10	308,444	21,055	20,433	536.1	287,389	283,209	5552.6
2012.11	307,643	21,243	20,620	556.0	286,400	282,240	5666.7
2013.1	301,662	22,600	21,923	629.5	279,062	275,005	6191.4
2013.2	300,582	23,641	22,940	648.0	276,941	273,128	6220.1
2013.4	298,137	22,898	22,169	651.2	275,239	271,780	6277.2
2013.5	297,838	22,720	21,993	653.1	275,118	271,751	6279.8
2013.7	296,412	22,638	22,274	641.0	273,774	270,675	6287.1
2014.7	290,559	21,607			268,952		
2014.8	290,222	21,545			268,677		

资料来源:民政部各省民政统计数据。

第五节 在资金上的补充

如前所述,社会保障仅依赖国家的拨款,只能是杯水车薪、守株待兔。必须发动全社会的救助力量,才能真正保障社会弱势群体。因此,要建立完善的农村社会保障机制,必须多方位、多渠道开拓筹集资金的渠道,以便解决资金困难的问题。互助习惯解决的最大问题就是群众自由资金的不足,因此,如果不充分利用这一制度的筹集资金能力,将是农村社会保障机制巨大的损失和缺憾。从笔者目前调查到的情况看,民间互助力量至少可以在以下几个渠道弥补政府资金的不足:

一、赋予民间互助组织合法地位

广西民间互助组织,尤其是金融互助组织有较深厚的传统,并曾经发挥过较大的作用,但是后因种种原因被政府取缔。笔者认为,在保留其积极价值的前提下,允许其存在,是解决少数民族困难地区社会保障资金的一种简便易行、灵活多样的手段。如《两广瑶山调查》记载了瑶族群众间流行的金融互助组织:"瑶人无放银取息者,惟其邀会一事,实为借债之变相(当系效法汉人)。其法需银用之人,邀集同交好友者二十人,每人各出银五圆,邀会者即可得银百圆。此种会银,买田造屋,悉听其便,但须拈阄以定各人接会之次序。每年以三九两月为会期。其已接会者,则每次还银五圆五角,其多还之五角,即为利息。附近瑶山之地,邀会之风必盛,吾在桂头墟有盛号内,见其货柜上贴红纸一大方,上书'至亲、密友、邀会免言'等字样,即可见其一斑。"①抗日战争期间,桂林遭受破坏惨重,民国34年(1945年)7月光复后,市民为建房及谋生起见,在政府束手无策的情况下,做会集资风靡一时。会金多以实物为主,供会时则按市价折为法币。有合会及标会两种。合会无利息,标会有利息。② 这些历史事实都启示我们,对于一些民间的金融互助行为,不应一概以"封建剥削"或"扰乱金融秩序"为由加以否定,而应当辩证地看待问题,在"去落后色彩"化的处理后,可以允许这些组织存在补充政府社会保障资金方面的不足。

事实上,广西一些地区曾在这方面开展过有益的尝试。如广西玉林市从1990年开始,致力于兴办扶贫互助储金会(简称储金会)。办法是以村公所为单位进行组织,民政部门给每个储金会扶持2000元,村公所所投资5000元作为基金。资金来源主要是发动群众入股,每股20元,股份不限。借款办法是:借款限额不得超过股份的5倍,借款期限以收获时间为限,还款后可继续再借,据统计,全市有11个乡镇,31个村公所办扶贫互助储金会31个,入会农户8490户,占31个村总户数的48.6%;筹集基金471,560元,其中村公所垫底资金75,000元,农户入股325,560元,民政部门扶持71,000元。储金会共扶持了1382户,发放资金62,290元。其中,扶持发展生产的1214户,金额48,790元;用于生活或治病的117户,金额7160元;扶持发展家庭副业的

---

① 庞新民:《两广猺山调查》,东方文化书局1934年版,第2页。
② 桂林市金融志编纂委员会编:《桂林市金融志》,桂林市漓江印刷厂1994年印(内部资料),第102页。

51户,金额6340元。① 这种充分利用民间互助金融组织筹集社会保障资金的方式,非常值得在各地推广应用。近年来,农村的生活水平有了很大的提高,群众的个人收入也有了较大的增加,各地、各村寨先富起来的人如雨后春笋,如果能把群众手中的资金采取有效的方式组织起来,一起为社会保障和公益事业服务,是一件造福千家万户的事业。这不仅能为农村闲散资金和多余资金寻求合理化的出路,同时也为少数民族地区的弱势群体开创了一条尽快获取社会救济的渠道。

二、充分发掘"乡村精英"的筹资能力

由于近年来少数民族受教育程度的提高,许多乡村出现了一批"乡村精英",如从本村脱颖而出考上大学并到城市工作的人员、担任国家公务员或到国营企业工作的人员,这些人有很浓厚的"乡村情结",对自己的故乡非常热爱,许多人退休后放弃城市的生活,仍回到乡村居住养老。而他们普遍受过良好的教育,见多识广,经验丰富,人际网络广泛,而且在经济收入上普遍高于乡村普通居民,他们对村民所起的榜样和领袖作用是不言而喻的。要充分发掘这些"乡村精英"的社会网络关系,扩展农村社会保障的筹资渠道。乡村精英可以在如下两个方面发挥作用:第一,作为发起人建立民间互助组织筹集资金。自身的人格魅力及经济实力使乡村精英具有了较强的号召力,他们发起筹建互助组织,更具有说服力,如笔者在三江侗族自治县高定村调研到的"同村会",其第一任发起人就是从该村出身的原三江县交通局局长,其他参与者中有很多也是该村籍的前政府机关干部,他们带头筹资成立"同村会",形成核心领导力,并且可以通过自身的社会网络从外界拉来众多的赞助和捐助,因而该组织能发挥较大功能并且生命力较强。但在仅一山之隔的林略村,前任村主任韦某敏(男,45岁,侗族)介绍说,每年清明节的时候,村里的家族也讨论过是否建立基金会,但都失败了。有的人认为我以前养儿子的时候没有人帮,现在你们的儿子长大了,就提出这个建议。由于个人的想法不同,所以没有成立基金会。显然,这是缺乏一个强有力的组织者导致的。因此,发挥乡村精英在这方面的作用是非常重要的。第二,通过非对等的互助使其成为乡村互助的主要力量。在传统的互助习惯中,救济性借贷及对孤寡老人、孤儿、残疾人、困难户的救助都是单方面的,在这些领域我们应当鼓励乡村精英们继续保持传统的优良习惯,使其资金能用于有益家乡的用途。

---

① 《中国国情丛书——百县市经济社会调查》编辑委员会、玉林市情调查组编:《中国国情丛书——百县市经济社会调查·玉林卷》,中国大百科全书出版社1993年版,第346页。

通过这两种方式,可以对农村社会保障机制的资金不足起到较大的弥补作用。

三、采用灵活的社会保障缴费方式

现阶段的农村社会保障基金的筹备一般是由国家、集体、个人合理负担的形式。如在养老保险费用的缴纳方面,农村社会基本养老保险实行以个人缴纳为主,集体补助为辅,国家给予政策扶持的形式。但是在广西少数民族地区,自然环境恶劣,经济发展水平低,现在大部分仍采取传统的耕种方式,农户收入低,没有过多的钱去缴费,从而形成了农村社会保障中"农户缴费困难"和覆盖面小的问题。面对类似的问题,我们可以借鉴少数民族群众"以劳务代费""以物代费"的传统习惯。例如,在那坡县德隆乡团结村上劳屯修蓄水池,每家每户都出劳动力,若出去打工没有劳动力的家庭,可以根据自己的实际情况出钱,而对于那些既无后代又无劳动能力的老人和残疾人,则都不需要他们参与劳动,但他们会主动为大家准备饭菜和茶水。从上面这个案例中,我们可以看出在少数民族地区,在基础设施建设方面,对于"每家每户都出劳动力"的规定也是采用灵活的形式。而面对目前社会保障制度中农户缴费难的问题,我们也可以根据不同的对象采取不同的方式,即采取"实物换保障"的方式。这样,可以有效地解决农村社会保障资金不足的问题,从而扩大社会保障制度在农村的覆盖面。

四、鼓励政府救助与民间互助救济相结合

广西少数民族的贫困面大,致贫因素多,全部都靠国家的社会保障制度在现阶段是不现实的。实际上,从孤寡老人和孤儿的扶助情况看,似乎民间传统的互助机制所起的作用更大一些。因此,鼓励政府救助与民间互助救济相结合,应当是广西农村社会保障机制较长时期内要坚持的一项基本原则,这一点,无论在制度上还是资金上都是如此。

在中国古代,历次发生灾害,政府都鼓励民间救助力量参与到救灾工作中来。如清代一则县政府发布的《本县劝田主借粮与佃户以救灾荒示》规定灾害发生后,各田主应当向自己的佃户借一定的米粮以使其渡过难关,超过规定数量的不限,这可以最大限度地提高救灾的效率:"为此示谕概县军民人等。凡穷佃三口以上,各业主借米一石,五口以上,借米二石;其有好义多与者,不在此列。"[①]这一制度是很好的借鉴。而在现实中,二者结合早已存

---

① "本县劝田主借粮与佃户以救灾荒示",参见王庆成编著:《稀见清世史料并考释》,武汉出版社1998年版,第254页。

在,实践的例证非常普遍,但尚未成为明确的制度。笔者在调研中,发现许多受灾户、孤寡老人、五保户、孤儿、残疾人、困难户等,都在同时享受国家的救济和传统的互助救济。而且从救济的金额与数量来看,由于国家补助普遍偏低,传统的互助承担了绝大部分的扶助责任。国家的救济与传统的互助相比,更像是"主食"之后的"甜点",有些"锦上添花"的意味。而且从目前的情况看,这种局面还要持续很长一段时间。在国家社会保障机制短期内无法解决资金不足的情况下,应当继续保持和鼓励这种国家救济与互助救济相结合的方式,使少数民族社会的弱势群体能在国家资金不足的情况下依然得到生活保障。(见表 11.7)

表 11.7 笔者调研对象中民间互助与国家救济相结合情况一览表

地点		被救助对象	救助事由	村民救助		政府救助
				物资	帮工	
龙胜各族自治县潘内村		周某昌	房屋失火	每家出稻米 50—70 斤、送钱 50—100 元,小学生每人 2 元,每家送 7—8 个碗、每家 2—4 块木板	救火、建新房	抗灾棚、米和棉被
		老人	孤寡,无妻无子女	弟弟的小孩养活		每年补助米 30 斤、发钱
		粟某旺弟	肺吸水住院花 3000 元	粟某旺资助大部分医疗费		合作医疗保险报销 800—1000 元
		粟某秀小叔子	精神病	由粟某秀俩抚养(粟某秀丈夫一只眼睛失明,二级伤残)		每月补助 30 元钱,30 斤米,不稳定
		陈某维外孙女	孤儿	由陈某维抚养		每月补助 60 元
三江侗族自治县	玉民村	五保老人	孤寡	亲戚、村小学学生时常送柴火、谷子	小学生陪他聊天	每月补助财物
	高定村	残疾人、孤寡老人、孤儿	残疾人、孤寡老人、孤儿	村里修路分摊钱,他们不用出,免费参加村里聚餐,全村捐资成立同村会资助成绩优异的孩子	田地由亲戚、村里人帮种,帮他们挑柴禾等重活	优先安排政府救济、政府救助理物资

（续表）

地点	被救助对象	救助事由	村民救助 物资	村民救助 帮工	政府救助
融水苗族自治县龙培村	杨某定	房屋失火，建新房花7万元，患肾病综合征花医疗费3万元	火灾后许多村民每人送米5—10斤，送衣服若干；堂兄资助3000元，并借自家房屋给其居住，其他兄弟一人资助1000多元	灭火	建房补助资金18000元，新农合报销医疗费10000多元
融水苗族自治县龙培村	杨某	房屋失火	本村未失火村民、外村村民每家送米1—2斤，衣物若干	灭火、建新房	救助米、被子
那坡县 弄文屯	黄某壮幼子	胳膊残疾		去那坡治病，屯里人自发送柴禾、挑水、喂鸡、喂猪	每月低保60元
那坡县 团结村	孤寡老人	下肢瘫痪	哥嫂养活他，去世时全村分摊丧葬费	料理丧事	每月残疾补助金50元
那坡县 团结村	李某玲妹妹	因贫血去南宁医治花9000元	亲戚每家资助100—200元，帮助很大	建房	因是双女户，免交新农合费用，报销医疗费1000元
那坡县 团结村	李某父亲	脑子摔坏		帮工种田	全家每人每月低保补助40元
那坡县 团结村	农某生	房屋失火	村民每家送米5—10斤，衣物、被子	救火	民政部门救助200元，乡里救助衣物、被子
那坡县 团结村	残疾人	小儿麻痹导致腿残疾	哥哥养活		每月补助30斤米和油，每年还发衣服和被子
那坡县 马独屯	黄××岳母	因病去世	全村每家送米5—10斤或6斤玉米，100斤柴火，5元钱	料理丧事	报销80%医疗费
那坡县 达腊村	梁××公公	因病去世	全村每家送米2斤，10—20元钱，1瓶酒	帮煮饭、抬老人上山、下葬、料理丧事	报销80%医疗费
那坡县 达腊村	全村	旱灾	村民成立基金，每家每户出一点钱，有钱的多出，给大家买食物		民政部门送水、柴、米、冬瓜

(续表)

地点	被救助对象	救助事由	村民救助		政府救助
			物资	帮工	
贺州市狮东村	一16、17岁男孩	被山石砸中脑部导致下肢瘫痪	村民集体捐钱、借钱凑足20万医药费		每月发100元残疾人补助金

在笔者的实践调查中，一些群众表现出对农村社会保障机制的漠不关心。例如，有些符合申请残疾证、低保户、五保户证件的人，却不去积极地申领，有些已经享受残疾补助金、低保救济、五保户救济的人，也不太关心自己的钱是否到位、到了多少、是否按时发放，有些发现自己的补贴没有按时按数发放，去问村干部、乡镇干部，没有得到满意的答复也不再追究，有些甚至长期由别人代领，这其中的主要原因恐怕不是他们不缺钱，而是社会保障机制的功效不够明显，无法调动他们的积极性和热情。相比之下，朝夕相处的亲戚朋友、同村人提供的传统互助，似乎更亲切，更容易见效。尽管农村社会保障机制是使广大少数民族群众受益良多的优惠政策，但在许多群众的心目中，它仍然是一套高高在上的官方机制，是自上而下的"施与"，没有内化为他们的救济制度。也就是说，群众并没有认为这是自己"应得"的，而是可有可无的，没得到也无可厚非。而传统的互助习惯却使群众在对等的互助交换中有尊严地享受着彼此的救助，是一种自内而外、理所当然的社会救助机制。因此，如何把"外部"的农村社会保障机制转化为"内部"的制度，就需要与传统互助习惯的融合和接轨。当然，大部分群众对目前的农村社会保障机制还是心存感念的，如许多群众表示："现在的政策这么好，有那么多补贴"或"现在的政策好很多，以前什么都没有"等，说明他们也逐渐感受到了国家大力发展农村社会保障事业的整体氛围和形势。所以，如果能将两种制度有机地联系在一起，成功接轨，必然使二者都能发挥出最大的功效。

一提起少数民族习惯，许多人会把它与陈规陋习、原始恶俗联系起来，认为它们充满了需要被现代法治改造的"不良因子"，这在刑事领域或司法领域，也许确是事实，但至少在某些领域，例如生态保护、社会互助方面，少数民族习惯不存在"良法"或"恶法"的价值判断，不需要接受"违法与否"的拷问，或者说，在这些领域，它们与国家法的冲突是最小的，甚至可以说是"零冲突"。既然如此，剩下的问题就是国家法如何吸收、借鉴、提升、认可这些良性的习惯，并以它们为渠道和突破口，在民族地区推行各项政策和制度了。惟其如此，国家法才能在民族地区走得更远，走得更持久。

结　束　语

　　现代社会更讲求优胜劣汰、适者生存的竞争法则。笔者曾多次在一些企业、事业单位及高校的醒目位置看到那则广泛流传的"狮子与羚羊的故事",这一故事似乎在时刻提醒着人们,竞争是现代社会的主旋律。在竞争中获胜的才能生存,失败的只能被淘汰。如果人类社会只有这样的生存法则,那么人类不可能走得这么远。即使是在动物界,不仅相同的物种之间存在互助关系,甚至不同的物种之间也存在互助和依存的关系。事实上,互助与竞争是人类与生俱来的行为模式。互助与竞争从来不相互排斥,人们在竞争的同时也在互助,并通过互助增强竞争的能力,二者是相辅相成,互为因果的。竞争使人类了解自身的力量,而互助使人类了解群体的力量。人类的社会性决定了其必须是互助的。而且,互助不会随着社会的发展而消失,它将永远存在在人类社会中。

　　基督教的教义要求人类要"爱自己的邻居",并认为这是耶和华的诫命,但对于广西少数民族来说,"爱自己的邻居"并非某个上帝的诫命,而是他们的本能。正如马林诺夫斯基所说:"原始人有一组义务规则,它既没有被赋予任何神秘性,也非以'上帝的名义'颁布,更无须依持超自然的制裁来实施,只是提供了一个纯粹的社会约束力。"①尽管这种互助产生的最初动因是由生存环境的恶劣所逼迫的,但他们却使这种互助超越了经济基础而上升成为上层建筑——一套人性化的规则与制度。他们以内心的自我约束力积极地履行着这套规则和制度所赋予的互助义务。换句话说,他们互助是为了生存,但互助不仅仅是为了生存,他们的习惯体系使互助超越了简单的生存层次而上升为精神层面的享受。在经济因素已逐渐淡化的今天,他们仍然乐于履行这种互助义务,这不仅是因为他们感受到了互助所带来的巨大能量,而且也因为他们明白,他们所享有的安宁、平和、淳朴的乡村生活,很大程度上源于这套互助习惯。

　　现代工业文明的巨大冲击对广西少数民族互助习惯法的破坏是毋庸置

---

①　〔英〕马林诺夫斯基:《原始社会的犯罪与习俗》,原江译,云南人民出版社2002年版,第33页。

疑的，如果失去这一套习惯，原有的乡村社会秩序将会完全被打破，少数民族守望已久的精神家园将荡然无存。但是，我们却可以通过一种一举两得的方式延续这套互助习惯的生命力，那就是使之与国家法律中相对应的部分有机融合，这不仅可以使广西少数民族互助习惯以更合理化的形式长期存在下去，也使农村社会保障机制在在民族地区的构建和推行更"接地气"，更容易得到群众的认同与共鸣。

参 考 文 献

一、外文文献

1. David J. Bederman, Custom as A Source of Law, New York: Cambridge University Press, 2010.

2. Peter Kropotkin, Mutual Aid: A Factor of Evolution, New York: Cosimo Inc., 2009.

3. Amanda Perreau-Saussine, James Bernard Murphy, The Nature of Customary Law, New York: Cambridge University Press, 2007.

4. Bernard Harris and Paul Bridgen, Charity and Mutual Aid in Europe and North America Since 1800, New York: Routledge, 2007.

5. Anne Borsay and Peter Shapely, Medicine, Charity and Mutual Aid: the Consumption of Health and Welfare in Britain, c.1550—1950. Aldershot, England; Burlington, VT: Ashgate, 2007.

6. Peter Qrebech, Fred Bosselman, Jes Bjarup, David Callies, Martin Chanock and Hanne Petersen, The Role of Customary Law in Sustainable Development, New York: Cambridge University Press, 2005.

7. Gitterman, Alex: Mutual Aid Groups, Vulnerable and Resilient Populations, and the Life Cycle, New York: Columbia University Press, 2005.

8. Samuel B. Bacharach, Peter A. Bamberger, William J. Sonnenstuhl, Mutual Aid and Union Renewal: Cycles of Logics of Action, Ithaca: ILR Press, 2001.

9. David T. Beito, From Mutual Aid to the Welfare State: Fraternal Societies and Social Services, 1890—1967, Chapel Hill: University of North Carolina Press, 2000.

10. Thomasina Jo Borkman, Understanding Self-help/Mutual aid: Experiential Learning in the Commons, New Brunswick, N.J.: Rutgers University Press, 1999.

11. W. Chama, L. K. Mwape, An Assessment of the Structures and Dimensions of Mutual Aid Among the Urban Poor: the Case of Lusaka and Kafue Districts, Lusaka: Study Fund, 1998.

12. Roger M. Keesing, Andrew J Strathern, Cultural Anthropology: A Contemporary Perspective, San Francisco: Wadsworth Publishing, 1997.

13. Dominique Moyse Steinberg, The Mutual-aid Approach to Working with Groups: Helping People Help Each Other, Northvale N.J: Jason Aronson, 1997.

14. David Neave, Mutual Aid in the Victorian Countryside: Friendly Societies in the Ru-

ral East Riding,1830—1914,Hull：Hull University Press,1991.

15. Jose A. Rivera,Mutual Aid Societies in the Hispanic Southwest：Alternative Sources of Community Empowerment,Albuquerque,N.M.：Southwest Hispanic Research Institute,University of New Mexico,1984.

16. José Amaro Hernández,Mutual Aid for Survival：the Case of the Mexican American,Malabar,Fla.：Krieger,1983.

二、古籍文献

1. （汉）司马迁：《史记》，中华书局1959年版。
2. （晋）常璩：《华阳国志》，中华书局1985年版。
3. （唐）刘恂：《岭表录异》，鲁迅校勘，广东人民出版社1983年版。
4. （唐）张鷟：《朝野佥载》，中华书局1985年版。
5. （宋）范成大：《桂海虞衡志》，齐治平校补，广西民族出版社1984年版。
6. （宋）周去非：《岭外代答》，杨武泉校注，中华书局1999年版。
7. （宋）朱辅：《溪蛮丛笑》，台湾广文书局1979年版。
8. （宋）沈括：《梦溪笔谈》，胡道静校注，中华书局1959年版。
9. （明）李贤、彭时等纂修：《大明一统志》，文海出版社1965年版（依据"中央图书馆"珍藏善本影印）。
10. （明）徐学聚编：《国朝典汇》，载吴相湘主编：《中国史学丛书》，台湾学生书局1965年版（据国立"中央图书馆"珍藏善本影印）。
11. （明）冯琦编纂：《经济类编》，台湾成文出版社1968年版。
12. （明）王圻编：《稗史汇编》，台湾新兴书局1969年版（据万历三十八年刻本、国防研究院图书馆藏本影印）。
13. （明）顾炎武：《天下郡国利病书》，载《四部丛刊续编》080册，台湾商务印书馆1966年版（上海涵芬楼影印自昆山图书馆藏稿本）。
14. （明）朱孟震：《西南夷风土记》，台湾广文书局1979年版。
15. （明）田汝成：《炎徼纪闻》，商务印书馆1936年版。
16. （明）田汝成：《行边纪闻》，载《四部丛刊续编》068册，台湾商务印书馆1966年版（据明嘉靖刻本影印）。
17. （明）王士性：《广志绎》，中华书局1981年版。
18. （明）钱古训：《百夷传》，江应樑校注，云南人民出版社1980年版。
19. （明）谢肇淛：《百粤风土记》，载《中国风土文献汇编》（一），全国图书馆文献缩微复制中心2006年版。
20. （明）邝露：《赤雅》，上海商务印书馆1936年版。
21. （明）戴耀主修、苏濬编纂、杨芳刊行：《广西通志》，载吴相湘主编：中国史学丛书《明代方志选》（六），台湾学生书局1965年版（据明万历二十七年刊刻本影印）。
22. （明）方瑜纂辑：［嘉靖］《南宁府志》，书目文献出版社1990年版。日本藏中国罕见地方志丛刊。

23. （明）郭棐纂修：[万历]《太平府志》，书目文献出版社1990年版。日本藏中国罕见地方志丛刊。

24. （明）郭棐纂修：[万历]《宾州志》，书目文献出版社1991年版。日本藏中国罕见地方志丛刊。

25. （明）钟添等修：《嘉靖思南府志》，上海古籍书店1962年版（据宁波天一阁藏明嘉靖刻本影印）。

26. （明）林希元纂修：《钦州志》，陈秀南点校，中国人民政治协商会议灵山县委员会文史资料委员会1990年编印。

27. 《清实录》，中华书局1985年版。

28. 《大清十朝圣训》，台湾文海出版社1965年版。

29. （清）蒋良骐：《东华录》，中华书局1980年版。

30. 《清会典》，中华书局1991年版。

31. 《清会典事例》，中华书局1991年版。

32. （清）席裕福、沈师徐辑：《皇朝政典类纂》，台湾文海出版社1982年版。

33. （清）贺长龄辑、魏源代编：《皇朝经世文编》，台湾文海出版社1987年版。

34. 《清朝文献通考》，清高宗敕撰殿本，台湾新兴书局1965年版。

35. 故宫博物院编：《大清律例》，海南出版社2000年版。

36. （清）沈之奇撰：《大清律辑注》，怀效锋、李俊点校，法律出版社2000年版。

37. （清）纪昀等总纂：《文渊阁四库全书》，台湾商务印书馆1983年版。

38. 《续修四库全书》编纂委员会编：《续修四库全书》，上海古籍出版社1995年版。

40. （清）屈大均：《广东新语》，中华书局2006年版。

41. （清）刘献廷：《广阳杂记》，中华书局1997年版。

42. （清）萧奭：《永宪录》，中华书局1997年版。

43. （清）王庆云著：《石渠余纪》，北京古籍出版社1985年版。

44. （清）余金辑：《熙朝新语》，上海古籍书店1983年版。

45. （清）王士禛：《池北偶谈》，中华书局1984年版。

46. （清）钱泳：《履园丛话》，中华书局1997年版。

47. （清）王士禛撰：《古夫于亭杂录》，中华书局1997年版。

48. （清）赵翼：《簷曝杂记》，中华书局1982年版。

49. （清）陈康祺：《郎潜纪闻四笔》，中华书局1997年版。

50. （清）梁章钜撰：《浪迹丛谈》，中华书局1997年版。

51. （清）梁章钜：《归田琐记》，于亦时校点，中华书局1981年版。

52. （清）王培荀：《乡园忆旧》（道光刊本），齐鲁书社1993年版。

53. （清）俞正燮：《癸巳存稿》，中华书局1985年版。

54. （清）魏源撰：《圣武记》（上、下），中华书局1984年版。

55. （清）徐珂编撰：《清稗类钞》，中华书局1984年版。

56. (清)王庆云著:《石渠余纪》,北京古籍出版社1985年版。

57. (清)吴震方辑:《说铃》,台湾新兴书局1968年版(洪浩培据台湾大学图书馆藏清嘉庆四年原刻本影印)。

58. (清)徐家干著:《苗疆闻见录》,吴一文校注,贵州人民出版社1997年版。

59. (清)周存义:《平瑶述略》,上卷,道光十三年刻本。

60. (清)陆次云:《峒谿纤志》,中华书局出版社1985年版。

61. (清)吴省兰:《楚峝志略》,中华书局1985年版。

62. (清)张心泰:《粤游小志》,1884年清光绪年间排印本。

63. (清)瞿昌文:《粤行纪事》,中华书局1985年版。

64. (清)闵叙辑:《粤述》,中华书局1985年版。

65. (清)陆祚蕃:《粤西偶记》,中华书局1985年版。

66. (清)汪森编:《粤西诗载》,桂苑书林编辑委员会校注,广西人民出版社1988年版。

67. (清)汪森编:《粤西文载》,黄盛陆、石恒昌、李缵绪、王宗孟校点,广西人民出版社1990年版。

68. (清)王锡祺编:《小方壶斋舆地丛钞》,上海著易堂光绪十七年(1891年)印行。

69. (清)王锡祺编录:《小方壶斋舆地丛钞三补编》,辽海出版社2005年版。

70. (清)金鉷修、钱元昌、陆纶纂:《广西通志》,桂林图书馆1964年抄本。

71. (清)谢启昆、胡虔纂:《广西通志》,广西师范大学历史系、中国历史文献研究室点校,广西人民出版社1988年版。

72. (清)周鹤纂修:[康熙]《永明县志》,载《故宫珍本丛刊》第156册,海南出版社2001年版。

73. (清)张邵振、杨齐敬纂修:[康熙]《上林县志》,故宫珍本丛刊第195册,海南出版社2001年版。

74. (清)单此藩总修:[康熙]《灌阳县志》,故宫珍本丛刊第198册,海南出版社2001年版。

75. (清)黄大成纂修:[康熙]《平乐县志》,故宫珍本丛刊第199册,海南出版社2001年版。

76. (清)甘汝来纂修:[雍正]《太平府志》,故宫珍本丛刊第195册,海南出版社2001年版。

77. (清)郑采宣主修:[雍正]《灵川县志》,故宫珍本丛刊第198册,海南出版社2001年版。

78. (清)胡醇仁编:[雍正]《平乐府志》,故宫珍本丛刊第200册,海南出版社2001年版。

79. (清)董绍美、文若甫重修:[雍正]《钦州志》,故宫珍本丛刊第203册,海南出版社2001年版。

80. (清)李文琰总修:[乾隆]《庆远府志》,故宫珍本丛刊第196册,海南出版社

2001 年版。

81. （清）王锦总修:[乾隆]《柳州府志》,故宫珍本丛刊第 197 册,海南出版社 2001 年版。

82. （清）蒋白莱编纂:[乾隆]《象州志》,故宫珍本丛刊第 198 册,海南出版社 2001 年版。

83. （清）吴九龄、史鸣皋纂修:[乾隆]《梧州府志》,故宫珍本丛刊第 201 册,海南出版社 2001 年版。

84. （清）王巡泰修:[乾隆]《兴业县志》,故宫珍本丛刊第 202 册,海南出版社 2001 年版。

85. （清）吴志绾主修:[乾隆]《桂平县志》,故宫珍本丛刊第 202 册,海南出版社 2001 年版。

86. （清）叶承立纂辑:[乾隆]《富川县志》,故宫珍本丛刊第 202 册,海南出版社 2001 年版。

87. （清）何御主修:[乾隆]《廉州府志》,故宫珍本丛刊第 204 册,海南出版社 2001 年版。

88. （清）李炘重修:[嘉庆]《永安州志》,故宫珍本丛刊第 199 册,海南出版社 2001 年版。

89. （清）羊复礼修、梁年等纂:《镇安府志》,载《中国方志丛书》第 14 号,台湾成文出版社 1967 年版(据光绪十八年刻本复制)。

90. （清）蔡呈韶等修、胡虔等纂:《临桂县志》,载《中国方志丛书》第 15 号,台湾成文出版社 1967 年版(嘉庆七年修,光绪六年补刊本)。

91. （清）冯德材等修、文德馨等纂:《郁林州志》,载《中国方志丛书》第 23 号,台湾成文出版社 1967 年版(光绪二十年刊本)。

92. （清）陶墫修、陆履中等纂:《恭城县志》,载《中国方志丛书》第 122 号,台湾成文出版社 1968 年版(光绪十五年刊本)。

93. （清）何福祥纂修:《归顺直隶州志》,载《中国方志丛书》第 137 号,台湾成文出版社 1968 年版。

94. （清）黄培杰纂修:《永宁州志》,载《中国方志丛书》第 159 号,台湾成文出版社 1967 年版。

95. （清）徐作梅修、李士琨纂:《北流县志》,载《中国方志丛书》第 198 号,台湾成文出版社 1975 年版。

96. （清）戴焕南修、张粲奎纂:《新宁州志》,载《中国方志丛书》第 200 号,台湾成文出版社 1975 年版。

97. （清）吴光升纂:《柳州府志》,北京图书馆 1956 年油印本。

98. （清）舒启修、吴光升纂:《柳州县志》,民国二十一年(1932 年)铅印本,柳州市博物馆 1979 年翻印。

99. （清）谢钟龄等修、朱秀等纂:《横州志》,清光绪 25 年(1899 年)刻本,横县文物管理所 1983 年翻印。

100. (清)佚名:《修仁县志》,光绪二十五年(1899 年)刻本,广西壮族自治区第一图书馆 1959 年抄本。

101. 潘宝疆修、卢钞标纂:《钟山县志》,民国 22 年铅印本,台湾学生书局 1968 年影印版。

102. 佚名:《贺县志》,台湾成文出版社 1967 年版,民国二十三年(1934 年)铅印本,载《中国方志丛书》第 20 号。

103. 吴国经等修、萧殿元等纂:《榴江县志》,民国二十六年(1937 年)铅印本,载《中国方志丛书》第 120 号,台湾成文出版社 1968 年影印版。

104. 黄旭初监修、张智林纂:《平乐县志》,民国二十九年(1940 年)铅印本,载《中国方志丛书》第 121 号,台湾成文出版社 1967 年版。

105. 何其英等修、谢嗣农纂:《柳城县志》,载《中国方志丛书》第 127 号,台湾成文出版社 1967 年版。

106. 黄占梅修、程大璋纂:《桂平县志》,载《中国方志丛书》第 131 号,台湾成文出版社 1968 年版。

107. 玉昆山纂:《信都县志》,民国二十五年(1936 年)刊本,载《中国方志丛书》第 132 号,台湾成文出版社 1967 年版。

108. 佚名纂:《岑溪县志》,民国二十三年(1934 年)本,载《中国方志丛书》第 133 号,成文出版社 1967 年版。

109. 杨盟等修、黄诚沅纂:《上林县志》,载《中国方志丛书》第 134 号,台湾成文出版社 1968 年版。

110. 杨家珍总纂:《天河县风土志》,载《中国方志丛书》第 135 号,台湾成文出版社 1967 年版。

111. 黄旭初等修、刘宗尧纂:《迁江县志》,载《中国方志丛书》第 136 号,成文出版社 1967 年版。

112. 覃玉成纂:《宜北县志》,载《中国方志丛书》第 138 号,台湾成文出版社 1967 年版。

113. 魏任重修、姜玉笙纂:《三江县志》,载《中国方志丛书》第 197 号,台湾成文出版社 1975 年版。

114. 黄旭初修、岑启沃纂:《田西县志》,载《中国方志丛书》第 199 号,台湾成文出版社 1975 年版。

115. 宾上武修、翟富文纂修:《来宾县志》,载《中国方志丛书》第 201 号,台湾成文出版社 1975 年版。

116. 何景熙修、罗增麟纂:《凌云县志》,载《中国方志丛书》第 202 号,台湾成文出版社 1974 年版。

117. 黄旭初修、吴龙辉纂:《崇善县志》,载《中国方志丛书》第 203 号,台湾成文出版社 1975 年版。

118. 黎启勋、张岳霖等修:《阳朔县志》,民国二十五年(1936年)石印本,载《中国方志丛书》第204号,台湾成文出版社1968年版。

119. 刘振西等纂:《隆安县志》,载《中国方志丛书》第206号,台湾成文出版社1975年版。

120. 黄志勋修、龙泰任纂:《融县志》,载《中国方志丛书》第208号,台湾成文出版社1975年版。

121. 莫炳奎纂:《邕宁县志》,载《中国方志丛书》第209号,台湾成文出版社1975年版。

122. 江碧秋修、潘实箓纂:《罗城县志》,载《中国方志丛书》第211号,台湾成文出版社1975年版。

123. 李繁滋纂:《灵川县志》,载《中国方志丛书》第212号,台湾成文出版社1975年版。

124. 郑湘畴纂修:《平南县志》,载《中国方志丛书》第213号,台湾成文出版社1974年版。

125. 杨北岑等编纂:《同正县志》,载《中国方志丛书》第214号,台湾成文出版社1975年版。

126. 黄昆山等修、唐载生等纂:《全县志》,载《中国方志丛书》第215号,台湾成文出版社1967年版。

127. 梁杓修、吴瑜等纂:《思恩县志》,载《中国方志丛书》第216号,台湾成文出版社1975年版。

128. 民国柳江县政府修:《柳江县志》,刘汉忠、罗方贵点校,广西人民出版社1998年版。

129. 欧仁义修、梁崇鼎等纂:《贵县志》,1934年铅印本,台湾学生书局1968年影印,新修方志丛刊·广西方志之二。

130. 梁崇鼎等编纂:《贵县志》,广西印刷厂1935年铅印本。

131. 《那马县志草略》,民国二十二年(1933年)一月一号立,《马山县志》办公室1984年印。

132. 唐载生、廖藻总纂:《全县县志》,民国卅一年(1942年)续修油印本,南宁市自然美术油印社承制。

133. 李拂一撰:《镇越县新志稿》,台湾复仁书屋1984年版。

134. 经世文社编:《民国经世文编(交通·宗教·道德)》,台湾文海出版社1970年版。

135. 王庆成编著:《稀见清世史料并考释》,武汉出版社1998年版。

136. 劳亦安编:《古今游记丛钞》(五),台湾中华书局1961年版。

137. 刘锡蕃:《岭表纪蛮》,台湾南天书局1987年版。

138. 刘介:《苗荒小纪》,商务印书馆1928年版。

139. 庞新民:《两广猺(瑶)山调查》,东方文化书局1934年版。

140. 任国荣:《广西猺(瑶)山两月观察记》,载《亚洲民族考古丛书》第二辑(19),台湾南天书局1978年版。

141. 费孝通、王同惠:《花蓝瑶社会组织》,江苏省人民出版社1988年版。

142. 〔日〕白岛芳郎编:《傜人文书》,日本东京讲谈社出版研究所昭和50年(1995年)印。

三、今人著作

1. 〔英〕亨利·萨姆纳·梅因:《古代法》,高敏、瞿慧虹译,九州出版社2007年版。
2. 〔英〕爱德华·汤普森:《共有的习惯》,沈汉、王加丰译,上海人民出版社2002年版。
3. 〔法〕孟德斯鸠:《论法的精神》(上、下册),张雁深译,商务印书馆1978年版。
4. 〔日〕穗积陈重:《法律进化论》,黄尊三、萨孟武、陶汇曾、易家钺译,中国政法大学出版社1997年版。
5. 〔日〕穗积重远:《法理学大纲》,李鹤鸣译,中国政法大学出版社2005年版。
6. 〔美〕黄宗智:《法典、习俗与司法实践:清代与民国的比较》,上海书店出版社2003年版。
7. 〔美〕约翰·麦·赞恩:《法律的故事》,刘昕、胡凝译,江苏人民出版社1998年版。
8. 〔英〕罗伯特·伊斯特:《社会保障法》,周长征等译,中国劳动社会保障出版社2003年版。
9. 梁治平:《清代习惯法:社会与国家》,中国政法大学出版社1996年版。
10. 中国文化书院学术委员会编:《梁漱溟全集》(第五卷),山东人民出版社1992年版。
11. 高其才:《中国少数民族习惯法研究》,清华大学出版社2003年版。
12. 陈金全主编:《西南少数民族习惯法研究》,法律出版社2008年版。
13. 高其才:《瑶族习惯法》,清华大学出版社2008年版。
14. 邓敏文:《没有国王的王国——侗款研究》,中国社会科学出版社1995年版。
15. 罗洪洋:《侗族习惯法研究》,贵州人民出版社2002年版。
16. 徐晓光:《中国少数民族法制史》,贵州民族出版社2002年版。
17. 田东奎:《中国近代水权纠纷解决机制研究》,中国政法大学出版社2006年版。
18. 李向军:《清代荒政研究》,中国农业出版社1995年版。
19. 郑功成主编:《社会保障学》,中央广播电视大学出版社2004年版。
20. 杨良初:《中国社会保障制度分析》,经济科学出版社2003年版。
21. 丛树海主持:《建立健全社会保障管理体系问题研究》,经济科学出版社2004年版。
22. 赵映诚、王春霞主编:《社会福利与社会救助》,东北财经大学出版社2010年版。
23. 熊敏鹏主编:《社会保障学》,机械工业出版社2004年版。
25. 李珍主编:《社会保障理论》,中国劳动社会保障出版社2001年版。

26. 陈信勇:《社会保障法原理》,浙江大学出版社2003年版。
27. 章晓懿主编:《社会保障:制度比较》,上海交通大学出版社2004年版。
28. 杨一凡、田涛主编:《中国珍稀法律典籍续编(第10册):少数民族法典法规与习惯法》,张冠梓点校,黑龙江人民出版社2002年版。
29. 梁庭望:《壮族风俗志》,中央民族学院出版社1987年版。
30. 覃国生、梁庭望、韦星朗:《壮族》,民族出版社2005年版。
31. 胡起望、范宏贵:《盘村瑶族》,民族出版社1983年版。
32. 蒲朝军、过竹:《中国瑶族风土志》,北京大学出版社1992年版。
33. 杨成志等著:《瑶族调查报告文集》,民族出版社2007年版。
34. 戴民强主编:《融水苗族》,广西民族出版社2009年版。
35. 匡自明、黄润柏主编:《毛南族——广西环江县南昌屯调查》,云南大学出版社2004年版。
36. 章立明、俸代瑜主编:《仫佬族——广西罗城县石门村调查》,云南大学出版社2004年版。
37. 罗日泽、过竹、过伟:《仫佬族风俗志》,中央民族学院出版社1993年版。
38. 符达升、过竹、韦坚平等:《京族风俗志》,中央民族学院出版社1993年版。
39. 杨权、郑国乔、龙耀宏:《侗族》,民族出版社2003年。
40. 陈国安:《水族》,民族出版社1993年版。
41. 何积金主编:《水族民俗探幽》,四川民族出版社1992年版。
42. 潘一志:《水族社会历史资料稿》,三都水族自治县民族文史研究组1981年编印。
43. 《水族简史》编写组编:《水族简史》,贵州民族出版社1985年版。
44. 广西壮族自治区编辑组编:《广西壮族社会历史调查》(第一册),广西民族出版社1984年版。
45. 广西壮族自治区编辑组编:《广西壮族社会历史调查》(第二册),广西民族出版社1984年版。
46. 广西壮族自治区编辑组编:《广西壮族社会历史调查》(第三册),广西民族出版社1985年版。
47. 广西壮族自治区编辑组编:《广西壮族社会历史调查》(第五册),广西民族出版社1986年版。
48. 广西壮族自治区编辑组编:《广西壮族社会历史调查》(第六册),广西民族出版社1985年版。
49. 广西壮族自治区编辑组编:《广西瑶族社会历史调查》(第一册),广西民族出版社1984年版。
50. 广西壮族自治区编辑组编:《广西瑶族社会历史调查》(第二册),广西民族出版社1983年版。
51. 广西壮族自治区编辑组编:《广西瑶族社会历史调查》(第三册),广西民族出版社 1985 年版。

52. 广西壮族自治区编辑组编:《广西瑶族社会历史调查》(第四册),广西民族出版社 1986 年版。

53. 广西壮族自治区编辑组编:《广西瑶族社会历史调查》(第五册),广西民族出版社 1986 年版。

54. 广西壮族自治区编辑组编:《广西瑶族社会历史调查》(第六册),广西民族出版社 1987 年版。

55. 广西壮族自治区编辑组编:《广西瑶族社会历史调查》(第九册),广西民族出版社 1987 年版。

56. 广西壮族自治区编辑组编:《广西侗族社会历史调查》,广西民族出版社 1987 年版。

57. 广西壮族自治区编辑组编:《广西苗族社会历史调查》,广西民族出版社 1987 年版。

58. 中国科学院民族研究所、广西少数民族社会历史调查组编:《龙胜各族自治县日新区潘内乡潘内村瑶族社会历史调查报告》,1963 年印(内部参考)。

59. 中国科学院民族研究所、广西少数民族社会历史调查组编:《广西富川县红旗人民公社(富阳区)瑶族社会历史调查》,1963 年印(内部参考)。

60. 中国科学院民族研究所、广西少数民族社会历史调查组编:《广西僮族自治区贺县新华、狮狭乡瑶族社会历史调查》,1964 年印(内部参考)。

61. 中国科学院民族研究所、广西少数民族社会历史调查组编:《广西僮族自治区荔浦县茶城人民公社瑶族社会历史调查》,1963 年印(内部参考)。

62. 中国科学院民族研究所、广西少数民族社会历史调查组编:《广西恭城县三江乡瑶族社会历史调查报告》,1963 年印(内部参考)。

63. 中国科学院民族研究所、广西少数民族社会历史调查组编:《广西上思县十万大山南桂乡瑶族社会历史调查报告》,1963 年印(内部参考)。

64. 中国科学院民族研究所、广西少数民族社会历史调查组编:《环江县玉环乡毛难族社会历史调查》,1963 年 5 月印行(内部参考)。

65. 中国科学院民族研究所、广西少数民族社会历史调查组编:《睦边县那坡人民公社隆平生产大队倮倮(彝)族社会历史调查报告》,1964 年印(内部参考)。

66. 中国科学院民族研究所、广西少数民族社会历史调查组编:《广西僮族自治区百色县洞好乡瑶族社会历史调查》,1963 年印(内部参考)。

67. 中国科学院民族研究所、广西少数民族社会历史调查组编:《解放前瑶族社会性质调查报告》,1963 年印(内部参考)。

68. 《中国国情丛书——百县市经济社会调查》编辑委员会、南丹县情调查组:《中国国情丛书——百县市经济社会调查·南丹卷》,中国大百科全书出版社 1991 年版。

69. 《中国国情丛书——百县市经济社会调查》编辑委员会、玉林市情调查组:《中国国情丛书——百县市经济社会调查·玉林卷》,中国大百科全书出版社 1993 年版。

70. 广西壮族自治区编辑组编:《广西少数民族地区碑刻、契约资料集》,广西民族出版社 1987 年版。

71. 广西民族研究所编:《广西少数民族地区石刻碑文集》,广西人民出版社 1982 年版。

72. 黄钰辑点:《瑶族石刻录》,云南民族出版社 193 年版。

73. 乔新朝、李文彬、贺明辉搜集整理:《融水苗族埋岩古规》,广西民族出版社 1994 年版。

74. 桂林市文物管理委员会编:《桂林石刻》(中),1977 年编印(内部资料)。

75. 黄南津、黄流镇主编:《永福石刻》,广西人民出版社 2008 年版。

76. 陈秀南、苏馨主编:《灵阳石刻选注》,灵山县政协文史资料委员会、县志编写委员会办公室 1989 年编印。

77. 李廷贵等:《苗族历史与文化》,中央民族大学出版社 1996 年版。

78. 丁世良、赵放主编:《中国地方志民俗资料汇编·西南卷》,书目文献出版社 1991 年版。

79. 丁世良、赵放主编:《中国地方志民俗资料汇编·中南卷》,书目文献出版社 1991 年版。

80. 广西壮族自治区地方志编纂委员会编:《广西通志·民俗志》,广西人民出版社 1992 年版。

81. 广西壮族自治区地方志编纂委员会编:《广西通志·金融志》,广西人民出版社 1994 年版。

82. 广西壮族自治区地方志编纂委员会编:《广西通志·审判志》,广西人民出版社 2000 年版。

83. 广西壮族自治区地方志编纂委员会编:《广西通志·司法行政志》,广西人民出版社 2002 年版。

84. 广西壮族自治区地方志编纂委员会编:《广西通志·土地志》,广西人民出版社 2002 年版。

85. 桂林市地方志编纂委员会编:《桂林市志》,中华书局 1997 年版。

86. 柳州市地方志编纂委员会编:《柳州市志》,广西人民出版社 2003 年版。

87. 贺州地方志编纂委员会编:《贺州市志》(上卷),广西人民出版社 2001 年版。

88. 岑溪市志编纂委员会编:《岑溪市志》,广西人民出版社 1996 年版。

89. 钦州市地方志编纂委员会编:《钦州市志》,广西人民出版社 2000 年版。

90. 全州县志编纂委员会室编:《全州县志》,广西人民出版社 1998 年版。

91. 兴安县地方志编纂委员会编:《兴安县志》,广西人民出版社 2002 年版。

92. 灌阳县志编委办公室编:《灌阳县志》,新华出版社 1995 年版。

93. 广西壮族自治区资源县志编纂委员会编:《资源县志》,广西人民出版社 1998 年版。

94. 龙胜县志编纂委员会:《龙胜县志》,汉语大词典出版社 1992 年版。

95. 永福县志编纂委员会编:《永福县志》,新华出版社 1996 年版。

96. 荔浦县地方志编纂委员会编:《荔浦县志》,三联书店 1996 年版。

97. 三江侗族自治县志编纂委员会编:《三江县志》,中央民族学院出版社 1992 年版。

98. 融水苗族自治县地方志编纂委员会编:《融水苗族自治县志》,生活·读书·新知三联书店 1998 年版。

99. 融安县志编纂委员会编:《融安县志》,广西人民出版社 1996 年版。

100. 钟山县志编纂委员会编:《钟山县志》,广西人民出版社 1995 年版。

101. 富川瑶族自治县志编纂委员会编:《富川瑶族自治县志》,广西人民出版社 1993 年版。

102. 象州县志编纂委员会编:《象州县志》,知识出版社 1994 年版。

103. 南丹县地方志编纂委员会编:《南丹县志》,广西人民出版社 1994 年版。

104. 都安瑶族自治县志编纂委员会编:《都安瑶族自治县志》,广西人民出版社 1993 年版。

105. 天峨县志编纂委员会编:《天峨县志》,广西人民出版社 1994 年版。

106. 东兰县志编纂委员会编:《东兰县志》,广西人民出版社 1994 年版。

107. 凌云县志编纂委员会编:《凌云县志》,广西人民出版社 2007 年版。

108. 乐业县志编纂委员会编:《乐业县志》,广西人民出版社 2002 年版。

109. 西林县地方志编纂委员会编:《西林县志》,广西人民出版社 2006 年版。

110. 田林县地方志编纂委员会编:《田林县志》,广西人民出版社 1996 年版。

111. 隆林各族自治县地方志编纂委员会编:《隆林各族自治县志》,广西人民出版社 2002 年版。

112. 上林县志编纂委员会编:《上林县志》,广西人民出版社 1989 年版。

113. 宁明县志编纂委员会编:《宁明县志》,中央民族学院出版社 1988 年版。

114. 横县县志编纂委员会编:《横县县志》,广西人民出版社 1989 年版。

115. 防城县志编纂委员会编:《防城县志》,广西民族出版社 1993 年版。

116. 南宁市地方志编纂委员会编:《南宁市志·经济卷(下)》,广西人民出版社 1998 年版。

117. 南宁市金融志编纂委员会编:《南宁市·金融志》,广西人民出版社 1995 年版。

118. 来宾县金融志编纂委员会编:《来宾县·金融志》,广西人民出版社 1999 年版。

119. 桂林市金融志编纂委员会编:《桂林市·金融志》,桂林市漓江印刷厂 1994 年印。

120. 防城港市金融志编纂委员会编:《防城港市·金融志》,广西民族出版社 2003 年版。

121. 蒙山县国土资源局编:《蒙山县土地志》,广西人民出版社 2008 年版。

122. 王战初编:《大新镇志》,广西人民出版社 1996 年版。

123. 龙胜各族自治县民族局《龙胜红瑶》编委会编:《龙胜红瑶》,广西民族出版社

2002年版。

124. 龙胜地灵侗寨史记编委编:《龙胜地灵侗寨史记》,2007年印。

125. 鄂嫩吉雅泰、陈铁红编:《中国少数民族谚语选辑》,广西人民出版社1981年版。

126. 中国民间文学集成全国编辑委员会、中国民间文学集成贵州卷编辑委员会:《中国谚语集成:贵州卷》,中国ISBN中心1998年版。

127. 中央民族学院语言所第五研究室编:《壮侗语族谚语》,中央民族学院出版社1987年版。

128. 桂平县民间文学三套集成领导小组编:《中国民间文学三套集成:桂平县谚语集》,1988年编印。

129. 卢嘉兴:《中国民间文学三套集成:北流县民间谚语集》,广西北流县三套集成办公室1986年编印。

130. 龙殿宝编:《中国民间文学三套集成:罗城谚语集》,罗城仫佬族自治县民间文学集成办公室1990年编印。

131. 广西田阳县民间文学集成编委会编:《中国民间文学三套集成:田阳县谚语集》,1989年编印。

132. 广西隆林各族自治县文化局、民委编:《中国民间文学三套集成:隆林民间谚语集》,广西隆林各族自治县文化局、民委1988年编印。

133. 湖南少数民族古籍办公室主编:《侗款》,杨锡光、杨锡、吴治德整理译释,岳麓书社1988年版。

134. 湖南少数民族古籍办公室主编:《侗垒》,杨锡光、张家祯整理注校,岳麓书社1989年版。

135. 杨锡光、杨锡整理译著:《琵琶歌选》,岳麓书社1993年版。

136. 龙跃宏、龙宇晓编:《侗族大歌琵琶歌》,贵州人民出版社1997年版。

137. 王光荣、农秀英搜集译注:《那坡彝族开路经》,广西民族古籍办公室1998年印。

138. 蒙国容、谭亚洲译注:《毛南族民歌》,广西民族出版社1999年版。

139. 张廷兴、刑永川:《八桂民间文化生态考察报告》,中国言实出版社2007年版。

140. 覃主元等著:《大石山区的祥和村落:广西布努瑶社会经济文化变迁》,民族出版社2007年版。

四、论文文献

1. 辛树帜:"瑶山调查"(一),原载《国立中山大学语言历史学研究所周刊》第42期,第15页,1983年广西桂林图书馆复印。

2. 石汉声:"瑶歌",《国立中山大学语言历史学研究所周刊·猺(瑶)山调查专号》(第四集,第四十六、四十七两期合刊),1928年印。

3. 小林正典、华热多杰:"中国少数民族习惯法序论:以民族法制及其相关领域为中心",载《青海民族研究》2002年第1期。

4. 龙大轩:"民族习惯法研究之方法与价值",载《思想战线》2004年第2期。

5. 王学辉:"云南少数民族习惯法形成和发展的轨迹",载《现代法学》1998年第3期。

6. 张冠梓:"试论瑶族的石牌制度与习惯法",载《思想战线》1999年第1期。

7. 李雪梅:"明清碑刻中的'乡约'",载《法律史论集》(第五卷),法律出版社2003年版。

8. 罗昶、高其才:"市场经济条件下的瑶族互助习惯法——以广西金秀六巷帮家屯互助建房为考察对象",载《比较法研究》2008年第6期。

9. 和颖:"略论丽江纳西族民间互助组织在新农村建设中的作用",载《思想战线》2009年第2期。

10. 蔡旺:"广西农村资金互助社发展研究——以田东县为例",载《农村金融研究》2010年第4期。

11. 郎维伟、张朴:"嘉绒藏族的姓氏文化与村落社会的传统互助——以甘孜州沈村藏族为例",载《西藏研究》2010年第2期。

12. 王玉亮:"中世纪晚期英国村庄共同体的公益与互助问题研究",载《河南大学学报(社会科学版)》2010年第3期。

13. 卞国凤、刘娜:"乡村互助传统及其变化与乡村社会福利建设",载《未来与发展》2010年第6期。

14. 袁文华:"人类互助行为的经济分析",载《经济视角(下)》2010年第8期。

15. 王大贤:"农村'留守妇女'互助合作问题的调查研究——以安徽省含山县为例",载《安徽理工大学学报(社会科学版)》2010年第3期。

附　　录

少数民族互助习惯法调查问卷

民族：　　　　年龄：　　　　性别：　　　　文化水平：

1. 您家的各种农活，主要依靠哪些劳动力进行？
   A. 自家人　　B. 本家族或亲戚　　C. 本村人　　D. 雇工　　E. 其他_____

2. 若农忙、建房、婚丧嫁娶的时候劳动力不足，您怎么解决？
   A. 请本村人帮忙　　B. 请亲戚朋友帮忙　　C. 请邻里帮忙
   D. 任何人都不请，坚持自己解决　　E. 其他

3. 对于别人的帮忙，您会以什么方式酬谢？
   A. 支付酬金　　B. 给付物品　　C. 等别人需要帮工时，也去帮工
   D. 只准备晚饭和酒　　E. 其他_____

4. 别人遇到农忙、建房、婚丧嫁娶时候，您会主动去帮忙吗？
   A. 是　　B. 不是　　C. 如果别人要求去就去，没说就不去　　D. 其他

5. 若邻居或者亲友的家庭出现经济困难，您会予以什么样的帮助？
   A. 借钱给他，但收利息　　B. 借钱给他，不收利息　　C. 大家分摊
   D. 设立公共基金，帮助困难户　　E. 其他_____

6. 村里保障生活困难群众的措施有哪些？
   A. 由村里发给救济　　B. 由全村人分担　　C. 由政府救济
   D. 设立公共基金，帮助困难户　　E. 其他_____

7. 本地养老主要依靠什么？
   A. 子女　　B. 种田或做生意　　C. 个人退休金　　D. 养老保险金
   E. 族人救济　　F. 政府救济　　G. 其他：_____

8. 本地孤儿主要由谁抚养？
   A. 亲戚　　B. 同姓族人　　C. 过继给异姓　　D. 全村人集体抚养
   E. 其他_____

9. 发生自然灾害时，你们主要以以何种方式救灾？
   A. 以自救为主　　B. 以邻里互助为主　　C. 自救互助相结合
   D. 等待政府救助　　E. 其他_____

10. 请问你们的互助救灾方式有哪些？（多选）

11. 出钱　　B. 给生活物品　　C. 出人力　　D. 其他_____

11. 请问你们的村规民约中是否有救助孤寡残疾和救灾的规定？
A. 有　　B. 没有　　C. 不清楚

调查问卷统计结果

发放问卷 169 份，收回 169 份，回收率 100%，有效问卷 169 份，有效率 100%。

侗族 39 份，占 23.1%；壮族 37 份，占 21.9%；苗族 32 份，占 18.9%；瑶族 50 份，占 29.6%；彝族 8 份，占 4.53%；仫佬族 2 份，占 1.18%；布依族 1 份，占 0.6%。

20 岁以下 11 人，占 6.6%；20～39 岁 80 人，占 47.3%；40～59 岁 61 人，占 36.1%；60（含）岁以上 17 人，占 10.1%。

男性 134 人，占 79.3%；女性 35 人，占 20.7%。

文盲 6 份，占 3.55%；小学文化程度 51 份，占 30.18%；初中文化程度 58 份，占 34.32%；高中文化程度 10 份，占 5.92%；中专文化程度 6 份，占 3.55%；大专以上文化程度 35 份，占 20.71%；未填文化水平的 4 份，占 2.37%。

文字表述：

8. 以前是亲戚，现在由政府。

10. 邻里给一点米，一点钱，靠政府。

题号	A	比例	B	比例	C	比例	D	比例	E	比例	F	比例	G	比例
1	138	81.65%	34	20.11%	11	6.5%	3	2.16%	1	3.33%				
2	78	46.15%	98	57.54%	38	22.49%	7	5.04%						
3	22	13.02%	5	2.95%	136	80.47%	51	30.18%	5	2.96%				
4	81	47.93%	2	1.18%	83	49.11%	5	2.96%						
5	5	2.96%	134	79.29%	18	10.65%	11	6.51%	13	9.35%				
6	11	6.51%	31	18.34%	115	68.05%	9	5.33%	19	11.24%				
7	141	83.43%	29	17.15%	3	1.75%	14	8.26%	3	2.16%	29	17.15%	1	0.5%
8	95	56.21%	41	24.26%	7	4.14%	6	3.55%	38	22.49%				
9	37	21.89%	51	30.18%	72	42.66%	35	20.71%	3	1.75%				
10	72	42.66%	90	53.25%	134	79.29%	9	5.33%						
11	45	26.63%	54	31.95%	68	40.24%								